良史春秋筆
名師齊魯風

安作璋先生纪念文集

《安作璋先生纪念文集》编委会 编

齊魯書社

图书在版编目（CIP）数据

良史春秋笔 名师齐鲁风:安作璋先生纪念文集 / 《安作璋先生纪念文集》编委会编;李建业,赵树国等编.--济南:齐鲁书社，2020.9
ISBN 978-7-5333-4331-6

Ⅰ.①良… Ⅱ.①安… ②李… ③赵… Ⅲ.①安作璋一纪念文集 Ⅳ.①K825.81-53

中国版本图书馆CIP数据核字(2020)第182297号

封面题签：徐北文
责任编辑：刘 强 王亚茹
装帧设计：刘羽珂

良史春秋笔 名师齐鲁风：安作璋先生纪念文集
LIANGSHICHUNQIUBI MINGSHIQILUFENG ANZUOZHANG XIANSHENG JINIAN WENJI
《安作璋先生纪念文集》编委会 编

主管单位	山东出版传媒股份有限公司
出版发行	齊魯書社
社　　址	济南市英雄山路189号
邮　　编	250002
网　　址	www.qlss.com.cn
电子邮箱	qilupress@126.com
营销中心	（0531）82098521 82098519 82098517
印　　刷	山东临沂新华印刷物流集团有限责任公司
开　　本	16开（165mm×240mm）
印　　张	25
插　　页	58
字　　数	420千
版　　次	2020年9月第1版
印　　次	2020年9月第1次印刷
标准书号	ISBN 978-7-5333-4331-6
定　　价	98.00元

《安作璋先生纪念文集》编委会

安作璋教授生平

著名历史学家、中国秦汉史研究会原副会长、山东师范大学历史文化学院教授、博士生导师安作璋先生，因突发心脏病，于2019年2月20日晚22时37分辞世，享年93岁。

1927年1月10日，安作璋先生出生于山东曹县一户书香之家，自幼在家乡接受私塾教育，抗战时期在颠沛流离中读完了中学，1947—1951年求学于齐鲁大学，毕业后一直在山东师范大学历史系任教，1980年由讲师破格晋升教授。曾任山东师范大学古籍整理研究所所长、中国秦汉史研究会副会长、山东省历史学会副会长和山东地方志学会副会长等职务。安作璋先生于1987年当选为中国共产党第十三次全国代表大会代表，1988年被中共山东省委、山东省人民政府授予“山东省首批专业技术拔尖人才”称号，1991年起享受国务院政府特殊津贴，2007年荣获首届山东省社会科学突出贡献奖，2018年获评改革开放四十周年山东社会科学名家。

安作璋先生在秦汉史、历史文献学、山东地方史、齐鲁文化史、中国运河文化史等研究领域均有独特贡献。他是中华人民共和国成立后最早从事秦汉史研究的学者之一，是中国秦汉史研究会的创始人之一，为秦汉史研究做出了巨大贡献。改革开放后，安作璋先生以司马迁“究天人之际，通古今之变”为目标，筚路蓝缕，在诸多领域有开创之功，堪称一代史学大家。他撰有《汉史初探》、《两汉与西域关系史》、《秦汉官制史稿》（合著）、《秦汉官吏法研究》（合著）、《学史集》、《学史集续集》、《秦始皇帝大传》（合著）、《刘邦评传》（合著，后增订为《汉高帝大传》）、《汉武帝大传》（合著）、《汉光武帝大传》（合著）等著作。主编《中国史简编》（全国高等学校文科教材）、《中国古代史史料学》（普通高等教育“十一五”国家级规划教材）、《山东通史》、《齐鲁文化通史》（合编）、《中国运河文化史》、《中华杂技艺术通史》、《济南通史》、《中国通史·秦汉时期》（合编）、《秦汉史》（合编）、《中国吏部研究》、《郑玄集》、《郝懿行集》、“经世大典·治国方略丛书”、“山左名贤遗书”（合编）等。发表学术论文二百余篇。先后六次荣获山东省社会科学优秀成果一等奖。

安作璋先生的学术成就在国内外产生了广泛而深远的影响。国内外学者称他为“今日秦汉史学界的重镇”，《光明日报》称他为“中国秦汉史研究领域的扛鼎人物”。他的《两汉与西域关系史》是中华人民共和国成立后最早研究古代丝绸之路的著作之一，在当时学术界产生重要影响，对于今天“一带一路”倡议相关建设也有历史性启迪与借鉴作用。《秦汉官制史稿》被评价为“不仅填补了断代官制史方面的空白，而且在许多方面有新的开拓，它的出版在中国官制史研究的漫长过程中树立了又一块新的里程碑”。《山东通史》被评价为“地方史研究中的开创之作，是近年来历史研究的突出成果”，所创体例为后来者所借鉴。《中华杂技艺术通史》是我国第一部全面、系统、科学的杂技艺术通史巨著，填补了艺术研究领域的一大空白。2018 年，中共中央政治局就中国历史上的吏治举行第十次集体学习时，安作璋先生主编的《中国吏部研究》被列入学习参考书目。

安作璋先生是优秀的教育家，长期以来一直坚持给学生授课，在山东师范大学、山东大学执教近七十载。改革开放后，他开始培养研究生，

1993年被国务院学位委员会评定为博士生导师，至耄耋之年仍为史学人才的传承奉献自己的心血，年逾九旬仍坚持为研究生授课。在六十多年的教学生涯中，他因材施教，谆谆善诱，传授知识，解答疑难，关心学生成长，深受学生爱戴。数十年来，他扎根校园，辛勤耕耘，为国家培养了一大批博士生、硕士生和本专科学生，其中有众多学生已经成长为各行各业的杰出人才，为今天国家建设发挥着才干。安作璋先生主编的《中国史简编》《中国古代史史料学》被教育部评定为全国高校通用教材，为国内诸多高校历史学专业所采用，泽被万千学子。

安作璋先生心系国家、社会，始终关心国家大事，坚持经世致用，不管是他早期所关注的两汉与西域关系，还是后来的吏治研究、运河文化研究等，都与国家政治、经济、社会发展密不可分，起到了古为今用的借鉴作用。安作璋先生是教育部人文社会科学重点研究基地——山东师范大学齐鲁文化研究中心和山东省社科重点研究基地——山东师范大学山东地方史研究所的主要创建者，对学校学科学位点建设做出了卓越贡献。他晚年致力于地方史研究，将理论研究与地方历史文化资源保护、开发相结合，多次策划、主持和参与地方文化建设和历史文化资源开发利用工作，受到地方政府与相关部门的广泛赞誉。

安作璋先生作为一名优秀的共产党员，始终热爱党，热爱祖国，热爱人民，对于国家的美好未来始终抱有坚定的信念。他将毕生精力奉献于史学研究和教书育人工作，取得了卓越的成就，享有极高的学术声望。至耄耋之年，安先生犹笔耕不辍，直到去世当天都在修改自己的书稿。安先生重视道德教育和家风传承，对自身和子女、学生要求严格，奖掖后学，鼓励大家积极上进，对社会产生了良好的反响。高山仰止，景行行止，安先生虽然永远离开了我们，但他的音容笑貌依然留在我们心中，他的高尚品格和杰出成就永远值得后人学习！

“良史春秋笔，名师齐鲁风”，安作璋先生千古！

目录

纪念文集

纪念图集

第一篇

个人照片

报考齐鲁大学时留影（1947 年）

齐鲁大学历史系就读时留影

大学毕业分配到山东师范学院工作时的
工作照（1951 年）

参加工作之初留影

参加工作后留影

八达岭长城留影
（1973 年）

校园留影（1997 年）

宿舍楼前留影（1997 年）

个人留影（2007 年）

个人留影（2015 年）

个人留影（2016 年）

个人留影（2016 年）

个人留影（2017 年）

在学院新教学楼前
（2018 年）

第二篇

工作照片

工作照（1994 年）

工作照（1995 年）

工作照（1）

工作照（2）

工作照（2001 年）

工作照（2016 年）

参加党的十三大出席证及纪念品（1987 年）

参加中共山东师范大学第八次党代会时步入会场（2017 年）

第三篇

家庭照片

安作璋先生的夫人陈有今工作照（1982 年）

与家人合影

安作璋、陈有今夫妇合影（1996 年）

安作璋、陈有今夫妇合影（1999 年）

安作璋、陈有今夫妇结婚 50 周年纪念合影（2006 年 2 月 6 日）

安作璋、陈有今夫妇结婚 50 周年在济南植物园合影（2006 年）

安作璋、陈有今夫妇合影（2008 年）

与子女合影（2014 年 4 月）

安作璋先生和子女一起度过的最后一个生日（2019 年 1 月 13 日）

第四篇

齐鲁大学照片

报考齐鲁大学时留影（1947 年）

就读齐鲁大学历史系时与同学刘莲芳、栾汝珠、何叶秋合影（1949 年）

毕业于齐鲁大学时合影（前排左一为安作璋）（1951 年）

与山东省政协原副主席苗永明在齐鲁大学校友会成立大会上（1995 年 6 月）

齐鲁大学首届校友大会合影（1997年10月）

与齐鲁大学校友栾汝珠合影（2014 年，齐鲁大学 1952 级历史系毕业生仅此二人）

与齐鲁大学校友、齐鲁医院博士生导师张茂红在书房合影（2019 年 2 月 2 日）

第五篇

领导合影

与时任中共中央组织部部长张全景在中共第十三次全国代表大会上（1987 年 10 月）

参加时任中共山东省委书记姜春云主持的座谈会

与时任国家经济委员会副主任马仪等在龙口（2000 年 4 月）

与时任中共山东省委副书记王修智合影（2001 年 9 月）

与时任中共山东省委副书记陈建国合影（2001 年 9 月）

与时任山东省人大常委会副主任苗枫林合影（2001 年 9 月）

与时任国家农委副主任谢华夫妇、山东省政协副主席丁方明等在龙口（2004 年）

时任中共山东省委副书记刘伟教师节前夕前来看望慰问（2007 年 9 月 9 日）

与山东省原副省长、省政协原副主席谢玉堂等在昌乐参观文化遗址（2009 年 6 月）

与时任全国人大常委会财经委员会副主任、山东省原省长韩寓群
在《山东地方史文库》赠书仪式上（2010 年 11 月）

时任山东省省长郭树清教师节前夕前来看望慰问（2013 年 9 月 9 日）

时任中共山东省委常委、宣传部部长孙守刚春节前夕前来看望慰问（2017 年 1 月 17 日）

时任中共山东省委常委、宣传部部长孙守刚春节前夕在学校领导陪同下前来看望慰问
（2017 年 1 月 17 日）

时任山东省人大常委会副主任齐涛教师节前夕前来看望慰问（2018 年 9 月）

时任中共山东省委常委、宣传部部长关志鸥春节前夕前来看望慰问（2019 年 1 月 30 日）

第六篇

学术活动

在北京故宫整理秦汉竹简时于中南海留影（1981 年）

出席全国首届秦汉史年会时在成都青城山留影（1981 年）

与河南大学教授朱绍侯先生、郑州大学教授高敏参加郑州大学历史系研究生毕业论文答辩会留影（1986 年）

参加山东省哲学社会科学“七五”规划会议时合影（1987 年）

主持博兴县汉孝子董永及其故里论证会时合影（1987 年）

汉孝子董永及其故里论证会专家委员会合影（1987 年）

参加学术会议时留影

与《中国通史》（秦汉卷）编写组合影（1987 年）

前排为白寿彝（中）、高敏（右）教授，后排左起为吕名中、邹贤俊、廖德清、施丁、吉书时教授。

在日本关西大学做学术报告（1989 年）

出席日本东京大学西嶋定生教授赠书仪式（1989 年）

与日本关西大学大庭脩教授合影（1989 年）

在郯城县马陵山马陵道古战场遗址考察（1992 年）

在黄河三门峡文化国际学术研讨会上讲话（1993年）

与著名史学家白寿彝先生合影

在徐福文化研讨会上与（右起）朱绍侯、田昌五、田余庆、何兹全、杨向奎、苗枫林合影（1994年）

与田余庆、田昌五、朱绍侯、高敏等在长岛合影(1994年8月)

出席担任主编的《山东通史》（多卷本）座谈会（1996 年）

与丁方明、朱绍侯等在鄄城县孙膑故里祠堂合影（1996 年）

率领中国国际徐福文化交流协会代表团访问日本时合影（1997 年）

日本佐贺市政府欢迎中国国际徐福文化交流协会代表团访问合影（1997 年）

与海老原清、杨正光在东京合影（1997 年 10 月）

在朱亚非教授陪同下赴韩国济州岛考察（1997 年）

出席第四届国际徐福文化研讨交流会

出席徐福文化研讨交流会

出席山东大学历史文化学院 98 届博士论文答辩会

出席连云港东海尹湾汉墓简牍学术研讨会时合影（1998年）

在香港中文大学曙光楼前留影（1998年）

与高敏、胡平生在台北文化大学合影（1998年）

与台湾著名历史学家张玉法等在台北“中研院”胡适纪念馆合影（1999 年 1 月）

在无棣县碣石山复名新闻发布会上致辞（2001 年）

出席学校召开的庆祝安作璋先生从教 50 周年座谈会（2001 年 9 月 9 月）

在学校庆祝从教 50 周年座谈会上发言
（2001 年 9 月 9 日）

在中国秦汉史研究会第九届年会上与卜宪群、彭庆涛合影（2002 年）

在佛山书苑与著名史学家李学勤先生合影（2002 年）

《齐鲁文化通史》主要作者合影（2002 年）

与著名史学家何兹全先生合影（2006 年）

在“运河之都”全国学术研讨会上发言（2006 年）

参加无棣县碣石文化研讨交流活动时合影（2006 年）

与熊铁基教授夫妇合影

出席学校召开的安作璋教授从事历史研究六十周年暨八十华诞座谈会（1）
（2007 年 12 月 23 日）

出席学校召开的安作璋教授从事历史研究六十周年暨八十华诞座谈会（2）
（2007 年 12 月 23 日）

安作璋教授从事历史研究六十周年暨八十华诞座谈会与会者合影（2007 年 12 月 23 日）

参加博兴县董永文化研究会专家聘任仪式时合影（2009 年）

与中华书局总编辑傅璇琮在厦门合影（2014 年）

在第 22 届国际历史科学大会上与中国史学会会长张海鹏合影（2015 年）

与中山大学副校长张荣芳教授等在书房合影

出席学校召开的安作璋先生教育与治学思想学术研讨会（1）（2016年1月17日）

出席学校召开的安作璋先生教育与治学思想学术研讨会（2）（2016年1月17日）

安作璋先生教育与治学思想学术研讨会与会者合影（2016 年 1 月 17 日）

在山师大文库揭牌仪式上留影（2017 年）

参加山东电子职业技术学院“访名家”活动留影（2019 年 1 月 26 日）

第七篇

学术著作

安作璋先生早期部分著作

安作璋先生部分著作

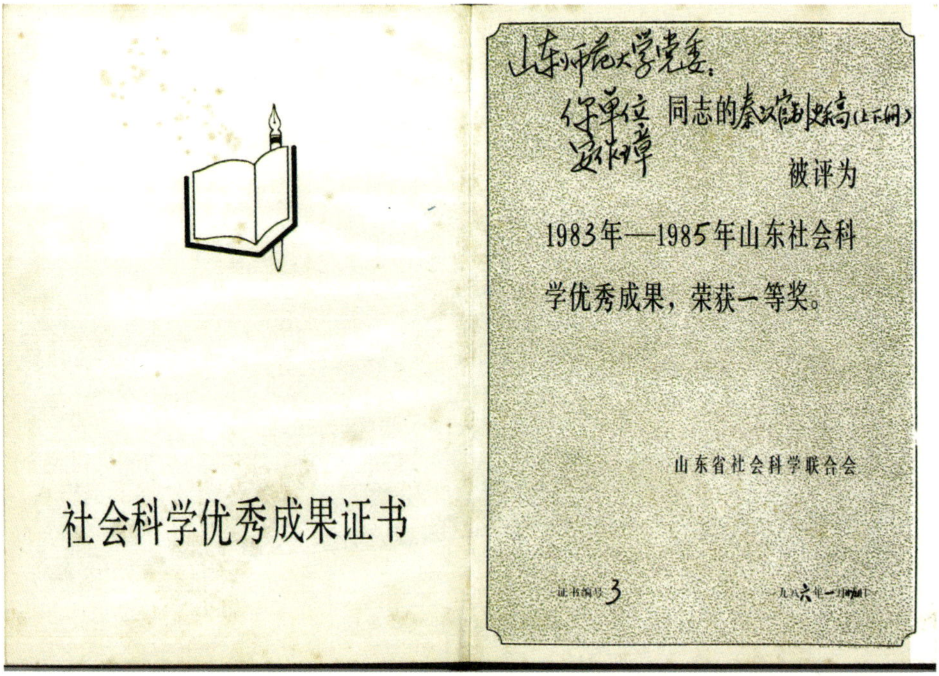

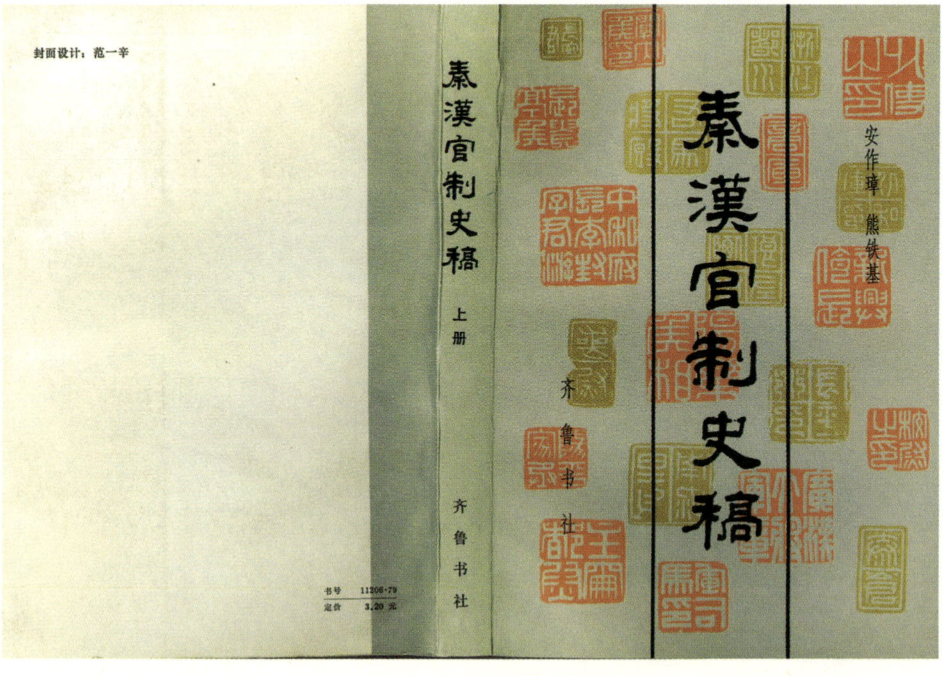

《秦汉官制史稿》获 1983—1985 年山东社会科学优秀成果一等奖（1986 年）

安作璋等同志的《刘邦评传》

被评为第 五 次山东省社会科学优秀成果

一 等奖，特发此证。

山东省社会科学优秀成果奖评选委员会

编号：004

一九九一年二月

《刘邦评传》获第五次山东省社会科学优秀成果一等奖（1991 年）

安作璋主编的《山东通史》

被评为第十一次山东省社会科学优秀成果

一等奖，特发此证。

山东省社会科学优秀成果奖评选委员会

编 号：007

一九九六年十二月

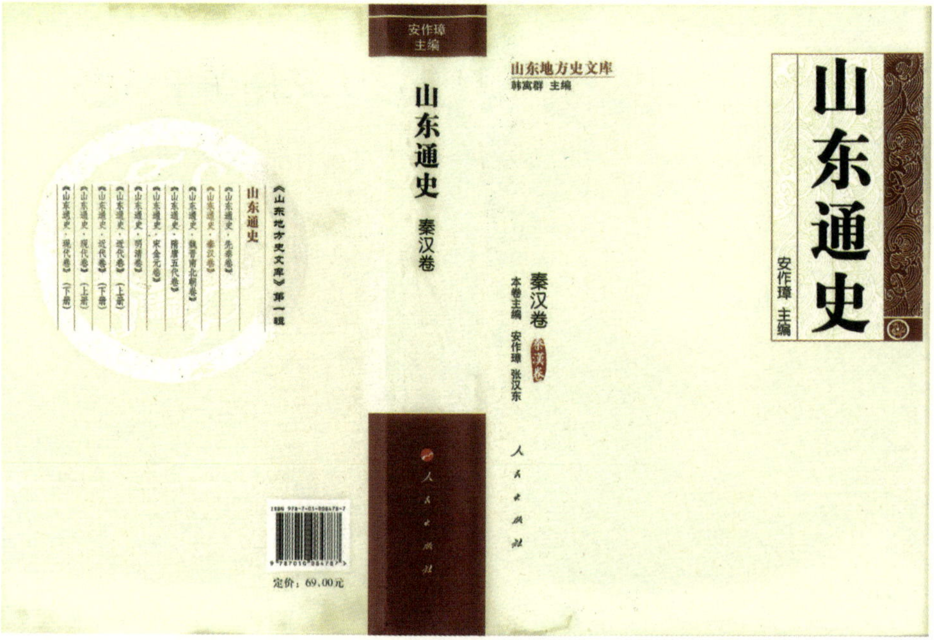

《山东通史》获第十一次山东省社会科学优秀成果一等奖（1996年）

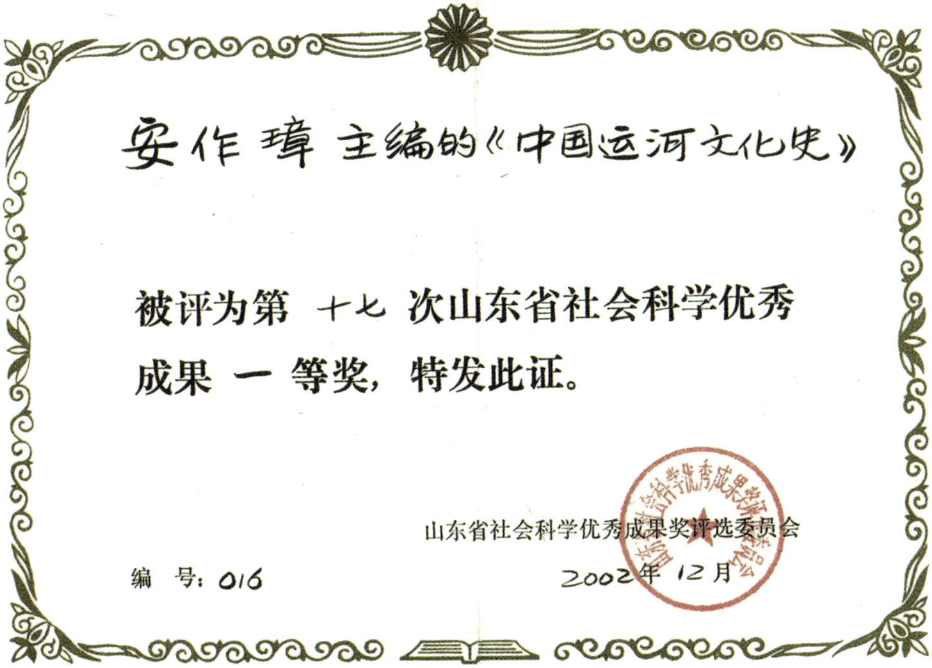

安作璋 主编的《中国运河文化史》

被评为第 十七 次山东省社会科学优秀成果 一 等奖，特发此证。

山东省社会科学优秀成果奖评选委员会

编　号：016

2002年12月

《中国运河文化史》获第十七次山东省社会科学优秀成果一等奖（2002年）

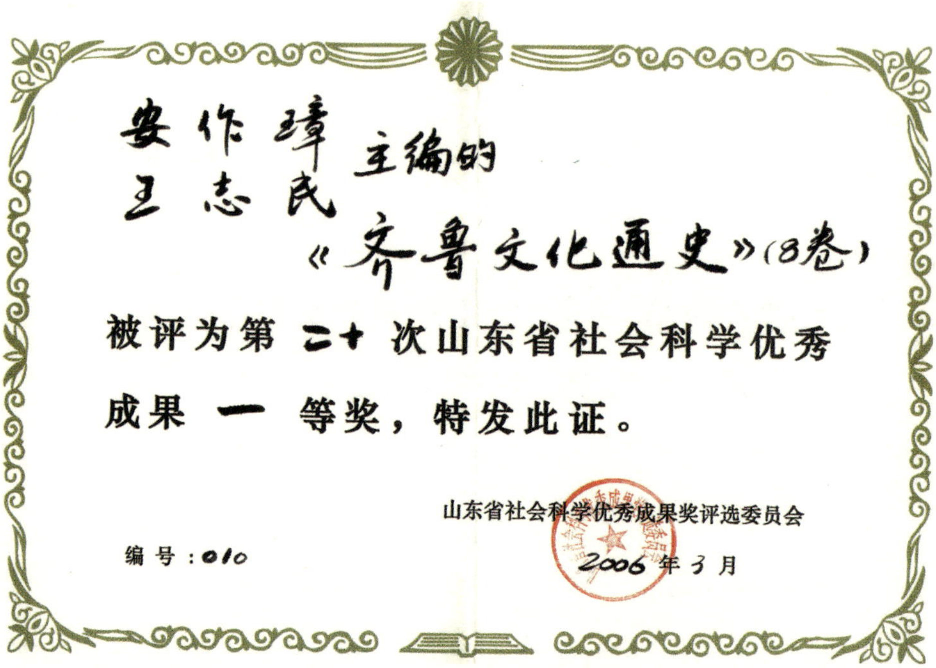

安作璋
王志民 主编的
《齐鲁文化通史》(8卷)
被评为第二十次山东省社会科学优秀成果一等奖，特发此证。

山东省社会科学优秀成果奖评选委员会

编号：010

2006年3月

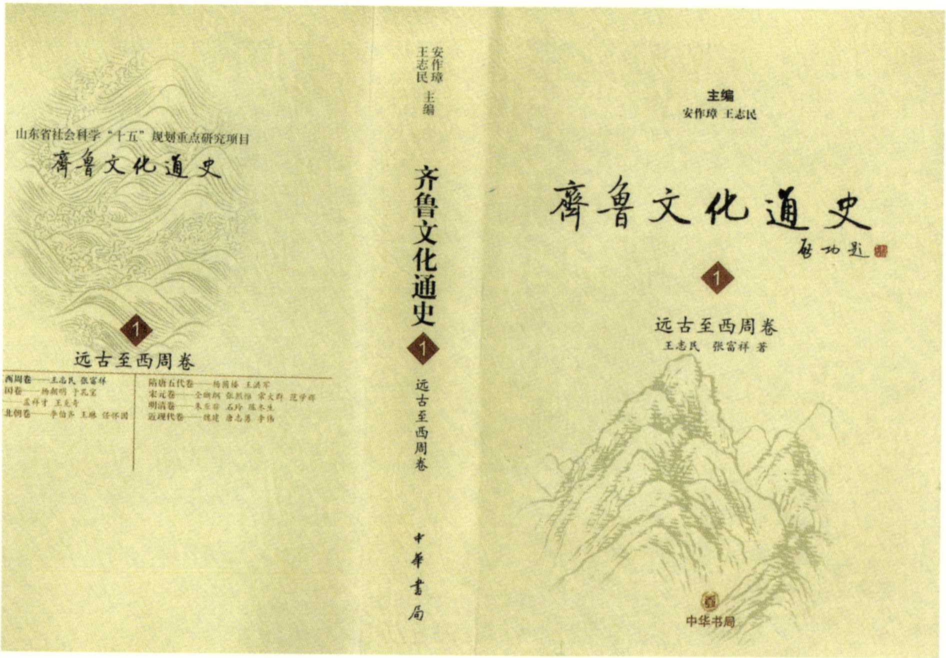

《齐鲁文化通史》获第二十次山东省社会科学优秀成果一等奖（2006年）

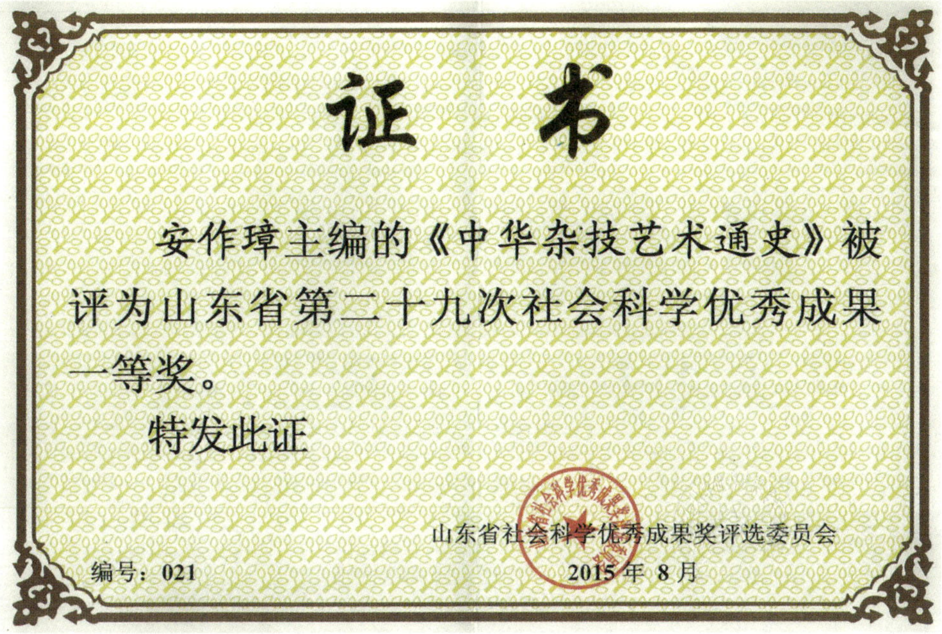

证书

安作璋主编的《中华杂技艺术通史》被评为山东省第二十九次社会科学优秀成果一等奖。

特发此证

山东省社会科学优秀成果奖评选委员会

编号：021

2015年8月

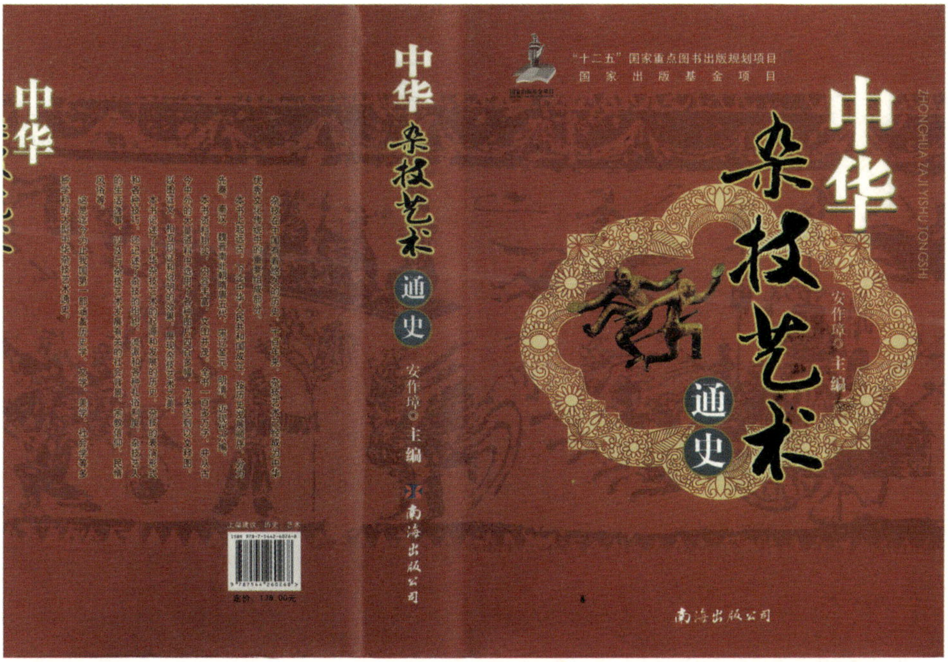

《中华杂技艺术通史》获山东省第二十九次社会科学优秀成果一等奖（2015年）

安作璋先生被选拔为山东省专业技术拔尖人才（1988 年）

安作璋先生再次被选拔为山东省专业技术拔尖人才（1995 年）

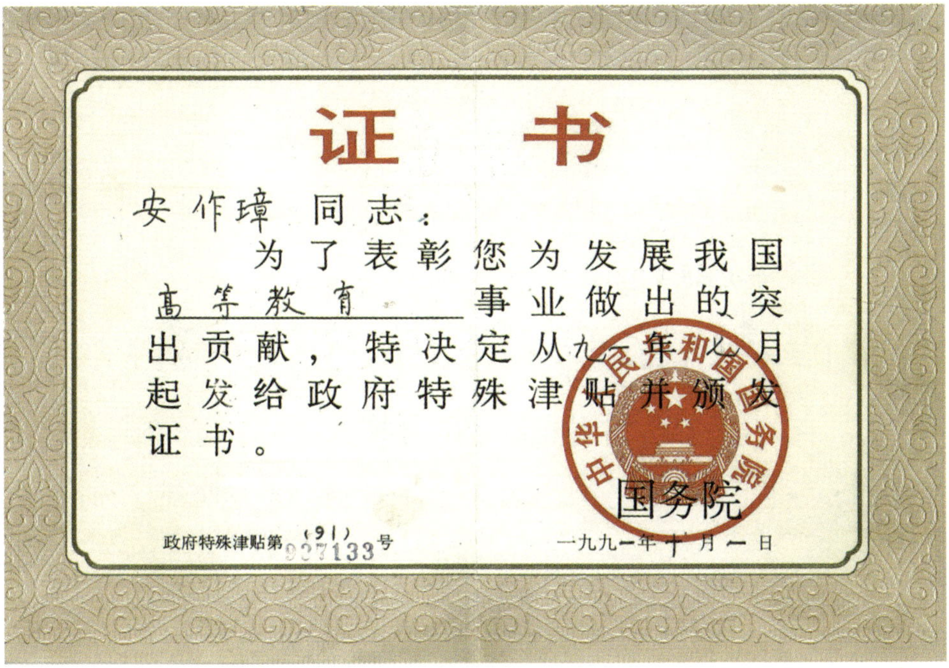

证　书

安作璋同志：

为了表彰您为发展我国高等教育事业做出的突出贡献，特决定从九一年七月起发给政府特殊津贴并颁发证书。

国务院

政府特殊津贴第（91）937133号　　一九九一年十月一日

安作璋先生获得国务院政府特殊津贴（1991年）

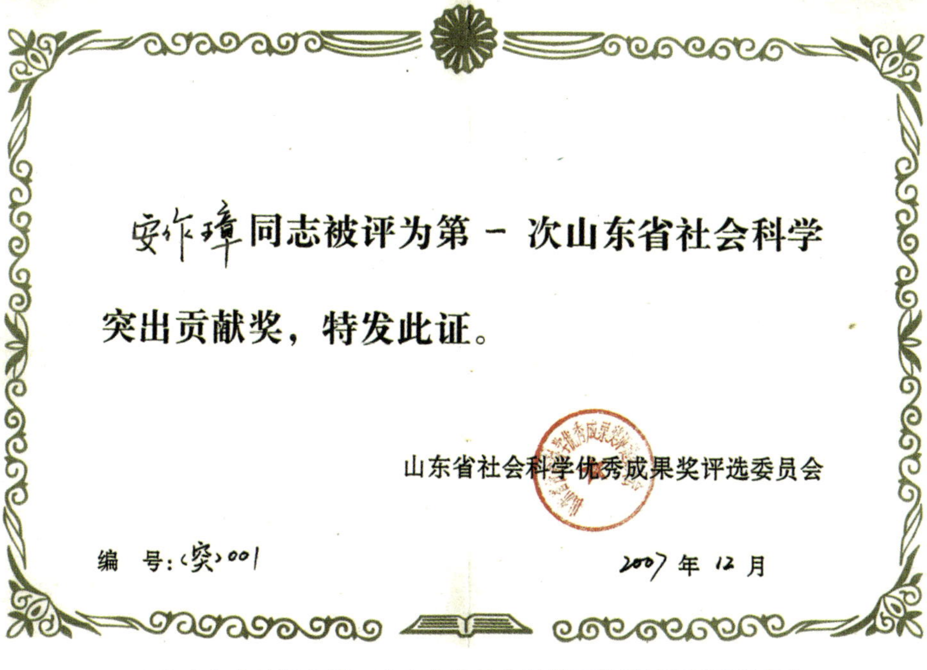

安作璋同志被评为第一次山东省社会科学突出贡献奖，特发此证。

山东省社会科学优秀成果奖评选委员会

编号：（突）001　　2007年12月

安作璋先生被评为第一次山东省社会科学突出贡献奖（2007年）

安作璋先生被评为山东社会科学名家（2018 年）

第八篇

书法作品

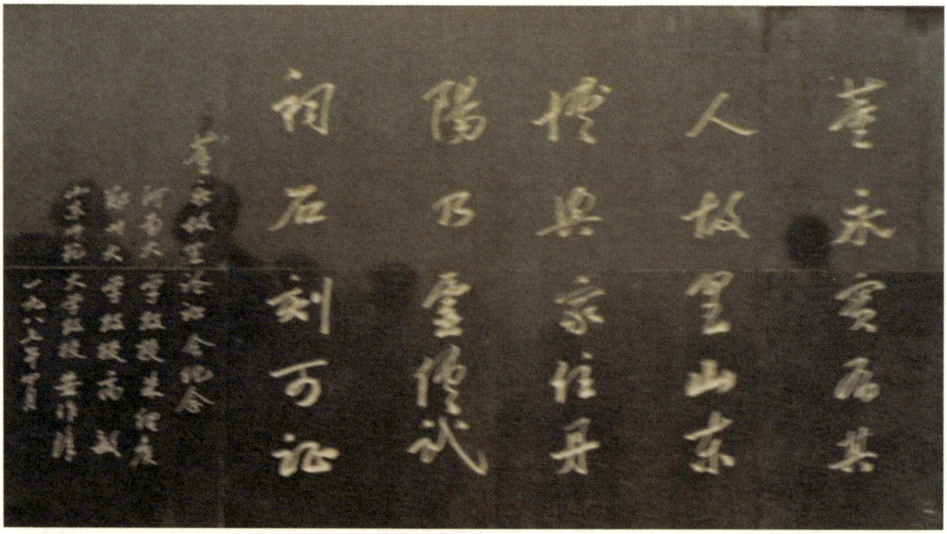

为董永及其故里论证会题词（1987 年 4 月）

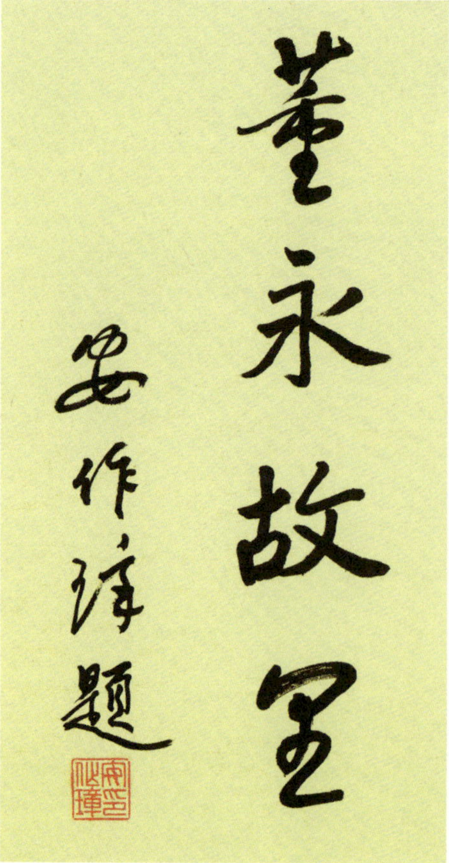

为博兴县董永故里题词

在秦汉史国际学术讨论会上为沛县刘邦纪念堂题词（1988 年 9 月）

为日本学者小西欣弥题词（1988 年）

与日本学者研究中国书法（1989 年 11 月）

为无棣县碣石山复名题词（2002 年）

为陵县文博苑题词“汉风唐韵”（2008 年）

为无棣县碣石山复名十周年题词（2011 年）

为山东师范大学历史文化学院阅读标兵题词（2018 年 12 月）

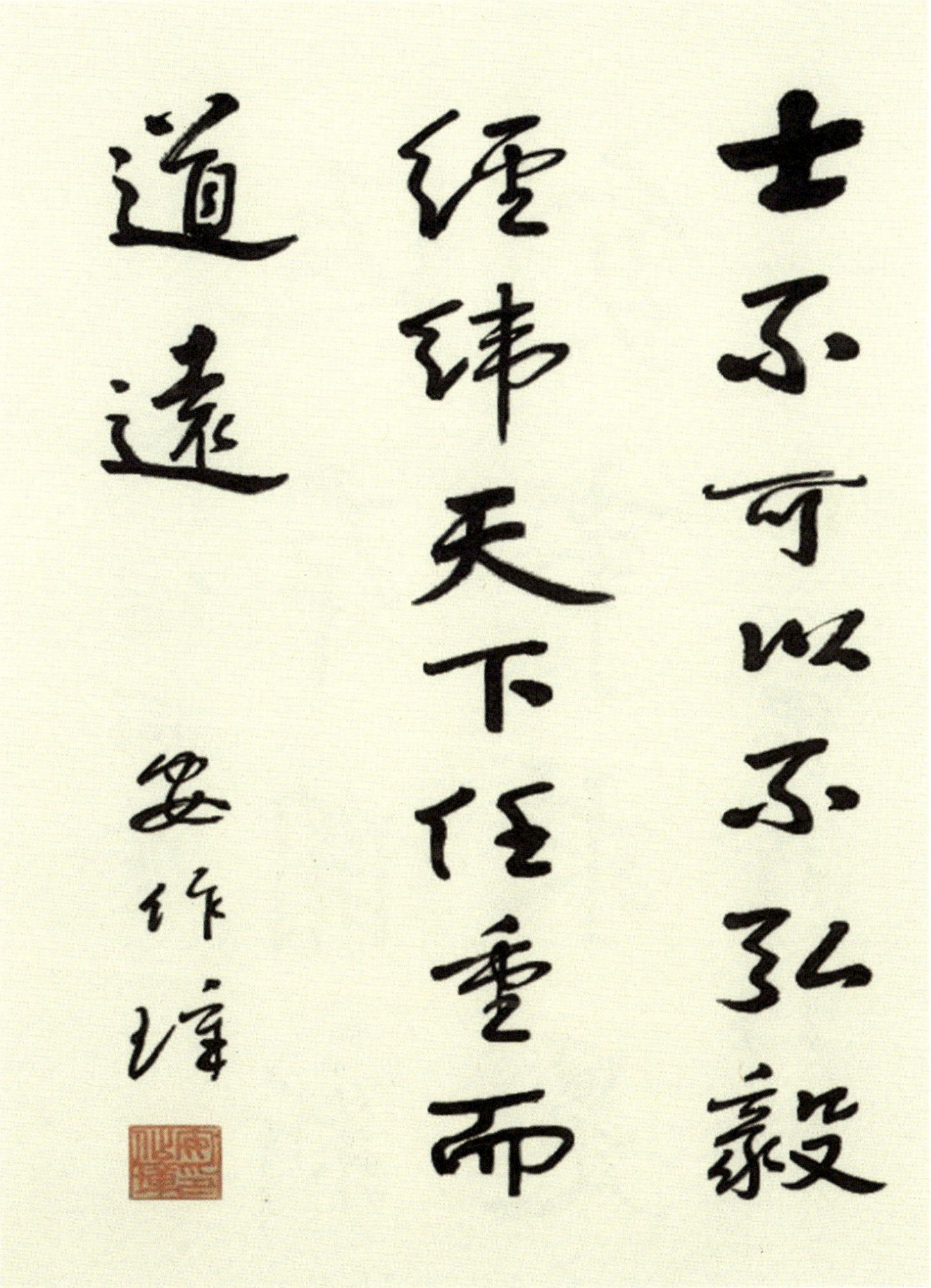

为山东师范大学历史文化学院“经纬论坛”题词

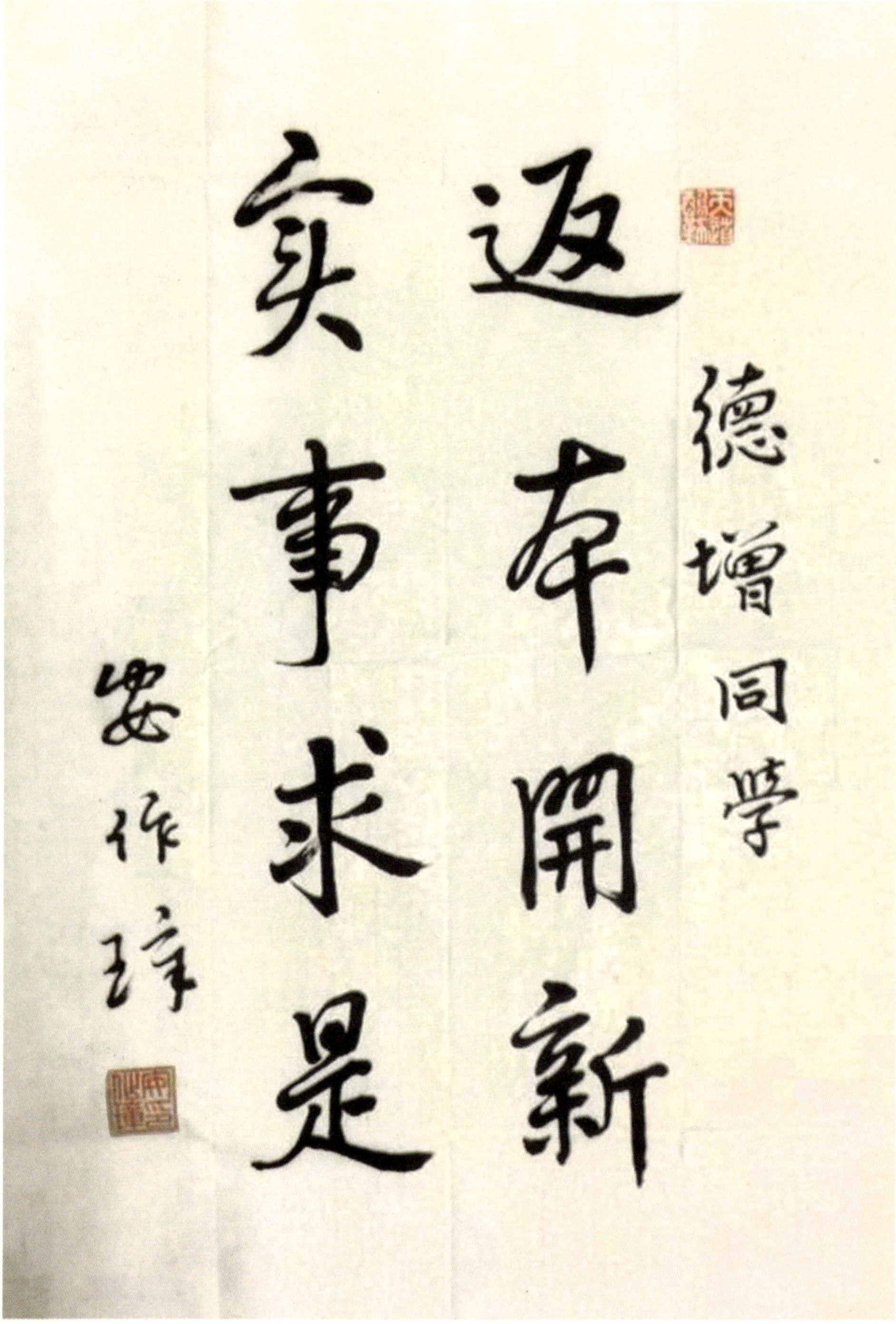

书法作品（为刘德增）

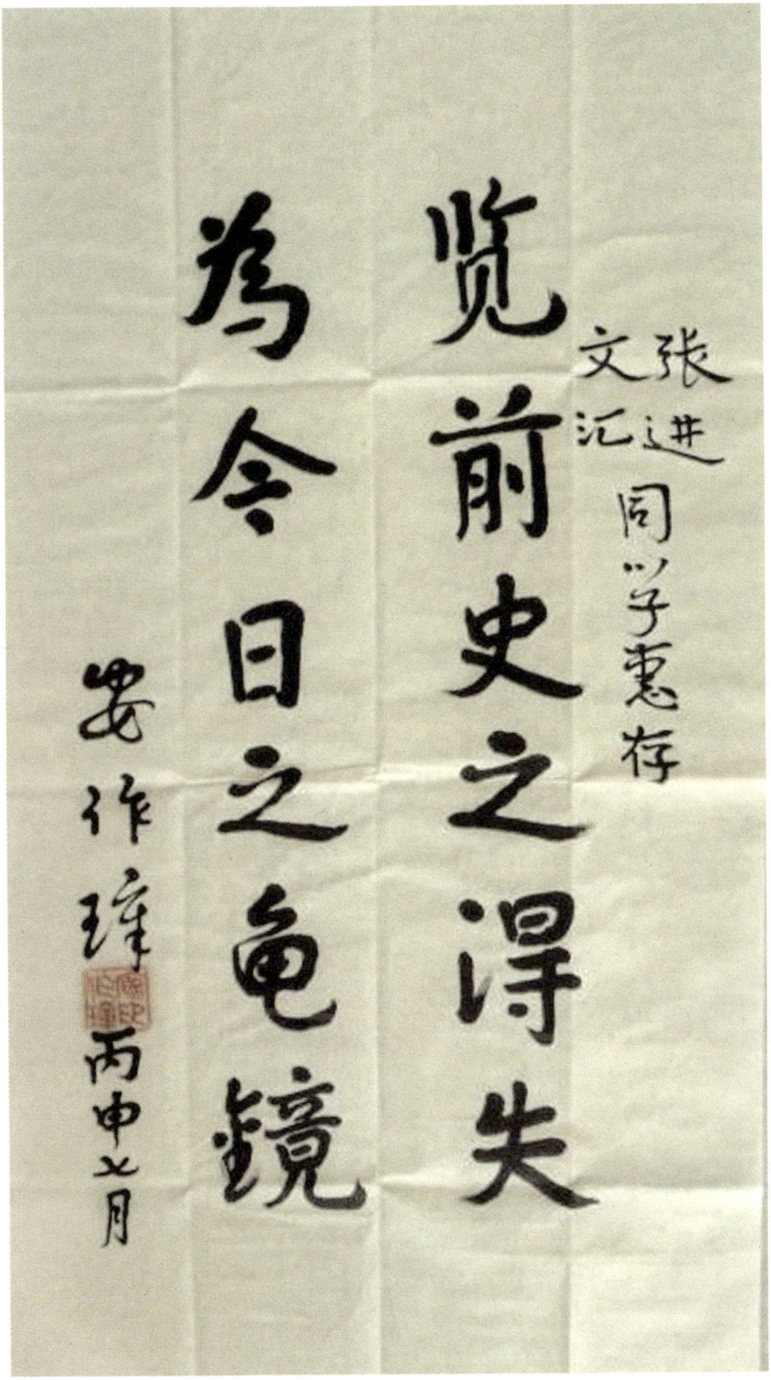

书法作品（为张进等）

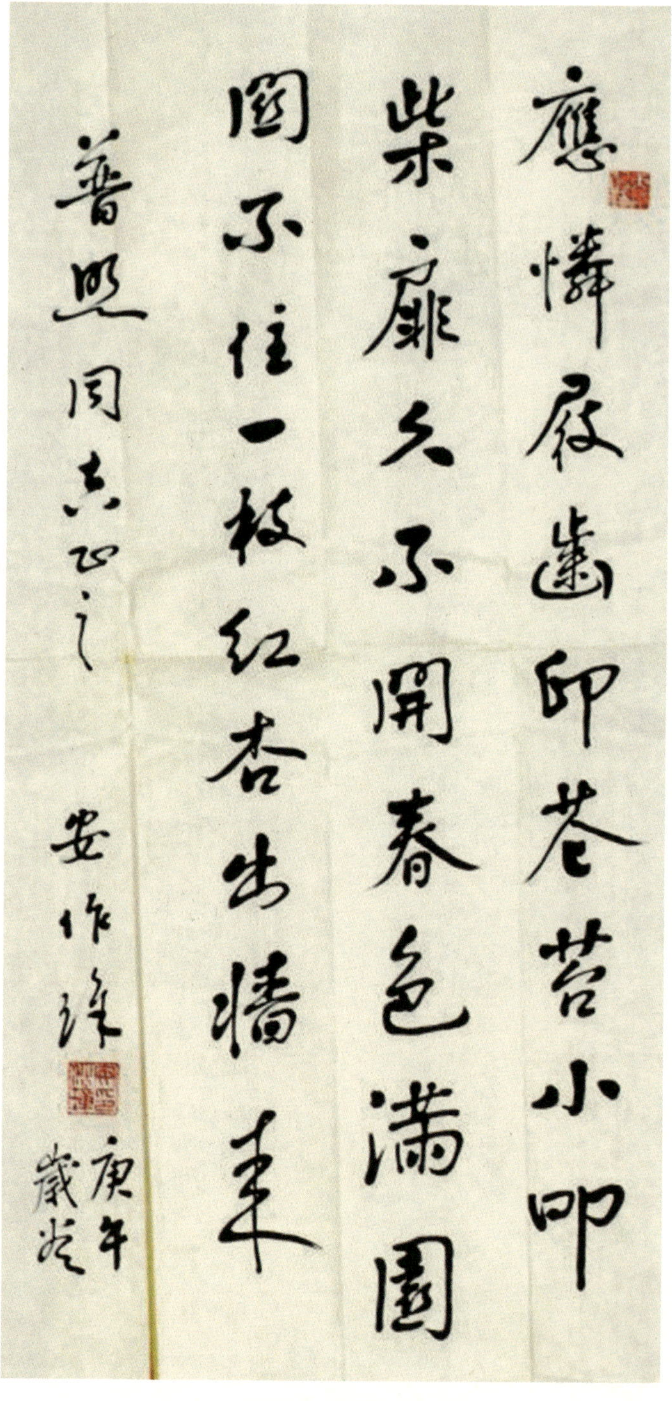

书法作品《游园不值》

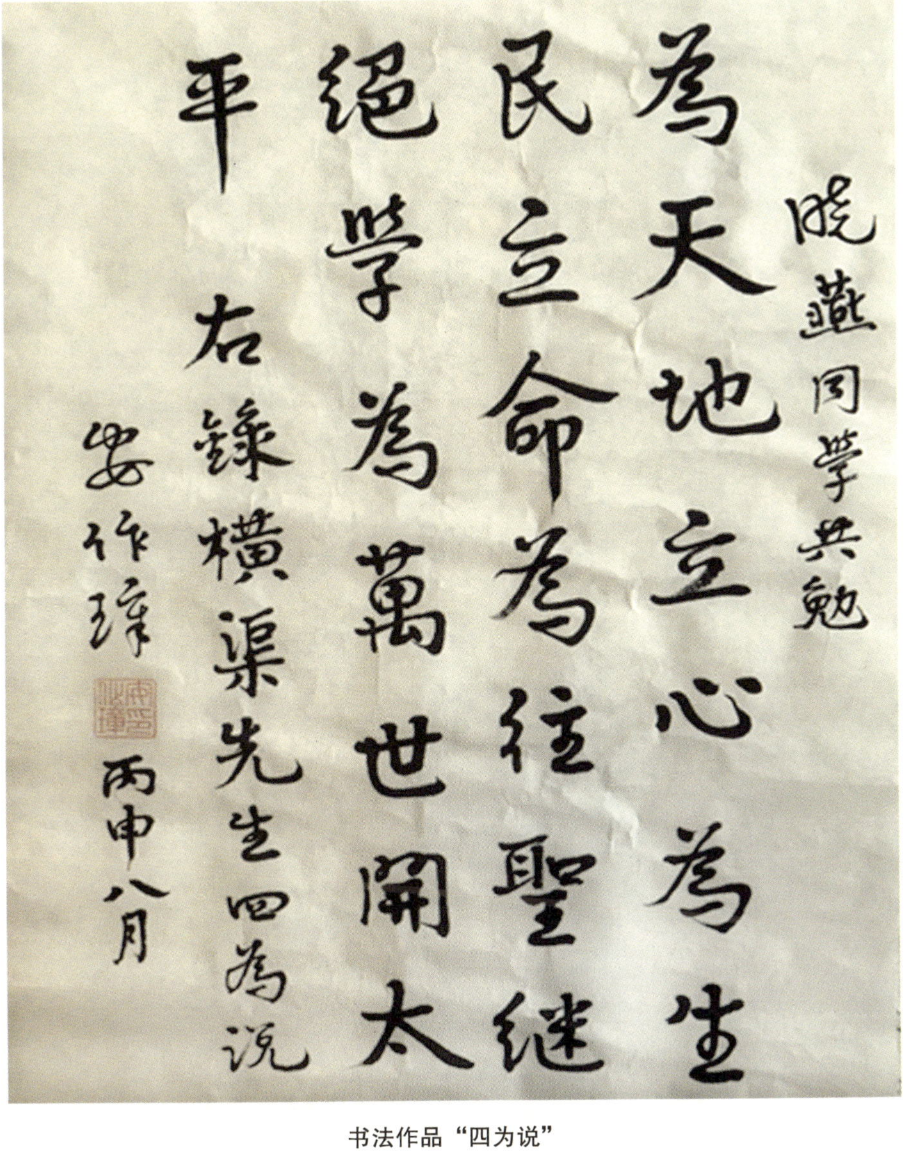

书法作品“四为说”

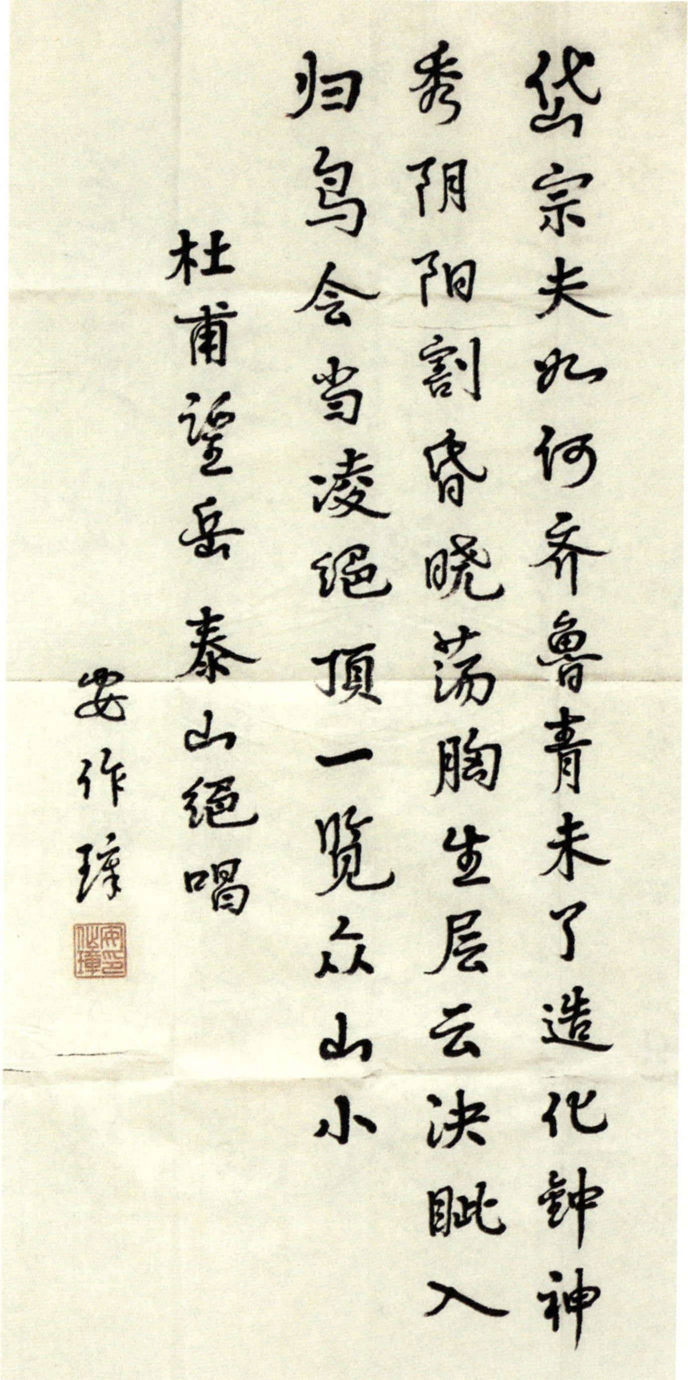
岱宗夫如何齐鲁青未了造化钟神
秀阴阳割昏晓荡胸生层云决眦入
归鸟会当凌绝顶一览众山小
杜甫望岳 泰山绝唱
安作璋

书法作品《望岳》

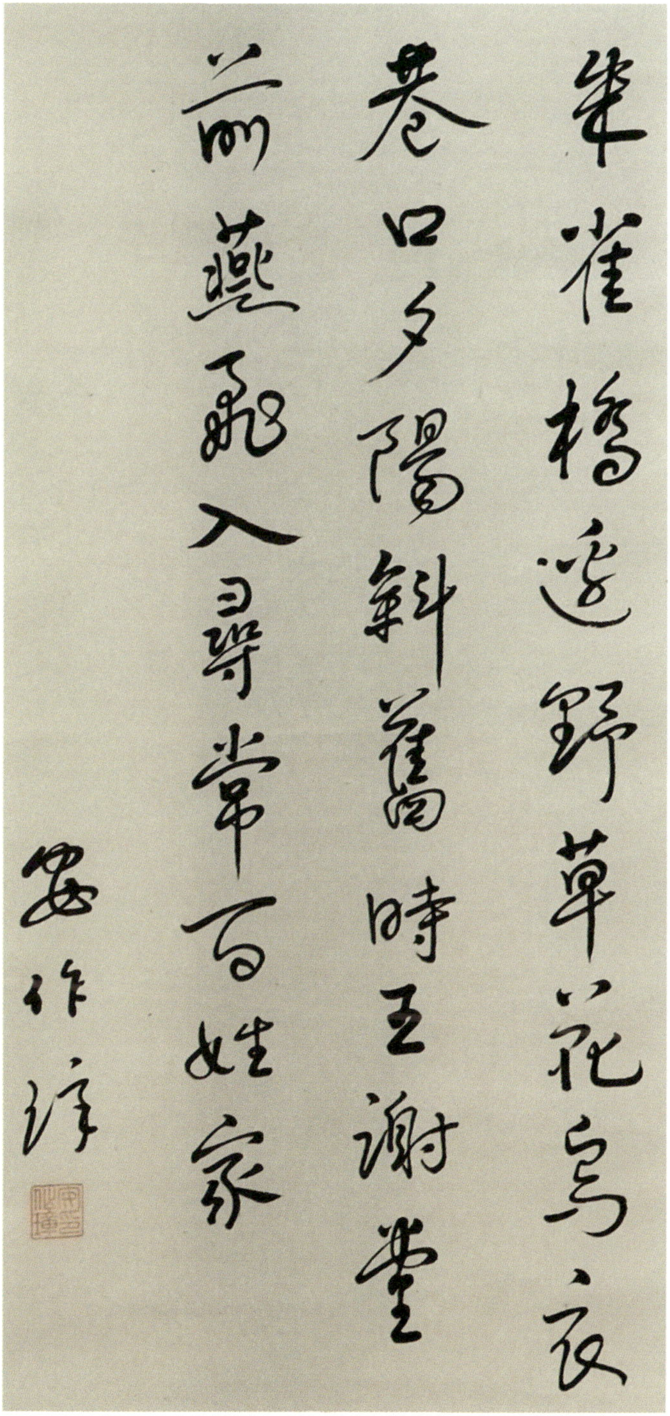

书法作品《乌衣巷》

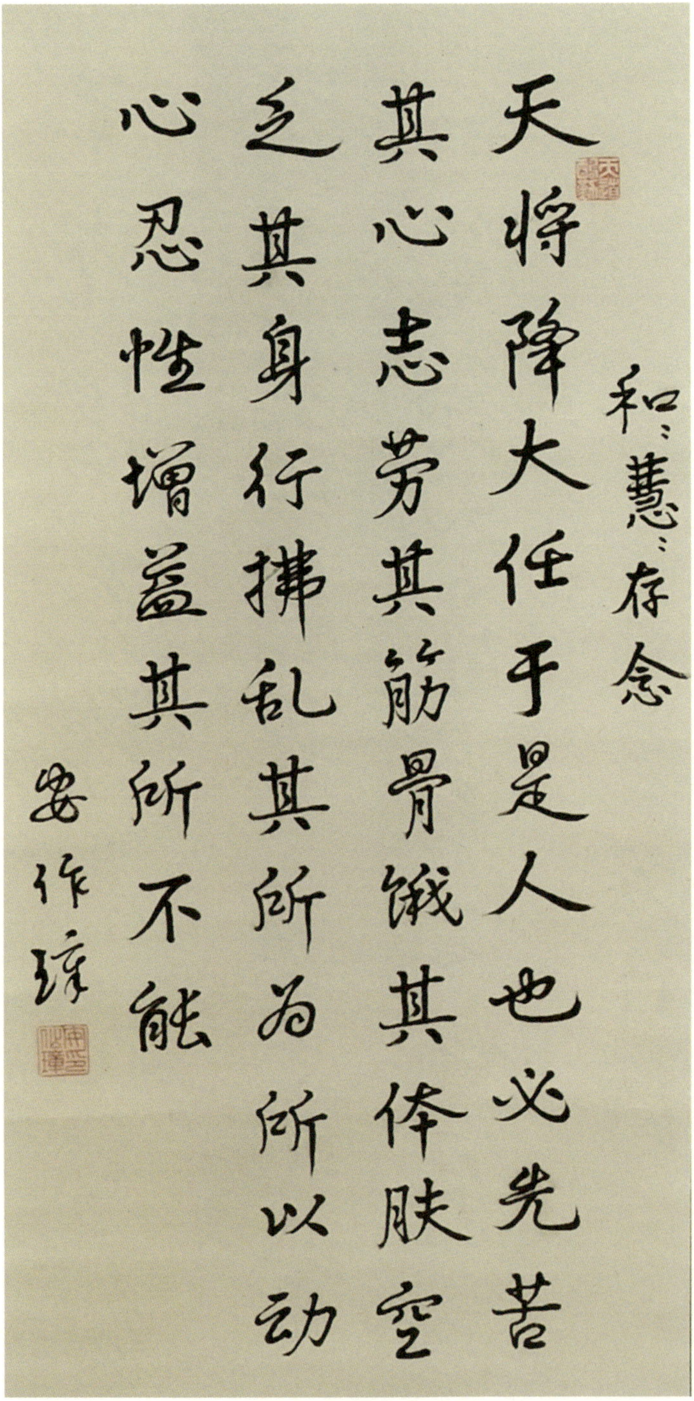
和和慧慧存念
天将降大任于是人也必先苦
其心志劳其筋骨饿其体肤空
乏其身行拂乱其所为所以动
心忍性增益其所不能
安作璋

书法作品“孟子学说”

第九篇

师生合影

与孟祥才、岳庆平等学生合影

与研究生在一起（1）

与研究生在一起（2）

与学生颜辉合影

在国际徐福文化交流研讨会上与学生合影

与德州学院部分教师合影（2004 年）

山东师范大学历史系六○级同学入学五十周年合影（2010年9月）

与 2011 级研究生毕业合影（2014 年 7 月）

与 2015 级中国古代史专业研究生毕业合影（2018 年）

纪念文集

安作璋先生与齐鲁文化基地建设

王志民

获悉安作璋先生逝世一周年要编纂纪念文集，我作为长期以来一直得到安先生指导和支持的后辈学人，应该写一篇相关的文章，以资纪念。我与安先生的交往始于20世纪80年代，几十年来在学术上受其指导、帮助，从个人而言，感念不尽。在十几年前出版的纪念安先生执教五十周年论文集中，我已有专门的表述。在这次纪念安先生逝世一周年之际，我想特别追记一下安先生在山东师范大学齐鲁文化研究基地创建与建设过程中的贡献，以此作为对安先生一生业绩回顾的增补。

我从2000年10月至2015年上半年的十五年中，一直担任教育部人文社会科学重点研究基地——山师大齐鲁文化研究中心（下文简称“齐鲁文化基地”）主任，在此期间，我深深感受到安作璋先生是对齐鲁文化基地支持最多、贡献最大的前辈学者。他在基地筹建、早期发展和整个建设过程中，都给予了诸多帮助和支持。我作为一个亲历者，至今回想，仍感念不已。我校齐鲁文化基地的筹备和创建始于1999年，2000年10月通过教育部专家组的考察、认定，2001年3月正式挂牌成立。基地的创立和建设是我校学科发展史上一个重要事件。教育部明确提出基地应是该学科领域“全国唯一、全国一流”的学术重镇。齐鲁文化基地是山东省属高校中唯一的教育部社科基地。安先生在这个基地的建设中倾注的心血，也是他对山东师范大学建设发展做出的重要贡献之一。

安先生是基地筹备、创建工作的主要参与者。虽然我对最初一段时间工作的具体过程了解不多，但有一点是可以肯定的，基地能申报成功，除了学校领导的正确决策和坚定支持，我校有两位学者做出了特殊贡献：一位是安作璋先生，一位是中文系的魏建教授（时任中文系副主任）。按教育部要求，基地必须以博士点学科建设为基础，而我校当时文科只有现当代文学一个二级学科博士点，魏建教授作为该学科的学术骨干，全力担负起了基地的筹建工作。安先生从 20 世纪 50 年代始就十分关注山东地方史研究，他是我校少数几位最早从事与齐鲁文化有关领域研究工作的知名学者之一。安先生主编的《山东通史》以及他带领的团队在山东地方史研究中取得的诸多成果，无疑是基地得以申报成功的主要学术基础。为迎接教育部对基地的评估，安先生支持、指导和参与了大量的筹备工作。我本人亦是因基地建设之需，于教育部评审前夕调入山东师范大学的。记得我于 2000 年 10 月 16 日上午到山东省高校工委接受谈话调入山师大任副校长，下午就在学校参加了紧张的迎接教育部评审工作会议。10 月 22—24 日，我以齐鲁文化研究中心主任（当时“中心”实际并未成立）名义向评审组汇报，这其中各种筹备工作和汇报材料都是在安先生的指导下完成的。评估很成功，基地得到了专家组的充分肯定。在这短短的几天中，我充分了解到学校创建基地的不易以及安先生、魏建教授等对创设基地所耗费的心血和做出的贡献。

2001 年 3 月，齐鲁文化基地经教育部批准正式挂牌成立，安作璋先生担任首届学术委员会主任。他对齐鲁文化基地早期建设特别是学术建设做出了突出贡献。这期间有几件重要事情令我感受尤为深切。

其一，安先生全力支持齐鲁文化基地科研楼（逸夫楼）的建设。教育部为推动基地建设，提出了严格的五项建设目标和考核标准，其中，对基地的办公条件和科研用房面积提出了明确要求。为了使办公条件“达标”，学校提出了努力争取教育部支持，单独建一座齐鲁文化基地科研楼的设想。2001年春天，我首先到教育部找到分管副部长王湛（1978级山东大学中文系研究生），汇报了相关情况，并递交了申请“邵逸夫基金”建设齐鲁文化基地科研楼的报告。在此过程中，我了解到当年的项目投放重点是西部地区，就与安先生商议如何确保申请成功。安先生不顾年事已高和路途遥远，与我及朱亚非副主任一起，到北京找中组部原部长张全景同志做了认真汇报，该项目的审批最终得以通过。而在整个科研楼的规划、设计及奠基、建设过程中，安先生也始终热切关心，并提出各种合理化建议。大楼建成后，齐鲁文化基地从3号教学楼西头乔迁新址，我们决定特设永久性“安作璋办公室”，以表达对安先生的敬意。

其二，安先生自2000年至2007年担任齐鲁文化基地第一、二届学术委员会主任，为基地早期的学术建设做出了重要贡献。

一是安先生对基地建设进行了全面指导和关注。设置人文社科重点研究基地是教育部的一项创新性举措，但基地如何建设是一项“摸着石头过河”的探索性课题。我们在诸多问题上都得到安先生的支持和指导。可以说，基地初创时期，安先生和我们一起走过了一段开拓、创新、探索的过程。例如，按教育部“五项建设标准”的要求，基地要实行“机构开放、内外联合”，必须实现与省内外高校联合共建。其中尤其强调基地要联合校内外力量，组织重大攻关项目，产出重大标志性成果，不能成为个人科研联合体。要以项目为纽带，在校内外聘任专、兼职研究人员，而且校外“专职研究员”要占一定比例，等等。我们在探索实施的过程中，往往都是与安先生一起商量形成意见，或者在认真听取他的意见后再做决定。他往往非常认真地了解情况，并直言不讳地提出意见和建议，对我们当时的各项工作给予多方面的支持和指导。可以说，安先生在基地的初创、建设时期发挥了重要作用。

二是在安先生的主持下，齐鲁文化基地组成了一个国内顶尖的学术委员会。委员包括知名学者李学勤、庞朴、牟钟鉴等国内资深一流学者，以及中国人民大学国学院常务副院长黄朴民、首都师范大学终身教授白奚等知名专家。这对于提升齐鲁文化基地的学术地位、指导基地的建设特别是学术发展起了巨大的作用。

首先，我们坚持年会制度，使学术委员会深入基地建设实际，发挥具体的指导作用。基地学术委员会每年由安先生主持，准时召开至少一次全体成员会议并形成惯例。每次会议都要汇报、总结上一年科研工作的情况和存在的问题，并提出下一年工作计划和意见，经过学术委员会讨论、修改，最终通过新一年工作计划。这就大大提升了基地科研工作的科学性、统筹性和前瞻性，使基地建设有了更明确的方向和目标。

其次，充分调动学术委员的积极性，发挥学术委员会对于重大问题的决策、监督和指导功能。基地的“十五”和“十一五”科研总体规划都是在安先生主持下，由学术委员会讨论、修订和通过的。在2006、2010年，教育部对全国人文社科重点研究基地的评估、总结中，齐鲁文化基地得到充分肯定和表扬，这与安先生领导的第一、二届学术委员会所做的贡献是分不开的。

三是为基地跟国内外高校、科研机构合作架起了桥梁，提升了合作的层次和力度。由于学术委员会成员的学术水平高、人脉广、影响大，以及他们对基地具有强烈责任心，齐鲁文化基地从一开始就加强了与国内外有关单位的合作力度，与中国社科院、北京大学、中国人民大学、清华大学等单位的学者得以开展较广泛的交流与合作，并保证了这种合作的层次和项目、成果的质量。例如，2006年，在庞朴先生的邀请和李衍柱教授的帮助下，我们特聘了杜维明先生为基地客座教授，并达成与美国哈佛大学燕京学社的国际合作，于2007年共同举办了“儒家思孟学派国际学术研讨会”，十几个国家的近百名学者在山师大齐鲁文化研究中心，就思孟学派与郭店竹简出土文献的结合研究进行交流讨论，形成了50万字的论文集，在国内外学术界产生了重大影响，受到教育部社科司领导的肯定与赞扬。

其三，主持编纂《齐鲁文化通史》，成功完成基地第一项标志性成果。基地挂牌之后，我们与安先生商议如何落实教育部提出的“机构开放、人员流动、内外联合、竞争创新”的科研体制要求，组织重大攻关项目。我们不约而同地认识到：编纂多卷本《齐鲁文化通史》是山东学术界多年来想干又难以完成的重大学术工程，齐鲁文化基地应该承担起这一重要责任。经过研究商定，由安先生与我共同担任《齐鲁文化通史》主编，2001 年春天启动项目。

在长达三年的编纂过程中，安先生与我们一起从以下几个方面开展工作。一是组织了包括校内外二十余位专家学者在内的编纂队伍。主要成员包括山大、山师、曲师以及其他高校的学者、专家，从人才和组织上保证了该项目的编纂质量。二是分阶段召开了十几次编纂工作会议。安先生不顾年事已高，几乎参加了所有的编纂会议，并在会上就项目任务和出现的问题，提出具体的意见和要求。三是特别注重草稿完成之后的统稿工作。多人编纂一套《通史》，写法不同，风格各异，统稿是关键。这大概用了近一年时间。在此期间，我们严格按照制定的体例要求，逐卷审查、统稿，安先生花费了大量心血，全面、具体地指导了稿件的修改和统稿，保证了全书的质量。该书共八卷三百五十万字，2004 年完成。这是当时国内地方文化通史编纂中，规模最大、完成较早、质量最高的一部通史。该书由中华书局出版发行后，在全国学术界产生了良好反响，被评为山东省社会科学优秀成果一等奖。

此后，在安先生的指导下，我们又迅速启动了“齐鲁历史文化丛书”（100 册）的规划和编纂工作，并在两年后全面完成出版。学校对齐鲁文化基地建设也有多方面强力支持。鉴于基地在组织重大攻关项目和标志性成果方面的开拓创新精神，2006 年，在教育部哲学社会科学工作会议上，赵彦修校长代表学校就基地建设做了典型发言。2007 年，教育部社科司在我校召开了综合类基地的现场研讨会，对我校基地工作给予充分肯定。

2007 年以后，因安先生已八十高龄，根据教育部的相关要求，基地学术委员会主任改由清华大学国学院院长陈来先生担任。但是安先生仍时时关心和关注基地的建设与发展。此后我们实施的许多重大攻关项目，如《山东文化世家研究书系》（28 种）、《中国地域文化通览 · 山东卷》、《山东省历史文化遗址调查与保护研究报告》、《山东区域文化通览》（18 卷）等，都先后得到安先生的指导和帮助。安先生一直关心着基地的建设和发展，对基地建设的许多重要问题提出了建设性意见。

在安先生逝世一周年的时候，回想起先生对于齐鲁文化基地建设的突出贡献和基地建设发展很不平凡的二十年，我有诸多感慨。正是在以安先生为核心的一大批专家学者的共同努力下，在学校所有关心和爱护齐鲁文化基地的领导的大力支持下，齐鲁文化基地才在艰难中一路跋涉，开拓进取，并时有收获。作为长期领导基地建设的老院长，我借纪念安先生之机向所有曾经关心、爱护和支持过基地发展的各位同志表示衷心感谢！也让我们一起缅怀安作璋先生为我校齐鲁文化基地建设做出的突出贡献。

2019 年 8 月 23 日于多伦多

（作者系山东师范大学原副校长、齐鲁文化研究院原院长）

安作璋的治学思想与方法

卜宪群　靳　宝

安作璋，山东师范大学教授，在史学园地里辛勤耕耘60余年，成就斐然，以中国秦汉史研究为中心，对秦汉政治制度、经济社会、文化思想、民族关系、对外关系等方面均有深入研究，并扩展到中国通史、历史文献学、地方史、运河史等领域。曾有人向他请教治史秘诀，安作璋回答："我没有什么秘诀，如果说有，那就是'业精于勤'四个字，即眼勤、脑勤、手勤，也就是勤于读书、勤于思考、勤于写作。没有面壁十年的精神，是作不出真正学问的。凡是有成就的学者，都要经过热桌子与冷板凳的锻炼。"[①] 这是他的谦逊之辞，亦道出了其治学思想的一个重要方面，即业精于勤与持之以恒的治学态度。其他诸如坚持马克思主义与中国历史学实际相结合的治学原则，坚持"通古今之变"的治史追求，坚持传承与创新发展的治史理念，坚持古为今用的治史宗旨，同样是先生史学研究取得巨大成就的思想与方法意义上的法宝。

一、始终坚持马克思主义与中国历史学实际相结合的治史原则

关于史家修养问题，中国古代史学有较为丰富的理论遗产。唐代史学

① 国务院学位委员会办公室编《中国社会科学家自述》，上海教育出版社1997年版，第802～803页。

批评家刘知几就提出了史家“三长说”，即“才”“学”“识”。他认为：“夫有学而无才，亦犹有良田百顷，黄金满籝，而使愚者营生，终不能致于货殖者矣。如有才而无学，亦犹思兼匠石，巧若公输，而家无楩楠斧斤，终不果成其宫室者矣。犹须好是正直，善恶必书，使骄主贼臣，所以知惧，此则为虎傅翼，善无可加，所向无敌者矣。”① 刘知几明确指出，只有具备才、学、识，才能担当“史任”。这是他的史家素养论的核心，也是他提出的史家素养的最高标准。② 清代史学批评家章学诚对刘知几才、学、识的史家“三长说”加以丰富与发展，提出“史德”素养，构成了史家“四长说”。章学诚认为：“能具史识者，必知史德。德者何？谓著书者之心术也。”③ 所谓“心术”者，就是说史家要充分尊重客观历史，自觉提升史学素养，成为良史。

安作璋结合自身治学历程，对史家“四长说”这一中国优秀史学理论遗产进行了继承与发展。他强调，历史研究必须要有正确的理论做指导，这便是史识。这种正确的理论就是马克思主义唯物史观，即历史唯物主义和辩证唯物主义。如何把握这一“史识”？安作璋提出了两方面的要求，一是用马克思主义的观点和方法做指导，开创历史研究的新局面。随着时代发展，历史研究必然会产生一系列这样那样的理论，但我们始终不能放弃以马克思主义为指导，要避免从一个极端走向另一个极端。离开马克思主义理论做指导，史学研究就必然要走入歧路。二是不应把马克思主义理论当作僵死的教条，到处乱套，而是要真正理解马克思主义，掌握马克思主义的精神实质和立场、观点、方法，并将其与中国历史实际相结合。具体到秦汉史研究领域，就是要努力把马克思主义的基本原理和秦汉的历史实际相结合，以便探索出一条研究中国式的而不是希腊、罗马式的

① 《旧唐书》卷一〇二《刘子玄传》，中华书局 1975 年版，第 3173 页。

② 瞿林东《中国简明史学史》，上海人民出版社 2005 年版，第 320 页。

③ 章学诚撰，叶瑛校注《文史通义校注·史德》，中华书局 1985 年版，第 219 页。

或其他形式的奴隶制和封建制的途径，这是学习研究秦汉史的最根本的途径。[①] 他曾多次强调，中国历史学要始终在马克思主义指导下开展研究，这个原则不能有丝毫动摇。建设有中国特色的马克思主义历史学，应是我们努力的方向。

安作璋治史先从秦汉经济史入手，其中一个重要原因就是受到马克思主义唯物史观的影响与指导。他在一次学术采访中就明言：“我研究秦汉史从经济史入手是和当时我接受的新理论体系有关。当时我正好是在学习马克思主义历史唯物论和辩证法，唯物辩证法认为，研究历史首先要从经济基础开始，这是第一个原因；再一个原因是农业经济在经济领域中是一个决定性的部门。恩格斯就说过，研究经济首先要从农业开始。古代经济基础的关键部门是农业，像中国奴隶制度、封建社会制度的形成，基本上都是从农业开始的，因为中国是农业立国……所以说，历史研究要从经济基础入手，经济基础主要是在农业经济，这是我选择从农业经济史入手的原因。”[②]

安作璋关于秦汉社会性质的讨论，其理论指导也是马克思主义。《西汉经济制度和政治制度》这篇长文，是其较早运用马克思主义理论研究秦汉历史的重要成果。该文通过分析毛泽东关于中国封建制度的几个基本特征，结合秦汉历史实际，得出了比较令人信服的结论，即西汉应该是封建社会，但作为一个社会发展阶段来说，西汉还没有达到封建社会的发展时期，而只能是封建社会的初期或形成时期。[③] 诸如《班固与〈汉书〉》(后又有增订本《班固评传——一代良史》)、《秦汉时期封建地主阶级的

---

① 这些治学思想主要集中于安作璋的几篇学术总结文章中，如《关于秦汉史的学习与研究》《困学杂谈》《史学功能与史家修养》《从编写〈中国史简编〉中所产生的几点想法》《我与〈山东通史〉的编纂工作》《关于秦汉史与山东地方史综合研究》《回顾与展望——20 世纪中国历史研究刍议》等。详见安作璋《学史集》，中华书局 2001 年版。下文所引，均不再注明。

② 康香阁《史学大家安作璋先生访谈录》，《邯郸学院学报》2011 年第 3 期。

③ 安作璋《西汉经济制度和政治制度》，《山东师院学报》1959 年第 5 期。

特点和历史作用》等论著[①]，都是在马克思主义唯物史观的指导下所做的史学研究。前者，对班固家世、生平，特别是他在中国史学上的贡献做了客观梳理、分析和研究，体现了一位研究者实事求是的治学思想。后者，对秦汉时期封建地主阶级的构成、特点进行了深入探讨，并客观分析了这一历史主体的历史作用，他在文末说："只有这样来认识秦汉时期的封建地主阶级，才是历史唯物主义的态度。"

二、始终坚持"通古今之变"的治史追求

史学家司马迁的著述追求是"欲以究天人之际，通古今之变"，通变思想遂成为中国传统史学的优秀文化遗产之一。这既体现在历史编纂学方面，又影响到史学撰述的宗旨。在马克思主义史学理论指导下，二者呈现新的时代特征：一是指通史编撰，二是指要认识和掌握历史发展的规律。两者相辅相成，只有通过通史的编撰和研究，才能概括出更加符合中国历史特点的规律；反过来，以总体性特征和规律认识和把握每一社会形态或这一社会形态的不同发展阶段的历史及其特点，才能更清晰地反映科学性和历史性。

安作璋的史学研究就呈现出这样的治史追求。正如他所言："大家都知道我是专治秦汉史，实际上治秦汉史只是我研究历史的一个试验田，通过治秦汉史，我摸出了一点门道，积累了一些经验。我真正想研究的还是通史，就是'通古今之变'，这是我最后的目的。"[②] 1986 年他编撰《中国史简编》，1993 年主编《山东通史》，2001 年主编《中国运河文化史》，

---

① 安作璋《班固与〈汉书〉》，山东人民出版社 1979 年版；《班固评传——一代良史》，广西教育出版社 1996 年版；《秦汉时期封建地主阶级的特点和历史作用》（与逄振镐合作），历史研究编辑部编《中国封建地主阶级研究》，中国社会科学出版社 1988 年版。

② 康香阁《史学大家安作璋先生访谈录》，《邯郸学院学报》2011 年第 3 期。

2004年主编八卷本《齐鲁文化通史》（与王志民合编），2008年主编六卷本《济南通史》。这些论著都是“通古今之变”这一治史追求的重要体现。

就如何编写一部完整的中国通史，安作璋提出了三个方面的思考和经验总结。一是纵向的“通”，也就是弄通历史的来龙去脉，或者称为纵向联系、逆向考察和顺向考察。具体来讲，首先，要弄通每一种社会形态的最本质特征以及形成这些特征的原因；其次，要弄通前一种社会形态如何向后一种社会形态转变以及转变的环节；最后，要弄通每种社会形态内部不同历史发展阶段的最本质的特征及其形成的原因，以及前一个历史阶段怎样向后一个历史阶段转变。二是横向的“通”，也就是要弄通每一种事物与其左邻右舍的关系，或者称为横向联系。这又包括两方面内容，首先，每一历史时期的政治、经济和思想文化都不是孤立的，而是一个有机整体，应该注意阐明它们之间的相互作用和相互关系；其次，要和处于同一社会形态或同一时期的外国历史相联系，进行比较，方能显示中国历史的特点和规律。三是类通，也就是以类相从，逐类贯通。每种社会形态的每一项历史内容，虽然分散在不同章节，但又都能自成体系，这样既可以避免重复脱节，又便于读者认识和掌握每一类事物发展的线索和规律。

上述安作璋的“通史”编撰思想与方法，是中国通史编撰学的组成部分，具有重要的理论指导意义。除了这一史学贡献，他对于区域通史或地方通史的编撰也有自己的思考，亦值得我们关注和借鉴，为我们提供了地方通史编撰的成功范例。他从编撰队伍、体例、史料搜集、问题研究、成果吸收等方面进行了总结，特别是对于编撰新体系的构建和正确处理地方通史与中国通史的关系，提出了非常重要的认识。《山东通史》的编撰，吸收了中国传统史学编撰的各种体裁的优点，分为通纪、典志、列传、图表四大部分，建立了一个比较完整的山东地方通史体系。以上四个部分都不是孤立的，而是一个有机整体，互相联系，互相补充，有详有略，详略互见，比较充分地反映了山东历史的全貌。在处理山东地方史和中国通史关系方面，他提出既要反映中国历史发展的一般规律，又要突出山东地方史的特点及其在中国历史上的地位。对全国性的重大事件只能做背景叙述，而集中论述其在山东地区的表现；对山东地区特有的事件，除集中论述其本身内容，也需简要论述其对全国的影响。

三、始终坚持传承与创新发展的治史理念

任何史学研究所取得的成就，都离不开继承、吸收以往的学术研究成果及其所产生的理论与方法。从大的背景来讲，就是要继承中国优秀史学遗产，如总结历史经验、重视历史遗产继承、实录精神、史家修养、历史编纂理论与方法、经世致用等传统。还要吸收人类最新的文明成果，和世界文明发展趋向保持一致。要做到这一点，就必须和国际史学界保持交流和沟通，取长补短，相互学习，掌握史学研究的最新动态和研究成果，不做时代的落伍者。否则，我们的史学研究必将逐渐失去生命的活力。当然，我们对待国际史学既不能盲目排斥，也不能盲目接受，尤其是不能被西方的一些唯心主义史学牵着鼻子走，要用马克思主义理论进行分析鉴别，批判地吸收，科学地改造，去其糟粕，取其精华。

继承、吸收，是为了更好地创新。安作璋多次指出，创新绝不是无根据地标新立异、别出心裁，那样的创新是要不得的。真正的创新应该是对前人的研究成果有继承发展，对今日和以后的史学研究有启迪意义和导向作用。他主编的《山东通史》的意义之一就是能为今后山东各专门史的研究起到一种导向作用，这就是《山东通史》的创新之一。

如何才能创新？安作璋提出了六个方面的思考和经验总结。

第一，正确处理专与博的关系。中国历史文献，浩如烟海，要想部部精通是不现实的，应该根据自身的研究方向和课题规划而有所选择，有所

侧重，这是重点。但有重点不等于取消一般，没有一般也就谈不上重点。治史贵乎博大精深，没有渊博的历史知识，要达到精深的地步是不可能的。所谓渊博，也并不是无所不通、无所不晓，就其所学专业来说，不仅要精通，凡是与本专业有关的知识，也都应该通晓。专与博是辩证的、统一的，正确处理好二者的关系，是治史者必须遵循的一条途径。

第二，调查研究，了解行情。一旦研究范围确定了，就要对这个范围内研究的过去、现状及发展趋向都有所了解，包括国内外学术界的研究情况，这就叫了解行情。安作璋还就了解行情的方法做了说明，即索引编制，并强调闭门造车是很危险的。

第三，博采众家之长。安作璋认为，治史如学书、学画，要博采众家之长，方能成一家之言。博采众家之长，不仅是吸收已有研究成果，更为重要的是借鉴别人的治史方法，取其所长，加以融会贯通，这样才能有所提高、有所创新。他读大学时就善于学习吸收导师张西山先生的治学方法和路径，工作后又积极继承、学习马克思主义史学家的治史方法和理论认识。

第四，善于选择结合点和突破点。这一点对于史学研究创新至关重要。针对有人说秦汉史这个领域没有研究空间，安作璋认为这是一种误解。他认为秦汉史虽然研究基础很好，也产生了不少优秀成果，但这个领域还是一片没有完全垦辟出来的荒原，仍大有用武之地。如秦汉社会性质、经济史、阶级关系、政治制度史、思想文化史、民族关系史、中外关系史、历史人物、文献整理与研究、考古与文物等问题，都是值得注意的课题。关键是要选择一些结合点和突破点，譬如关于秦汉博士制度前人已做了若干研究，几乎没有什么更多的疑难问题了，但如果把博士制度与秦汉政治、教育、文化的关系结合起来看，就可以发现新的课题。《秦汉官制史稿》（与熊铁基合作）就是安作璋关于秦汉史研究的突破口之一，这是受到邓广铭先生所谓治史“四把钥匙”（年代、地理、职官、目录）的启示而产生的新课题、新成果。

安作璋所做的秦汉山东地方史研究，亦是秦汉史研究的一个结合点和突破点。他曾指出，如果把秦汉史的研究和地方史的研究结合起来，不但可以开创一个新的天地，而且有可能写出一部既有秦汉大一统背景下的共同性，又有各个地方特殊性的全方位的丰富多彩的秦汉史。事实证明，这一研究方法是可行的。

除了以上四点，还包括研究者自身的勤奋努力，以及鲜明的中国化的马克思主义理论指导，这些都是史学研究创新的重要路径、方法和基础。这对中国秦汉史、中国通史的其他方面内容的研究，都有很好的启迪，有其理论指导意义，值得我们关注和学习。

四、始终坚持业精于勤与持之以恒的治史态度

安作璋曾提出，勤奋出成果，这是个真理。这既是他多年辛勤耕耘于史学园地的经验之谈，亦是中国史学发展的重要动力之一。他多次在不同场合指出，凡是真正做学问的人，都主张三勤，即眼勤、脑勤、手勤，也就是勤于读书、勤于思考、勤于写作。这一认识，系统地阐释了历史学研究的史家素养之基本要求。有了正确的理论做指导，还需具有研究历史的基本功，这便是“史学”。老一辈史学家所言的治史“四把钥匙”，就是入门的基本功。当然，仅有这四把“钥匙”还不能登堂入室，还需有诸如文字学、音韵学、训诂学、校勘学等其他方面的基本功。治史不仅需要人文社会科学的基本知识，还需有自然科学的基础知识。研究历史不仅要有基本的功夫，还需具备研究历史的基本技能，这便是“史才”。在浩如烟海的史料库中寻找到所需的材料，是一项重要的基本技能。以卡片为著录方式，是搜集资料的重要方法。搜集到的资料，还要进行辨伪存真。有了材料，就要进行分析与写作。写作是一项更重要的

技能。根本的要求就是研究历史必须实事求是，不虚美，不掩恶，这便是“史德”。

无论史学、史才、史德，都需要勤奋与坚持。没有面壁十年的精神，是做不好学问的。但这不是说要把所有精力全放在做学问上，生活上的诸多事情还是要做的。在这种情况下，安作璋提出，要处理好整与零的关系。所谓“整”，就是专业方向或研究课题的整体规划，一旦确定下来，就不要轻易改动，切忌见异思迁，否则事倍功半，甚至一无所成。所谓“零”，就是不要贪图“一口吃个胖子”，一个整体规划绝不是一下子就能解决得了的，应把它分解为若干具体的小问题，一个一个地加以研究，这叫“化整为零”。等到所有的小课题基本得到解决，然后再归纳综合，从而形成一个较完整的体系，这叫“化零为整”。

从中学时代，安作璋就表现出不怕吃苦、持之以恒的治学精神。虽然学习环境恶劣，但毫不影响他对历史知识的渴望。反过来，历史知识中所包含的百折不挠的精神，又鼓励和激励着他的学习热情。他考入齐鲁大学后，除了上课，就是在图书馆、资料室或宿舍学习，晚上 12 点之前几乎没有睡过觉。这也是他成为当时能毕业的两名学生之一的很重要因素。刚参加工作的最初几年，在完成教学之余，他差不多写了 10 篇论文，其中就包括发表在《光明日报》上的文章。1955 年他出版了自己的第一部论文集《汉史初探》，影响很大。除了师友指导与帮助，主要是他自身的勤奋好学、持之以恒的精神在起作用。例如正是得益于大学勤奋学习外语，他于 1957 年撰写完成专著《两汉与西域关系史》。从 1951 年工作以来，安作璋已在史学园地里辛勤耕耘了 60 余年，取得了丰硕成果，这不能不说是先生业精于勤、持之以恒治学态度的结果，值得我们后辈学习与敬佩。

五、始终坚持古为今用的治史宗旨

经世致用是中国传统史学的重要优秀文化遗产，继承与发扬这一优秀遗产，是当今史学工作者义不容辞的责任和义务。总结历史经验教训，为人民服务，为现实服务，这是史学研究的宗旨和奋斗目标。安作璋多次指出，深入探索历史的本质与规律，总结历史经验教训，为社会主义建设事业服务，这才是治史的真正目的。面对所谓的“历史无用论”，他不断反思与辩驳。他认为，把握历史发展规律，有助于正确认识今天和未来，有助于提高人们认识、分析、处理问题的能力和文化素质，现实生活需要我们借鉴历史经验，历史具有难以替代的教育功能。经世致用的优良传统，更需要在今天发扬光大。

安作璋十分注重史学的经世致用功能，这一点可以说贯穿其研究的始终。对于安作璋所从事的山东地方史研究，原山东省人大常委会副主任苗枫林曾说：“几千年的历史长河，把我们与古人之间隔开得非常遥远。但是，安先生却把这个遥远距离拉得近些再近些，并且不时地在他的书房里，把早已尘封了的古代事件磨莹成清澈照人的历史规镜，给人以启迪，以感悟，以力量。”又言：“《山东通史》的编纂和出版，负有‘当国之龟镜’的责任，它理应唤起我们的国家和人民，科学地认识山东，开发山东，把山东重新推上祖国经济和文化发展的前驱。它理应唤起山东人民的正确的自我意识、使命意识，奋斗不息，在现代化的大潮中，去重新书写新一代山东人的光辉历史。”① 这样高度的肯定和评价，彰显了安作璋史学研究的现实生命力。

---

① 《他的“道德学问”影响着莘莘学子——记山东师范大学“五老”志愿者安作璋》（全省高等院校关工委调研座谈会材料汇编，2011 年）；《山东通史》序言。

在安作璋看来，研究齐鲁文化，弘扬齐鲁文化的精髓，对于当前我国进行的社会主义经济建设和精神文明建设，都具有十分重要的学术意义和现实意义。对秦汉官制的探讨等史学研究，同样呈现出安作璋对现实的积极关怀。因为秦汉官制的考察，可以使我们更加深入了解中国古代政治制度，更能准确地把握当代及未来中国政治生活的基本走向。[①]

在史学研究成果普及方面，安作璋充分利用历史这门具有特殊教育功能的课程，有意识地通过若干历史人物的嘉言懿行和成败得失等具体生动的事实和评价，使更多的人在获取历史知识的同时也接受爱国主义教育、革命传统教育、思想品德教育和历史经验教育。他亦长期致力于传统道德先进文化与和谐社会的研究，先后发表了《传统道德与精神文明》《说孝》《为国·为学·为人》等文章，积极参加社会活动，深入挖掘研究区域历史文化。

正如安作璋所言，只有博采众家之长，方能成一家之言。总结安作璋60余年史学研究的治学思想与方法，一方面是表达对一位前辈史学家治学成就的景仰，更重要的是要学习安作璋治史路径与求真致用的史学精神，共同推动中国史学深入发展。

〔原文刊于《山东师范大学学报》（人文社会科学版）2016年第5期〕

（卜宪群，中国社会科学院中国历史研究院古代史研究所所长、研究员；靳宝，北京市社会科学院副研究员）

① 高志文、陈虎《淡泊明志　博学慎思——安作璋先生的学与术》，《邯郸学院学报》2011年第3期。

忆安作璋老师二三事

颜 辉

2019年2月21日早，突接安国电话，告知安作璋老师昨夜已辞世。心中一沉，既感到痛心，也感到突然。就在之前几天的年三十晚上，老师打来电话，声音听起来中气很足，我们还相约春节过后我去济南看他，如方便再接老师来京，陪他游览几处过去未看的名胜古迹，却不料未到十天，竟然阴阳永隔。赶到济南送别安老师后，回顾四十年来的师生之谊，心中感慨万千，许多场景都在脑海中浮现。现选几个印象深刻的片段一叙，聊慰追思之情。

我是1978年初次见到安老师的。山师历史系七八级入校时有120多人，分两个班，一同上课。同学之间经历不同，年龄差别较大，但学习求知的欲望都很强。安老师所讲授的中国古代史，条理清晰，深入浅出，很受同学们的重视和喜爱。我因上学前读过一点史书，在期末考试时得了高分。安老师曾对我说：从你的答题中能看出有一些底子，但关键还在于两条，一是看问题要有新意，不要照本宣科、人云亦云；二是要学会用明白简洁的文字表述问题、表达思想，你进一步努力吧。在之后几年，我出于对秦汉历史的爱好，与同学黄伟中一起，利用寒暑假写了描述刘项之争的电影文学剧本《楚汉春秋》（上、下）。在书出版之后，我送请安老师过目批评。老师当时很高兴，说把历史用这种方式让大家去了解是件好事，但同时对刘项的褒贬及对秦末汉初诸多人物事件的处理，提出了不少真知灼见，特别是对于汉承秦制的原因、后果及对社会发展和民生的影响，条分缕析，娓娓道来，让我感到受益良多。

1994 年，我进京到全国总工会工作。每年回山东，我都去拜访安老师。2001 年，中组部安排我到青海省委挂职副秘书长两年。从部委机关到地方，工作环境不同，工作路数也不同，需要学习适应的东西很多。这期间我与安老师一直有通信来往，春节假期也回山东看望老师。我向安老师汇报了青海的情况和个人的工作，谈到了青海山河的壮美、资源的丰富和开发利用的前景，谈到了藏、汉、回及当地特有的土族、撒拉族等相处的状况，谈到了达赖、班禅均出于海东的安多藏区及藏族同胞对他们的看法，也谈到了西北淳朴的民风及经济文化教育相对落后的情况和原因……安老师对青海的历史文化和宗教很感兴趣，也提出方便时可去青海看看。由于青藏高原高寒缺氧，我个人身体都一直不适应，思忖再三，还是不敢邀请老师去，留下了一段遗憾。在通信和交谈中，安老师几次提到从政应在其位谋其政，切实为民众干些实事；每当遇事，首先应考虑和判断这种事是对的还是错的，从是非角度看问题，而不能先看对自己有利还是不利。中国人治的传统源远流长，痕迹还比较重，再加上民众监督机制的薄弱，许多时候要靠官员品德的自警自省。孟子所言的“民为贵，社稷次之，君为轻”这一儒家的民本思想，两千多年来喊得多，做得少。中国的百姓老实本分，你给百姓办实事好事，那是履行职责，老百姓会记住你；你光说不干，口惠而实不至，老百姓也会认清你。中国社会的“清官文化”之所以千年流行，是有基础和道理的。但为官仅恪守清廉是不够的，还必须有才干和能力。记得一次他曾引用荀子的一段话：“口能言之，身能行之，国宝也；口不能言，身能行之，国器也；口能言之，身不能行，国用也；口言善，身行恶，国妖也……”安老师勉励我要将古圣先贤的教诲内化于心，成为个人行动的对照与指南。这一期间的书信和来往，让我体会到了安老师的民本思想和对学生的期望。

2004年，我调到中国劳动关系学院工作。在之后的几年间，安老师因开会和修改书稿，几次来京，每次我都去拜访看望或接到我处晤谈。其中印象最为深刻的一次是大觉寺之行。那次逢安老师到中华书局洽商书稿事宜，周末休息，我提出到大觉寺一游。大觉寺历史悠久，清初成为皇家寺庙，也算京西名刹之一，因离城区较远，游人不多，比较清静。我们数人慢慢游览，颇有曲径通幽处、禅房花木深的味道。在看到康熙、乾隆祖孙分别题写的“无来去处”“动静等观”两块匾额后，安老师谈起了明末的崇祯与李自成的悲剧，慨叹当年后金起兵五万余铁骑竟能横扫中原，而满族对汉文化的学习继承之快也值得称道，康、乾的字与意各有特色。在寺内一株千年老银杏树下，安老师驻足良久，上下观看，问我庾信的《枯树赋》读过吗？我说读过，据说毛泽东晚年读到“树犹如此，人何以堪”时，还曾老泪纵横。安老师叹了一句：毛也是性情中人啊。寺院东北角，有一家绍兴人开的“咸亨酒馆”，游览之后，我们在此午餐。席间我看安老师兴致不错，便借机问了几个一直在想的问题：您研究了一辈子历史，觉得历史对于活在当下的人究竟能起什么作用？历史上许多人物与事件的真伪，至今见仁见智，众说纷纭，有共识的信史吗？如果没有信史，所谓历史的经验教训、发展规律云云，从何谈起？假“实”能够求“是”吗？现在了解学习研究历史的大致有三个群体，一是学院派，即专门从事历史研究与教学的；二是从政者，也就是当官的；三是社会各色人等，也就是民间人士。三者研究的目的不同，方式不同，取舍也不同，应如何看待这种状况？安老师听完后沉思了一会儿，说道：历史作为前人生活的总汇，对于一代又一代的后人，在各方面都有极大的参考作用，否则你不知从何处来，也不知到何处去，就像那个匾上所写的“无来去处”不行，当然这个禅语讲的是另一回事。历史对当下人有没有用，关键在于人对人类和人生的认识，如果人活着像一个本能生存的动物一样，没有自我认知，没有思考，自生自灭，那就没有什么可说的了。史实的真伪分辨，自古以来就没有断过，历朝历代都有大量的考据考证，到现代也是如此。正史未必都真，野史、稗史也未必都假，这个无法强求一致，只能是百家争鸣，在不断的辨析中去伪存真。如果用强权压制的办法求一致，只会弄虚作假，当年的《永乐大典》《四库全书》都有这种瑕疵。信史不能说没有，但信史中有些史实也是需要不断订正的，考古发现的甲骨文、金文、简牍都起到了修正作用。总结学习前人的经验教训，发现规律性的东西，必须实事求是，“实”是“是”的基础和前提，如果事情本身是不实的，那由此得出的结论、总结的经验教训肯定也是错误的。如果一个朝代、一段历史，人物与事件的具体情况模糊不清，争议很多，除了进一步考证，也可以从最后的结果来观其大概。如从经济、政治、社会、文化、军事、外交，特别是民生角度去观察分析，看看是进步了还是停滞不前或者倒退了。那样当时的政策主张、人物优劣、事件因果就比较清楚了。至于三类人学习研究历史的区别，专业研究和教授历史的人还是主干，因为历史学要发展和传承。从政者对历史可以说没有不关注的，越是精英关注程度越高。但关注也因眼界、心胸、格局的不同而差异很大。境界高一些的会通观全局，注重因果，特别是因，希望能从历史的发展变化脉络中归纳出一些规律性的东西来，并注重学习前人处理各类事务的经验教训；境界一般的多是关注历史人物的具体言行活动，从中学习做人做事的方法、技巧与经验。民间社会对历史的看法，恐怕种类很多，水平也参差不齐，有阳春白雪，也有下里巴人，有严肃求真的，也有以讹传讹的，现在一些历史题材的影视剧和小说，就有些离谱了。但历史的传说故事，只要弘扬美德、标榜守正、劝人为善就好，没有必要深究真伪。关公、诸葛亮、杨家将等就是例子。安老师的这一番话，给我不少启发，让我感到受益匪浅。那一次陪同安老师的大觉寺之行，令人印象深刻，终生难忘。

安作璋老师终生勤勉，读书、教书、写书孜孜不倦，从未懈怠。但在四十年的师生交往中，我感到他并不仅是一位埋身书海、皓首穷经的学者，也是一位通晓世事、恪守中庸的达者。自然规律无可奈何，生如夏花灿烂，逝若秋叶静美。我会永远缅怀。

（作者系中国劳动关系学院原党委书记）

情怀高尚的良师与泰斗

——写在安作璋先生逝世一周年之际

岳庆平

安作璋先生是我国著名史学家，在秦汉史、山东地方史、方志学等领域声名卓著，是一位真正的良师与泰斗。我于1978—1982年在山东师范大学求学，安先生亲自为我们上课，传道、授业、解惑，奖掖后学，我们建立了深厚的师生情谊。1982年，我考入北京大学读研究生，后留校任教，数十年来一直与先生保持着非常密切的联系。今值先生逝世一周年之际，我想谈谈对先生做人、待人、教学、治学之道的一些感悟，以由衷表达我对先生的深切缅怀之情。

其一，修身为本。中国是一个重视德行和修养的国度，《左传》中以“立德”“立功”“立言”为“三不朽”，《论语》中也提到“修身”“齐家”“治国”“平天下”。可见，重视自身的德行修养，是古代士人的一种崇高精神追求。先生是一位颇具“古风”的知识分子，有着古代士人“以天下为己任”的高尚情怀和开阔心胸，他特别推崇《论语》中的一句话“士不可以不弘毅，任重而道远”，也以此来要求自己。先生幼年读过私塾，深谙中国传统文化。他非常推崇中国传统文化中的精华——忠、孝、仁、义、礼、智、信、和等观念，平日以此严格要求自己。他曾说：“近几年，我给每届研究生上课，第一堂课必定是‘传统道德与和谐社会’，我要告诉学生们首先要做一个有道德的人。”作为一名经历过新旧不同时代的知识分子，先生一直心系国家与社会的稳定和发展。先生的少年时代，正逢日本侵略中国，他为了避免接受日本奴化教育，辗转多地求学，因为生活条件恶劣，患上了严重的关节炎，一直步履维艰。中华人民共和国成立后，先生积极学习马列主义、毛泽东思想，关心社会发展，陆续出版了一些学术成果，其中不乏经世致用之作。改革开放后，他于1987年光荣当选为中国共产党第十三次全国代表大会代表，积极为国家发展献计献策。作为一名历史学家，先生一直重视经世致用，他对借鉴历史经验搞好我国的社会主义现代化建设，汲取历史上诸多王朝盛衰兴亡的经验教训，以及识人用人、惩治腐败、人际交往、道德修养等问题都有深刻精辟思考。他还十分关注社会主义精神文明建设和青少年思想道德教育，发表了《传统道德与精神文明》《说孝》《为国·为学·为人》《教人之道首重发蒙》等文章。

其二，待人宽厚。接触过先生的人都知道，先生是一位温和谦恭的长者。先生在学术界地位极高，但他从不以此骄人，一直保持着谦虚礼让的优秀品德。跟先生交往过的人都认为，和先生打交道是一件非常愉悦享受的事情。先生一点架子也没有，不论是学界名流、社会贤达，还是普通老师、年轻学生，在先生那里都能得到热情的接待。由于声名在外，有许多校外的人慕名来访，先生不论对方身份，都用心沟通，有问必答。对各方寄来求教求荐的论文书稿，他也都会认真阅读，精心提出修改意见。为此，他花费了不少宝贵时间，但他从不厌烦，使人感受到宽厚热忱、诲人不倦的师长风范。许多人都服膺于先生的人格魅力，也因此成为先生的忘年之交。可以说，与人为善、成人之美、厚德载物、和而不同的品质，在先生身上体现得非常充分，他真正做到了“其身正，不令而行”。

其三，教学良师。有学者说先生是“良史春秋笔，名师齐鲁风”，我很赞同！先生执教山师讲坛六十余载，所育“桃李”遍及天下。九秩高龄时还坚持给研究生开课。先生清楚地认识到教师的责任是教书育人，所以备课、上课特别用心。我们七八级同学的第一堂专业课，是先生开设的“中国古代史”。先生知识渊博，功底深厚，讲课深入浅出，娓娓道来，寥寥数语画龙点睛，拨云见日，令我们茅塞顿开，受益良多。先生的课一直最受欢迎，我们都认真听讲，专心记录，无人无故旷课。现在想来，因先生深谙“大道至简”的教学之道，将那些纷繁芜杂的历史事实，巧妙地融汇于自己的语言中，这样既容易为我们接受，也能引发我们的兴趣。先生教书尽职尽责，课下我们围住他请教各种问题，他总是不厌其烦地耐心解答，大多数课间休息的时间就是这样度过的。有时我们也会到先生家中请教，而先生总是在百忙中抽身给我们解惑。我在大二时选定以秦汉史为研究方向，有更多机会受先生悉心指点，因而打下了相对坚实的研究基础。1982 年参加北京大学研究生入学考试时，我的秦汉史试卷取得了当年的最高分，超过了北大历史系本科毕业的考生。20 世纪 90 年代，我连续两届当选中国秦汉史研究会副会长。这都与我有安先生这位良师密切相关。

其四，史学泰斗。司马迁以“究天人之际，通古今之变，成一家之言”为著述追求，说明通达对治学具有重要意义。先生治学强调协调好通达和专精的关系，并以实际行动为我们做出了表率。先生注重通达的治学风格，主要体现在《山东通史》的编纂上。这部通史体例创新，是中国第一部地方性通史，后为许多省份所借鉴。先生也组织编纂了《中国运河文化史》《中华杂技艺术通史》，将通达与专精有机结合。先生还主张治学要进一步开阔视野，从多层面将中国史放在世界史的大背景中加以研究。此外，先生在治学上反对故步自封，力主打破学科之间的畛域，强调不同学科加强交流，以便取长补短，丰富发展自己。他说：“随着时代的发展，历史学越来越成为一门综合性学科，许多问题仅靠传统的单一的历史学方法是解决不了的。”他强调治学要变换新的视角，考虑新的思路，运用新的方法，积极开展跨学科研究，注重历史学同其他学科不同层面、不同程度、不同范围的交叉与整合，尤其注重同文学、哲学、考古学、社会学、政治学、经济学、艺术学以及相关自然科学的交叉与整合。受先生的影响，我于1986年在北大给本科生开设“中国社会史”，将社会学的理论方法融入历史教学研究中，这在当时国内高校是首次。先生注重专精的治学风格，主要体现在秦汉史研究的一贯精耕细作。他对秦汉的政治制度（尤其是官制）、法制、思想文化、中外关系、历史人物等都有非常深入的研究，出版了一系列重要著作，得到学术界的一致认可，被尊为秦汉史学界的泰斗。在这些研究中，他非常重视利用第一手史料，提倡以“竭泽而渔”的态度搜集史料。他针对秦汉史研究的特点，提倡将已有的文献资料与陆续出土的考古资料相互印证，高度重视“二重证据”。先生与熊铁基先生合著《秦汉官制史稿》一书时，在翔实的史料基础上，广征博引，追源溯流，十年磨一剑，将其打造成秦汉制度史研究的里程碑式著作。先生著作等身，其文如行云流水，平实耐读，其识入木三分，公正客观，充分说明先生治学踏实严谨却不局限于故纸堆，注重经世致用却不曲学阿世。

“道德学问”是先生做人、待人、教学、治学之道的集中概括。据先生回忆，对自己一生影响最为深远的是儿时家门两旁的一副对联：“忠厚传家远，诗书继世长。”先生解释，“忠厚传家远”是说道德层面，“诗书继世长”是说学问层面，概括起来就是“道德学问”四个字。古人云“太上有立德，其次有立功，其次有立言”，此谓“三不朽”。先生认为，立功要受到多种条件的限制，一般人很难做到；而立德和立言，经过艰苦努力可以做到，至少可以作为终生奋斗和追求的目标。

（作者系北京大学历史学系教授，博士生导师）

安作璋先生与《南马坊村志》

齐秀生

我的家乡临淄是周师齐祖姜太公受封建国之地，是春秋首霸齐桓公立业建功之地，是名相管仲、晏婴献策建言之地，还是稷下学宫聚贤建学之地。临淄，作为有泱泱大国之风的周代齐国的都城，长达八百年之久；作为秦朝置县、州郡治所，也已两千余年，它成就了诸子百家学术争鸣之繁盛，促进了中华民族思想文化之辉煌，成为中国乃至世界的历史文化名城。

南马坊村就坐落在临淄城南，周代建村，最早是昔日强盛齐国的养马场，“万乘之国”的战备基地，后逐步形成村落，历史悠久、文化灿烂，文物众多、古迹成片，宰相故里、代有名贤，民风淳朴、和谐发展。现今是临淄齐都镇最大的村庄，经济文化建设成绩显著，远近闻名。

在上级党委政府的号召下，南马坊村两委 2012 年启动村志编写工作，2018 年完成全部编写任务，2019 年 1 月，《南马坊村志》由中国方志出版社正式出版，全书 68. 2 万字。在村志历时六年的编写过程中，我国著名历史学家、地方史专家、山东地方志学会原副会长、山东师范大学教授、博士生导师安作璋先生，从宏观到微观，自始至终，给予了热情关心和全方位的精心指导。

首先，安先生对村志编写工作给予了宏观指导。我与安先生结缘，开始于我准备报考山东大学历史学博士时。我仰慕安先生的优秀品德和学术威望，经常登门向这位年逾古稀的大师请教。先生热情接待，悉心指导，从不嫌麻烦，我离开时他坚持送到楼外，令人感动。因此，多年来我也养成了经常看望安先生、随时向他请教的习惯。这次编写《南马坊村志》，我作为土生土长的南马坊人，被邀请担任编委会名誉主任。父老乡亲的信任和重托，使我深感责任重大，决心尽绵薄之力。这时我想到了学术造诣深厚的安先生，于是登门求教问策。安先生是我国著名先秦秦汉史专家，对周代齐国的历史十分熟悉，对临淄的历史文化如数家珍。他还是著名地方史专家，长期担任山东地方志学会副会长职务，对地方史志编纂颇有造诣。可以说，临淄地区编写村志，找权威专家指导，非安先生莫属。听说我们要编写村志，安先生从内心里感到高兴，认真地与我交谈，从总体设计，到编写原则，再到有些具体问题的把握，涉及内容非常广泛，特别是要求我们在村志编写过程中，一定要用历史的眼光看问题，尊重历史事实，说任何事情都要客观真实，有翔实的资料和人证物证，不能凭想象随意编写任何东西，还要排除一些干扰，秉笔直书，把这部村志打造成精品。这为我们的村志编写工作指明了方向。

其次，安先生对具体编写内容亲自把关。南马坊村是一个古迹村，文物遍地，古迹众多，仅20世纪50年代山东省人民委员会确认公布的古冢就有二十多处，是全国重点文物保护单位“临淄墓群”的密集区。涉及文物古迹方面的内容，我都向安先生请教，得到他的认可后再写入村志。南马坊村也是一个名人辈出的村，是唐朝宰相房玄龄的故里，房玄龄也是临淄县历史上第一位进士。还有清朝翰林于疏枚、民主革命先驱贾振琨等。对于房玄龄故里在村志中的表述，安先生要求特别高，亲自审查把关。他根据有关史料和自己的研究认为，历代正史中都写明房玄龄的故里是临淄，必有其历史事实和官方的档案资料做依据，要认真查阅资料，准确表述。对我在几年时间内到省市县图书馆和高校图书馆查阅到的相关资料，安先生一一审核，用放大镜认真阅读有关县志和书籍，看我对古代文献资料的理解是否准确。对我最后形成的两万多字的有关房玄龄故里的文章逐字逐句审阅修改，确保无误之后才同意收入村志。几年之中，我到先生家无数次，当面请教，聆听教诲，颇受教育，深受鼓舞。

最后，安先生为村志出版欣然题词。2018 年 4 月，我向安先生汇报村志已经顺利完稿，中国方志出版社准备尽快排印出版，安先生听到这个消息后非常高兴，连声说：太好了，太好了！当听说我们要请他为村志题词时，先生愉快答应，并立即起身从自己的书房找来纸笔，欣然题写："宰相故里　千年古村——恭贺《南马坊村志》出版。"这一幕令我十分感动。我把题词捧在手里，一边欣赏陶醉，一边说：谢谢您，谢谢安先生！安先生说：不用谢我，要感谢你，这么认真。工作这么忙，还到处查资料，一趟一趟往我这里跑。要感谢编写村志的人，感谢你们村里的领导。你们做了一件造福子孙后代、功德无量的大好事，这是个很大的工程，很了不起！类似这样的赞扬话，安先生几年来说过多次，一直激励着我们下决心把村志编写好。先生又说：其他村也要向你们学习，都要编写村志，盛世修史，现在遇上了好时代，要传承优秀历史文化，这对村里的发展也有好处，比如搞乡村文化建设，搞旅游开发，等等。由此可以看出，安先生对地方志事业是多么热爱和执着。

2019 年 3 月 22 日，《南马坊村志》出版发行仪式在临淄隆重举行，省区市三级史志部门负责人、地方有关党政领导、各界代表参加了会议。摆在仪式现场的《南马坊村志》厚重大气，光彩夺目。翻开印刷精美的村志，很快就会看到安先生苍劲有力、隽永潇洒的题词。题词内容是对这个有近三千年历史的古老村庄的生动写照，也成为全村人创造新时代辉煌的永久动力。十分遗憾的是，先生没有等到村志出版发行的那一天就离开了我们，离开了他热爱的地方史志事业，我们的心情十分沉痛。在我的提议下，参加村志发行仪式的全体人员向安先生表达了感激和怀念之情。

倾注着安先生心血的《南马坊村志》没有辜负先生的期望，成为一部成功的村志，被誉为村志中的精品，得到了省区市三级史志部门和地方党政领导的充分肯定，也成为当地编写村志的范本。史志部门领导在发行仪式上向其他村庄提出要求，希望他们学习借鉴《南马坊村志》编写的经验做法，尽快启动本村村志的编写工作，为乡村振兴和文化建设做出贡献。《南马坊村志》的编写出版能够起到良好的示范引领作用，安先生功不可没。

为了让读者了解这部在安先生悉心指导下完成的村志精品的内容，现将我在村志发行仪式上的发言《村志让我自豪》（原载于《淄博史志》2019 年第 2 期）附于本文之后，借以表达对安先生的追思。

（作者系山东省人民政府参事，原山东省委高校工委主持常务工作副书记，《南马坊村志》编纂委员会名誉主任、主审）

附：

村志让我自豪

沐浴着中国特色社会主义新时代的春风，在各级领导的亲切关怀下，凝聚着全村人心血汗水和聪明智慧的第一部《南马坊村志》终于面世了！我作为一个出生在齐国故都临淄南马坊村，在父老乡亲们关心培养下长大成人的南马坊人，看到家乡这样一项填补齐都村史空白、近七十万言的重大文化工程完满成功，感到无比自豪！

我自豪的是，为成就齐国辉煌做出重要贡献的南马坊村，有了第一部村志。三千年前，灭商兴周第一功臣姜太公在临淄建立齐国，建国之初就在都城之南建起了大型养马场。从此，这里历经数年逐渐形成了一个较大的村落——南马坊村。马在当时是重要的战备资源，养马业的快速发展，使齐国迅速成为“万乘之国”，成就了齐国春秋五霸之首和战国七雄之一的辉煌。勤劳吃苦的养马人、敦厚朴实的南马坊村人，世世代代在这片富饶美丽的土地上自强不息、默默耕耘、吃苦奉献，为都城临淄的发展和齐国的强盛做出了特殊的贡献，使南马坊村成为我国建村历史最长的古村之一。

我自豪的是，遍地文物古迹的齐都南马坊村，有了第一部村志。特殊的时代背景和地理条件，使南马坊村有幸承载着众多文物古迹，成为远近闻名的古迹村。村内庙宇众多，建筑讲究，九座古庙分布全村，方便周边村庄百姓。村内外古碑林立，雕刻精美。唐朝名相房玄龄衣冠墓前，有用青石雕刻的形状各异、栩栩如生的石像生，包括华表、石虎、石羊、石翁仲、供桌、龟驮碑等，规模宏大，形象逼真。有宋真宗大中祥符五年刻立的《南马寺石经幢》，至今保存完好。有书写时任大总统黎元洪口谕“彤管书贞”以及书有“节兼孝慈”“玉洁冰清”的多座“节孝”碑等。为纪念辛亥革命烈士贾振琨树立的“龙帽碑”，“万古流芳”四个大字光彩夺目，两条盘龙栩栩如生。村外文物遍地，古冢成群，仅20世纪50年代经山东省人民委员会批准登记在册、有地上封土、列入重点文物保护的王孙贵族、公侯爵勋、上卿大夫墓冢就有二十余座，夯土高起，绿树成荫，成为全国重点文物保护单位“临淄墓群”的密集区。其他古墓更是难以计数，近几年陆续发掘出的古墓就有近3000座。一个村内古墓有如此之多全国罕见。在这里，当年齐国养马场训练军马而形成的遗迹“马连沟”，虽经两千余年风雨侵蚀，但万马奔腾留下的深深印迹仍清晰可见。养马场北侧的“歇马台”，是大型训练场的指挥台，由于此处周围地势平坦，既是养马场的主要训练场所，也适合赛马，王公贵族经常在此赛马，推动了中国马术业的早期发展。“田忌赛马”的经典故事就发生在这里。作为战国时期文化遗存的“南马坊遗址”，这里的地面上散落有豆柄、豆盘、铺地砖、陶壶盖等陶器残片，被淄博市政府列为文物保护单位。多年来，南马坊村内秦砖汉瓦时有发现。“韩信河”是汉代著名军事家韩信于公元前203年引淄河水北淹临淄城而挖掘，河东岸高高凸起的“点将台”至今尚存，韩信曾在此点将派兵，号令三军。为纪念蒙古成吉思汗遣使羊吉可汗到地方巡查途经南马坊时以身殉职，临淄县政府在路口立石羊，“石羊口”地名由此诞生。为纪念山西洪洞大槐树移民而栽种的家槐，至今生长旺盛，每年开花结籽。还有村南的两处“殉马坑”，村西的“落星（陨石）地”等。一处处历史遗迹，述说往事；一个个动人故事，传诵久远。

我自豪的是，人杰地灵、英才辈出的南马坊村，有了第一部村志。南马坊村以北是我国最早的“官办大学堂”、百家争鸣之地——稷下学宫旧址，这里曾经是中国乃至世界历史上的学术高地，诸子云集，百家争鸣，人才荟萃，灿若群星，孟子、荀子等圣贤都在此讲学授徒。受此熏染，南马坊村有着丰厚的文化底蕴和教育传统，人杰地灵，英才辈出，孕育了临淄历史上第一名进士、谋略过人的唐朝名相房玄龄，才华出众、被皇帝钦点为翰林的清朝进士于疏枚等众多光耀千秋的历史人物。历代从南马坊村走出去的文官武将、社会贤达，遍布全国，业绩非凡。正如旧时南马坊校歌所赞“代有名贤”。近现代以来，南马坊人思想开放，富有智慧，开发展先河，领时代潮流。刘氏三兄弟从1916年开始在潍县、临淄、寿光等地开办当地最早的照相馆，开创了山东摄影之先河。1918年，南马坊人从法国购买手摇式电影放映机，开创临淄及周边地区电影放映之先河。南马坊人1939年开办的白铁业，曾代表临淄到北京参加全国技术改革大会。中华人民共和国成立后，南马坊村更是人才辈出，走出了若干将军、参事、教授、博士、硕士，以及书记、部长、局长、经理等优秀人才。南马坊村成为当地有名的出人才的村。

我自豪的是，有着光荣革命传统的南马坊村，有了第一部村志。南马坊村地理位置显要，历来是战略要地。在革命战争年代，南马坊人不畏强敌，浴血奋战，许多仁人志士、普通百姓，为革命抛头颅、洒热血，献出了宝贵的生命，使南马坊村成为一片革命的热土。辛亥革命先驱贾振琨，光绪末年由山东大学堂师范馆毕业后，以优异成绩获公费赴日留学，先后入东京弘文学院、早稻田大学学习，后攻读博士学位。留日期间，受民主革命思潮影响，加入孙中山领导的同盟会，并担任山东留学生分部书记。辛亥革命爆发后，他毅然决定放弃学业，回国参加推翻封建帝制的革命，在诸城光复起义中英勇牺牲。山东都督在省城为诸城殉难烈士召开了追悼大会，临淄县长在县城广场为贾振琨召开了追悼大会，追授其六等嘉禾勋章。20世纪30年代的《山东革命党史稿》对贾振琨生平做了传记。1936年6月，国民政府褒扬辛亥革命烈士，追赠贾振琨陆军少将衔。1997年6月，贾振琨墓被淄博市人民政府公布为市级重点文物保护单位。

我自豪的是，全国少有的连续四年每年向国家上交粮食超过百万斤的江北名村，有了第一部村志。中华人民共和国成立后，南马坊人在中国共产党领导下，发扬龙马精神，昂扬向上，开拓奋进，战天斗地，艰苦创业，辛勤耕耘，无私奉献，在古老的土地上谱写了一曲曲胜利的赞歌。特别是20世纪70年代，全村人冒风雪，战严寒，风餐露宿，日夜奋战，历经六个冬春，将以七沟一河一窑湾为代表的五千多亩不平地片普整一遍，扩大了耕地面积，使全部土地变成了水浇田，而且积极采用农业先进技术，粮食产量迅速提高，亩产超过千斤，南马坊村成为临淄区历史上第一个一季上交国家小麦超过百万斤的村，在70年代粮食产量普遍不高的情况下，成为全国少有的连续四年每年向国家上交粮食超过百万斤的贡献大村，南马坊村也由此成为江北名村。南马坊村开展农业技术研究和发展生产的经验，先后在全国全省会议上交流。

我自豪的是，创造了新时代辉煌的南马坊村，有了第一部村志。党的十一届三中全会以来，改革开放的好政策促进了生产力的快速发展，全村出现了八仙过海、各显其能的大好局面。农林牧副各业兴旺，村办企业星罗棋布，农民收入不断提高，生活条件显著改善，社会事业全面发展，尊师重教蔚然成风，便民药店的经验在中央电视台播出，各级领导多次莅临视察指导。南马坊村成为当地发展的龙头村。在此基础上，新村建设水到渠成，旧村成为历史。新村位置优越，交通十分便利。出新村北门由南往北依次是国道、高速、高铁三条通向全国各地的交通干线，驱车几分钟便到达济青高铁临淄北站。走进南马坊新村，构思于旧村围墙五座高大寨门而设计建造的标志性建筑仿古门楼，古朴典雅，华丽雄伟。贯穿新村南北的玄龄大道，犹如当年齐国都城的“康庄之衢”，宽阔笔直。矗立在街心的日月同辉雕塑，高大壮观，十分耀眼。象征南马坊为古齐国大型养马场的龙马雕塑，腾空而起，雄劲有力。简欧式楼房鳞次栉比，花园式小区环境优美。主干道两侧商铺比邻，灯火通明。百姓大舞台时常呈现精彩演出。堪称国内一流的农村社区体育场上，健身的村民熙熙攘攘，全国农村少有的村办运动会已坚持数届，形成传统，办出特色，篮球等项目多次在市地以上比赛中获得佳绩。幼儿园、玄龄小学、临淄中学歌声阵阵、书声琅琅。全村一百多个姓氏八百多户人家三千多居民和睦共居，互帮互助，形成了良好的村风民风。历史悠久、文化底蕴丰厚的宝地南马坊村，已经成为一个融乡村文明美、历史传承美、村容村貌美于一体的魅力新村、宜居社区，一派现代化城市的喜人景象，成为齐都第一大村强村，远近闻名。勤劳而富有智慧的南马坊人不仅创造了一流的发展成就，更展现了一流的精神风貌。

盛世修史，鉴古知今。把千年古村、古迹名村南马坊村的历史面貌和发展足迹写出来，把江北名村、名相故里南马坊人的聪明智慧和精神风貌写出来，把魅力新村、宜居社区南马坊村的发展潜力和美好前景写出来，第一部《南马坊村志》编写者不辱使命，实事求是，尽职尽责，功不可没。南马坊人必将以这次村志出版为新的契机，以崭新的姿态、旺盛的精力、昂扬的斗志，创造新时代更加辉煌的明天！必将为实现中华民族伟大复兴的中国梦，做出新的更大的贡献！

我心中的安作璋先生

江林昌

2019 年 2 月 20 日上午，我代表齐鲁文化研究院去给安作璋先生拜年。安先生是全国著名的历史学家，桃李满天下，给他拜年的晚辈自然很多。我因此考虑到他可能会累，所以近几年特意安排元宵节后再去看他。

我们在安先生书房里见面。他老人家像往常那样坐在书桌前，我坐在书桌对面。一起交流的还有亚非兄和办公室主任荣刚。我向安先生汇报了齐鲁文化研究院的近况，又特别报告了清华大学藏战国竹简、安徽大学藏战国竹简以及湖北随州地区近年新发现的几批重要青铜器铭文等情况。这些出土文献资料，都是秦始皇焚书坑儒之前埋入地下的，对我们研究先秦经典及相关历史文化，具有填补空白或改变传统认识的重大意义。安先生虽然年过九十，但他一直关注学术前沿，所以我们的交流很深入。我还向安先生谈了当前学术界贯彻习近平总书记“5·17”讲话精神，自觉建构中国古代文明研究“三大体系”的新气象。我们都感觉到，中国古史研究赶上了好时代，可以大有作为了。安先生鼓励我说：“你敢想、敢说、敢做，在学术研究上要有孟子‘舍我其谁’的担当，你要继续努力，前景无限灿烂！”整个书房充满欢声笑语，洋溢着昂扬的激情。

临走前，安先生把早已准备好的《安作璋先生史学研究六十周年纪念文集》送给我。这是他的弟子们在他九十大寿时编的。外面风很大，我坚持请安先生不要送出门外。我在走廊里走了几步，再回头向他招手。

只见他仍然站在门口目送我，后面站着高高的亚非兄也在招手。两个友善的面影就这样定格在门框里，在我脑海里留下了一幅永远难忘的动人画面。

那天晚上，我躺在床上想，安先生九十三高龄了，身体依然健康，精神依然饱满，还在坚持学术研究，真是有福之人啊。我还想，我的导师李学勤先生这几年整理清华简，累垮了，他的身体若能有安先生那样健旺，该多好。同时，我又想起了我的先师姜亮夫先生……真是百感交集。

第二天早晨，我还没起床，我夫人从客厅匆匆进来告诉我：我的学生竟然在微信里说安先生仙逝了。我的第一反应是肯定搞错了，还在心里责怪学生。结果学生电话里哭着告诉我说："昨晚安先生看完电视，9 点多钟准备去睡觉。他站起来后，感觉乏力，就顺势倒在他儿子安国的怀里。——永远睡着了。"这一下，我简直惊呆了。

早在 20 世纪 80 年代，我在读研究生的时候，就知道安作璋先生的大名。安先生 1955 年出版的《汉史初探》，1984 年出版的《秦汉官制史稿》（与熊铁基合著），就是当时拜读的。在我心目中他就是一位著名的秦汉史专家。20 世纪 70 年代中期，在中央有关领导的关怀下，国家文物局组织整理长沙马王堆帛书、临沂银雀山汉简、云梦睡虎地秦简等。这在中国学术史上是一件大事，可以与西晋汲冢竹书的整理相媲美。参加整理工作的是古文字学界一批著名老先生，如唐兰、商承祚、罗福颐、张政烺、朱德熙等，还有一批中年学者，如李学勤、裘锡圭、于豪亮、韩仲民等。安先生因为其在秦汉史研究的卓越成就，也作为中年学者参与了其中的秦简整理研究工作。他是山东学界唯一参与其事的。从此以后，安先生还与李学勤先生结下了深厚的友谊，长期保持密切交往。安先生在山东各界久负盛名，主要是因其主编《山东通史》及相关的地方志研究，殊不知上述学术成就与学术活动，早已奠定了安先生成为全国著名历史学家的地位。

1993 年我承蒙姜亮夫先生推荐，第一次赴北京拜访李学勤先生，得李先生厚爱，同意接受我毕业后随他从事博士后科研工作。1994 年，我在姜亮夫、崔富章先生指导下，完成博士学位论文。然而，李学勤先生所在的中国社会科学院历史研究所博士后流动站因故未能及时建完，我不能按时入站，崔富章师就向浙江大学中文系主任徐岱教授推荐了我。但在计划经济时代，就职浙江大学中文系就意味着不能在两年内去北京从事博士后科研了。我打电话向李学勤先生说明其中苦恼。李学勤先生建议我找个来去自由的单位过渡一下。恰巧，当时支援烟台大学的北大、清华的师资队伍刚撤回。烟台大学为了短期内大量扩充师资，就有了相关人事方面的灵活政策。我就因为这一点灵活的人事政策，居然于 1994 年 8 月携妻儿来到了完全陌生的山东。这不仅是我所有师友与亲戚所没有意料到的，而且不是我自己所预想的。恕我直言，我在读博士二年级的时候，还不知道中国有个烟台大学哩。刚报到，我便被安排担任班主任工作，负责两个班的古代文学教学任务，生活又需要安定，所以开学几个月很忙乱。但我还是利用国庆节假日从烟台专程赴济南，拜访了山东大学袁世硕先生、董治安先生、吉常鸿先生等，还有陈炎老师和杜泽逊老师两位年轻学者。我还在杜泽逊老师家里第一次品尝了北方的饺子，至今记忆犹新。然后，我就专程赴山东师范大学拜访虽然景仰已久但素不相识的安作璋先生。

我先到山师大校办值班室，打听安先生的住处，然后辗转问了三户人家，终于找到了安先生家。当时开门的是安师母，她让我在客厅里等着。不久，安先生从书房里出来，坐下。我自我介绍，又把发表的论文目录和博士学位论文呈安先生过目。在这个过程中，安先生几乎没有说话。看完目录之后，安先生才开始向我了解师从姜亮夫先生学习以及到烟台大学工作的情况。给我印象特别深刻的是，他对我说：“看了你的论文目录，很好！”当时我在想，论文还没看，怎么会有这个结论？他接着说：“从论文目录知道，你始终围绕‘楚辞与上古史’这个课题研究。这一点非常重要。聚焦研究中心，持之以恒，这是出成果的前提。”安先生的话，不仅给了我信心，更重要的是，让我到北方后第一次找到了特别的亲切感，因为姜亮夫先生也是这么教导我的。

1996年，我如愿赴北京师从李学勤先生从事博士后科研。临行前，我特别从烟台赶到济南，向安先生辞行。安先生嘱咐我，要利用北京的有利条件，追随李学勤先生在学问方面更上一个台阶，并要我代向李先生问好，随带书信一封。当时，李学勤先生正在主持以探讨五千年中华文明史为目标的国家“夏商周断代工程”，我因此有机会在工程中做专家组学术秘书工作。不久，又有幸承担其中的一个小专题。这些情况，我都及时向安先生汇报。他老人家总是由衷地为我高兴，我也因此感到温暖。

博士后出站后，我承蒙中国社会科学院历史研究所的厚爱，有幸留所工作。先秦史研究室的杨升南先生、王宇信先生、宋镇豪先生，还给我安排了具体的科研方向——“两周史”。安先生又鼓励我说，抓住这个难得的机会，坚定不移地走下去，为国家的民族文化研究做出更大的成绩。

可惜的是，由于烟台大学的诚恳与执着，我竟然没有领会安先生的忠告，而是傻乎乎地于2000年回到了烟台。当时的想法太简单：自己还年轻，回烟大工作几年，报答恩情，再回北京，来得及。哪曾想，回烟台不久，继续得到“厚爱”，再也不好意思提出回北京了。之后在烟台工作的十多年时间里，我常常在没有思想准备的情况下，得到来自济南的有关学术活动方面的关怀，事后才知道，这些都是由于安先生的特别推荐。我是南方人，从小学到大学到硕士到博士，都是在南方度过的，在山东没有一个同学，所以经常有孤独感。安先生对我的关心，使我深切感受到了关怀。我对安先生怀有永远的感恩之情。

2016年，我申报山东省泰山学者岗位获准后，按照省委组织部的有关规定，辞去了烟台大学副校长等行政岗位。这时我又蒙安先生、钟读仁校长等人推荐，来到了济南，离安先生更近了，交往也更频繁、更亲密了。

在浙江我得到了姜亮夫先生、崔富章先生等长辈的培养，在北京我得到了李学勤先生、李伯谦先生、杨升南先生、王宇信先生、宋镇豪先生等前辈的提携，在山东始终关心我的是安作璋先生。姜亮夫先生早已不在了。如今，安先生走后四天，2 月 24 日，李学勤先生也走了。我真的感到万分的痛苦、无尽的怅然。痛定思痛，我常常想起安先生最后给我说的一番话，又鼓足勇气，继续前行。我告诫自己，要有“永久坚定的毅力，自强不息的精神，艰苦卓绝的气概”，用更多的学术成果告慰安先生在天之灵。

2019 年 10 月 8 日于济南千佛山下山东大学“知新楼”上

（作者系山东大学历史文化学院特聘教授，山东师范大学齐鲁文化研究院院长）

谦谦君子 温润如玉

——纪念山东省大舜文化研究会第一任会长安作璋先生

赵志刚 惠荣荣

安作璋先生是山东省大舜文化研究会第一任会长。

2006年，时任山东省政府副省长的谢玉堂同志转任山东省政协副主席，负责联系山东省政协文史委的工作。谢玉堂副主席早在十几年前任济南市市长时就非常重视舜文化，时任山东省省长的韩寓群同志对此十分了解，于是嘱托谢玉堂同志在政协工作期间把山东的舜文化研究与宣传抓起来。谢玉堂副主席受托开始筹备成立山东省大舜文化研究会。6月20日，山东省政协文史委在四季村宾馆主持召开了一次山东省舜文化学术研讨会，邀请了省内十余名专家学者，为成立山东省大舜文化研究会进行了可行性探讨。2006年，正值“夏商周断代工程”备受国内外学术界质疑、中华文明探源工程艰难起步之际，国内外不少专家学者关于“大舜是否有其人”“大舜是不是山东人”两个基本问题争论不休，山东学术界也同样分歧严重，意见不一。果然，这次会议上专家学者纷纷发表意见，争论激烈。一个严峻的问题摆在与会者面前：如果基本问题没有一个共识，还有没有必要成立山东省大舜文化研究会？即便成立了又该向哪个方向前进？最后，一直认真听取各位专家学者发言的安作璋先生做总结发言，他提纲挈领地抓住会议争论的焦点，精确有力地进行辩证分析，在求同存异的框架下明确了“大舜确有其人”“大舜是山东人”“舜文化是齐鲁文化和儒家文化的源头”三个重要观点，得到了与会专家学者的一致拥护。这三个观点由此成为山东舜文化研究凝聚共识、齐心协力的重要理论基石。2007 年 5 月，山东省大舜文化研究会正式成立，安作璋先生众望所归，被选为第一任会长。时任中共山东省委书记的张高丽同志对山东省大舜文化研究会的成立表示祝贺，并批示这是一件利在当代、功在千秋的好事。

在安先生的带领和影响下，山东省大舜文化研究会迅速发展崛起，组建了以省内大专院校、社科部门有关专家学者为主力的会员队伍，设立了有专职工作人员的办公室，制定了一系列规章制度，研究会的工作很快步入了正规化、科学化、规范化的轨道，整理、编印了《大舜史料汇编》；启动了五个舜文化基础性课题研究（日后研究会出版的《论大舜》《大舜文化与夏商西周历史》《中国氏族部落的大一统》《中国封建社会的大一统》等研究成果均在其中）；在潍坊诸城召开了第一届中国舜文化研讨会；在烟台福山举办了国际甲骨文书法艺术大展暨学术研讨会以及王懿荣发现甲骨文 110 周年纪念大会暨国际学术研讨会；与诸城联合举办了第一届“中国（诸城）大舜文化节”；邀请著名评书艺术家刘兰芳先生改编了二百集评书《虞舜大传》，在全国二百多家电台播出；建立了山东省大舜文化研究会自己的网站——舜华网；筹拍三十五集电视连续剧《大舜》（该剧播出后荣获第十二届中国制片业协会全国十佳优秀电视剧奖）。由于成绩突出，山东省大舜文化研究会成立不久就被山东省社科联评为山东省级优秀社团。研究会换届后，安先生一直担任名誉会长，仍然时刻关心和支持山东省大舜文化研究会的发展，每次重要舜文化学术会议他都坚持参加。在不少学术会议上，他也经常提起山东省大舜文化研究会的工作，为研究会做义务宣传。研究会连年来被评为山东省优秀社会团体，并且两次获得全国优秀社团殊荣。中国先秦史学会先后依托研究会，成立了中国先秦史学会舜文化研究基地和中国先秦史学会东夷文化研究会。

安先生不仅在工作上，在治学和做人上也是令人崇敬的楷模。安先生是中华人民共和国成立后最早从事秦汉史研究并取得卓越成就的著名史学家，一生著作等身，桃李满天下，成就非凡，被收入《中国人名大词典·当代人物卷》、英国剑桥《国际名人传记辞典》等多种传记、辞书中，被誉为“秦汉史之大家”、史学界泰斗。然而就是这样一位大师，对于年轻学者甚至是普通的舜文化爱好者，从不以大家自居，非常随和，有问必答，不厌其烦，并且随时不忘向外推荐和提携年轻人。

我会副秘书长赵志刚同志回忆说，2017 年他根据多年的学习心得完成了《史记中的大舜》一书初稿，想请安先生指正。但顾虑自己不是科班出身，也不是先生的学生，心中犹豫再三才鼓起勇气找安先生求教。万万没想到先生一点没有推辞，用了十天时间认真审阅书稿，连文中的一些句法错误都标注出来，对几个重要问题更是耳提面命，最后开了一张书单，让他去查阅资料做修改补充。书稿修改完成后，先生又欣然应邀为书稿作序。这令他感动不已。不久后的一天，济南电台一名记者到研究会，希望就舜文化对他进行采访。他非常惊讶，毕竟他在舜文化研究领域籍籍无名。原来是几天前记者采访安先生时，安先生极力推荐了他。为此他专门向安先生道谢，安先生却鼓励他说，有了研究成果就应该讲出来。受安先生鼓励，他自 2018 年 6 月至今，在全省机关、企事业单位和学校举办舜文化公益讲座和宣讲五十余场次，掀起了一股舜文化宣传热潮。

不论是学界中人，还是我们研究会，谈及安先生，大家都有这样的感受：先生治学严谨，待人仁厚，温润如玉，高瞻远瞩，春风化雨，实为大家风范，谦谦君子，可谓高山仰止，景行行止。先生虽已仙逝，然其精神永存我辈心间，激励着我们不断开拓向前。

（赵志刚系山东省大舜文化研究会副秘书长，惠荣荣系山东省大舜文化研究会工作人员）

安作璋先生与齐鲁书社

宫晓卫

2019年2月21日早晨，我收到齐鲁书社副总编辑刘玉林通过微信发来的安作璋先生于2月20日晚溘世的消息。虽然安先生是以93岁高龄驾鹤西去，此消息于我仍然感到十分震惊。因为在我的印象里，安先生是增寿不见老的典型。从我认识他起的二十几年里，无论是见面还是通电话，他总是情绪饱满、精神爽朗、声音高亢、思维清晰，时光在他身上似乎是停滞的，让你完全忽略了他已是一位年逾古稀，已入耄耋之年的老人。2015年，我卸下了齐鲁书社社长的任职，没有再因工作的事去请教、打扰他。记得在我离任前我们还就“山左名贤遗书”通过电话，他的声音依然如旧。不意几年不见，已成永隔。而他的音容笑貌，在我脑海里也就定格在了2015年之前，成为我永远的记忆。

安先生的离去，对学术界是一重大损失，对齐鲁书社而言更是失去了一位一直关心、支持、呵护我们的重要作者、良师益友。我手头正在草拟齐鲁书社建社40周年大事记，其中一项就是对我社建社以来所出图书的简略回顾。回想安先生与齐鲁书社的关系，首先想到的是他的一批在齐鲁书社出版的学术成果。大略梳理一下相关的图书和选题，约有《两汉与西域关系史》，此为1979年齐鲁书社建社当年所出图书之一，系作者1959年著作的修订增补本；有由安先生和我社老编辑苏昭民先生共同申报省古籍整理项目，在我社建社之初即列入重点选题并陆续出版的“山左名贤遗书”；有在20世纪八九十年代出版的《刘邦评传》《秦汉官制史稿》《简明中国历代官制词典》；有进入21世纪出版的《郝懿行集》、《济南通史》、修订版《秦汉官制史稿》，以及2003年我们约请他主编的地方教材《齐鲁文化》；还有我们协商重启并列入国家2011—2020十年古籍整理出版规划的“山左名贤遗书”。因这些书稿和选题，安先生与齐鲁书社之间作者和出版者的关系持续了数十年。我想，仅从安先生在齐鲁书社出版的学术成果，当已能够窥见他在史学研究方面学术成就之大概。如《秦汉官制史稿》，是为学界公认的安先生史学研究的代表作；《郝懿行集》的整理，则是安先生从事古籍整理的扛鼎之举；《济南通史》是其地域史研究的力著；《简明中国历代官制词典》则反映了他对历史概念的严谨、精准把握（安先生曾送我一册他编著的《论语辞典》，亦见他对此类著述方式的涉足并非偶然）；《刘邦评传》又能看到他将艰深的学术研究进行通俗化传递的积极尝试。由这些著作，已可以清晰彰显作者在史学研究领域宽宏的视野和娴熟的驾驭能力。

撇开这层作者和出版者的密切关系，安先生还是齐鲁书社的顾问，因此，他与齐鲁书社的出版工作又有着点拨和指导者的身份。在20世纪80年代初齐鲁书社建社不久，我们曾聘请匡亚明、季羡林、任继愈、启功等36位国内著名学者为书社顾问，安作璋先生是其中一位。当年这个高规格的顾问团队，对齐鲁书社作为国内改革开放后第一家成立的地方专业古籍出版社的选题制订、经营运作、品牌树立，起到了至关重要的作用。齐鲁书社建社五周年时能被学界谬奖为“文兴齐鲁、功在学林”“书出齐鲁、文贯古今”，离不开他们的关照、指导和支持。而安先生人在济南，尤方便我们就近请益，其指导和建议更是直接的。在我任普通编辑时，虽未谋面安先生，却时常在当时的社领导或其他编辑交谈中听到他的大名，以至于我这个学古代文学的编辑对史学大家“安作璋先生”的名号已是耳熟能详，这足可以得到印证。

安作璋先生与齐鲁书社有着如此特殊紧密的关系，而且他与齐鲁书社的很多合作，是我在齐鲁书社社长任上彼此有益直接交流的。于公于私，我都应送安先生最后一程。只是当时我在国外，实在无法赶回，深为遗憾的同时，叮嘱刘玉林，请他们在代表社里参加悼念告别仪式时，务必代我表达哀思，并向安先生亲属转致诚挚的问候。

现在想来，我虽然在 20 世纪 80 年代中叶即到齐鲁书社任编辑，且安先生作为著名学者，其大名对我而言早已如雷贯耳，但因专业隔行的关系，我任编辑时所接触的省内学者基本都是古代文学界的，而且借助山东省古典文学研究会的平台，和他们已是相当熟悉。安先生的学术领域是史学，我当编辑时和他没有交集。记得第一次近距离见安先生是 90 年代初我任齐鲁书社总编室主任时，当时社里搞了一次选题专家论证会，总编室是负责会议安排和迎来送往的，记忆里那是我第一次见安先生，但没有印象深刻的交流。

与安先生的第一次交流是 1997 年我任齐鲁书社社长之后。1997 年初，我被任命为齐鲁书社社长，此时的齐鲁书社正处在一个极度艰难的阶段，债务沉重，资金匮乏，别说正常的生产经营，账面资金连职工的当月工资也不够支付。面对如此窘况，好像一切都需要理顺，内部秩序、选题开拓，与印制厂、与书店、与作者的关系等。其中与作者的关系，主要是一些重要作者已交付的古籍整理书稿的积压。这些书稿因规模较大，人力、资金投入较多，而当时社里已无此力量，以致长时间不能按正常程序出版。这类书稿，有袁世硕先生的《王士禛全集》、王绍曾先生的《山左戏曲集成》、朱其铠先生的《谢榛全集》和安作璋先生的《郝懿行集》等。《郝懿行集》的整理是作为“山左名贤遗书”的项目之一启动的，其在 1992 年就列入了山东省出版总社重点图书计划，也是山东省“八五”重点图书规划项目。郝懿行作为山东籍的清代经学大家，其经学研究成就甚高，著述丰厚，但对今人而言他的著作未免艰涩难懂，因之校点整理难度甚大。安先生带领他的团队做了大量艰苦扎实的工作，出版社也早已安排发稿，且已看过二次样。但在我到任社长之前，其编辑出版工作实际上已经暂停。这除了出版社经营困难的原因，还有一个复杂的情况，就是印刷技术发生了变化。

当时，印制厂排版系统已经完成了由铅字排版到电脑排版的技术升级。曾专门为齐鲁书社业已铅字排版正在看样的《王士禛全集》《郝懿行集》等繁体竖排重点书而延续保留了两年的繁体字铅字架，已等不及这些书的出版就必须拆除。如此一来，这些书要继续出版，就需重新改换电脑排版，这势必带来人力、资金的更大投入。这对于我接手的烂摊子，是个一时不能解决的难题。坐在出版社负责人的位置上，尽管前期的责任不在我，但我心中对于这些书稿的长期积压，对其作者是深感歉疚的。因为除了编辑，我也是个古籍整理的参与者，在出版工作之余，从事过不少古籍的点校整理，也是袁世硕先生主编的《王士禛全集》的整理者之一，深知一部书稿完成后整理者对正式出版的期待；换位思考，也能体会一部众人参与的大书，成稿后其主编作为组织者所承受的出版压力。身为出版者，对书稿的长久搁置，应该给作者一个交待。况且我很清楚，一个专业古籍出版社品牌形象的树立，离不开优秀的古籍整理书稿的支撑。但当你还在为隔夜粮发愁，凡事捉襟见肘，那种明知应为而不能为，心有余而无能为力的感觉，实在是一种万般无奈的纠结。所以多年后，在我们终于走出困境，我在接受《出版参考》记者采访时，回顾这段经历曾感慨道“饿着肚子无法举牌子”，这句话也被记者用作了采访标题。能出此感叹，实在是事出有因。本应出的书稿而不能出，我需要在到任后尽早去拜望几位老先生，给他们个解释。另外自己要去见几位先生，也是存有一点私心，即这些先生都早已是桃李满天下，且不乏在省内身居要职的学生，我担心各位先生一旦施展自己的影响对齐鲁书社予以抱怨，无疑会在我所处的重重困境上再加压力。有必要尽快面见他们说明情况，求得他们的谅解，给我一段解决问题的时间。

不意我人还没来得及行动，就因省古籍整理的一次会议，和几位老先生都见面了。1997年5月，在省教育厅召开山东省古籍整理规划领导小组扩大会，讨论山东省古籍整理第九个五年规划。我记得很清楚，因共同参会，是我和安先生以出版者和作者的关系第一次面对面的交流。那次会之所以让我记忆深刻，盖有几个原因。一是这是我第一次作为会议邀请代表参与省古籍整理工作的讨论，当时，得与大部分为前辈的老先生共同商讨本省古籍整理，令人难忘，也没想到我以尚不到40岁的年龄，竟会从此置身本省古籍整理和古籍专业出版直到退休。二是那次会议虽然参会者仅二十余人，规模不大，但规格高，省政协副主席崔惟琳，省政协副主席、省古籍出版规划领导小组组长吴富恒都到会。而那次会后，印象里省内古籍整理会再没有被省领导如此关注过。再往后，随着人事变迁，即便是省内有关部门，对古籍整理领导小组及其办公室的概念也几乎没有了。这从山东大学董治安教授去世后的纪念文字中，几乎无人提及董先生曾任山东省古籍整理规划领导小组办公室主任，及其为山东省古籍整理工作所做的贡献；我在董先生纪念会上发言特别提及此事，但听者无甚反应，均可见山东古籍整理组织工作的日渐衰微。让人唏嘘之余不免生出对往日省领导理解古籍整理、重视文化传承的怀念。再有就是因袁世硕、王绍曾、安作璋等先生的到会，我与他们分别谈了几部积压书稿的情况。第一次和安先生交谈，没想到他对齐鲁书社的情况非常了解，也十分理解我的处境，言谈中并没有我曾担心的怪罪。他完全同意我的意见，即先在原样上进一步修改、补充，等时机成熟再用电脑排版以减少排版错误；另外，我们共同努力争取外界的资金支持，以保证本书的早日出版。20世纪90年代的古籍整理出版工作虽有国家和省里的古籍整理资金，但额度都不大，且省里每年30万元的古籍整理经费基本只用于整理，难分出版一杯羹。在出版社极度困难的情况下，更需寻求其他支持。安先生的理解和认可，纾解了我心中的忧虑。从此，我和安先生就算真正结识了。

回顾往事，我和安先生最初交流的话题主要还是《郝懿行集》，大致都是关于稿子的修订和增补诸事宜。过了两年，稿子可以下厂重排了，这也意味着新投资的开始。安先生告诉我他给省委宣传部长写了封信，主要谈了郝懿行作为清代山东产生的著名经学家，其著作的整理出版价值和意义，建议山东省出版总社继续完成“山左名贤遗书”的出版计划，其中首先是《郝懿行集》的出版。闻知此事，我当然从心底感谢安先生这个减轻我工作压力的主动作为，但也担心此举未必能够如愿以偿。因为既然是请省委宣传部长让出版总社落实此事，而出版总社领导班子新调整不久，新领导从外单位调来，并不了解出版，恐怕安先生这种专业图书出版的信最终会转到我手上。结果还真是被我“不幸”猜中，部长接信后很重视，很快就按安先生的要求批转给了出版总社的新领导，新领导果然又将此信转到我手上，要求我看后给他写个文字报告。我在给总社领导的报告中，介绍了山东古籍整理的情况，介绍了安先生信中所说的郝懿行著作的整理出版“是学术界的一件大事，影响深远”，同时介绍了齐鲁书社当时面临的现状，并建议出版总社参照其设立其他出版基金的办法，设立“古籍出版基金”，用于解决一些重点古籍整理项目的出版难题。报告呈上，最后没了下文。依稀记得与总社领导有过多次对话，总的感觉是新领导并不认可将钱投到古书的整理出版上，他不认为这类书的出版有多大价值。如此，再谋求支持，就十分不易了。一段旧事，由安先生的书稿忆起，信笔而至，置此存念吧！

经过几年的调整和拼搏，齐鲁书社的经营状况得以逐步好转。进入21世纪，我们已经可以遵从自己的出版理念，正常安排选题的上马、图书的出版了。积压的古籍整理书稿陆续发稿排版，《郝懿行集》也进入了新的排版看样程序。鉴于社里出版规模扩大，发稿量猛增，而编辑人手没有明显增加，特别是能够胜任古籍整理书稿的编辑人手短缺，为保证

《郝懿行集》的正常出版，我本人在繁忙的管理工作之余，担任了《郝懿行集》的责任编辑，并邀请社里业已退休的老编辑协助我共同履行编辑职责。因是责编，我和安先生就又多了一层编辑与作者的关系，也就有了围绕书稿的修订增补、清样的交接退还等事项而产生的彼此间或见面商谈，或电话联系，乃至文字书信的往来。而且《郝懿行集》的最后付梓，安先生也的确施展了他的影响力——他请省领导联系到郝懿行的家乡，用购书的方式给了出版社实实在在的经济支持，令人感念不已。

在这里，我又想到了安先生对齐鲁书社教材开发的帮助。2003 年初，山东省拟上马部分地方教材，其中包含与传统文化相关的内容。这对齐鲁书社而言无疑是个改善选题结构的难得机遇。为保证所编教材的权威性和提高审查通过的把握，我们希望能由安先生出任新编教材的主编。编教材是个辛苦活，费心费力，却又不是高深的学术成果，且安先生已年逾古稀，我们的要求实属不情之请。虽然以我们对安先生的了解，以安先生对齐鲁书社的厚爱，他会一如既往地关照支持我们，但还是抱着试一下的心态去问询他的。而安先生真的如我们所愿爽快地应允了。此后，为编教材事，他不顾自己年事已高和腿脚不甚灵便，数次来书社指导编撰方案的讨论。该书后来定名为《齐鲁文化》，于当年完成编撰并顺利通过山东省中小学教材审定委员会审查，列为“山东省地方课程学习指导书”，2004 年初正式出版。多年来，我们在探索齐鲁书社的出版路径，即既要树立、维护出版品牌，又要彻底扭转古籍专业出版社经营困难局面的过程中，围绕传统文化逐渐形成了古籍整理、学术研究、普及读物和助学读物四个选题出版板块。《齐鲁文化》就是发挥本社专业优长，在助学读物选题方面的一次成功运作。念及此，就不能忘记安先生当年的大力支持。

那些年，除了 6 卷本的《郝懿行集》，安先生还有修订本《秦汉官制史稿》和 6 卷本《济南通史》等重要图书，分别于我任社长期间的 2007 年、2008 年在齐鲁书社出版，对有关书稿的出版安排和出版合同的签订，我们都有着密切的交集。另外，2007 年是安先生从事历史研究六十周年暨八十华诞，由我社出版了《安作璋先生史学研究六十周年纪念文集》。2010 年，国家古籍办制订古籍整理 2011—2020 年十年规划，安先生数十年关心的“山左名贤遗书”在该规划中成功立项，延续着他和齐鲁书社的合作。可以说，从我任齐鲁书社社长之初结识安先生，在我任职社长的十七八年里，我们的联系从未中断过。当然，在我们的交往中，话题也不仅限于与齐鲁书社相关的事情，即如前面说到的《论语辞典》，安先生知我和接受该书稿出版的上海古籍出版社社长王兴康是研究生同学，2002 年曾托我向王社长询问该书稿的出版安排。该书稿如期于 2004 年出版，对此我也应算是出过助推之力。因此，私下想来，我和安先生之间，除了出版者和作者的合作关系，是有着良好的私人友谊的。

行笔至此，我个人以为，作为出版人，在出版生涯中能得以与安作璋先生这样的作者合作，实为难得之荣幸。就出版社而言，能够得到学问如安先生这般的史学大家高度信任，虽然合作中也有坎坷，但能让他始终不离不弃，不断将自己厚重的学术成果交给我们出版，是本社之幸；就编辑而言，他的宽厚平和、博学多识，以及严谨求实的学风和对你职业的理解与尊重，是编辑之幸；对我辈后生而言，他通达包容、中正祥和的长者风范，让人如沐春风，是晚辈之幸。所谓学高为师，德高为范，安先生实为师范之楷模。正是出于与安先生多年合作交往中心存景仰敬重，且以能结识安先生而深以为幸，在接到齐鲁书社现任总编辑傅光中来电，告知安先生的亲属、同事拟编一部安先生追思集，仍交由齐鲁书社出版，并嘱我写点纪念文字时，虽然我正因腰疾卧床休养，也不能以此推拒。

安先生给后人留下了丰厚的学术遗产，对其价值和贡献的评价，学界自有公论，毋庸我置喙。但他与齐鲁书社的关系所留下的永久记忆，我是知之较多者；齐鲁书社的职工中与安先生有业务交往的，我是时间较长者，且我们的交往，都是在我的社长任上，因此，要纪念安先生，我想我应该写一下他和齐鲁书社这段交往与合作的历史。安先生与齐鲁书社的合作近四十年，尽管以一个人的了解和记忆来写这段历史难免会有疏漏，不过主体内容想必不会有大的缺失，所以我将笔下的这篇文字标题为“安作璋先生与齐鲁书社”，大概还不至于太过唐突。也谨以此文，致敬已在天国的安作璋先生，奉上一个老出版人的深切缅怀和纪念。

（作者系齐鲁书社原社长）

我的老师安作璋

王丙录

1957年夏，我考入山东师范学院（今山东师范大学）历史系。入学后，同学们都热衷于打听、议论系里有哪些学术权威。当时系里几位年轻讲师中有一位安作璋老师，中国古代史专业，已出版《汉史初探》，《光明日报》“史学”栏目发表评论，认为这是一本“运用历史唯物主义观点”“参考材料相当丰富”的汉史论文集，在当时的青年史学工作者中产生了很大影响。他的另一部著作《两汉与西域关系史》是一部论证翔实、对我国西北史地研究有重要贡献的著作，在国内外史学界引起很大反响。老师们的著作都在院图书馆里，我们得以提前借出来阅读、学习。未上课前，只闻其名未见其面，但这些学术权威在我们新生的心目中已树立起高大形象。

安作璋老师教我们“中国古代史”。记得上第一堂课时，铃声响过，教室门口一瘸一拐走进一位老师（安老师有腿疾），个头不高，身穿灰色制服，手提草兜，吃力地迈上讲台。他从兜里取出讲义及几册参考书放在讲桌上，抬起头，我才看清他的长相，国字脸，头发稀疏，双目炯炯有神。老师用带有鲁西南口音的话语说：“我叫安作璋，今后我和同学们一起来学习研究中国古代史。”第一堂课，安老师主要讲了学习中国古代史的重要意义、学习方法及注意的问题。安老师讲课慢条斯理，似乎缺乏激情，还带点口吃，大家都略感失望。数堂课后，同学们才逐渐领教到安老师教学的“厉害”。他每次上课，首先拿出讲义、参考书放于讲桌，但这只是摆设，他讲课时从来不看。安老师对“四书”“五经”等古籍都了然于胸，讲到某知识点，经常背诵大段古籍加以说明。他讲课娓娓道来，深入浅出，能抓住重点，条理清晰，很受同学们欢迎。

令我最难忘的是安老师给我们上的一堂历史实地考察课。山东龙山文化的发现地，在济南市区东六十余里处章丘龙山的城子崖。安老师认为到现场上这一课，会取得更好的效果。他布置同学们提前看龙山文化讲义章节及有关参考书，让同学们对该内容有初步认识。

这天，天刚蒙蒙亮，我们两个班八十多名同学提前到食堂吃了饭，在安老师的带领下，乘客车到火车站，坐火车沿胶济铁路东行，在炒米店小站下车，然后坐驴拉的大车到城子崖遗址。安老师介绍说：“当时齐鲁大学历史系有位助教名吴金鼎，我 1947 年考入齐大时，吴老师早已离开，他是我的师辈。吴老师于 1928 年首先发现了龙山文化。这引起当时中央研究院历史语言研究所考古专家的注意。1930 年秋，史语所的考古专家李济、董作宾来城子崖进一步挖掘。除出土别的几件文物，还发现了大量破碎的黑陶器（片），它们造型优美，漆黑晶亮，薄如蛋壳，充分体现了我们祖先的智慧与创造。所以，龙山文化也叫黑陶文化。这种精美的黑陶首先在龙山村附近发现，此后我国其他地方的黑陶文化统称为龙山文化。”安老师还兴奋地说：“我们在发现六千多年前的仰韶文化时，有的外国学者在资料不足的情况下，片面地以为仰韶彩陶的几何图形与西亚的彩陶器相似，贸然断定‘中国文化来自西方’。龙山文化作为铁证，有力地粉碎了这一偏见与谬论……”这别开生面的一堂课，虽过去六十余载，依然历历在目。

后来，在与安老师交谈中及通过其他途径了解到他的身世及经历。安老师于 1927 年冬末生在山东曹县城内文庙旁一户书香人家。1937 年小学毕业时，正逢全面抗日战争爆发，他因不愿接受奴化教育，毅然转到乡下私塾读书。在家庭熏陶和师长教诲下，奠定了较深厚的古文基础，也萌发了学习历史的志趣。1944 年，安老师随流亡学生到皖北阜阳，进入流亡到此地的山东第二临时中学读书。由于日本鬼子不断侵扰，多数学生与家庭失去联系，安老师也不例外。学生们的生活十分艰苦，住的是临时用泥土坯垒的草房，吃的是发霉的高粱米、窝窝头。生活恶劣，导致疾病滋生及流行。当时，安老师身患关节炎、疥疮、疟疾三种疾病，仍苦读不辍。1947 年中学毕业后，他以优异成绩考入齐鲁大学文学院历史系。遗憾的是，长期关节炎的折磨夺去了他双腿的健康，他只能在崎岖的人生道路上奋力向前。大学期间，安老师在著名史学家张维华等先生的指导下，开始重点攻读秦汉史。由于家庭困难，他半工半读，如饥似渴地阅读先秦及秦汉历史文献，把所有时间和精力都用于阅读、思考、钻研学问。1951 年大学毕业后，他被分配到山师历史系。随着《汉史初探》《两汉与西域关系史》出版及再版，很快在史学界引起关注。

“文革”开始后，“历史无用”“知识越多越反动”等谬论甚嚣尘上，安老师也被戴上“反动学术权威”的帽子，遭受了不公正的待遇。但他坚信，有着悠久历史文化的中华民族绝不能割断历史、忘记历史，历史研究在社会主义建设中的作用是不能被抹杀的。正是这种信念支撑他顶住险风恶浪，断断续续进行着历史科研工作。他常常是白天被禁闭批斗，晚上回家就迫不及待地伏案攻读、奋笔疾书，忘记了一切屈辱和不快。随着黑暗时光的流逝，一沓沓资料卡片、一页页书稿又悄悄填满了因抄家而变空的书箱。1978 年，党的十一届三中全会胜利召开，终于迎来科学的春天、知识分子的春天。之后，安老师的大批科研成果公之于世。除原有著作不断再版，他又陆续创作出版了《秦汉官制史稿》《秦汉官吏法研究》《班固评传》《刘邦评传》等多部著作。

1982 年我调来济南工作。有一年正月初三，山师同班几位同学相约到安老师家拜年。师母陈有今（省戏曲学校高级讲师）笑着把我们迎进客厅，并把安老师从书房喊出来。师母笑着向我们告状："你们的安老师真的不要命了，没有节假日，没有星期天，春节也不好好休息，从大年初一就开始蹲到他屋里写稿、改稿，折腾个没完没了，有时候连饭也忘了吃。快管管你们的老师吧！"安老师也笑着说："管也没用，我们处在改革开放的好时代，领导对我又如此关心照顾，我不能辜负。我活一天就拼命干一天。好在我已习惯了。"那天，安老师还说到他到日本讲学的感想：日本政府很注意保护古迹文物，古建筑都能得到很好地保护，并善于利用这些文物对国民进行教育，在一条街上竟有三处专题博物馆、展览馆。日本也重视本国史与外国史的研究，他们对我国古代史的研究，有的问题比我国学者研究得还要细致。这些方面都是值得我们借鉴学习的……

著名学者徐北文教授生前曾赠给安老师一副对联："良史春秋笔，名师齐鲁风"，对安老师平生的概括颇为贴切。

2月20日，惊闻安老师与世长辞，只能以文字送别老师。先生一路走好！

（原文刊于《齐鲁晚报》2019年2月26日）

忆我与恩师安作璋先生的交往

孟祥才

安作璋老师是山东师范大学历史系三大支柱（另外两位是刘祚昌和胡滨教授）中唯一寿限超过 90 岁的教授，也是对我指导最多、使我在业务上受益最多的一位令人永远怀念的恩师。2015 年 12 月，山东师范大学为他举行了隆重的九十华诞祝嘏会。会上，校长唐波教授在祝词中赞誉先生是该校的一张影响巨大的“名片”，这对先生来说应该是切中肯綮的评价。2019 年 2 月 20 日，先生以 93 岁高龄辞世，标志着山师历史系一个时代的落幕，也是一个时代的开启。

安老师是享誉中外的著名历史学家、史学教育家，已经在历史教学和研究工作岗位上辛勤耕耘了六十多个春秋，桃李布满天下，盛名蜚声士林，让众多学子高山仰止，景行行止。

安老师首先是一位史学教育家，他是山师历史系的“元老级”人物，自齐鲁大学历史系毕业后就一直在这里教书，挥舞教鞭在讲台上挥洒他的智慧和才情。如果说山师教育出来的学生占了山东中学教育的半壁江山，那么，安老师亲授业的徒子徒孙也支撑起山东中学历史教学的太半课堂。不仅如此，他门下亲授业的一批学士、硕士和博士弟子，不少人已经成长为卓有成就的教授、学者，继承着他的衣钵走向新天地。

我自 1960 年入山师历史系读书亲炙先生教诲，已经超过半个世纪；自 1976 年从北京调回济南工作开始与先生在业务上合作，也已经超过四十个春秋。回首前尘，逝者如斯，往事历历，步履留痕，岁月的年轮深深嵌刻在我记忆的简版上。

安老师给我们授课时已是而立之年。他个头不高，由于在皖北阜阳求学时患严重关节炎未得及时治疗，留下不良于行的终身残疾。可能应了“塞翁失马，焉知非福”的古训吧，这使得他将自己的精力更集中地用于读书做学问。他在齐鲁大学历史系读书时就是一名好学深思的优秀学生，曾获得燕京哈佛学社的奖学金。此事在“文革”中成了先生的一大“罪状”。我到山大工作后，一次同先生当年的老师张维华教授闲聊，他还愤愤不平地说起此事：“当年安作璋功课学得好，我就给他申请了燕京哈佛学社的奖学金。不料‘文革’中因此说他有‘特务’嫌疑，你说可笑不可笑?”1964 年秋天，我考入当时的中国科学院历史所读研究生，师从侯外庐先生学习中国思想史。一天，见到安老师当年的大学同学那相芹。当她知道我是安老师的学生时，对我说：“你老师当年可是张维华先生最喜欢的学生，在我们所有同学中，他是业务最好的一个。”20 世纪 80 年代，一次我给济南市的中学历史教师做学术报告，当年安先生齐大的一位女同学也对我谈起先生，赞扬先生是齐鲁大学历史系所有学生中的翘楚。显然，安先生在大学读书阶段已经奠定了较坚实的业务基础，为后来他在学术上创造性地发展创造了条件。

安老师在历史系一直讲授中国古代史基础课。我是 1961 年第一学期上先生的课，亲身感受他作为教师的认真、睿智和才华。他讲课的最大特点是熟知授课的内容，驾轻就熟地引领学生获取应该掌握的知识和理论。他的讲授重点突出、要言不烦、深入浅出、通俗易懂、条分缕析、便于记忆。如先秦史，重点讲分期和“百家争鸣”，使学生第一次知道中国从奴隶社会向封建社会过渡时还有如此多的学术纷争，而中国古代第一个思想文化的高峰竟是如此辉煌。讲秦朝历史重点讲制度，因为秦制奠定了两千多年中国古代社会政治制度的基础。讲秦末农民战争围绕“天下苦秦久矣”展开，从而为西汉“黄老政治”“文景之治”做有力的铺垫。接着讲汉武帝的文治武功、王莽代汉和东汉的建立，最后讲外戚宦官交替擅权、军阀混战和东汉的灭亡。这样，秦汉史就清晰地印在学生的记忆中了。魏晋南北朝史头绪混乱，是学生比较头痛的一段。安老师讲授时先按时间顺序将朝代更替理清，然后北朝重点讲魏孝文帝的改革和民族融合，南朝重点讲占田制、户调制和庄园经济的发展。如此一来，这段历史也就比较清晰了。安老师在授课时注意拓展学生的知识面，不时穿插介绍一些学术信息，如古史辨派、战国策派、“五朵金花”等，使我第一次知道顾颉刚的著名观点“大禹是条虫”。安老师在授课时还不时引证古人的咏史诗，以增加授课的趣味，增强学生的记忆。如讲三国结束时读了唐人刘禹锡的《西塞山怀古》：

王濬楼船下益州，金陵王气黯然收。千寻铁锁沉江底，一片降幡出石头。

人世几回伤往事，山形依旧枕寒流。从今四海为家日，故垒萧萧芦荻秋。

讲魏晋时期的世族门阀时读了左思的诗：

世胄蹑高位，英俊沉下僚。地势使之然，由来非一朝。

安老师为了训练学生读书思考和从事史学研究的能力，在讲授中国古代史基础课时，给学生布置了一个作业，题目是谈对古史分期问题的认识。老实说，这个至今仍聚讼纷纭的问题，是大一的学生难以驾驭的。我想老师之所以出这样一个题目，无非是为了让学生多读点书，开阔一点思路。当时我们班的所有同学都比较认真地做了这个作业，安老师也特别认真地予以批改，对每份作业都写了评语。记得给我写的评语除了鼓励的话，还希望多读原始文献。大概我的同学王永贞的作业史料少而议论多，安老师在评语中写了“有以论代史之嫌”的话。这样基本功的训练使我受益匪浅。顺便说一句，安老师平时说话有点口吃，但讲课时语言比较流畅，几乎听不出口吃的毛病。这或许是由于他课下的精心训练和充分准备吧。

山师历史系在培养学生方面最大的优长在于基础课教得比较扎实，教给学生相对宽泛和厚实的基础知识，这对学生未来的工作和业务发展都有好处。我在毕业后的学习和工作中，接触到不少名牌综合大学历史系的毕业生，感到我们基础课的教学不比他们差。自己深感受益良多。

由于安老师在大学读书期间特别用功，受到严格的科研训练，打下从事科研的扎实的基本功，所以在 20 世纪 50 年代就出版了《汉史初探》《两汉与西域关系史》等有影响的学术著作。他给我们上课时曾将这两本著作带到课堂上，我课后即到图书馆借了《两汉与西域关系史》一书认真拜读。1966 年 3 月初，我被借调到当时的《红旗》杂志编辑部，协助时任历史组组长的戚本禹编辑《毛泽东论历史科学》。因为撰写了评李秀成自述的文章，戚已经是史学界名头甚响的人物。一次闲聊，谈到汉史研究，戚提及安老师的《汉史初探》，赞扬该书利用封泥文字研究汉史是一个创造。《汉史初探》所展示的安老师研究历史的路数，既重视历史唯物主义理论和方法的指导，又继承乾嘉学派、顾颉刚、傅斯年、陈寅恪、陈垣等老一辈史学大师重视史料考辨的严谨的治学方法，严格遵循“论从史出”的原则进行论文和专著的撰写。而中华人民共和国成立后的学风却日渐受到极“左”政治路线和思想路线的影响，大批特批胡适、顾颉刚、傅斯年等著名学者。可以想见，在这种日益严峻的政治和学术生态下，安老师的坚守是多么不容易！当然，安老师也为这种坚守付出了代价。“文革”中，他老人家与胡滨、刘祚昌等老师一起，被打成“反动学术权威”。后来我与安老师谈起这段往事，我说在北京，只有副教授级别以上的知识分子才够得上“反动学术权威”，怎么在山师连您和刘老师、胡老师这样的讲师也成了“反动学术权威”？安老师笑笑，说我们这里够得上“权威”的教授级别的人太少，所以我们这些人也就被“提级升格”了，在批判我的时候，我就说自己是“反动有余，权威不足”。这也算是安老师经历的“黑色幽默”吧。

1976 年我从北京调回山东大学以后，与安老师接触的机会多了，也合作搞了一些课题，如《中国封建社会经济史》《秦汉史》《秦始皇帝大传》《刘邦评传》《汉高帝大传》《汉光武帝大传》等。这几部著作的撰写过程，都是我们两人一起先议论并确定指导思想、学术观点、基本框架、章节安排，然后由我拟出写作提纲，再由安老师斟酌修订，我们共同认定后，由我执笔写出初稿，交由安老师修改定稿。出版社打出清样后，我们先分头修改，再一起定稿。在这一合作过程中，我深感安老师在秦汉史方面的功力，尤其是在文献和考古资料方面的功力，在中国史学界几乎无人堪比。他熟知《史记》、前后《汉书》、《汉纪》、《资治通鉴》关于秦汉史部分的每一个人物和事件，对考古资料、碑刻等都烂熟于心。我遇到史料方面的问题请益时，每次都能得到满意的回答。我曾对我的研究生多次说过，安老师熟悉他管的“每一个干部”。正因为如此，他要求在撰写论文和专著时，每一个论点都必须有史料的根据。如我们在 20 世纪 80 年代撰写《刘邦评传》时，我对安老师说亭长一职有点类似今天的派出所所长，安老师说，现有资料还找不到没有疑义的直接证据，所以在书中还不敢写它的主要功能是治安。到 20 世纪 90 年代，写《汉高帝大传》时，江苏东海县尹湾汉简已经出土，这些资料证明亭长是县尉的属官，不是行政官员，而是治安官员。这时，我们在书中就写它隶属县尉，突出了其治安功能。再如写《秦始皇帝大传》时，牵涉秦始皇的生父问题。司马迁在《史记·秦始皇本纪》中说他的生父是庄襄王异人，在《史记·

吕不韦列传》中又说他的生父是吕不韦，究竟是谁，必须经过考辨，得出我们自己的结论。我们经过对有关史料的辨析，认定他是庄襄王的儿子，为此，我还专门写了一篇文章《情断嬴政生父案》发表。安老师对桑弘羊素有研究，并应中华书局之约写《桑弘羊传》，可这书出版前，吴慧的《桑弘羊研究》出版了，字数超过三十万。一次与安老师谈起这部书，他说桑弘羊的资料并不多，《史记》和《汉书》都没有单独给他立传，他的资料集中在《盐铁论》和张安世、霍光等人的传中，问我：吴慧怎么能写这么多？是不是铺张扬厉？我说这部书我看了，真是铺张扬厉，前一百多页桑弘羊都没出场，而作为开台锣鼓的背景就写了十多万字。安老师说：这也是本事，可我做不来。安老师自己写的文章都是言简意赅，无一字无根据，从不让想象力任意驰骋。安老师在秦汉史领域贡献多多，其中，《秦汉官制史稿》更是一部精品力作，是研究秦汉史的后辈学人跳不过去的经典之作。

安老师在学术上的另一重要贡献是主编了多部大部头作品，如《山东通史》《济南通史》《齐鲁文化通史》《中国运河文化史》《中华杂技艺术通史》等，在确定编撰意向，拟定写作提纲和编写体例，选配、组织和协调撰稿人选，乃至审稿、修改、定稿等一系列的工作中，安老师都充分发挥了主编的关键作用。这些著作在一定意义上都是填补学术空白的奠基之作，为山东乃至全国的学术基础的建设做出了重要贡献。同时，通过这些学术实践活动，提携和锻炼了一批学术后来人，促进了山东学术人才的成长。为此，安老师在近三十多年的悠长岁月中几乎付出了自己的全部精力和学识。如果此期他将全部精力和学识用于个人专著的写作，相信会有更多反映个性特征的精品力作问世。而这，不啻是安老师为了集体的学术事业做出的个人牺牲。

安老师特别重视尊师的传统道德。他对在齐鲁大学读书时的老师张维华、韩连琪两位教授一直执弟子之礼，每年春节一定前往府上拜年。因为他不良于行，20 世纪 90 年代前交通不便，张、韩两先生都在山东大学工作，山师、山大两校距离十多里地，他走一趟实在不易，可他一定叫学生或子女用自行车带着去老师家拜年，送上作为弟子的问候。由于安老师长期在山师工作，弟子众多，人脉广泛，平时造访者不断，春节时拜年者更是络绎不绝。安老师对所有的造访者，不分地位高低、年龄大小，都是以礼相待，热情迎送。我作为学生，每次登门，他都立马放下手头工作，与我倾心交谈。我离开时，他一定送到门口，看着我离开。我多次对他说我是他的学生，老师对学生不必如此多礼，但他仍然坚持送我出门。他为人谦和，待人宽厚，处处展现恂恂长者之风。有一位非历史专业出身的作者写了一部关于刘邦的书，内容与我们出版的《刘邦评传》有些雷同之处，有的读者发现后，希望我们告这位作者“剽窃”。鉴于这位作者写作前曾找我们请教，加上他学术规范的训练不足，我们决定原谅他，并且在征得安老师的同意后，由我起草了一份给出版他书的出版社的说明，认为他的问题是技术层面不规范的失误，为他免除了一场纠葛。

安老师尽管从年轻时身体就不是很健康，但是由于他饮食起居有规律，心态平和，与人为善，注意通过定时散步等办法加强锻炼，所以一直能够使自己在身体比较健康的状态下进行教学和研究工作。近二十年来，几乎看不出变化。我开玩笑说“安老师定格”了。他笑着对我说，年轻时有医生断言他活不过四十岁，可今天依然活得健健康康。我看到他在九十华诞之时依然体貌矍铄，神采奕奕，思路敏捷，语言清晰，不见老态。这就是“仁者寿”啊！季羡林先生曾写过一篇题目为《相期以茶》的文章，期望自己活过 108 岁。可惜他老人家没过百岁大关就悄然而逝了。作为弟子，我们都期望安老师创造超过“茶”龄的大关。然而，“死生有命”，他老人家最终没有冲破百岁大关而遽归道山。这虽然令后辈痛惜，但能冲过 90 岁大关，在今日之中国人中也还是少数，他老人家能顺利越过此关且无疾而终，也应该是修来的福分吧！

在安老师九十华诞的祝嘏会上，我曾不揣浅陋，献上模仿梁启超当年为康有为祝寿的联语，作为学生对老师的祝福：

释先贤之玄意，整班马之义岐，入此岁来年九十矣；

奉觞豆于恩师，致春意于卮酒，亲授业者盖八千焉。

安老师病逝是很突然的。他辞世的前一天下午，还与我通了一次电话，声音洪亮，底气十足。但第二天下午，我接到曲阜文管会彭庆涛同志的电话，告诉我安老师不幸辞世的消息，我当时真不敢相信自己的耳朵，他老人家言犹在耳，怎么不过一天的时间就天人永隔了呢？第二天上午，我与同是安老师学生的妻子一起到他老人家的灵前鞠躬致哀，向恩师献上学生的哀思与崇敬之情。

在东郊莲花山殡仪馆，安老师的追悼会盛况空前，超过此前山东去世的所有史学前辈。这显示他老人家的威望、人脉都是空前的。今天，他老人家尽管在天堂永远安息了，但他留下的史学遗产将永远泽被后人，作为一种学术因子将被一代代的史学后辈继承和弘扬下去！

（作者系山东大学儒学高等研究院教授）

追忆史学泰斗安作璋与邓广铭两先生的学术交往

刘晓焕 李 强

2019年2月20日，著名历史学家、中国秦汉史研究会原副会长、山东省历史学会原副会长、山东地方志学会原副会长、山东师范大学古籍整理研究所原所长、博士生导师安作璋先生不幸作古。据悉，2月23日下午，学界同仁、亲属等计300余人前往济南莲花山殡仪馆为之送行。作为中华人民共和国成立后较早从事秦汉史研究并取得突出成就的历史学家，他被誉为“秦汉史之大家”“今日秦汉史学界的重镇”，其撰著的《秦汉官制史稿》《秦汉官吏法研究》《秦始皇帝大传》《班固评传》《刘邦评传》等，均受到学界高度赞誉。笔者拟从安作璋与邓广铭两位史学大师的学术交往角度撰此短文，以表悼念之情。

人们一般都知道，安作璋先生的学术生涯始自《光明日报》。然而是谁慧眼识珠，将年仅27岁、名不见经传的“小人物”安作璋的文章予以发表的呢？正是著名历史学家“宋史泰斗”邓广铭先生。邓广铭（1907—1998），山东临邑人，1936年毕业于北京大学史学系，历任北大文科研究所助理员，高级助教，复旦大学史地系教授，北大中国古代史研究室主任、系主任，中国史学会主席团成员，中国宋史研究会会长等职，主要著作有《稼轩词编年笺注》《北宋政治改革家王安石》《岳飞传》《邓广铭治史丛稿》等。安作璋先生在一篇回忆文章中写道：“先生的大名和他在宋史研究方面的贡献，早在1948年我在齐鲁大学历史系二年级读书时，就已从业师张维华先生讲授宋元史的课程中听到了。可以说我对先生的为人与治学都非常敬佩，虽无缘相见，但心向往之。”

1951年，安作璋先生大学毕业后被分配到山东师范学院（今山东师范大学）历史系任助教，教学之余，也从事一点科研工作。由于读大学时重点学的秦汉史，毕业论文亦是《西汉农业经济史的研究》，至1954年春，他已经陆续写出了大约十篇文章。但由于20世纪50年代历史刊物很少，发表论文非常困难，尤其是对他这样名不见经传的“小人物”的文章发表更难。此时他想到了当时担任《光明日报》“史学”版主编的邓广铭先生，便鼓足勇气将其中的《西汉的西北屯垦》一文寄呈邓广铭并附上一封求教的信。完全出乎他的意料，不到一个月，该文就发表在1954年2月20日《光明日报》“史学”版上。“这是我平生第一次公开发表的论文，而且发表在全国报纸中唯一的一家史学专刊上。捧读之下，真有一登龙门之感。不久，我又寄去《论西汉农官的建置及其作用》一文，很快又在1954年5月27日《光明日报》‘史学’版刊出。”“三个月之内，连续在‘史学’上发表两篇文章，这在当时史学界青年一代是很罕见的。”他后来回忆起这一段经历时，兴奋之情仍溢于言表。

更让27岁青年学子安作璋感到振奋的是，由于上述两篇论文在国内一流报刊发表，并产生了一定影响，是年秋天，上海人民出版社（原华东人民出版社）总编张玟来到济南，亲自找到他的宿舍，指名要他写有关汉史的书稿。据安作璋先生事后回忆：“据说这是对前辈专家的待遇，竟然落到我这个尚未出茅庐的后生头上，我简直是受宠若惊。我当即答应从现有的论文稿中选出一部分文稿，交给他们，并拟定书名《汉史初探》。这本小书于1955年（学习生活出版社出版）和1957年前后两版共印行14000册。后来我听到不少同代以及下一代的学者对我说，他们读过这本书，说明它在一定范围内还是受到读者欢迎的。”

安作璋先生在接到《汉史初探》出版的样书的当天，就立刻寄奉邓广铭先生一册，一则表示对先生的感激之情，二则愿意继续向先生求教。因为他深知："如果没有邓先生这位史学大师的伯乐鉴识和着力栽培，是很难有这样一个结果的。"后来他很快收到邓广铭回信，得知邓先生不仅将全书通读了一遍，而且提出了许多具体而中肯的意见。

滴水之恩当涌泉相报。对邓先生的提携、教诲和知遇之恩，安作璋先生一直铭记在心，终生难忘。在《汉史初探》"后记"，齐鲁书社出版的《张维华纪念文集》和国务院学位委员会办公室编、上海教育出版社出版的《中国社会科学家自述》中他都曾提到此事，以表示对史学先贤的追念和敬意。

而安作璋先生与邓广铭先生的初次见面是在1973年的春天。当时，安作璋先生与山师历史系中国古代史教研室的几位同志一起赴北京参观学习访问，去拜访的第一位教授就是北大的邓广铭先生。安先生依然深情地记得，邓先生见到他的第一句话就提到了那本《汉史初探》，并连说："很有功夫"，"做学问就得要下功夫"。安作璋先生知道，邓先生"这些都是鼓励的话，但也正是先生一贯倡导并身体力行的学风"。

不仅如此，日后安先生以邓广铭为良师典范，自觉在邓先生倡导的治史"四把钥匙"，即年代、地理、职官和目录上苦下基本功。他学习邓广铭在撰写历史人物传记时，不仅详细查阅官修史书、私人著述以及家传文献等丰富的历史资料，而且在使用这些资料时，还像邓先生那样给自己定下一个取舍标准，即"用时务求其宏，取时务求其精"，于史实"合则从之，不合则舍之"，在治学路上，日益精进，著述颇丰。其所撰著的《班固评传》《汉高帝大传》《汉光武帝大传》《汉武帝大传》等，都得到史学界一片赞誉，本人亦被誉为"秦汉史之大家""今日秦汉史学界的重镇"等。

获悉邓广铭先生于1998年1月10日在北京逝世后，1998年4月，安作璋先生专门写了《春雨润物细无声——回忆40年前我受邓先生教诲的一段往事》悼念文章，其中写道：“每念及先生多年春风化雨之情，不胜唏嘘。”他还引用唐代大诗人杜甫《春夜喜雨》一诗中的四句：“好雨知时节，当春乃发生。随风潜入夜，润物细无声”，深切表达了其哀思、追念之情。

其实，不独对安作璋先生，邓广铭对其他渴望求学上进的青年人同样热诚地给予鼓励。1983年，笔者曾头脑一热地想从事宋史研究，并购买了一些有关宋史研究的书籍。当我向邓先生写信求教时，他不以我是一个非科班出身的青工为嫌，很快寄来一封热情洋溢的信，除教诲我欲从事某种断代史或人物研究必须具备的三个基本条件，同时抒发了自己“已过七十六周岁，精力衰耗……写字手颤……积压在案头待做的事情太多，而能多顺利完成的却太少太少”的心情。当时就令笔者感动、震撼。受邓先生教诲与激励，个人根据自身情况重新确立了方向。笔者至今已有五百余篇红色收藏、文史类文章发表，有的还被转载，相关媒体亦多次对笔者红色收藏成果予以采访报道。

斯人已去，精神长存。如今邓先生、安先生两位史学大家均已逝去，但无论是邓先生治史的四把“钥匙”，还是安先生“勤于读书，勤于思考，勤于写作”及“与时俱进，经世致用”之学术精神，仍值得我们后来者学习、继承、发扬光大。

（刘晓焕系山东社会科学院历史研究所研究员，李强系山东省范仲淹研究会理事）

安作璋教授千古

翟忠义

执教一甲子，教专科本科硕士博士，桃李三千，皆国家栋梁，持言传身教，堪称导师典范；

研史七十载，精秦史汉史鲁史齐史，著述等身，称辉煌巨著，展德识才学，实为史界楷模。

翟忠义敬挽
2019 年 2 月 22 日于山师

安先生对我学术研究的引导和激励

——纪念安作璋先生逝世一周年

耿天勤

中外知名的历史学家、史学教育家安作璋先生离开我们已经一年了！作为与他曾经相处约四十年的同事，在教学上和学术研究上都曾经得到过他的帮助和引导，他的治学精神时刻激励着我，所以我对先生非常怀念。先生的音容笑貌不时在眼前呈现，先生的谆谆教导经常在耳畔回响，在先生逝世一周年之际，谨以此文表达对先生的悼念之情。

一、安先生指导我从事古籍整理

我于1979年5月调入山东师范学院（今山东师范大学）历史系，讲授“中国历史要籍介绍及选读”这门基础课，在中国古代史教研室参加教研活动，得识安作璋先生。对于我这个新人，他不仅在教学上给了我很多具体指导，在学术研究上也多有引导和激励。

我在中学读书时就喜欢古典文学，后又毕业于南开大学中文系，系统学习过朱东润主编的《中国历代文学作品选》和王力主编的《古代汉语》等著作，打下了较扎实的古文基础，具备了一定的古文阅读能力。大学毕业后在中学也教过几年书，所以我从事这个文史结合的学科教学，能比较快地实现由文向史的转变，很快胜任了教学工作。在我搞好教学的同时，安先生也勉励我开设基础专业课和选修课，并开展学术研究。此后我曾开设“中国历史文献学”“中国古代史学史”“中国古代史史料学”等基础专业课和选修课。

在科研起步阶段，我没有科研方向，就向安先生请教。他让我先从基础做起，做一项资料搜集工作，具体是把郑玄“三礼注”中的汉史资料摘录出来。所谓郑玄的“三礼注”，是指郑玄的《周礼注》《仪礼注》和《礼记注》，这是郑玄经注的代表作。

郑玄是我国东汉末年集大成的经学家，他遍注群经。其注经的方法之一是以今况古，即引汉制、汉俗等释古制、古义。如《周礼·地官·大司徒》：“大司徒之职，掌建邦之土地之图与其人民之数，以佐王……邦国。”郑注：“土地之图，若今司空郡国舆地图。”又如《周礼·春官·巾车》：“安车，雕面鹥总，皆有容盖。”郑注：“盖，如今小车盖也。”此引汉制释古制。又如《周礼·夏官·罗氏》：“蜡，则作罗襦。”郑注：“蜡，建亥之月，此时火伏，蛰者毕矣，豺既祭兽，可以罗网围取禽也。《王制》曰：‘豺祭兽，然后田。’又曰：‘昆虫已蛰，可以火田。’今俗放火张罗，其遗教。”此引汉俗释古义。还有以汉代的俗字、俗语、方言等释经字、经义者。这些都是研究汉史的资料。安先生让我把这些资料摘出，据我理解，大体相当于培养研究生留的一个作业。这是搞科研的最基础的工作，既阅读了基本史料，搜集了科研资料，也提高了阅读古文的能力。

于是我购买了一部中华书局影印本《十三经注疏》，开始阅读《周礼注》，在阅读时，看到郑注中以今况古的句子，就把它抄在卡片上。用了半年多的时间，完成了《周礼注》的阅读和摘抄工作，积累了几大捆卡片。但在摘抄完《周礼注》的汉史资料后，发现这项科研活动与郑州大学一位博士生杨天宇的基础研究撞了车，安先生便叫停了。不久，杨先生的成果陆续发表在《河南师大学报》1982 年第 4 期、1984 年第 1 期和第 4 期上。后得知，杨天宇的博士论文是《郑玄三礼注研究》，将“三礼注”中的汉史资料辑出是研究的基础工作，他动手早，所以已经搞出。

在安先生指导下进行的这一基础性研究工作，虽然未能出正式成果，却锻炼了我的意志，培养了我的科研能力，为此后开展科研活动打下了一定的基础。

搜集郑玄“三礼注”中的汉史资料这一项目叫停后，安先生觉得我有一定的古文阅读水平，就于1983年又让我搞了一个项目，即点校清代经学家郝懿行的《晒书堂集》。当时，山东师大还没有人从事古籍整理工作，校图书馆特藏部的线装书，经馆长特批，还可以借出。于是，我把《郝氏遗书》借了出来，开始整理《晒书堂集》。此书包括《晒书堂文集》《晒书堂外集》《晒书堂别集》《晒书堂笔记》《晒书堂笔录》《晒书堂诗钞》，并附其夫人王照园的作品，名《闺中文存》，共计五十五万多字。

当时，《晒书堂集》已被国务院古籍整理领导小组列入古籍整理规划。但当我把这个项目完成，正要送出版社时，学校成立了古籍整理研究所，并把《郝氏遗书》作为首先整理的古籍。当时安先生是所长，他对我说：“《晒书堂集》先别出版了，等把郝懿行的著作都整理出来，一块儿出吧！”但等把郝懿行的著作都整理出来后，齐鲁书社因经费不足而未出。这一拖就是二十年，直到2005年，才由郝懿行故里栖霞市人民政府出资印出。这时，许多参加整理的老同志已经过世，我也退休三年了！不过，这次古籍整理，使我大大提高了古文阅读能力，并使我对目录学、版本学、校勘学有了深刻具体的了解，为研究文献学奠定了基础。

这期间，当时在淄博师专工作的王志民教授策划编辑“齐文化丛书”，聘请安先生为顾问之一，并委托他主编《郑玄集》。安先生把点校郑玄现存四部经注的任务交给了我，又让山东师大古籍整理研究所的张茂华、陈乃华整理《郑玄文集》和《郑玄佚注》。当我完成《毛诗传笺》的点校任务后，因教学任务重而怕不能按时完成其他几部书的点校，决定只点校《周礼注》，于是向安先生说了情况，安先生就把《仪礼注》和《礼记注》的点校任务交给了中文系吴庆峰教授。最初，《郑玄集》报的字数是一百万，但整理出来出版时，总字数是一百三十万，超出原计划三十万字，出版经费是按照原计划的字数拨的，不能超出，而我整理的《毛诗传笺》是三十一万字，安先生遂将此书拿掉了。所以，后来出版的《齐文化丛书·郑玄集》中没有《毛诗传笺》，此书稿一直存在我的书橱里。这次整理郑玄遗著，虽然在出版时留下遗憾，但使我对郑玄遗著有了比较全面的了解，整理古籍的能力有了进一步提高。

二、安先生推荐我主编《郑玄志》

《山东省志》的编纂工作启动以后，陆续编出几十部志书，为了编出地方特色，编委会听取专家建议，考虑到从古到今齐鲁大地名家辈出的情况，决定编纂“诸子名家志”，便拟定了一批名单，分别聘请省内对这些人物有研究的专家承担编写任务。在大部分名家志的编写任务落实以后，有少数人物志的编写暂时未找到合适的人选，其中就包括郑玄。安先生作为顾问之一，在这种情况下，便推荐我主编《郑玄志》。

我在点校郑玄经注的过程中，对郑玄有了一定的了解。郑玄是一位经学大师，他注经以古文经学为主，兼采今文，择善而从，加以己见，遂使今古文融合为一。其经注简约精要，易于掌握，深受广大儒生推崇，遂将郑玄创立的学派称为“郑学”。郑学的创立，结束了汉代今古文长期纷争的局面，使经学进入一个“小统一时代”。我虽然对郑玄尚无深入系统的研究，但考虑到安先生的信任，并已经向编委会推荐，就答应主编《郑玄志》。

在安先生报告省志办后，省志办又通知高密史志办。我约好时间，见了有关领导，明确要求，正式接受了编写任务。高密史志办主任李铭表示，一定会搞好配合，给予各方面的支持。如去考察，提供方便。

在接受编纂《郑玄志》的任务后，我抓紧时间阅读了以前接触比较少的《郑玄佚注》和《郑玄文集》，并阅读了清朝学者袁钧辑《郑氏佚书》，此书共辑郑玄佚注23种79卷，包括《易注》9卷、《尚书注》9卷、《尚书中候注》1卷、《尚书大传注》3卷、《尚书五行传注》1卷、《尚书略说注》1卷、《毛诗谱》3卷、《三礼目录》1卷、《丧服变除》1卷、《鲁礼禘祫义》1卷、《答临硕难礼》1卷、《箴膏肓》1卷、《释废疾》1卷、《发墨守》1卷、《春秋传服氏注》12卷、《孝经注》1卷、《论语注》10卷、《孔子弟子目录》1卷、《驳五经异义》10卷、《六艺论》1卷、《郑志》8卷、《郑记》1卷，附《郑君纪年》1卷。因是线装书，不能复印，遂在校图书馆特藏部摘抄部分内容。还参阅了学术界研究郑玄的论文。在对郑玄有了全面的了解后，我拟定了一个目录，全书共设计了“家世与生平”“经注、纬注和杂著”“学术成就”“思想”“郑学及其传述、研究”“遗迹、遗存、祀典”等6篇，又分23章70节。在报请史志办同意后，我开始撰写。

在撰写过程中，凡遇到问题，我即向安先生请教。记得以郑玄年轻时担任过啬夫、乡佐这两个职务请教过安先生。他精通汉代官制，给我进行了仔细讲解，并让我阅读他的《秦汉官制史稿》，使我对汉代官制有了较多的了解。还有郑玄与郑兴、郑众的关系，郑玄师第五元先，马融追杀郑玄说，这些问题都是历史上搞不清楚的问题，我与安先生也讨论过这些问题，然后根据有关资料写成《郑玄家世生平考略》，作为附录。

在撰写过程中，我数次到郑玄故里高密考察，得到高密市史志办的热情接待。高密市史志办曾派车送我前往郑玄故里双羊镇后店村瞻仰了郑公祠，拜访了郑玄嫡孙。我又到郑玄原葬地今青州市郑母镇调查，还参观了郑玄聚徒讲学的不其山遗址，即今青岛市城阳区惜福镇书院村。后来我还考察了黉山郑公书院遗址（在今淄博市淄川区黉山南麓）。通过实地考察和参观，我掌握了第一手资料，有了直观的认识，再结合方志记载，比较充实地写出“遗迹”和“遗存”等章节。我还在高密市史志办和双羊镇政府领导的帮助下，从郑玄后裔那里看到《郑氏族谱》，为研究郑玄世系及其后裔提供了难得一见的谱牒史料，弥足珍贵。

在我完成《郑玄志》初稿以后，1999 年山东省志办和高密市史志办在高密召开了评稿会，邀请济南、潍坊、青岛等地的一些专家与会。专家们在肯定书稿的同时，也提出了一些修改建议。经过修订，省志办最后审阅定稿，于 2003 年 5 月由山东人民出版社出版。这次方志的编写，进一步提高了我的科研能力和写作水平，培养了我的坚强意志和毅力，并经历了与地方政府的合作过程，积累了与地方政府合作的经验。

此后，山东人民出版社又于 2009 年 4 月编辑出版了“齐鲁诸子名家志”丛书，有《孔子志》、《孟子志》、《曾子志》、《孙子志》（附《孙膑、吴起、司马穰苴志》）、《墨子志》、《管子志》（附《晏子志》）、《扁鹊、仓公、王叔和志》、《徐福志》、《郑玄志》、《诸葛亮志》、《王羲之志》（附《王献之志》）、《颜真卿志》、《刘勰志》、《贾思勰志》、《姜太公志》、《李清照志、辛弃疾志》、《戚继光志》、《王士禛志》、《蒲松龄志》、《孔尚任志》等，共计 23 志，并附 5 志，装订 20 册。出版社请安先生写了一篇总序，他写道：“这套丛书的出版，将进一步推动对齐鲁文化的研究，更加全面地继承和弘扬中国优秀传统文化，为社会主义和谐社会建设服务。同时，也有利于人们更加全面地了解和深入认识山东的历史和文化，激励人们热爱山东，建设山东，进一步扩大山东在国内及海外的影响。”接着，他简单地介绍了收入丛书的齐鲁历史名人，指出：“本丛书所收录的 28 位齐鲁历史名人，都是他们那个时代的顶尖人物，代表了他们生活的那个时代最先进的思想文化、科学技术和文学艺术。他们为丰富、发展和创造光辉灿烂的齐鲁文化与中华文明都作出了突出的贡献。”最后，他认为“齐鲁先贤们的思想和精神至今仍有其超时空的普世价值”，指出这些齐鲁先贤都是爱国主义的杰出代表人物，具有爱国情怀；

他们都十分关注民生和民间疾苦，反对战乱和苛政，主张社会公平，追求社会和谐；他们对自己所从事的事业都有执着的追求和创新精神；他们都重视自身的思想修养，追求道德的最高境界。这篇序言精练而概括地指出对待先贤的正确态度，为今天我们学习先贤指明了方向。出版社曾携这套丛书参加当年在济南举行的全国图书博览会，邀我亲临现场。我在现场看到，这套书一亮相，便引起了广泛的关注，产生了很好的影响。

三、我与安先生在科研上的合作

我与安先生在科研上有过多次合作，编过教材，写过著作，也发表过论文。其中，最重要的有两次：一次是编写《中国古代史史料学》，另一次是撰写《中国吏部研究》。

（一）编写《中国古代史史料学》

1988 年，国家教委委托安先生编写一部《中国古代史史料学》，安先生找我商量，并让我考虑出一个编写提纲。当时，陈高华、陈智超等编撰的《中国古代史史料学》已经出版，内容就是介绍研究中国古代史的史料，体例是按历史时期或朝代分章介绍，如“商殷史史料”“西周春秋战国史史料”“秦汉史史料”等。我们再编的话，必须要突破这种体例，编出特色。我当时的想法是打破朝代界限，分类介绍史料，如分为“考古史料”“群经史料”“诸子史料”“纪传体史料”“编年体史料”等。安先生看了以后认为，这样编写，单就介绍史料来说，体例上有变化，但在全书体系上仍有不足，缺少创新。

后经与安先生反复酝酿，认为要编出特色，必须重订体例，更新内容，遂决定增加理论和方法两编。当时，学术界出版的有关著作，除了介绍史料，还没有一部既讲理论又讲方法的史料学著作。我们在介绍史料之外，又设计了史料学理论部分，即第一编“史料学引论”，包括史料、史料学、史料学和历史科学、史料学和其他相关学科等章；还设计了史料学的方法部分，即第三编“中国古代史料的搜集、整理”，包括古代史料的著录、版本、校勘、鉴别和考证、注释和今译、编纂和辑佚、搜集和利用等章。安先生认为，这才叫有所创新。于是又找张富祥教授合作，除第二编介绍史料分写若干章，张先生编写第一编，我编写第三编。

此书于 1994 年 7 月由福建人民出版社出版，后于 1998 年 9 月出版第二版，2007 年经教育部审定，被列为“普通高等教育‘十一五’国家级规划教材”，2010 年 9 月又出版第三版。由于此书体例有创新，内容系统而完整，故很多大学历史系将其用作教材。我们此后又对此书进行修订，多次重印，学术界也给予很高的评价。如《中国史研究动态》1995 年第 4 期发表高敏教授《读安作璋先生主编之〈中国古代史（史）料学〉》一文，认为，此书“具有很高的科学性与系统性，堪称目前我国史学界最为完整、系统和具有体系性的史料学著作”。

我认为，此书的编写，也体现了安先生“立足前人，不断创新”的治学思想。

此书既是“国家级规划教材”，人民教育出版社几次想获得版权由其出版，但福建人民出版社抓住不放。我曾对安先生说过，既然是“国家级规划教材”，应由人民教育出版社出版。但安先生又不好直接让福建人民出版社转让版权，所以此事曾使他左右为难。

（二）编撰《中国吏部研究》

2006 年，时任中组部部长的张全景策划了一个较大项目，即《中国吏部研究》，以资干部管理部门选拔、任免、监督、考核的参考和借鉴，并委托安先生主编。

吏部研究是一个崭新的课题，学术界没有人专门系统研究过，正如安先生在该书《序》中所说："吏部问题确是一个十分重要的历史问题，但在以往已出版的政治史或政治制度史中却鲜有论及，近年来虽有个别断代研究或专题论文，然而可资参考者也很少。"可见写作难度较大。安先生将此书设计为五章，即吏部的设置与历史沿革、吏部编制及其行政机构的职能、吏部章程与则例、吏部与皇帝及其他部门的关系、吏部与吏治。

最初，安先生找了包括我在内的五位教授分任，即每人一章，欲尽快写出。谁知过了一年，只有我写出第一章的书稿，其他几位，或因教学任务重，或因科研任务忙不过来，皆未动笔，且有二人先后借故退出。安先生又先后把第二章和第四章的编写任务交给了我。三年后，分别承担此书第三章和第五章编写任务的张熙惟教授和朱亚非教授相继完成书稿编写，此书终于最后完成，经安先生审定后，于 2011 年 3 月由党建读物出版社出版。

此书出版后，得到中央领导同志的重视，被列为中央政治局领导的学习参考读物。

承蒙安先生信任，我承担了此书一半多的编写任务。在编撰此书的过程中，我认真阅读了各正史的《职官志》或《百官志》及有关吏部尚书的传记，还阅读了一些相关的参考书，使我对中国历代吏部的设置与历史沿革、吏部的行政机构及其职能、吏部与皇帝及其他部门的关系等问题进行了有效研究，并有了深入的了解，也获得有关吏部章程、吏部与吏治等相关的知识。

（三）编撰普通读物和撰写学术论文

前面提到，安先生推荐我主编《郑玄志》。此书出版时，我已退休，安先生也年近八旬，但他仍在孜孜不倦地主持各种科研项目，有适合我的项目便找我参加。如他主编《中华民族英雄》时，让我撰写了《一代天骄成吉思汗》和《"要留清白在人间"的于谦》两篇，介绍了两位英雄，此书由学习出版社于2004年8月出版。

后来，时任中共山东省委副书记的王修智主编“社会科学与您同行”丛书，由安先生主编该丛书的历史学分册，名《史苑胜览》，安先生也让我参加了编写，该书由中国言实出版社于2008年12月出版。

我在论文写作上，最初也曾得到安先生的帮助和指导。1984年4月，曲阜师院要召开全国孔子学术讨论会，教研室决定让我参加。当时，“文革”结束不久，“文革”中批孔的影响犹存，于是我向安先生请教。他说：“对于孔子的评价，不外三种意见：一是肯定，二是否定，三是一分为二。过去对传统的东西搞两分法，分为精华和糟粕，主张取其精华，去其糟粕，这是对的。但有时精华和糟粕不是截然分开的，而是混在一起的，对这部分文化遗产应着力研究。”我于是把《论语》重读一遍，认识到孔子作为中国古代伟大的教育家、思想家，他的教育思想是非常丰富的，而其中一个重要特点是重视道德教育。我于是抓住这一问题，再读《论语》，找出不少资料，并深入分析研究，写了一篇学术论文，名《孔子道德教育思想试探》，分为三个方面：1.“君子儒”——孔子道德教育的培养目标；2.“仁”——孔子道德教育的核心内容；3.“内省”——孔子道德教育的重要方法。论文写成后，请安先生过目。他看后，对论文的结构表示满意，认为内容和语言也不错，并对个别地方进行了修改。我携此文参加了孔子学术讨论会，在发言时，按照安先生的思路，主张对孔子的思想实行“三分法”，与其他一些与会学者提出的观点不谋而合，这一观点也和此后出版的匡亚明《孔子评传》的观点极为一致。这篇论文也得到主办单位的重视，将其收入《孔子教育思想论文集》，由湖南教育出版社于1985年1月出版。

此后，也由于古籍整理作品不能及时出版，我的精力除了正常上课，转向撰写学术论文。从1986年开始，结合开设的选修课，平均每年至少发表2篇论文，至2002年退休时，共发表45篇论文，内容主要是中国古代史学史和中国历史文献学方面的。从 2002 年退休至今的 17 年间，我仍然如此，共发表论文 35 篇，主要以齐鲁历史名人为主。目前，我已经发表约 80 篇学术论文。

在退休之前，我和安先生多次合作发表论文，其中有《郝懿行和他的〈晒书堂集〉》，载《史学史研究》1989 年第 2 期；《白寿彝先生对中国史学史研究的杰出贡献》，载《历史科学与历史前途》，河南人民出版社 1994 年版，又转载于《史学史研究》1995 年第 1 期；《构建史料学学科体系的重要理论——读白寿彝先生关于史料学的论述》，载《历史科学与理论建设》，北京师范大学出版社 1999 年版；《论清代后期今文经学的复兴》，载《管子学刊》1998 年增刊《春秋经传国际学术讨论会专刊》。这些论文，都是由我写出初稿，或由先生过目，或由先生做局部修改，然后才正式发表的。这些论文的写作，提高了我的学术水平，锻炼了我的写作能力。

四、安先生的治学精神激励着我

从 1979 年调来山师任教从而认识安先生，到先生离世，我和安先生有将近四十年的交往史。回顾自己这几十年来在科研上走过的道路，从最初安先生在科研上对我的指导，到后来我们在科研上的合作，再到我自己独立完成科研任务，可以说，我在科研上能不断前进并取得一些成绩，是和安先生的教诲和指导分不开的。在安先生从教五十周年的时候，我曾写过一篇纪念文章，即《安作璋先生——我的良师益友》，在那篇文章结尾处写道："想起往日向安先生请教的情景，仍历历在目；安先生的谆谆教诲，还在耳畔回响。这情景，使我激动；这教诲，催我奋进。"

在安先生治学精神的激励下，我在退休后继续开展科研活动，孜孜不怠。

在我退休之初，时任山东师范大学副校长兼齐鲁文化研究院主任的王志民教授主编“齐鲁历史文化名人研究资料汇编”，我因在编写《郑玄志》的过程中积累了一些资料，有一定的基础，遂决定承担《郑玄研究资料汇编》的编写任务。

编纂一个人的研究资料，看似比写人物志容易，实则甚费时间和精力。我在编撰《郑玄志》时搜集的资料，虽然有一些可以利用，但远远不够，必须全面彻底搜寻。我自己有全套“正史”和《十三经注疏》及《世说新语》《水经注》《华阳国志》《经典释文》《贞观政要》《通志略》《文献通考》等相关著作，但尚需查阅大量其他著作，如别史、杂史、笔记、方志、谱牒、文集、类书、丛书等。于是，我又每天到图书馆特藏部查阅有关图书，将有关资料笔录。大约在一年的时间里，我白天阅读抄录资料，晚上录入微机。我阅读抄录了郑珍《郑学录》、胡元仪《北海三考》等，摘录了王应麟《困学纪闻》、王鸣盛《蛾术编》、周中孚《郑堂读书记》、陈澧《东塾读书记》等，阅览并抄录了《初学记》《艺文类聚》《太平御览》《太平广记》《册府元龟》等类书中的有关资料，阅读了近代名家皮锡瑞、黄寿祺、范文澜、黄侃、黄焯等人的著作，参阅了《元和郡县志》《太平寰宇记》《明一统志》《嘉庆重修大清一统志》《齐乘》《山东通志》《青州府志》《莱州府志》《高密县志》《安丘县志》《昌邑县志》《即墨县志》《淄川县志》《费县志》《文登县志》《崂山志》等方志，还有其他相关著作，共辑录郑玄研究资料45万多字，编为一书，分为“世系”“生平事迹”“著述”“弟子”“郑学及其传述”“遗迹、遗存”“祀典、论赞、纪念”，共7章40类，并附《郑玄年谱书录》《历代郑学研究著作书目》《20世纪郑玄研究论文目录》。此书于2007年12月由山东文艺出版社出版。

通过《郑玄志》和《郑玄研究资料汇编》二书的编写，我全面接触了郑玄研究资料，特别是郑玄族谱的资料，极为珍贵，也为学术界提供了一部较全面的郑玄研究资料作品，为学者研究郑玄打下了资料基础。我通过编写资料，进一步开阔了眼界、拓宽了思路。于是我又利用这些资料，撰写了一批研究郑玄的论文，于退休前后和最近几年在《古籍整理研究学刊》《历史文献研究》《齐鲁晚报·人文阅读》等报刊共发表研究郑玄的学术论文8篇，在《高密人文自然遗产》发表论文13篇，还有参加学术会议的相关论文若干篇，汇为一集，定名《郑玄论丛》，交北京联合出版社，计划今年出版。

我当初参加《齐文化丛书·郑玄集》编纂时，已经点校了郑玄的《毛诗传笺》和《周礼注》，遗憾的是，由于字数限制，《毛诗传笺》未能出版，加之《郑玄集》所收郑玄佚注也不全，且标点错误较多，于是我产生了全面整理郑玄遗著的想法。

经我联络和策划，2010年，高密市人民政府承办了“高密历史文化名人学术研讨会暨中国历史文献研究会第30届年会”。我向大会提交的学术论文是《郑学的产生与汉末经学的统一》，此文载《历史文献研究》第29辑，华东师范大学出版社2010年9月出版。在会上，时任中国历史文献研究会副会长（后换届改任会长）的朱杰人教授提交了论文《郑玄著述述略兼论编修郑玄遗著大全集之必要与可能》，并在大会发言中提出由我和另一位郑玄研究专家杨天宇教授全面整理和编纂《郑玄遗著大全集》的建议。这使我更坚定了整理郑玄遗著的信念。一年后，由于杨天宇教授去世，我便独立承担起此项任务。

2011—2012年，我用了两年时间先点校了郑玄传世的四部经注，即《毛诗传笺》《周礼注》《仪礼注》《礼记注》，前两部已经点校过，但需输入电脑。接着，2013—2014年，又用了两年时间点校了清朝学者关于郑玄佚书的辑佚著作，包括袁钧《郑氏佚书》、黄奭《通德堂经解》、孔广林《通德遗书所见录》以及马国翰《玉函山房辑佚书》、王仁俊《玉函山房辑佚书续编》和《玉函山房辑佚书补编》中的郑玄佚书。2015年，将《四库全书》中的郑玄佚注和日本学者安居香山、中村璋八所辑《纬书集成》中的郑玄纬书注进行点校并录入电脑，还收集到后人所编《郑玄年谱》8 部，附于书末。2016 年，又对全书进行了一次校对。至此，费时 6 年，才完成全部书稿，共计 208 万字。

在搜集资料的过程中，山东师大图书馆特藏部、齐鲁文化研究院资料室曾为我阅读资料提供了方便，在我的母校南开大学任教的我的大学同学罗德荣教授曾为我提供《续修四库全书》电子版，使我得到黄奭和孔广林所辑的郑玄佚书，齐鲁书社武良成编辑曾为我提供日本学者所辑《纬书集成》。这里，对曾经给我整理郑玄佚注提供方便的单位和个人表示由衷的感谢。

齐鲁书社原想出版此书，但因未申请到出版资金而未能如愿。2018 年，北京燕山出版社决定出版此书，遂将该书的辑佚部分定名《郑玄遗书集成》，申报国家古籍整理出版经费，获 2019 年度国家古籍整理出版专项经费资助，将于 2020 年出版。而该书的前半部分出版问题尚待申请资助。

在我整理郑玄遗著期间，2013 年，山东大学儒学高等研究院策划编辑一套“儒学小丛书”，共 100 种，每种书的作者从全国有关学者中筛选，其中《人物传略》部分有《郑玄》。此丛书的副主编冯建国教授找到了我，让我编撰此书。我又用半年多的时间完成了这一普及读物的写作。目前书稿已交人民出版社。

2015 年，正当我的郑玄遗著整理即将完成之时，左丘明后裔、时任左丘明联谊会会长的邱国夫先生邀请我到肥城考察，由左丘明文化研究院接待。在肥城市政协副主席兼左丘明文化研究院院长杜尊春和副院长兼《左丘明文化》主编冯伟陪同下，我们参观了左丘明墓、手植银杏树和左丘明故居，接着便聘请我主编《左丘明志》。

左丘明是我国春秋时期的史学家、文学家，是我国早期史学名著

《左传》和《国语》的作者。关于他的姓名、籍贯、著述等问题，历来存在争议，众说纷纭，莫衷一是。大概是我发表过几篇研究左丘明的论文，对左丘明的姓氏、籍贯进行了考证，引起了左丘明故里肥城有关部门的重视，加之为左丘明撰志早已列入省志计划，只是没人承担而已。

我在接受编撰任务后，便进一步了解学术界研究左丘明的情况，并着手准备资料，拟定了目录。全书共分“家世与生平”“著作”“思想”“研究与影响”“遗存、祭祀与纪念”5 篇，又分 16 章 63 节，附录 4 篇。在征得省志办同意后，我动手编写。

此志的撰写有三难：一是时代远，二是史料少，三是争议多。但我通过对有关史料进行考证，将争议列出并进行分析，提出自己的观点。只用了不到一年的时间，就写出初稿，在第二年邀请专家开了评稿会。根据专家的意见，又用半年多的时间进行了修改。去年已由省志办审定，却因为机构改革，左丘明文化研究院改归市委宣传部领导，交接耽误了时间，目前决定尽快出版。

退休以来，我在科研上始终不松懈，努力进取，不断取得新的成绩，这与安先生的影响是分不开的，是安先生的治学精神鼓舞和激励着我，使我在科研的道路上勇往直前！可以说，没有安先生当初的指导，没有安先生治学精神的影响，我的郑玄研究不会走这么远，我在科研上也不会取得这些成绩。在安先生去世一周年之际，我深深地怀念先生。先生的治学精神永远激励着我。愿安先生永垂千古！

（作者系山东师范大学历史文化学院教授、中国历史文献研究会理事）

学习恩师治学精神 传承恩师治学之道

——深切怀念恩师安作璋教授

刘德军

恩师安作璋教授，是我国当代著名的史学家。他在史学领域取得了突出成就，不仅形成了别具特色的治学之道，而且展现了老一辈史学家的治史路径与求真致用的史学精神。特别是恩师安作璋教授科学、严谨、认真、负责的治学态度赢得了学界的尊重，而他淡泊名利、乐于助人、关心后学、诲人不倦的优秀品质更是有口皆碑。我是安作璋教授的学生，恩师用自己的言传身教关心、影响着我的成长。恩师仙逝几个月来，我的心情至今未能平静下来，他的治学精神与治学之道，时常浮现在我的脑海里。本文主要从“恩师安作璋教授与我的山东地方史治学历程”“恩师安作璋教授与我的山东地方史治学主要建树”“恩师安作璋教授的治史学术思想与我的认知”三个方面述论，以表对恩师安作璋教授最深切的怀念。

一、恩师安作璋教授与我的山东地方史治学历程

我在山东地方史研究中，发表、出版山东地方史研究学术论著 30 余篇（部），计约 200 万字，有多篇（部）论著被国内重要书刊评介、转载。其中，《山东革命文化丛书·五四运动山东潮》（负责人），为山东省社会科学规划重点项目；《山东通史·当代卷》与《山东地方史文库》第

三辑之《山东工业史》（负责人），为山东省政府重大科研项目子项目。所参撰的《山东通史·现代卷》（撰稿人），为国家“八五”规划重点图书、山东省社会科学“七五”规划重点研究课题；《中国抗日战争大辞典》（主要编委、撰稿人），为湖北省“八五”重点图书选题，中宣部、国家新闻出版署“纪念抗日战争胜利50周年”重点图书；研究报告《山东百年（1901—2011）教育发展的历史进程及规律研究》，为山东省社会科学规划研究项目；《历史血泪》（山东省青少年爱国主义教育教材），为山东省教育委员会科研项目。传记《侦查英雄齐进虎》，被中华人民共和国民政部编的《中华著名烈士》第28卷（中央文献出版社2003年版）全文转刊；论文《台儿庄战役爱国主义主旋律》（CSSCI），被中国人民大学复印报刊资料期刊《中国现代史》1993年第7期全文转刊。由之，我亦被誉为国内山东地方史研究专家之一。

我之所以能取得山东地方史研究显著成就，是与恩师安作璋教授的谆谆教诲和精心指导分不开的。

第一，我听恩师安作璋讲授“中国古代史”专题课，受益颇深。

那是1975年8月至1978年8月，我在山东师范学院政史系政治班学习期间，“中国古代史”课由安作璋、李天佑、高凤林、赵继颜等老师讲授，他们都讲得很好。我记得十分清楚，恩师安作璋讲授“中国古代史：先秦史、秦汉史”专题课，政治班与历史班一起听课。他的讲稿系统条理，讲课历史线条清晰，历史节点明确，历史事件与历史人物述评结合，注重总结历史规律，深入浅出，给同学们以启迪，颇受学生欢迎。他在讲课中，不仅善于传授历史知识，而且注重培养学生的研究能力。尤其是他十分注重古为今用，充分利用历史这门具有特殊教育功能的课程，有意识地通过若干历史人物的嘉言懿行和成败得失等具体而生动的事实及评价，使学生在获取历史知识的同时也接受了爱国主义教育、革命传统教育、思想品德教育和历史经验教训，从而收到了很好的教学效果。由此，也验证了他在2010年专访中所讲的："我不仅仅是治秦汉史，我是把秦汉史作为一个试点，更重要的还是在通史，要能通古今之变。像我主编的《中国史简编》《中国运河文化史》《山东通史》等，这些都是通史，这就譬如改革，我们不可能一开始就全面铺开，而是先搞一个试验田，秦汉史就是我的试验田，从这里面琢磨出一些研究的方法和思路来，可以使之触类旁通。"（《道德学问人　经世济民才——访安作璋教授》，《历史教学问题》2010年第5期）可以这样说，恩师安作璋教授是我的山东地方史研究启蒙老师。

第二，我主编出版的《中国近代军阀史词典》，受到恩师安作璋教授的好评。

1989年12月，我与田子渝主编的《中国近代军阀史词典》正式出版发行。我除了完成主编任务，还下功夫搜集与撰写了《中国近代军阀史词典》中所涉及近代山东军阀史条目。《中国近代军阀史词典》出版后，在国内产生了重大反响，有《中国现代史》《全国新书目》《民国春秋》《党史信息报》《长江日报》等国内10余家报刊评介。1990年12月，《中国近代军阀史词典》获山东省教育委员会哲学社会科学优秀著作三等奖。

在我主编与撰著《中国近代军阀史词典》期间，我曾多次到恩师安作璋教授家请教，他都热情接待，有问必答。记得1990年新年，我看望恩师安作璋教授时，他由衷高兴，称赞道：德军，你主编出版的《中国近代军阀史词典》一书，是一项开拓创新性的科研成果，填补了国内空白。该书关于中国近代军阀史的"研究对象""下限确定""军阀人物共性""选词范围"等的认知，都有充分的理论根据和事实依据，是科学的。如，关于"中国近代军阀是中国半殖民地半封建社会的特殊产物，是以袁世凯为首的北洋军阀和以蒋介石为主导集团的国民党新军阀为主体，包括西南军阀等其他地方军阀的统称""中国近代军阀史就是指以近代军阀活动为对象的专门史""作为中国近代军阀这个特定的历史产物，所表现出来的主要特征，在抗战以前则基本消失”“多变、善变几乎是所有军阀人物的共性”“军阀人物是社会的一部分，他们与许许多多非军阀人物发生十分密切的人际关系，要十分注意”“战争和重大事件是选目的重点”“军阀人物的经济活动是军阀史的重要内容”等观点。他还强调：本书不仅在国内产生了重大反响，而且你所搜集与撰写近代山东军阀史条目，奠定了你研究山东地方史的良好基础。我们历史组评委一致认为，你与田子渝主编出版的《中国近代军阀史词典》一书，获奖是必然的，也是应该的，我表示衷心的祝贺！希望你再接再厉，出版更厚重的学术著作。恩师安作璋教授的一番话令我特别感动，也正是他的鼓励与指点，使我步入了山东地方史学习与研究的门槛，使我不断拼搏并结出山东地方史研究硕果。

第三，我参编恩师安作璋教授总主编的《山东通史·现代卷》，学术水平得到认可。

20 世纪 80 年代末，我的老师安作璋教授主持申报的山东省社科“七五”规划重点项目《山东通史》获批，后又获批为国家“八五”规划重点图书。我得到了老师安作璋教授的厚爱，参加了由贾蔚昌、唐志勇主编的《山东通史·现代卷》的撰写工作。我分工所写的内容是：典志五（二）渔业、盐业；典志一一名胜古迹和革命纪念地。

我在撰写《山东通史·现代卷》文稿时，同样多次到恩师安作璋教授家请教。他反复对我讲：《山东通史》1987 年正式被列为山东省“七五”规划重点科研项目、国家“八五”规划重点图书。本书必须在体例与结构上有所创新。各卷的撰写，要把纪事与志传体结合起来，以通纪叙述历史发展的基本线索，以典志记叙历代典章制度，以列传为历代有影响的人物立传，以图表弥补文字的不足。这样纵横交错、宏观与微观相结合，基本上能反映山东历史发展的面貌。

我牢记恩师安作璋教授的教诲，撰文近 6 万字，较好地完成了《山东通史·现代卷》的参编任务，得到了贾蔚昌教授、安作璋教授与社会的认可。1994 年 12 月，《山东通史》10 卷本由山东人民出版社出版发行。1996 年，孟祥才教授《东方论坛》第 3 期《山东地方史研究的新创获——评安作璋教授主编的〈山东通史〉》一文中强调指出：由安作璋教授主编、省内数十位史学工作者参加撰稿的《山东通史》，经过八个寒暑的努力，终于在 1994 年底由山东人民出版社全部出齐。这是山东史学界、出版界可喜可贺的一件大事。因为她卷帙浩繁，全书 8 卷 10 册 400 万字，是迄今为止全国地方史研究的压卷之作；因为她资料丰富，内容广博，堪称山东地方史的百科全书；因为她有着丰厚的学术内涵，不少地方展示出作者独特的观点和见解，是不可多得的学术精品；因为她在体例上有所创新，在历史编纂学上给人以启迪；更因为她标志着山东人文科学一次有深远意义的积累，所以成为山东文化建设的一项基础工程。毫无疑问，《山东通史》将成为山东人民进一步认识省情的好教材，成为对广大青年进行优秀传统文化教育、爱国主义和革命传统教育的好教材。对于从事山东地方史研究的学人来说，《山东通史》更是一部跳不过去的书。1996 年 12 月，《山东通史》获山东省社会科学优秀成果一等奖，同年又获“五个一”精品奖。

第四，我受恩师安作璋教授之命，负责主编《山东通史·当代卷》。

2006 年，为了能够系统、全面、真实地反映山东历史，更好地促进山东经济文化的发展、和谐社会的构建，恩师安作璋教授主编的《山东通史》作为山东省政府重大科研项目开始增订，按照历史发展顺序，共分为先秦、秦汉、魏晋南北朝、隋唐五代、宋金元、明清、近代、现代、当代，9 卷 12 册，约 600 万字，这是一部规模宏大、内容丰富并具有地方特色的山东全史。

我受恩师安作璋教授之命，负责主编《山东通史·当代卷》。这是恩师安作璋教授特别希望增写内容的一卷，也是《山东通史》创新的一卷。

为撰写好《山东通史·当代卷》，恩师安作璋教授特别关照我，我也随时请教恩师安作璋教授，有时电话交谈，有时家中研究，来来回回，不下数十次。我与恩师安作璋教授讨论的问题，重点涉及：撰写山东当代史的重要性、可行性和特殊性，山东当代史的历史定位和突出特点，山东当代史的主线与历史分期，山东当代史的编写体例与要求，需要说明的几个问题，等等。在我留存的《〈山东通史·当代卷〉撰著存件》中，有恩师安作璋教授亲笔审改的《〈山东通史·当代卷〉综述提纲》（2008.2），《〈山东通史·当代卷〉综述提纲拟订说明》（2008.2.17），《〈山东通史·当代卷〉典志部分编写说明》（2008.3.5），《〈山东通史·当代卷〉典志写作要求》（2008.3.5），《〈山东通史·当代卷〉人物传记选条说明与撰写要求》（2009.1.13），《〈山东通史·当代卷〉列传选条标准》（2009.7.9），《〈山东通史·当代卷〉列传目录》（2009.7），《关于〈山东通史·当代卷〉撰写情况报告》（2009.1.22），《关于增撰山东当代史几个重要问题的汇报》（2009.6.14），等等。由此，不难看出恩师安作璋教授为撰著《山东通史·当代卷》所付出的极大心血，我为之感动。

2010年5月4日上午，恩师安作璋教授以《山东通史·当代卷》编写组的名义，拟定《关于审定〈山东通史·当代卷〉申请函》："中共山东省党史研究室：我们编写的《山东通史·当代卷》已经人民出版社审定，拟接受出版。根据出版社建议，为慎重起见，再请山东省党史研究室审阅书稿，并提出修改和出版意见。"并电话说明。当天上午，我就将恩师安作璋教授亲笔申请函与书稿送达中共山东省委党史研究室审定。5月20日上午，中共山东省委党史研究室以鲁党研审字［2010］1号文件《关于〈山东通史·当代卷〉书稿的审读意见》返回审读意见："《山东通史·当代卷》编写组：收到你们送来的《山东通史·当代卷》书稿后，我室组织专家进行了审读。该书共分为前言、通纪、典志、列传、图表五部分。总的来看，该书体系比较完整，主题鲜明，政治观点和主要史实无错误。”同时，《审读意见》提出了六个方面的具体修改意见，指出：“请编者参照意见对全书梳理一遍，修改后再出版。”《山东通史·当代卷》编写组按照中共山东省委党史研究室《审读意见》，做了认真修改。我向恩师安作璋教授逐一汇报，得到肯定后，将修改稿发人民出版社。

2010年9月，《山东通史·当代卷》（上下册）由人民出版社正式出版。全书设通纪、典志、列传三大部分，计118万字。恩师安作璋教授在《〈山东通史〉增订题记》中写道：《山东通史》增订内容还是当代卷。它所要写的是自1949年中华人民共和国成立后至2007年近60年山东的历史。山东近60年的历史，也和全国一样经历了两次伟大革命，一次是中华人民共和国成立后至1978年社会主义制度确立时期，一次是自1978年党的十一届三中全会至今改革开放时期。我们必须坚持马克思主义唯物史观与山东具体历史情况相结合，正确认识和处理山东当代历史，真实全面地展示在党的领导下山东近60年建设和发展的伟大历程、光辉成就，为山东未来的更大发展提供可资借鉴的经验教训，为在广大干部群众中进行爱国主义教育、革命传统教育、集体主义教育、社会主义思想教育提供丰富、真实而生动的史料，从而达到存史、资政、育人的目的。这项工作无疑具有重要的学术价值和现实意义。

第五，我认领恩师安作璋教授倡导著述出版的《山东地方史文库》第三辑《山东工业史》。

2007至2011年，我得知恩师安作璋教授倡导著述出版山东省政府重大科研项目《山东地方史文库》第三辑“专史”，并由山东省原省长韩寓群任总主编。自那时起，恩师安作璋教授与好友朱亚非教授就多次与我谈及主持撰著《山东地方史文库》第三辑中的分卷之事。2012年12月，我正式认领了《山东地方史文库》第三辑《山东工业史》分卷，从此我又在恩师安作璋教授指导下，走上了忙碌且有意义的山东地方史研究之路。

我在撰著《山东地方史文库》第三辑《山东工业史》过程中，与恩师交谈且得到指点的问题主要是：山东工业史研究的意义、山东工业史研究的主要内容与基本特点、山东工业史研究凸显的方法、山东工业史研究需说明的问题等。在此期间，我还参与撰写了安作璋老师主编的《山东通史》（全9卷）、《济南通史》（全6册）、《中华杂技艺术通史》等。

经过4年多的努力，我比较圆满地完成了《山东工业史》的研究任务，取得了预期的成果。2018年12月，该书由山东人民出版社出版。全书计63万字，分设前言与八章内容，其鲜明特点表现为：体系科学，层次清晰；内容丰富，述论结合；重点突出，兼顾全局；史料翔实，图文并茂。本书既是一部客观论述山东古代手工业、近代工业发展历史的“奠基性”学术著作，又是一部传承中华物质文明、增强爱国主义情操的生动教材，有重要的历史、现实与文化价值。

2016年12月，恩师安作璋教授在《山东地方史文库》第三辑《山东工业史》的“序”中写道：“山东专史”系列各卷的作者，均是山东省高校和科研机构中多年从事有关领域研究的教授、研究员等专家学者，他们在山东历史的研究方面均有较高的理论水平、丰富的资料积累和写作经验，因此对其撰写的书稿都能做到比较深入的研究。每卷作者在撰稿中都注意吸取当今学术界最新研究成果，并在此基础上，力求有所创新；对有争议的问题则采取了比较客观的立场和实事求是的态度。10部专史大都具有资料翔实、内容丰富、思路清晰、系统条理、文字流畅、深入浅出等优点。这既是恩师安作璋教授对《山东地方史文库》第三辑总体水平的评价，也是对分卷《山东工业史》的充分肯定。

二、恩师安作璋教授与我的山东地方史治学主要建树

经过30多年的笔耕，我的山东地方史研究成果，涉及山东古代史、山东近现代史、山东当代史、山东工业史、山东五四运动史、山东渔业盐

业史、山东近现代教育史、山东军阀史、山东抗日战争史、山东历史名人传略等方面，且均有独到见解之处，社会反响强烈。我研究山东地方史的两大突出学术建树，同样凝聚了恩师安作璋教授的诸多心血。

第一，首次以著作形式，系统而创新性地撰著《山东通史·当代卷》。

一是与恩师安作璋教授共同理清与科学阐述了《山东通史·当代卷》研究的主要依据。我们认为，科学阐述《山东通史·当代卷》研究的主要依据，是创新编写《山东通史·当代卷》的首要问题。为此，我们在前言中着力阐明两个问题：一、撰写山东当代史的有利条件。山东既是经济大省，又是有修史传统的文化强省，在全国有重要的地位，这给我们编写《山东通史·当代卷》提供了诸多有利条件。其一，历届中共山东省委、省政府领导都十分重视山东当代史的编撰工作；其二，省地方史研究单位成果丰硕；其三，学者专家著述宏富。二、山东当代史的历史定位和突出特点。党领导全省人民应对挑战和考验，沿着中国特色社会主义道路，经过近60年的艰苦奋斗，取得了举世瞩目的巨大成就。这也是我们撰写山东当代史的一个最基本的历史定位，并由此阐明山东当代史与中华人民共和国史的内在逻辑关系。为此，应突出体现如下六个重要特点：山东是当代中国的重要政治地区之一；山东是当代中国的重要经济地区之一；山东是当代中国的重要教育、文化地区之一；山东是当代中国城镇化建设稳定快速发展的重要地区之一；山东是当代中国民生事业发展较快、社会较为和谐的重要地区之一；山东是当代中国名人辈出的重要地区之一。

二是与恩师安作璋教授共同创新性地架构了《山东通史·当代卷》的研究体例。我们认为，从修史著书的立题创意角度来说，好的史书的重要学术价值之一在于它的体例架构上的创新，并以其内在严谨的逻辑关系予以展现。为此，我们按照编写《山东通史》的要求，架构《山东通史·当代卷》，没有采用史书编写常用的编、章、节（或篇、章、目）的体例，而是采用了一种新的编写体例，即按前言、通纪、典志、列传等内容架构，并阐明了相应的写作要求。这种编写体例，吸取了各类史书编写体例之长处，融不同体例于一体，相互联系，相互补充，详略互见，以其有机整体性的“会通”特色较充分地反映了山东当代历史的全貌。

三是与恩师安作璋教授共同创新性地阐述了《山东通史·当代卷》的通纪内容。我们认为，山东当代史的历史主线是走社会主义道路。在中国特色社会主义伟大旗帜的指引下，山东地方的党和政府为建设“大而强、富而美”的新山东，紧紧依靠和紧密团结全省人民，结合本省的实际情况，坚持走中国特色社会主义道路，经过近 60 年的艰苦奋斗，初步实现了向“经济和文化强省”的历史性跨越。这不仅使山东人民生活总体上达到了小康水平，而且为当代中国与世界发展做出了重大贡献。基于上述认识，我们将山东近 60 年的历史界定为“前 30 年”和“后 30 年”两个时期，在“通纪”中相应地架构了七大部分内容：一、社会主义制度的基本建立；二、在探索中曲折发展；三、十年“文化大革命”；四、徘徊前进与历史转折；五、全面改革开放与治理整顿；六、思想大解放与现代化建设新局面；七、全面建设小康社会。上述内容也渗透于各类“典志”之中。由此，用历史记录告诉人们山东社会主义革命和建设的 60 年所展现的伟大历程、光辉成就、宝贵经验。这也是我们撰写山东当代史所把握的处理全国与地方、共性与个性关系的根本性的尺度。

四是与恩师安作璋教授共同创新性地阐述了山东当代史与中国当代史关系的问题。我们认为，山东当代史是中华人民共和国国史的重要组成部分。在中国社会主义制度确立和社会主义建设曲折发展时期，“世情”是，战争与革命；“国情”是，生产力水平非常落后，人民群众对物质文化的强烈需求与落后的社会生产之间的矛盾非常突出；“党情”是，中国共产党已经成为领导中国人民、掌握全国政权的党，又面临着新的考验，不但要善于破坏一个旧世界，还要善于建设一个新世界。在中国改革开放与社会主义现代化建设时期，“世情”是，和平与发展成为时代主题；“国情”是，中国依然处于社会主义初级阶段，社会主要矛盾依然是人民群众日益增长的物质文化需要与落后的社会生产之间的矛盾，把经济建设搞上去，实现社会全面进步，是中国人民的根本利益之所在；“党情”是，党领导全国人民建设社会主义现代化国家时，面临着来自国内外社会的许多新课题、新挑战、新考验。所有这些，就是我们编写山东当代史的“世情”“国情”“党情”的历史背景。进一步说，山东当代史与中国当代史这两者共性或一致性在于：一、时代历史背景相照应；二、历史主题、主线相贯通；三、历史进程分期划分相一致；四、历史经验总结与历史问题评价相一致；五、历史研究原则与方法创新互补。这也是我们编写山东当代史在创新性上的主要联系点。

第二，首次以著作形式，系统而创新性地撰著《山东工业史》。

一是按恩师安作璋教授的要求，创新性地架构了山东工业发展史的研究体例。我们架构的《山东工业史》体例，偏向于章目标题，以中国历史分期贯通古代山东手工业与近代山东工业生产发展的整体历史；章内以“专题”的形式来编织全书的经纬，在此基础上形成具有山东工业发展历史特色的文化谱系，由此展现《山东工业史》作为学术著作的价值取向。

二是按恩师安作璋教授的要求，创新性地阐发了山东工业发展的行业内容。我们深知，古代山东手工业与近代山东工业行业门类众多，不胜枚举，全景扫描各行各业实在力有不逮，因此在尽可能照顾到较多工业行业的基础上，对制陶业、制盐业、纺织业、制铜业、冶铁业、采煤业、漆器业、酿酒业等给予了更多的关注。原因在于：这些工业行业或是面广量大，与民众生活息息相关；或是地位显赫，对国计民生影响甚巨；或是形态独特，带有浓厚的山东地方色彩；或是研究尚不充分，需给予更多关注。总之，《山东工业史》的写作，主要是考虑到山东工业诸多行业的重要程度和典型意义，力求能够尽量全面而又比较集中地反映出古代山东手工业与近代山东工业生产发展的不同类型和实际状态，由此展现《山东工业史》作为学术著作的内容取向。

三是按恩师安作璋教授的要求，创新性地阐发了山东工业发展的重大成就。从原始社会手工业的出现到 1949 年中华人民共和国成立，基于先民的聪明智慧，山东工业发展在各个历史时期都取得了重大成就。具体表现在：一方面，山东古代手工业的重要部门如制玉业、纺织业、冶金业、陶瓷业等整体发展成就斐然，形成了富有特色的山东手工业文化谱系；另一方面，山东工业多项工业产品成果辉煌，深刻地体现了山东古代科学技术和文化艺术的最高水准。如：先秦时期，山东的石器、骨器制造业处于领先地位，制盐业具有重要的地位，铜器制造业代表了中国的发展水平，山东酿酒业是中国酿酒业的先行者，漆器业在全国处于领先地位。再如：秦汉时期的山东冶铁业地位重要，制盐业兴盛，制铜业发展迅速，是全国的丝织业中心，更是丝绸之路的重要源头，是全国著名的漆器产地之一和全国制陶业比较发达的地区之一，等等。所有这些，不仅造福于山东人民，而且是对全人类的贡献。我们在山东工业史的研究中，试图按照山东工业发展的历史分期，不仅在各章中按时序性、地区性、典型性对山东工业部门的发展速度、工业结构、生产技术、产品质量、影响与地位等做较翔实的阐发，而且在各章中又明确地概述了本时期山东工业发展的辉煌成就，以期凸显山东工业发展的历史地位。

四是按恩师安作璋教授的要求，创新性地阐发了山东工业发展的历史特点。从原始社会手工业的出现到 1949 年中华人民共和国成立，山东工业的发展不仅在工业结构方面具有时序性、地区性、层次性等特性，而且在产品质量方面具有特性。李大钊讲过：把人类的生活整个地纵着去看，便是历史；横着去看，便是社会。具体到山东工业发展的历史，纵着看，它是山东历史与中国历史长河的一环，有着自身历史发展的鲜明特点。横着看，山东工业发展史，包括古代山东官府手工业、古代山东民间手工业、近现代山东工业等。同时，这些大的方面的工业范畴又可分为石器、陶瓷器、铁器、铜器、纺织、酿酒、煤矿等若干行业的生产，并且与中国社会的政治、经济、文化等方面密切关联，由此构成了山东工业发展历史的独有面貌。我们在研究的过程中，尤其注意突出山东工业发展的历史特点，并按照山东工业发展的时期，不仅在各章中着力做了较为深入的阐述，而且在各章具体问题的阐述中又有所体现，以勾勒出山东工业的时代面貌，试图使人们更深刻地了解历史上山东工业的发展进程，认识中国社会的发展规律。

五是按恩师安作璋教授的要求，创新性地运用了研究山东工业发展史的科学方法。我们深知，研究山东工业史的方法很多。然而，山东工业史作为特定的“历史范畴”，尤其需要有与之相适应的核心思维模式。由此，这里我们着力阐述研究山东工业史所凸显的两种重要方法。其一，山东工业史的系统研究方法，就是要立足于历史长河，将整体研究与区域研究、行业研究结合起来。整体研究只有建立在地区研究、行业研究的基础上，才能把握地区、行业间的差异性与不平衡性；地区研究、行业研究只有上升到整体研究，才能克服微观研究中“只见树木、不见森林”的缺憾，否则，研究结论就可能走向片面，给人造成错觉和误解。其二，山东工业史的“契合”研究方法，就是必须契合于山东政治、经济与文化这三者的紧密关系上。其最主要的要求在于：第一，要把山东工业发展的历史进程置于中国社会政治演变的大背景中进行考察，体现山东工业发展历史的社会政治性质之前提；第二，要把山东工业发展的历史作为山东乃至中国经济史的重要组成部分来考察，体现山东工业发展历史的社会经济性质之主题；第三，要把山东工业发展的历史作为山东乃至中国物质文化史的重要组成部分来考察，体现山东工业发展历史的社会文化性质之底蕴。

三、恩师安作璋教授的治史学术思想与我的认知

恩师安作璋教授在多年的历史研究和教学中，不断总结研究经验，形成了别具特色的治学之道。卜宪群、靳宝的《安作璋的治学思想与方法》（《山东师范大学学报》2016 年第 5 期）与张仁玺的《博学慎思　明辨笃行——安作璋先生的史学成就与治学之道》（《高校理论战线》2007 年第 2 期）等文章，对恩师安作璋教授的治史学术思想做了较系统的阐述：始终坚持马克思主义与中国历史学实际相结合的治史原则、始终坚持“通古今之变”的治史追求、始终坚持传承与创新发展的治史理念、始终坚持业精于勤与持之以恒的治史态度、始终坚持古为今用的治史宗旨。恩师安作璋教授的治史学术思想，对我有着深刻的影响，启示我认真治史。

第一，恩师安作璋教授治史的“四史说”解读。

恩师安作璋教授认为，历史内容极为丰富，自然、人文无所不包。仅以中国史而论，即使对其中一门学科，要想完全掌握它、精通它，也是极为困难的。这就有一个正确治史观的问题。透视恩师安作璋教授治史的学术之路与贡献，其治史学术思想之一可以概括为“四史说”：一是历史研究必须坚持马克思主义唯物史观，这便是“史识观”；二是历史研究必须具有研究历史的基本功，这便是“史学观”；三是历史研究必须具备研究历史的基本技能，这便是“史才观”；四是研究历史必须坚持实事求是，不虚美，不掩恶，这便是“史德观”。

恩师安作璋教授治史学术思想之“四史说”，蕴含着严谨的治史内在逻辑关系。其一，坚持马克思主义唯物史观的“史识观”，说的是研究历史的科学态度。这是研究史学的关键，它从根本上决定着史学研究的方向。恩师安作璋教授特别强调：历史研究必须有正确的理论做指导，这个正确的理论就是马克思主义唯物史观，即历史唯物主义和辩证唯物主义。

如何把握这一“史识观”？恩师安作璋教授提出了两方面的要求：一是用马克思主义的观点和方法做指导，开创历史研究的新局面；二是要真正理解马克思主义，掌握马克思主义的精神实质和立场、观点、方法，并将其与中国历史实际相结合。其二，坚持实事求是的“史德观”，说的是研究历史要坚持科学的方法和原则。其首要依据也是最为重要的是“本真历史”法则。“本真历史”法则，质的规定性就是实事求是。法则告诉我们，从根本上来说，探究本真历史、树立正确的“史德观”应遵循两条基本标准：一要实事求是，尊重历史的真实性，不能任意篡改、歪曲和抹杀；二要从整体上、从联系中分析历史事件、历史是非，评价历史人物的功过，把握本质，表现主流。恩师安作璋教授指出：秉笔直书，是中国史学家的优良传统。我们今天应弘扬秉笔直书、实事求是的优良传统，唯有如此，才能使历史成为信史。

第二，恩师安作璋教授治史的“三通说”解读。

恩师安作璋教授认为，治史贵在乎通。中国史学的一个优良传统就是强调“通”。所谓“通”，从今天的角度来看，就是要认识和掌握历史发展的规律。透视恩师安作璋教授治史的学术之路与贡献，其治史学术思想可以概括为“三通说”：一是纵向的“通”，也就是弄通历史的来龙去脉，或者叫作纵向联系、逆向考察和顺向考察；二是横向的“通”，也就是要弄通每一种事物与其左邻右舍的关系，或者叫作横向联系；三是类通，也就是以类相从，逐类贯通。

我认为，恩师安作璋教授治史学术思想之“三通说”，蕴含着科学的治史方法与思想。恩师安作璋教授指出，要做到纵向的“通”，首先要弄通每一种社会形态最本质的特征以及形成这些特征的原因。其次要弄通前一种社会形态如何向后一种社会形态转变。这个转变过程是通过哪些环节完成的。最后，既要弄通每种社会形态内部不同历史发展阶段的最本质特征及其形成的原因，又要弄通前一个历史阶段怎样向后一个历史阶段转变。要做到横向的“通”，既要阐明每一个历史时期的政治、经济和思想文化有机的整体关系及其相互作用和相互关系，又要横向联系本国史和处于同一社会形态或同一时期的外国历史。要做到类通，就要对每种社会形态以及每种社会形态中各个历史发展阶段的生产力发展状况、特点或标志，土地制度和租赋兵徭役制度的变化，阶级关系的变化和阶级斗争的特点，典章制度和思想文化的发展变化，民族关系和中外关系的发展变化，以至于历代疆域的沿革等进行分类研究，使其自成体系，进而认识和掌握每一类事物发展的线索和规律。

第三，恩师安作璋教授治史的“三勤说”解读。

恩师安作璋教授提出，勤奋出成果，这是个真理。这既是他多年辛勤耕耘于史学园地的经验之谈，亦是中国史学发展的重要动力之一。他多次在不同场合指出，凡是真正做学问的人，都主张三勤，即眼勤、脑勤、手勤，也就是勤于读书、勤于思考、勤于写作。有些青年教师和学生请他传授一些治史秘诀，恩师安作璋教授说：我没有什么秘诀，如果说有，那就是“业精于勤”四个字，即眼勤、脑勤、手勤。

恩师安作璋教授治史学术思想之“三勤说”，系统而深刻地阐释了历史学研究对史家素养之基本要求。在他看来，治史精于勤，即治史精深是因勤奋保障的。这又是一条真理。古往今来，治史卓有成就的人都是秉持业精于勤、荒于嬉的理念。

我认为，恩师安作璋教授之所以强调治史要“勤于读书”，是因为书是知识的宝库，储藏着无数的精神食粮，读书就是打开这座宝库的钥匙。读书是治史成才的重要阶梯。恩师安作璋教授之所以强调治史要“勤于思考”，是因为思考是提高学习效果的关键环节；思考是对所学历史知识进行归纳、提炼、消化和吸收的过程；思考是治史运用的必要手段与“桥梁”。因此，只有养成勤于思考的习惯，才能更新研究视角，善于选择结合点和突破口；才能提高治史信息触角的敏感度，增强捕捉信息的反应能力；才能学得实、悟得深，真正找到治史的正确答案。恩师安作璋教授之所以强调治史要“勤于写作”，是因为治史的写作能力是逐步培养出来的。只有多写，才能悉心积累丰富的写作素材，熟中生巧；才能在写作中真正做到有感而发、反复感悟，见解深刻、独到、新颖。

事实上，恩师安作璋教授本人就是“三勤”的典范。他午夜之前极少休息，每到夜深人静，落笔翻书，正是搞研究的好时候。他有时躺下后仍在思考问题，一旦有所发现，立即披衣起床，笔之于书，到了寝不安席的地步。

第四，恩师安作璋教授治史的“两个关系说”解读。

恩师安作璋教授治史的“两个关系说”，指的是他所倡导的治史的有效方法，即治史要正确处理“博与专”“继承与发展”的关系。

一是“博与专”的关系。恩师安作璋教授认为，治史贵在博大精深，没有渊博的历史知识，要达到精深的地步是不可能的。他说，所谓渊博，也不是无所不知、无所不晓，再高明的医生也不能包治百病，但对其所学的专业和研究方向来说，不但要精通，还要扩而大之，凡是与研究方向有关的知识都应该通晓。同时，我们又可以把知识划在一定的范围或领域内，即变无限为有限，然后用有限的时间去探索有限的知识，这里所谓有限的知识，就是“专”的问题。他强调，对于历史文献，应有所选择，有所侧重，或一个课题，或一个领域，全力钻研，锲而不舍，直到弄通为止，切忌好高骛远、浅尝辄止。当然，有重点并不等于取消一般，没有一般也就谈不上重点。这就是“专”和“博”的辩证关系。正确处理好这两者的关系，在专业学习上就会出现“一马当先，众马奔腾”的生动活泼局面。

二是“继承与发展”的关系。恩师安作璋教授认为，继承与发展是历史研究的目的所在。恩师安作璋教授注重传统文化的继承与发展、传承与创新。他指出：“在几千年的历史中，祖先给我们留下了很多经验教训。中国人自古重视历史研究，历来强调以史为鉴，毛泽东同志曾讲，历史的经验值得注意。邓小平同志也讲过，成功的经验是我们的宝贵财富，失败的教训也是我们的宝贵财富。”他特别强调，在处理“继承与发展”关系时，必须弘扬创新精神。但创新绝不是无根据的标新立异、别出心裁，而是对前人的研究成果有继承和发展，对今日和以后的史学研究有启迪意义和导向作用。当然，在某个具体问题上，把研究的深度和广度向前推进一步也是创新，但更重要的创新是那些具有方向性、导向性的研究。

总之，上述恩师安作璋教授治史的“四史说”“三通说”“三勤说”“两个关系说”，是他在治史方面的四个思想方法，深深植根于他的“古为今用”的治史宗旨中，即总结历史经验教训，为人民服务，为现实服务。由此，恩师安作璋教授构建了一个严谨的治史思想体系。我们坚信，恩师安作璋教授的治史思想会永远激励着我们在史学工作中取得更大的成绩。

（作者系齐鲁工业大学教授）

悼念史学泰斗安作璋教授

丁再献

当代领军史学家，
昨天含笑咏风花。
丹荷正气依然在，
泰斗微微唱夕霞。

惊闻史学泰斗安作璋教授走过93年人生大道，昨晚（2月20日）驾鹤远行，遂成急就一首《泰斗微微唱夕霞》为悼！（公元2019年2月21日于千佛山）。

众所周知，安作璋先生在中国古代史尤其是秦汉史、历史文献学、山东地方史、齐鲁文化史、中国运河文化史等领域均有独特贡献。但安作璋先生重视东夷文化研究，关注骨刻文字的破译就少有人知情了。2014年10月，在山东三维旅游规划设计院万东林院长的陪同下，我有幸前往安先生家中当面聆听泰斗的教诲。

安教授说：如果不追溯到东夷文化，就如同水没有了源头、树没有了根。如果“东夷文化溯源”这个工程搞不清楚，其他三项工程就不好做，也做不好。应当重视东夷文字骨刻文的研究，没有文字就记录不了历史，更谈不上文明。我去过昌乐，那里的石祖林、文字和文化遗迹很多，我们应该很好地探讨。你对东夷文化研究和骨刻文字的破译工作我早有耳闻，你的研究做得很扎实，论证比较充分，令我很满意，希望继续努力。我支持你！

令我没有想到的是，安先生面对我这个“三无”业余研究者极为尊重，接待非常热情，还愉快地接受了第二届东夷文化论坛的邀请。老人家虽然八十八岁高龄，身体欠佳，却坚持将晚辈送到楼门口，并目送我们离开，那情景令我终生难忘！

安作璋教授在第二届东夷文化论坛上的讲话给我留下了深刻印象。在第二届东夷文化论坛上，安教授颇为激动，他动情地说：东夷文化，无论从物质文化方面还是精神文化方面来看，不仅源远流长，而且内容十分丰富。从物质方面举例来看，根据历史记载，炎帝种植五谷，发明了农业；蚩尤作为东夷族的首领之一，以铜做兵器，我国从蚩尤开始由石器时代进入到青铜器时代；舜发明陶器，后羿发明弓箭；伯益与大禹联合治水，发明了井等，这些都是原始社会生产生活的大事。从精神方面举例来看，《史记》载“天下明德皆自虞帝（虞舜）始”，大舜主张“以德治国”；皋陶是中国最早的法官，主张“依法治国”；《说文解字》对“羌”字的注解是“唯东夷从大。大，人也。夷俗仁，仁者寿，有君子不死之国”；《汉书·地理志》载“然东夷天性柔顺，异于三方之外”；孔子学说的核心是“仁”，“仁”学的源头就是“东夷”的风俗，从而演化发展而来。特别是近年来，东夷骨刻文字的发现和系统破译证明，甲骨文、金文也是继承了“东夷”文字。从这些例子可以看出，东夷并非有些人所认为的那样是野蛮的民族，东夷文化也并非是落后的文化。相反，东夷文化是先进的文化。从全国来说，当时最先进的文化发展区就在东夷这个地方。

如今，史学泰斗安作璋先生虽已远行，但他的音容笑貌一直浮现在我的眼前，他的教诲仍然激励着我对东夷文化的研究，克服着骨刻文破译中遇到的各种困难。

（作者系山东省文史书画研究会副会长）

老师让我研究大运河

——怀念恩师安作璋先生

张明福

2019年2月21日上午，我得到消息，山东师范大学教授、博士生导师安作璋先生于前一晚因突发心脏病去世。这条不长的信息瞬间把我的眼睛打湿，它无情地宣告了这个残酷的事实：我的老师安先生真的走了。

安作璋先生今年已九十三岁高龄，生前执教于山东师范大学历史系，他致力于山东地域文化的研究，在秦汉史和山东地方史以及中国运河文化史等领域均有突出的贡献。直到去世前，先生仍是笔耕不辍，留给后人的学术成果有一千多万字。我自1978年春天大学入学，有幸成为安先生的学生至今已有四十一个年头了。安先生的高尚品德、宽厚为人，一直是学生们学习的榜样。他孜孜不倦、勤学多思的钻研精神，也不断激励着我们。

一、谆谆教诲　下气力搞清大运河历史

回忆往昔，最令我牢记在心的当属2014年12月先生对我的最后一次教诲。那天我和妻子专程前往济南，将先生为我写序的《德州往事》一书样书送给他，并提前将润笔费装在信封里包好，准备带给先生。

当我们到达山师大二宿舍门口时，没想到年已八十八岁的安老师早已

在楼下等着我们了！进先生家后，我赶忙把《德州往事》一书递给他。安先生戴上花镜，将书从头到尾认认真真地翻阅了一遍，连声说“好，好”。趁先生翻看书籍，我把装着润资的信封悄悄地放在写字台上，没想到却被先生发现了。从来不爱着急的先生，手指信封脸色突变，我赶紧将信封收起放回自己的文件兜，先生方才露出和蔼的笑容。

我妻子和安先生还是第一次见面，先生对我妻子夸奖我肯学、能思、善写，所从事的地域文化研究是项功德无量的事情，并特意叮嘱她以后要多多支持我的研究。初次见到有史学泰斗之称的安先生，我妻子起初也有些紧张局促，但几句交谈过后便像是回到自己的家中而无拘无束了。

最后话题自然落到已经面临退休的我以后如何在历史文化研究领域继续发挥余热上。安先生建议我在搞德州地域文化研究的同时，多多进行大运河文化的研究。

先生不仅是国内顶尖的秦汉史专家，也是山东地方史研究的最高权威，更是中国大运河文化研究的先行和集大成者。他鼓励我说：自 2014 年大运河“申遗成功后，你已在德州报上连续发了十多篇（17 篇）解读南运河德州段的文章，这个课题需要很好地做下去”。他说，中国大运河与万里长城是中国历史上最伟大的两个工程，大运河从建成之日起，就发挥了重要交通运输功能，为中国社会发展提供了强大动力，一部运河史就是半部国家史，要下气力把大运河的历史搞清楚，从而为今天的社会发展更好地提供借鉴；再说，地域文化研究具体到德州，尤其是德州金元明清史以及德州近代史的研究，都要用运河文化的观点来统领，不然就分不清轻重缓急，找不出历史背后的深层原因。

在我临走时，先生送给我一套他于 2006 年主编的 195 万字 3 卷本的《中国运河文化史》。

二、榜样力量　心无旁骛投身相关研究

打那以后，我就心无旁骛地投入大运河文化研究中，先后自费或半自费前往省内外多地考察，并多次参加运河文化研讨会；撰写和发表学术论文5篇、介绍德州运河文化的文章25篇；两本主要著作，《山东运河碑刻选》（16万字）已完成，《山东运河碑刻集》（30万字）也即将脱稿。与此同时，我还有幸成为山东运河经济文化研究中心理事、德州分中心副会长，结识了一大帮同仁，极大地扩充了自己的朋友圈，并积累了半橱柜运河文化研究的珍贵资料。做到了入则掬清茶一杯，坐拥书城，神游瀚海，积思成文；出则偕二三文友，走城郊东西，寻残碑断简，访耆儒野老。

我原本打算《山东运河碑刻选》和《德州往事（二）》出书后，给先生送书的时候，详细汇报这几年研究运河文化的收获，并再次聆听他老人家的孜孜教诲。可惜，这一简单的设想，随着先生的仙逝，变成了一个永远无法实现的梦想。

安先生，我只能在祭奠您的那昏暗摇曳的烛光中向您保证：我会继续以您为榜样，按照您的要求，将自己的后半生投入德州地域文化与山东运河文化研究中，用更多的成果回报社会，为培养我的先生争光。

历史学家的情怀

——悼念安作璋老师

张　桐

2019年2月21日上午，突然接到刘玉荣同志的电话，他说安老师在前一天晚上去世了。我颓然地跌坐在椅子上：这是冥冥之中的安排吗？20日中午我到济南，约好了第二天上午去安老师家，一同商量《图说中华杂技》的定稿，怎么他就走了呢？当我们再次走进安老师家，还是那熟悉的客厅，还是那慈祥的面孔，永远着那件扣子系到领口的正装，只是不见了他的身影，而是摆在灵位前的一张照片。预定的拜望变成了吊唁，真是悲痛莫名。我相信，我是第一个从北京来给他行礼送行的人。这就是一种缘分吧。

与安老师相识整整有15年了。我第一次走进安老师家拜访他是在2004年的2月25日，当时《中华杂技艺术通史》一稿尚在编写之中，社里指派我做责任编辑。那年安老师已年近八十，是山东师范大学、山东大学两所大学的历史学教授、博士生导师，仍在同时带博士和硕士研究生。他精神矍铄，思路敏捷。我们就此稿如何编写讨论了三个多小时。在我保存至今的笔记中有如下记录，安老师讲：

> 中国杂技艺术虽然目前在世界杂技界有着不可动摇的领先地位，但至今只有少数几种有关杂技艺术的图书，且只局限于杂技艺术、技

巧本身，缺少像样的杂技理论著作，更没有像此稿这样的杂技艺术史论。因此，在世界上流传着的是杂技起源于罗马的说法，中国学界也受此影响。而此稿通过大量的文献和考古资料，采用“二重证据法”，有力地证明了杂技起源于中国，并详细介绍了自上古时代至现在的五千年文明史中，中华杂技与社会、政治、经济、文化、民族、宗教、科学技术、其他艺术门类等多方面的关系，包括各种杂技项目的起源、发展和承传。作为“杂技艺术通史”，目标是纵横贯通，既有上下五千年纵的“通”，还要有每一个时代横的“通”。因此，溯及的时间久远，涉及面广泛，在编写上增加了难度。尤其是自古以来杂技的卑微社会地位，造成古籍文献中正史缺少这方面的记载，需要到野史、稗记等中去搜寻，就更增加了工作量。

安老师还介绍说，他从20世纪60年代就给山东杂技团讲课，因此对杂技有长期的关注与研究。他为编写这部书稿列出的书目、文献已达五百多种。我们还就此稿参与编写者的情况做了交流，对平衡各章内容的布局形成了统一的意见。在事后给社里的汇报中我明确地提出：“从选题来讲，此稿具备了去争取国家级图书奖的条件。”从此，我与安老师的交往因为这部书稿开始了。

2006年4月，孟祥才等五位专家受文化部委托，对此稿申报的“全国艺术科学规划课题”做出了鉴定意见，从学术价值、社会影响、杂技艺术等方面给予了很高的评价，同时从专业角度提出了一些中肯而重要的意见，如几位专家提出的在一些章节“资料失衡”，要“科学界定杂技艺术”“去伪存真”等问题，这也是因作者分编撰写造成——我们已经意识到并正在努力解决。此后，安老师带领作者们三易其稿，为了适应出版的要求，推翻了已经完成的课题结构，重新确定了此稿上起先秦、下迄1949年中华人民共和国成立的时间段；在原稿的基础上对编、章结构做出了大幅度调整，全稿调整为六编，从最初的 140 万字压缩至 85 万字。在这个阶段中，我和出版社的几位领导多次到安老师家与作者们开会商议、讨论书稿内容，安老师那种从善如流、精益求精、不懈努力的精神令我们感动，也增强了我们努力做好此书稿编辑出版工作的信心。

2009 年，我们认为书稿编写已经基本成熟，社里决定将此稿申报国家出版基金。在将书稿送请几位专家审阅后，中国艺术研究院研究员贾德臣先生写道：

《中华杂技艺术通史》作为“全国艺术科学规划课题”项目，2006 年我参加了对此课题的鉴定工作。我认为：“其最明显的特点在于是一部集‘科学性’‘权威性’‘现实性’于一身的优秀成果。”

科学性：首先，该著作以翔实的史料、老道而精当的笔触，考察、分析、论证和阐述了我国杂技艺术，追溯了其由上古至先秦，至秦汉，至隋唐五代、宋元明清、近现代的历史发展轨迹。全稿脉络清晰，背景清楚，史实诚笃、准确，是一部充满着严格科学精神的中国杂技艺术信史。

其次，全稿对我国杂技在每个历史阶段内的发展状况进行了考察与论述，将其放在了当时广阔的社会、历史、政治、经济、文化以及与之相关的姊妹艺术门类的背景与环境中加以考察，放在了是时的艺术氛围和环境之中加以论述，就此强化了其客观性、时代性、确切性和浓重的历史现实感。

最后，全稿对我国杂技艺术史的阐述和论述，其出发点和落脚点全部放在了从最基本史实出发的基点上。如以第二编第二章“众技纷呈的汉代杂技”为例，就是从是时的“角抵戏”“要弄技”“力技”等十余项杂技艺术形式、技艺出发，而加以阐释和论述的。唯有如此，全稿的整体论述既是历史的、诚笃的，也是真切的、实际的和可信的。

权威性：贾德臣先生认为，此稿在课题鉴定后经主编和作者的再次修改，已经符合了国家出版基金资助范围中的多项要求。……至目前为止，《中华杂技艺术通史》是当今国内外最具系统性、科学性和完整性的关于我国杂技艺术的一部信史，没有可与之相类比的项目。由史学界素有名望的安老师领衔，再加上几位专家的高度评价，为此书稿获得国家出版基金的支持打开了局面，当年即顺利地被列为国家出版基金项目，彻底解决了因为图书市场变化造成这种学术专著出版难的问题，为保证和提高此书的出版质量创造了条件。

2012 年 6 月，鸿篇巨制的《中华杂技艺术通史》终于出版了。全书共计 106 万字；图片 432 幅，其中彩色图版 101 幅，内文插图 331 幅；列出的主要参考文献达 277 种。按历史发展顺序，分为先秦、秦汉、魏晋南北朝隋唐五代、宋辽金元、明清、近现代六编。我们力求资料翔实，内容丰富，评述精当，图文并茂，达到以文释图、以图证文、相互印证和说明的效果，全面展现中华杂技艺术之美。安老师在为此书撰写的前言中说："'杂技'一词最早见于《汉书·武帝纪》，元封三年（前 108）春'作角抵戏'。东汉人文颖注曰：'名此乐为角抵者，两两相当角力，角技艺射御，故名角抵，盖杂技乐也。'但杂技作为一种传统的艺术，在中国却有着悠久的历史。早在黄帝与蚩尤的战争故事中，就流行着一种表演人与人斗或人与兽斗的游戏，叫做蚩尤戏。当时人们在游牧、农耕或战争空闲时，常常以这种游戏来娱乐及锻炼体力。因为游戏时，两两相当，头戴牛角，互相抵触，所以又叫角抵戏。伟大的历史学家司马迁在《史记·李斯列传》中说：秦二世二年（前 208）在咸阳甘泉宫曾集合了当时的许多艺人'作角抵优俳之观'。从这些史料来看，可以说角抵戏是我国杂技的开端。西汉武帝时，角抵戏有了新的发展，它已是包括多种多样节目内容的杂技艺术，因此号称'百戏'。唐朝是我国封建社会经济发达、文化繁荣时期，杂技艺术也得到更大发展，无论是表演技巧，还是演奏音乐，都显示了唐朝杂技已达到较高的水平。至宋朝，杂技节目更为繁多，约计有数百种。经过明、清两代的继续发展，杂技水平有了更大的提高，当时许多优秀的杂技艺人大都在民间庙会上演出，深受广大劳动人民的欢迎。到了近代，随着中外文化交流的日益频繁，中国杂技在原有的基础上又不断吸收外来杂技艺术的优秀成分，加以融合发展和提高，形成了具有中国特色的丰富多彩的杂技艺术，表现出中国人民勤劳、勇敢、智慧、创新和乐观主义、自强不息的民族精神。”总之，杂技艺术是中国优秀传统文化的重要组成部分。

在安老师的带领下，几位作者坚忍不拔，齐心协力，终于为中华杂技艺术书写出一部光辉的历史。该书出版后即获得专业人士和学者专家的好评。

2013 年 12 月，此书入选全国第四届“三个一百”原创出版工程。在全国 439 家出版单位推荐各类原创图书 1669 种之中脱颖而出，成为全国优秀类原创图书 261 种、文艺少儿类图书 91 种之一。当时的国家新闻出版广电总局出版管理司副司长王然同志在颁奖大会的总结报告中谈到入选的艺术类图书的特点时，就是以《中华杂技艺术通史》一书为例，给予了高度评价。

当时，在此书稿的编辑后记中我深有感触地写道：唐代诗人贾岛的《剑客》诗说：“十年磨一剑，霜刃未曾试。今日把示君，谁有不平事？”此稿从最初的选题创意到组织编写至今，已经超过十年，而我与作者们合作也有八年半之多。但这把“剑”在今日终于要“出炉”之时，我心中还是有几分忐忑。因为中华文化的博大精深，因为杂技艺术的历史悠久和独特风韵，我们努力了，但是否可以达到或实现我们的愿望仍有待于出版后读者和专家们的考核、指正。

在此书出版后社会对我们的努力给予了很好的评价，也实现了安老师编写此书的夙愿。在这篇后记中我另写道：

我还要感谢此稿的主编安作璋老师，在八年多的接触中，他在我的心目中已经成为一位学习知识和品味生活的良师。他那种对烦嚣生活的气定神闲，那种对历史大局众说纷纭时的一锤定音，那种对纷杂史料的果然判断，那种对学术研究和著述写作的认真，令我感动而钦羡。当我在决审校样上看到八十五岁高龄的他用铅笔写下的“定稿”二字，并对校样做的一些改动时，由衷地感到老一辈学者身上有着永远值得我们晚辈学习的可贵精神。我还要感谢几位副主编和众多的作者，尤其是刘玉荣同志，是他们的孜孜以求和坚持不懈才保证了此书稿的最终完成。

是的，在与安老师八年多的交往中我们已经成为忘年交，每次见面，在聊编写书稿之余，还会聊到我们共同熟悉的朋友，如曾经在山东大学任教后调到中国社科院历史所修民国史的孙思白先生，聊一些历史研究的有关话题，聊新出版的一些史学著作，甚至是我在工作、人生中的一些困惑。在我们的交流中，安老师对各类话题从不拘泥，也绝不回避，总是给以睿智的分析，循循善诱地谈出他的看法，而他在高龄时的敏锐思想和机智判断真是令人叹服。

2011 年 8 月我到济南，在安老师家和几位作者讨论、交流《中华杂技艺术通史》的编写和编辑工作，大家聊到“在此次修订中，增加了图片的数量，并且在讨论中都认为这些图片增加了这部书稿的价值，不仅在文字上介绍了中国杂技的历史，更在图片上证明了中国杂技的历史源流，比已经出版的类似图书都更具有学术和专业价值，而且增加了可读性。特别是在对外输出时，会更有价值”（2011 年 8 月 24 日我向出版社的汇报）。我还介绍在已经搜集的 600 多张图片的基础上，准备去北京的国家图书馆搜集新的图片资料，并开玩笑地说，在这本杂技史编写完成后，我们搜集的图片就可以另编一本“图说杂技”了，大家纷纷响应，齐声说好。这时，安老师果断地拍板说：“再编写一本，就叫《图说中华杂技》。”于是，在2012年6月《中华杂技艺术通史》出版之后，我们前面提到的那本新的图书编写工作就开始了。基于年龄、工作、身体等诸多原因，此书的编写者就只有安老师、刘玉荣和我了。那年我刚好从出版社退休，就从编辑的角色转换到作者的位置。这不仅是为了“过把瘾”，也是为了更好地向安老师继续学习、请教，并将我30年为他人做嫁衣的体会融入书稿编写中。

我们再次开始了长达6年的编写过程，从到北京、上海、南京、太原、南阳、徐州、青岛、吴桥、宁津等地搜集、拍摄资料，再到蹲图书馆、博物馆、档案馆查阅文档，几年的奔波、编写，不断地补充、订正史料。这几年中，我经常来济南，与安老师和老刘一起讨论编写书稿中的问题，并在无形中形成一个规矩，即每年阴历正月十五之后我一定来济南和安老师见面。安老师与我们一起讨论此稿的框架，确定了“全稿以图为主，从杂技艺术的角度辅以文字说明，或一图一说，或一图多说，或多图一说，图文并茂，记述中华杂技的特点和形成过程”的编写原则，也先后几次翻阅文稿，提出意见和要求。2015年，南海出版公司为此书稿申报了国家出版基金，作为《中华杂技艺术通史》的姊妹篇顺利地得到支持，获得了充足的经费，解决了后顾之忧，增强了我们的信心，推动了编写进程。

《图说中华杂技》终于在2019年初完成了定稿。全稿分为九编：先秦、秦汉、三国两晋南北朝、隋唐五代、宋辽金元、明、清前期、清后期、民国，收集了中国各历史时期有关杂技艺术的文物图片，包括：岩画、画像石、画像砖、石刻、陶俑、魂瓶、画像镜、帛画、瓷画、壁画、木刻、木版画、绘画（包括宫廷画）、年画、风俗画、烟画、广告、海报、宣传画、摄影等，以及相关文物。全稿收入我们从拍摄和各方采集到的1000多幅图片中甄选出来的600余幅，其中彩色图片200余幅，其余为黑白图片，叙述、说明文字60多万。这些图文记录、展现了中华杂技在各个历史时期的发展，反映出中国不同历史时期的社会、经济、政治生活。

此稿是迄今为止我国编写的第一部大型杂技图集。前言和每一编的概述，以及图片注释均翻译成英文，具备了“走出去”的外向型图书特征。

此稿具有史料性、专业性、艺术性、知识性、趣味性，具有历史价值、艺术价值、研究价值和欣赏价值，用图说这种为读者所喜闻乐见的形式向读者证明了中华杂技在世界杂技和历史文明中的领先地位，弘扬了博大精深、融合多民族文化特色的中华文明。其中有20多幅图片的收入与考证，或填补了千百年来有关文字记述的空白，或纠正了偏差，一些图片的价值令我们在编写中惊叹不已。

在全稿九编中，第二编秦汉时期是十分重要的章节，收入图片200多幅，占全稿的三分之一，几十项技艺条目基本囊括了流传至今的杂技门类，在汉画像石、汉画像砖上的许多精美图案令人叹为观止。2016年4月下旬的一天，我在安老师的书房中感慨道，汉画像石与汉画像砖的内涵十分丰富，真是汉代社会的一部信史，如果能够编写一部用它们记述汉代社会的书稿，那就太有意义了。安老师朗声接道：“20世纪50年代我与翦伯赞先生就讨论过此事，但那时出土的资料还少，后来就被耽搁了。现在出土的汉画像石、汉画像砖多了，史料丰富了，但这需要懂考古、文物、历史、典籍等的人一起合作才能完成，需要长期蹲冷板凳，目前很难有人去做的。”此时我猛然领悟：怪不得安老师对编写“图说”一稿这么支持，原来这不是追求时尚的应景之作，而是他对秦汉史研究几十年积淀的直觉反应，是他留存心底多年的情怀啊。老一辈学者的学问之深真不是我们这些凡夫俗子轻易能够理解的。

事后，我与老刘讨论过如何再做一本新书的话题，准备待“图说”书稿完成后，我们继续合作，期待着在安老师的指导下再次启程。

记得2006年6月5日我在给安老师的信中曾经写道：

安老师：

昨天刚从海口回到北京，今天在办公室见到您的来信、专家“鉴定结论”和两册新书，十分感谢！

…………

您的两册新书我会认真拜读的。我从心里佩服您，这样的高龄，还不断有新的学术成果，出版新的著作。希望您一定要保重身体，您这样的学者身体健康，不仅是一两所学校，也不是一批学生之福，实际上是我们民族文化之福了。您的学识，是我们后辈望尘莫及的。例如对汉武帝，我就很同意您在“前言”中的观点和评价，特别是您所讲的“立传”的六条原则，如“武帝是怎样完成时代赋予他的使命的”等，不只是对汉武帝，实际上是对每一个历史人物应有的正确态度。现在的一些所谓“传”，偏离了正确的治学态度和方法，将西方文学创作中的“解构主义”手法用到历史研究中，一味追求观点的新奇或标新立异，借助电视等媒体炒作，一时影响很广，其实后患无穷。

天气越来越热，希望您和师母一定要保重身体，不要太辛劳了。

安老师在接受采访时曾经说：“我的一生非常简单，可用六个字来概括，那就是读书、教书、写书。”

我与安老师相识相交15年，也是因为他的写书而结缘，但他在我的心目中已经成为一位令我尊重、敬仰的人生导师。

2月21日上午，在我去安老师家中吊唁时，安老师的公子说安老师在不久前住院时还说到《图说中华杂技》一稿，并说待此书出版后他就不再参与其他书稿的编写了。可见他对此书稿的记挂。遗憾的是，安老师走得如此匆忙，未能看到此书的出版，这会成为我们终生的遗憾。

斯人远去，思念无限。安老师，我们一定会做好此书的后续工作，将它作为对您的纪念敬献到灵前。

（作者系南海出版公司原副总编辑）

史料与史学　门径与方法

——安作璋先生史料学思想刍议

张熙惟

安作璋先生是我国著名的史学家，是中华人民共和国成立后最早从事秦汉史研究并取得卓越成就的知名秦汉史专家，也是山东地方史、齐鲁文化史研究领域的重要开拓者。先生在近七十年的史学研究生涯中，立时代之潮头，通古今之变化，发思想之先声，辛勤耕耘，筚路蓝缕，著作等身，建树颇丰，是成就卓然、实至名归的一代史学大家。先生能取得令人称羡的成就，可以说是与先生卓著的史识、史才、史学、史德密不可分的。先生平生“业精于勤”，以崇高的社会责任感、历史使命感为学治史，不仅为构建中国特色历史学学科体系、学术体系、话语体系而呕心沥血，研以致用，而且在史料学领域亦独有所创，见解深刻，形成先生颇具特色的史料学思想。后学不揣浅陋，试就先生的史料学思想简析如下。

历史研究是一切社会科学的基础。历史学研究首先重视的就是“史料”与“史学”。占有并运用系统、充分、经过检验的史料，是历史学研究的坚实基础。在马克思主义理论指导下，详细占有史料，从史料中得出正确结论，是研究历史必须坚守的正确门径与方法。自20世纪以来，学界就有史料与史学关系的探讨与争论，如以傅斯年为代表的史料学派就提出了“史学便是史料学”的史学思想。尽管学界对史料学派的史学思想褒贬不一，但史料对历史学研究的重要性是毋庸置疑的。安作璋先生就高度评价傅斯年的史学思想："傅斯年先生是中国近代成就卓著、影响深远的教育家、史学家和社会活动家。仅就历史学而言，他不仅创办了中国近代第一个全国性史学研究机构——中央研究院历史语言研究所，创立了中国近代历史学的史料学派，领导了中国近代野外考古工作和历史文献搜集整理研究工作，而且运用新的史学理论与方法，研究中国上古史、中国古代思想文化史、明史和东北史等领域的一系列重大课题，提出了一些具有开创性学术价值的见解。""其中最重要的是，广泛寻找和深入挖掘史料，遵循实事求是的原则，凭史料说话。"① 安先生简明扼要地评述了傅斯年的史学成就与贡献。

理论在历史研究中起指导作用，马克思主义的历史唯物主义和辩证唯物主义是历史研究的正确指导理论。安作璋先生始终坚持马克思主义与中国历史学相结合的治史原则，用马克思主义唯物史观进行史学研究，他强调："马克思主义作为我们的理论指南是完全正确的，这是不能动摇的。但马克思主义要在中国扎下根，就必须与中国历史的实际相结合。如果马克思主义脱离开中国传统文化的土壤，再好的理论也很难生存下来。"先生指出，史学"研究必须坚持马克思主义与中国历史实际相结合"，"要用马克思主义指导研究历史，最根本的一条就是史学工作者要真正理解马克思主义，要着重掌握马克思主义的精神实质和立场、观点、方法。同时要和中国的历史实际相结合"。对此，先生"提出了两方面的要求：一是用马克思主义的观点和方法做指导，开创历史研究的新局面。随着时代发展，历史研究必然会产生一系列这样那样的理论，但我们始终不能放弃以马克思主义为指导，要避免从一个极端走向另一个极端。离开马克思主义理论做指导，史学研究就必然要走入歧路。二是不应把马克思主义理论当作僵死的教条，到处乱套，而是要真正理解马克思主义，掌握马克思主义

① 安作璋、唐志勇《傅斯年与齐鲁文化研究》，《文史哲》2004 年第 4 期。

的精神实质和立场、观点、方法，并将其与中国历史实际相结合”。他多次强调：“中国历史学要始终在马克思主义指导下开展研究，这个原则不能有丝毫动摇。建设有中国特色的马克思主义历史学，应是我们努力的方向。”①

安作璋先生以一位史学家特有的理性与睿智，高屋建瓴地总结历史经验教训，提高对历史的认识、对社会的认识、对人类自我的认识，把总结历史得来的经验和认识普及化，提出了多层次、多方面进行史学研究的思想。即如先生所说：“所谓多层次，主要是指基础研究（如史料的搜集、整理、考辨等）、理论研究和应用研究（包括普及）。所谓多方面，如政治、经济、文化、军事、民族、阶级、人物、中外关系等。”先生认为学习历史的最大用处在于鉴往知来，强调历史是有规律的，只有按规律办事，事情才能成功，违反了规律就会受到历史的惩罚。要在工作中少犯错误、不受历史的惩罚，就要懂得历史，认识历史规律，按规律办事。先生平生以极大的热情和顽强的毅力从事史学研究和历史教学工作，在史学领域的多个方面卓有建树，为我国史学研究工作的发展做出了巨大贡献。

在史学研究取得丰硕成果的同时，安作璋先生对历史史料学也做出了深入的研究，且成就斐然。先生认为，历史文献学是学术研究的基础，没有充分的历史文献基础而进行历史研究那就等于无米之炊。过去老一辈学者常说有一分资料说一分话、有十分资料说十分话。没有充分、可靠的历史文献，你得出的结论是很难站住脚的。历史研究一定要掌握搜集资料和研究资料的方法，这也是一种基本功。1982 年中华书局出版了先生的《秦汉农民战争史料汇编》，为学界研究秦汉农民起义和农民战争提供了极大的方便。1988 年，先生受国家教委和福建人民出版社委托，为高等

① 卜宪群、靳宝《安作璋的治学思想与方法》，《山东师范大学学报》（人文社会科学版）2016 年第 5 期。

学校历史系中国古代史专业编写了《中国古代史史料学》教材（福建人民出版社 1994 年版）。这部著作借鉴白寿彝先生所提史料学的四个部分，即理论的部分、历史的部分、分类的部分和实用的部分，由此来构建该书的体系并编排内容。先生在《中国古代史史料学·前言》中介绍说："《中国古代史史料学》是受国家教委与福建人民出版社委托，为高等学校历史系中国古代史专业编写的一部教材。从 1988 年开始，历时三年，经过几次改写，才形成现在这样的一部书稿。目前关于中国史料学的书，已出版多种，其中有通代的，也有断代的；有专科的，也有概论的；而且还有与史料学密切相关的历史文献学、史学史与史学概论等书。可以说是百花齐放，各有千秋。本书尽量吸取众家的研究成果，结合教学工作与培养学生独立科学研究能力的实际需要，力图从体系、结构到内容、方法做一些新的尝试和探索。全书共分三编。第一编讲的是史料学理论问题。史料学的理论研究，在史料学的整体研究中，具有指导的作用。从目前实际情况来看，中国史料学的理论建设，还处于初创阶段，史料工作者对有关理论问题的认识还不一致，有些问题还有较大的分歧。本编试图对史料的概念、范围、构成和分类以及史料的一般性质和特征；史料学研究的任务、范围和我国史料学发展的历史概况及其规律；史料学和历史科学及其他相关学科的区别和联系以及史料学在史学研究工作中的地位；史料学研究的多方面意义和方法等几个方面的问题，做一些理论上的探讨和说明，这也只是我们的初步认识和理解。希望在马克思列宁主义和毛泽东思想的指导下，通过长期的学术探讨和争鸣，逐步促进史料学理论研究水平的不断提高。第二编是中国古代史史料介绍。本编将中国古代史的史料，按其体裁和内容性质，分为考古史料，群经史料，诸子史料，纪传体史料，编年体史料，政书体史料，纪事本末体史料，传记史料，科技、宗教和学术史料，地理、方志和谱牒史料，文集史料，笔记和杂史史料，类书、丛书和辑佚书史料，档案史料，国外史料等十五大类，以类相从，分别予以介绍。在介绍某一类史料时，先有一小序，区别不同情况，有的置于章之首，有的置于节之首，也有的章、节开首皆有小序，概括说明此类史料总的情况；然后按史料反映的时代先后分为若干阶段或类别介绍。史料介绍力求简明扼要，除某些史学名著用了较多篇幅外，一般从略，主要说明史料的内容和价值，以及一二种通行的或最新的版本。这样介绍，既可以使读者有重点地了解某一类史料的发展线索和大概情况，又便于读者掌握古代史料的全面情况；既有利于断代史、专门史的研究者对史料的了解，也可以避免通常按断代史、专门史介绍史料时所难以避免的重复。第三编是关于史料的应用问题。本编将目录学、版本学、校勘学、训诂学、考据学以及历史编纂学等的基本知识引入了史料学，阐明了这些学科在史料学中的地位、作用和运用方法，并结合中国古代史料学的特点，比较全面、系统地阐述了搜集史料、整理史料和运用史料的方法，在传统史学研究方法的基础上又引入一些新的研究方法。”该书的出版，受到学界的高度评价。著名史学家高敏教授就评价此书：“《中国古代史（史）料学》，可以说是从体系、结构、内容、方法等方面朝着建立真正系统的史料学的第一次尝试……使得史料学这门学科朝着体系化的方向迈进了一大步。”认为“这部《中国古代史（史）料学》，具有很高的科学性与系统性，堪称目前我国史学界最为完整、系统和具有体系性的史料学著作”。[①] 该书为历史学研究提供了具体的门径与方法，对于创建中国古代史料学居功至伟。

安作璋先生具备很高的理论修养和深厚的国学功底，富有淡泊名利、献身于史学的精神。他认为，凡是真正做学问的人，都主张眼勤、脑勤、手勤，也就是勤于读书、勤于思考、勤于写作。研究历史必须要有正确的理论做指导，这便是“史识”。此外，还需具有研究历史的基本功，这便是“史学”。过去老一辈史学家常说治史要掌握四把“钥匙”，即年代、

① 高敏《读安作璋先生主编之〈中国古代史科学〉》，《中国史研究动态》1995 年第 4 期。

目录、职官、地理。这是治史的入门科目。另外，研究历史还要培养具备史学研究的基本素养，打好诸如文字学、音韵学、训诂学、校勘学等基本功，奠定搜集史料、鉴别史料、分析史料、整理史料、应用史料等重要技能，这便是“史才”。先生特别强调，史料学在史学研究工作中占有重要地位。搜集到的材料，需要进行辨伪，不可拿来就用。有了材料，还要分析论证与写作。写作是一项更重要的技能，写好一篇文章，应围绕中心展开，纵向考察，横向联系，既要考察所谈问题的源与流，又要分析与其相关的其他事物，阐明它们之间的关系。写文章是给人看的，文笔要通俗，用词准确。历史文章与文学作品不同，不能杜撰编造，也要讲求文采，尽量把文章写得优美一些。另外，历史文章还应注重逻辑，用词需把握“文不害义”这个限度。一味追求辞藻华美，影响了观点的表述，是得不偿失的。研究历史，必须实事求是，不虚美，不掩恶，这便是“史德”。①

安作璋先生坚持正确的史料观，且在史学研究的多个领域付之于实践，形成鲜明的史料学思想。早在先生撰写《秦汉官制史稿》时，所坚持的一个基本原则就是“凡是我们能见到的材料，无论是文献材料，还是考古材料，都是本着‘竭泽而渔’的原则尽量收集，力求将所有有关的材料都收罗起来”。所以，安作璋先生的《秦汉官制史稿》一个最大的特点就是资料占有的详尽与广博，博采众家之长。先生认为，治史如学书、学画，要博采众家之长，方能成一家之言。博采众家之长，不仅是吸收已有研究成果，更为重要的是借鉴别人的治史方法，取其所长，加以融会贯通，这样才能有所提高、有所创新。正如先生所说：“后来秦简、汉简和帛书不断被发掘出土，新的相关的研究资料不断出现，那是以后的事了。但在我们当时所处的那个时代来说，我们已经尽可能地收集了当时所能见到的文献资料、考古资料和清代乾嘉学派有关一些问题的考证、注释

① 安作璋《历史学与历史研究》，《烟台大学学报》（哲学社会科学版）1993 年第 3 期。

方面的材料，所以从史料方面来看《秦汉官制史稿》是比较全面的。”这就为后学省了不少搜集整理史料方面的功夫。一直到现在，《秦汉官制史稿》仍然是许多博士、硕士研究生在写相关问题的毕业论文时的重要参考书。①《秦汉官制史稿》也被学界评价为“不仅填补了断代官制史方面的空白，而且在许多方面有新的开拓，它的出版在中国官制史研究的漫长过程中树立了又一块新的里程碑”。先生的秦汉政治制度研究还包括《秦汉官吏法研究》《汉代的官箴》《从睡虎地秦墓竹简看秦统一的原因》等论著，其中，在史料的运用方面最显著的特点，就是在尽可能完整地搜集占有传世文献资料的基础上，充分利用新发现的考古资料，包括秦简、秦瓦当、汉简、汉碑、汉官印等实物资料，进行相关学术探讨。1975 年睡虎地秦墓竹简被发现后，先生不仅参加了秦简的注释整理工作，而且依据秦简资料撰写了《睡虎地秦墓竹简中所反映的秦代农业经济》的论文。先生认为：“研究秦汉史，仅仅依靠为数有限的文献资料是不够的，还需要结合考古和文物研究。”“把历史学和考古学结合起来，用马克思主义的观点和方法作指导，才能开创秦汉史研究的新局面，这是有志于治秦汉史的同志们的一项重要任务。”②

在安作璋先生所涉猎的众多研究领域中，先生始终关注的一个重点领域就是山东古文献资料的整理与山东地域史。自 20 世纪 80 年代起，先生先后主编了“山左名贤遗书”、《郑玄集》、《郝懿行集》等山东文献资料。“山左名贤遗书”是先生耗时二十多年主编、由齐鲁书社陆续出版的大型丛书，收书范围以清代山东知名学者的经学、史学、文字学、地理学、博物学、金石考古学等方面的未刊重要著作为主，加以整理出版。这套书对研究齐鲁文化和清代以来山东朴学家的学术源流及其贡献有极大帮助。先

① 陈虎《安作璋先生访谈录》,《史学史研究》2003 年第 2 期。

② 安作璋《关于秦汉史的学习与研究》,《东岳论丛》1984 年第 3 期。

生认为，齐鲁文化是中华民族优秀传统文化的重要组成部分，而郑玄的“郑学”又是齐鲁文化的重要组成部分，发掘和弘扬齐鲁文化的优秀传统，就不能不研究“郑学”，因而先生克服重重困难主编出版《郑玄集》（齐鲁书社 1997 年版）。《郝懿行集》（共 7 册 380 余万字，齐鲁书社 2010 年版）是先生耗费十余年之功主编完成的，对保留传播清乾嘉学派重要代表人物郝懿行遗留的宝贵文献、整理研究中国古代文化遗产做出了卓越贡献。“齐鲁诸子名家志”则是由先生担任学术顾问、山东人民出版社出版的一套丛书。先生在“总序”中指出，该书所收录的齐鲁历史名人，都是他们那个时代的顶尖人物，代表了他们生活的那个时代最先进的思想文化、科学技术和文学艺术。他们为丰富、发展和创造光辉灿烂的齐鲁文化与中华文明都做出了突出的贡献。齐鲁先贤们的思想和精神至今仍有其超时空的普世价值。[①] 先生认为，这些文字能为学术研究提供材料，史料价值较高。这些材料一方面是研究历史人物生平及其思想的主要依据，另一方面也是研究当时社会历史的重要史料，从一定意义上说，由于文集史料的博杂，它往往比官修史书更能真实、具体地反映当时广阔的社会风貌，是一块很有必要进行深入开发的史料园地。

而在山东地域史和齐鲁文化史研究领域，安作璋先生有着“筚路蓝缕，以启山林”之功，是这个领域的拓荒者和带头人。先生主编的《山东通史》和《齐鲁文化通史》，成为学界关于地方通史和地域文化通史编纂的成功范例。先生之所以付出极大精力主编多卷本《山东通史》，就是基于这样一种基本学术认识：“山东的历史是祖国历史的一个重要组成部分，无论是从革命传统，还是从历史遗产来看，都显示了极为丰富的内容。无疑地研究山东地方的历史，不但能够充实中国历史的内容，有助于中国历史上若干重要问题的解决；而且能够激发我们的爱国主义思想和民

① 参见张仁玺《安作璋先生与山东地方史、齐鲁文化研究》，《邯郸学院学报》2011 年第 3 期。

族自豪感，进而继承和发扬我国人民的优良传统，为社会主义四个现代化建设服务，这是一件很有意义的工作。关于山东地方史的研究，过去有一套比较完备的省、府、州、县志，这是有利的条件；但是这些书保存的有用资料并不太多，而且其内容大都是提倡忠孝节烈，表彰封建统治阶级的家世和功业，无论在观点和资料方面，都远远不能符合我们今天的实际需要。严格说来，一部合乎要求的山东地方史志，不但需要马克思列宁主义的理论指导，而且需要大量的文献资料、考古发掘资料和可靠的社会调查资料，这是一件相当艰巨的工作。”① 为此，先生以极大的热忱、饱满的激情、严肃的学术精神，组织编纂《山东通史》。他从编纂队伍、编写体例、史料搜集、问题研究、成果吸收等几个方面提出了系统要求，借鉴中国传统史学编纂的体裁优势，确立以综述、典志、列传、图表为主要组成部分，建立起比较完整的地方通史体系，比较充分地反映了山东历史的全貌。显而易见，这种编纂体例，既有继承，又有创新，是在史学遗产批判继承基础上的创新。正如先生在该书前言中所说：“《山东通史》的编撰工作，酝酿已久。早在50年代末，山东师范学院历史系的师生就写过一部《山东通史》（草稿），虽然很简略粗糙，但是开了一个好头。可惜由于种种原因，这项工作没有持续下来，半途而废。直到1978年党的十一届三中全会以后，在我省党政各级领导的重视、关怀和支持下，修史修志的问题才提到了议事日程，于是地方志的编纂、地方史的研究工作才开展起来，经过十几年的努力，已经取得了显著的成绩。到1987年，《山东通史》正式被列为山东省‘七五’规划重点科研项目。《山东通史》上起远古，下迄中华人民共和国成立，按照历史发展阶段，共分为先秦、秦汉、魏晋南北朝、隋唐五代、宋辽金元、明清、近代、现代各卷。该书不囿于

---

① 安作璋《古代的山东》，山东地方史志编纂委员会编《山东史志资料》第一辑（总第一辑），山东人民出版社1982年版，第15～16页。

目前通行的教科书体裁，参照古今史书各种体裁的优点，采用一种新的综合体裁，分为综述、典志、列传、图表四个部分。综述是依照时间顺序，以纪事本末体的形式分析和论述山东各个历史时期的重大事件，以体现山东历史的发展过程、特点及其规律。典志是关于经济、政治、军事、法典、科技、教育、礼俗、宗教、文献等方面的专题撰述，以配合综述和列传两个部分论述所不便容纳的史实。列传主要是属于山东籍而又对山东历史有一定影响的各方面代表人物的传记。图表包括各种实物图片、地图以及各类年表、世表、专题表等，以弥补各卷文字表述的不足。以上四部分都不是孤立的，而是一个有机的整体，互相联系，互为补充，这样可以较充分地反映山东历史的全貌。在编写过程中，则力求观点准确，史实可靠，结构合理，脉络贯通，文字流畅，深入浅出，便于更多的读者阅读。”《山东通史》的出版，正如学界所评价的：“因为她卷帙浩繁，全书八卷十册四百万字，是迄今为止全国地方史研究的压卷之作；因为她资料丰富，内容广博，堪称山东地方史的百科全书；因为她有着丰厚的学术内含，不少地方展示出作者独特的观点和见解，是不可多得的学术精品；因为她在体例上有所创新，在历史编纂学上给人以启迪；更因为她标志着山东人文科学一次有深远意义的积累，所以成为山东文化建设的一项基础工程。毫无疑问，《山东通史》将成为山东人民进一步认识省情的好教材，成为对广大青年进行优秀传统文化教育、爱国主义和革命传统教育的好教材。对于从事山东地方史研究的学人来说，《山东通史》更是一部跳不过去的书。”“《山东通史》反映了山东地方史研究目前所达到的最高水平，她在山东地方史研究上承前启后的作用将会随时间的推移日益明显地得到体现。”① 还有学者评价，《山东通史》是地方史研究的鸿篇巨制，是我国地方史研究中的

① 孟祥才《山东地方史研究的新创获——评安作璋教授主编的〈山东通史〉》，《东方论坛》1996 年第 3 期。

一项重大成果，是一部规模宏大、内容丰富的地方全史。它突破了过去一般通史的框架和教科书体例，参照、吸收中国古今史书各种体裁的优点，建立起自己的编写新体系。它挖掘、使用了大量的文献、考古、档案、报刊、回忆录、访问记等方面的资料，不仅丰富了本书的内容，也纠正了一些不正确的传统看法。它开拓了山东经济、政治、军事、文化与对外关系等历史研究的新领域。它吸收了学术界对山东地方史研究的新成果，多有创见。它是对近年来山东地方史研究的一次全面总结，也为今后更深入、多层次、多角度研究山东地方史奠定了良好的基础。它堪称地方史研究中的开创之作，是近年来历史研究的突出成果。①

《山东通史》出版十多年后，为了更加系统、全面、真实地反映山东历史发展，安作璋先生又主持增订《山东通史》（人民出版社 2009 年版）。新的增订本共九卷十二册六百余万字，成为全国地方史研究中规模最大的一部地方史通史。增订本《山东通史》比之初版，除了体例上的重大修订，重要的增订工作就是“重视对史料的搜集与整理”，正如先生在“增订题记”中所说：“编写一部史书，不仅需要占有丰富的历史资料，而且这些史料还要准确可靠，所谓言必有据，这是历史学不同于其他学科的基本特点。为此，我们不仅要详细占有正史中有关资料，还要参考运用考古、档案、文集、笔记、日记、报刊、回忆录、访问记、家谱族谱、社会调查等方面的资料。如近年来新发现的济南大辛庄商代遗址、章丘洛庄汉墓、长清双乳山济北王墓以及山东各地出土的画像石等考古资料，魏晋南北朝隋唐墓志墓碑和敦煌文书中有关山东士族的史料，明清家族族谱中的史料以及山东革命历史档案资料，特别是山东中共历史资料、国民党和军阀、日伪统治时期的档案资料等。有的卷还采用了一些社会调查材料。这样就在一定程度上弥补了文献不足征的缺陷。”故增订本《山

① 参见童超《地方史研究的宏篇巨制——〈山东通史〉评介》，《中国史研究》1996 年第 2 期。

东通史》被评价为一部体例新颖、史料翔实、内容丰富、论证严谨、观点准确、文字通顺、图文并茂，集科学性、思想性与可读性于一体的世纪精品工程。①

安作璋先生主编的《齐鲁文化通史》，也被学界评价为“代表当时地方文化通史研究方面的最高成就”。该书最显著的特点，“一是内容上的综合性。它吸收了考古学、历史学、文化学等各学科的成果，综合研究而成书。二是研究方法的交叉性。比如本书运用了训诂学、考古学、社会学、历史学、统计学等学科方法，突出显示出交叉研究的特色”。学者公认“本书史料翔实丰富，文献与考古史料结合；内容有跨学科且有融汇；研究深入细致”。“本书文献资料非常丰富，新旧材料尤其是近年新出土的材料都涉猎收集，具有较高的价值。”“这部书所涉资料扎实细致全面，具有很高的文献价值。”②

在其他研究领域，安作璋先生同样重视以史学统率史料。先生认为，研究任何问题，都要求尽可能充分地掌握有关资料并能正确地运用这些资料，历史科学研究尤其要如此。先生对中国古代兵学的研究造诣颇深，对兵学经典的整理阐释尤为重视。他曾指出：“关于《孙子》的整理与研究，是一项必不可少的基础工作。目前所能见到的历代有关《孙子》的各种传世版本，即不下一百余种。1972 年在临沂银雀山汉墓中又出土了竹简本《孙子兵法》。这些版本文字上的差异很大，是学者共知的。仅以竹简本与传世本相比较，其差异即有三百余处。历代注释《孙子》的学者、兵法家及其成果也很多，留下姓氏的就有二百余家。面对如此众多的版本和注释本，亟需加以总结，整理出一种经过严格校勘的最完善的版本

---

① 参见张仁玺《安作璋先生与山东地方史、齐鲁文化研究》，《邯郸学院学报》2011 年第 3 期。

② 参见山东师范大学齐鲁文化研究中心《〈齐鲁文化通史〉北京济南首发专家座谈会发言纪要》，《山东师范大学学报》（人文社会科学版）2005 年第 1 期。

和一种最详细的《孙子集注》本，以便广大读者或研究者阅读和使用。”①

安作璋先生曾主编一部“经世大典·治国方略丛书”（山东人民出版社2002年版），向广大读者提供了一种崭新的“古为今用”的治史范例。全书建构了一个十分完善的研究体系，多视角、多层次、全方位阐释了我国古代治国方略的内容。在我国古代典籍中，关于治国方略的著述很多，治国思想和治国方法也极为丰富。这些治国思想和方法各有侧重，各有利弊得失，但都包含着非常丰富的经验教训。有鉴于此，“经世大典·治国方略丛书”由《历代名君治国方略》《历代名相施政方略》《历代名吏安民方略》《历代名家用人方略》《历代名将治军方略》五部书组成，论述了中国古代历代名君、名相、名吏、名家、名将在治国、施政、安民、用人、治军等方面的思想言论和实践活动及经验教训。体例上有所创新，资料翔实可靠。该丛书中的每一部书都是以治国方略为中心内容，并根据不同历史人物的不同身份和职位，分为若干篇。每一篇首都带有一个导读性的小序，简明扼要地说明本篇的主要内容及意义。为使引用的材料准确、翔实、可靠，每部书的作者都参考了一百余种史籍，对所选用的资料都认真地进行了考证和分析，加以去伪存真、去粗取精，对一些真实的历史人物的言行和历史事件，也努力运用辩证唯物主义和历史唯物主义的观点，实事求是地给予客观、公允的评价。

安作璋先生还主编过一部《中华杂技艺术通史》。先生在该书前言中说，从史料来看，可以说角抵戏是我国杂技的开端。我们编写这一部比较系统详细的《中华杂技艺术通史》，力求做到：一、资料翔实。在旧中国，杂技艺人和杂技艺术地位低下，不被世人重视，因而有关杂技的记载很少，而且十分零乱。中华人民共和国成立以后，虽有所改观，但并未从根本上改变中国杂技历史研究的落后状况。本书除参考了古代遗留下来的

---

① 安作璋《把孙子兵学研究推向一个崭新的阶段》，《孙子研究》2015年第2期。

几部有关杂技著作和正史中少量的杂技记载，还注意搜集了历代诗文集、稗官野史、笔记小说、报刊资料以及石刻绘画中所反映的资料，并吸收了当代包括海外的一些最新研究成果。据不完全统计，仅参考引用主要书目即达三百多种。另外，对有些记载中的某些封建迷信或过分夸饰的内容，我们也做了分析研究，去伪存真，去粗取精，弃其糟粕，取其精华，尽可能使之符合历史事实的本来面貌。二、内容丰富。本书不仅写了杂技艺术的起源以及各个时期发展的历史，杂技的表演形式和各种技巧，杂技的组织、流派和各种礼俗制度，杂技艺人的生活逸事、名人传记等内容，而且对与杂技发展有关的社会背景、历史背景如生产劳动、科学技术、政治、外交、军事、民族关系、阶级斗争、秘密会社、宗教信仰、民情风俗等，也做了必要的叙述。把杂技放在这样一个广阔的历史舞台上去考察，就使这一部书比较能够符合中华杂技艺术通史的基本要求。三、图文并茂。杂技史与一般的历史书不同，仅有文字的表述是不够的，还必须配合以图片说明，才能使读者对各个历史时期的杂技表演形式和精湛的表演技巧，一目了然，明白易懂。为此，本书搜集了古今中外大批的图片资料，经过筛选，保留了四百多幅，其中不乏极为珍贵而罕见的资料。四、古为今用。这是本书编写的一个根本目的。中国的杂技艺术源远流长，在历史上一直处于世界领先地位，并形成具有自己特色的丰富多彩的表演形式和各种高难度的表演技巧，其中有些已经失传，需要我们加以发掘和继承。更重要的是杂技艺人热爱祖国、胸怀世界的爱国主义思想，博采古今中外众家之长、精益求精的敬业精神，为人处世的高尚品格和道德情操，这些都是中华民族的传统美德，值得我们加以发扬光大。这不仅是杂技艺术界的一笔宝贵历史遗产，而且是建设社会主义精神文明的一项重要内容。中华杂技艺术通史是一门综合性的交叉学科，不仅限于杂技艺术本身，而且涉及历史学、文学、美学、社会学等许多领域的内容。为此，我们组织了一个比较精干的写作班子，其中既有历史学、古典文学的学者、教授，又有长期从事杂技编导与理论研究人员。这样，彼此可以互相配合，取长补短，最后熔于一炉，结集成书。该书出版以后，来自中国艺术研究院、中国杂技协会、山东大学、河北省艺术研究所、济南市艺术研究院的杂技艺术专家们都对这部书给予高度好评，认为此书的编纂采用多学科综合研究方法，对中华杂技艺术进行了深入研究，搜集、发掘、整理了古今中外大批的中国传统杂技艺术遗产，许多方面填补了杂技艺术研究的空白，总体研究达到国内领先水平。学者评价：这是一部填补中国杂技艺术史研究空白的精品力作，既有很高的学术价值，也有重要的现实意义，必将对我国杂技艺术的研究和发展起到积极作用。①

此外，安作璋先生主编的《济南通史》，也因体例新颖、内容翔实、史料丰富得到学界的高度评价。正如学者所评价的，全书广泛搜集和排比史料，充分利用考古发掘的新材料，综合运用历史学、考古学、社会学、民俗学、文化学等多学科知识，全面系统地梳理与勾勒济南地区的历史发展线索，准确完整地再现与总结济南地区的历史文化面貌，深入细致地剖析与揭示济南地区的历史文化地位和影响，是一部集综合性介绍与独创性研究为一体、融知识性传承与学术性启迪于一炉的优秀地方史志力作，反映了当代城市地方史志编撰中的最新水平。学界评价此书作者不但认真搜集正史、野史、方志、文集、笔记等文献资料，而且重视收集地方碑刻和考古资料，使之与文献相印证，取得了很好的效果。史料的丰富和广泛，成为本书的一大特色。本书是一部全面记述反映济南历史的通史性专著，就资料的翔实性、内容的丰富性、叙事的系统完备性、论述的严谨性而言，都超过了国内外已有的研究著述，具有较高的学术研究水平。学者称誉该书在史料梳理和理论分析上都达到了较高的水平，不仅有较高的学术

① 孟祥才《评安作璋主编〈中华杂技艺术通史〉》，《中国史研究动态》2013 年第 6 期。

价值，而且对济南今天的发展也富有借鉴意义。①

还有先生主编的《中国运河文化史》（山东教育出版社2001年版），同样得到学术界的高度评价。学者称誉该书“以马克思主义的唯物史观统帅全书，以论统史，史中寓论，史论结合，观点准确”，“征引广博，内容丰富，包容面广，信息量大”，“写作体例得当，编章节目设置得体”，“在一些问题的研究中，也取得一些突破与创新”。②

在史学研究中，安作璋先生尤其重视史学研究的创新。先生认为：“21世纪世界的发展将会更加迅速，史学研究将会面临更多的问题和挑战。这就要求我们在史学研究方面必须创新，这种创新应该是全方位的，无论是理论、观念、方法、手段等都要创新。对原有的问题也不能用老眼光去审视，用单一的传统的方法去解决。”先生指出：“创新绝不是标新立异，别出心裁。那样的‘创新’是不可取的，是要不得的。真正的创新应该是在马克思主义基本原理的指导下，在继承和吸收前人和当今世界的研究成果的基础上有开创性的发展。对当前和以后的史学研究，有启迪意义和导向作用。”先生主编的《山东通史》和《齐鲁文化通史》之所以被学界评价具有标志性意义，正是因为能为今后山东地区各专门史、地域文化史研究起到一种导向作用。

安作璋先生认为，历史科学研究把社会历史看作统一的、有规律的发展过程，这就要求研究任何历史问题，都不仅要以一定数量的史料为依据，而且更要充分注意到有关史料的特殊性以及这些史料与其他史料的广泛内在联系。尤其是随着人们对历史认识的不断深化，史料观念也在不断发展，史料应用的范围也越来越大。不但专门史籍是史料，其他文献也可以作为史料；不但有意识的记录可以作为史料，无意识的记录也可以作为

① 参见《专家学者评介六卷本〈济南通史〉》，《济南日报》2008年9月17日。

② 参见翟忠义《一幅气势恢弘的运河文化历史画卷——〈中国运河文化史〉读后》，《东岳论丛》2002年第4期。

史料；不但文字记录可以作为史料，实物资料和口头材料也可以作为史料。先生曾经说过："山东现存的秦刻石、汉碑数量较多，是研究秦汉历史和书法艺术的珍贵资料。""山东的汉画像石最为丰富，提供了汉代不少生动而形象的史料。""如果把这些石刻画像有系统地搜集起来，配以文献记载，加上文字说明，简直可以辑成一部文图并茂的汉代社会史。"

安作璋先生还说过："史学遗产，是指史学产生、发展的成果，是我们的祖先留下的宝贵精神财富。我国的史学遗产是极为丰富的。对于史学遗产，我们应该用马克思主义给以批判的总结，分清精华与糟粕，然后取其精华，弃其糟粕，这对发展社会主义的新史学是必要的条件。"[①] 先生的这些马克思主义史学思想和正确的史料观，为史学研究提供了切实可行的门径与方法，值得我们认真学习、继承和借鉴。

（作者系山东大学历史文化学院教授）

① 安作璋、耿天勤《白寿彝先生对中国史学史研究的杰出贡献》，《史学史研究》1995 年第 1 期。

安先生和我的师生情缘

臧知非

我的学术生涯，和安先生的教导是分不开的。从 1985 年 4 月第一次到济南拜见安先生，至 2018 年 4 月最后一次拜见安先生，33 年间，或诣府受教，或电话请示，向安先生请教受学，我的进步和安先生有着千丝万缕的关系。对安先生的向慕，则始于本科期间。这要从我的读书经历说起。

1978 年，我考入徐州师范学院（现江苏师范大学）历史系。那时的我，对历史谈不上了解，更谈不上什么爱好。我的小学、初中、高中都是在“文革”中的农村学校完成，谈不上文化课学习。1974 年初中毕业以后，因为是右派子女，我没有资格上高中（当时高中按照家庭成分推荐入学，地、富、反、坏、右是“黑五类”，“黑五类”子女没有推荐资格），只能回到生产队做一个“半劳力”社员。务农半年后，在先父学生的帮助下以“走后门”的方式到离家 40 里的农河中学读完高中。当时实行“开门办学”，在“农业学大寨”的旗帜下，我们大部分时间是干农活，农业机械（当时主要是三机一泵：柴油机、电动机、发电机、水泵）倒是学了一些，其他文化课实在是不堪一提。对于历史只是在“评法批儒”过程中，接触过片段，知道一些所谓“儒家”“法家”的代表人物和著作，根据“两报一刊”（《人民日报》《解放军报》和《红旗》杂志的简称）上的“评法批儒”文章，似懂非懂地读一些“儒家”“法家”的资料片段，出于好奇，也读过一些法家人物传。1976 年在我高中毕业后不久，“文革”结束，先父意识到恢复高考在即，即督促我和兄长复习应考。但是，十年动乱，家中藏书（在我童年记忆里，家中藏书甚多，只记得有横的，有竖的，还有外文，但不知道是什么书）包括“文革”前的中学教材都在“破四旧”时被付之一炬，没有任何复习资料。好在我的长兄是六六届高中毕业生，从初中到高中，都稳坐淮阴地区中学生数学、物理竞赛第三把交椅；而先父是江苏宿迁高级中学语文教师，博闻强识，知识渊博，虽然是中文出身，但熟悉数学、历史、地理，通英、俄、日几种语言，经常是一个人教几门课，一直是我心中的英雄。我就是在先父和长兄的辅导下参加高考的。1977 年冬，我和长兄通过省里组织的预考后进入统考，结果双双落榜。我本来不知道大学为何物，参加高考，就是为了离开农村，落榜以后，不想再考，认为自己不是读书的料，满脑子想的是另谋生路。而长兄和先父认为，落榜不是成绩原因，而是因为政审。他们主张坚持再考。我们遂于次年再次应考。我取在徐州师院，长兄取在淮阴师范专科学校（现淮阴师范学院）。不过，这并非我的成绩好，长兄考了 413 分，远在我之上，是淮阴地区第三名（后查明，1977 年长兄考了 403 分，也是淮阴地区第三名），我只考了 379 分。这个分数早已过了多家重点大学的录取分数线，但在当时，影响录取的因素是多方面的。长兄未能进入重点大学读本科，是因为年龄和其他因素。

七八级学生是“十代同堂”——从“老三届”“新三届”到应届高中生同在一个班级，年龄相差十岁之多，越是地方院校，这种差别越大。[①] 同学之间的人生经历、思想观念千差万别，有的是人民公社社员，有的是

---

① 1977 年刚恢复高考时对考生年龄和政治条件限制严格，1978 年放宽了年龄和政审限制，但不同学校执行的标准并不相同，部属高校、名校对年龄和政审要求仍较严格，大龄考生分数虽高但录取数量有限，故地方院校学生年龄差异大于重点高校，政治背景也更加复杂。笔者全班 54 人，年龄最大的是 1945 年出生的六五届高中生，最小的是 1962 年出生的七八届高中生。这种情况并非个别，而有普遍性。

退伍军人，有的是工人，有的是革命干部。那些参加过“文攻武卫”、又经历了“上山下乡”的“知识青年”们饱经风霜，历练干达；刚刚毕业的高中生还懵懵懂懂。彼此之间，理解能力、知识结构，相去甚远。但是，同学们的共同点是关心国家命运，追求事业和理想，积极进取，勤奋好学，当时的大学校园里春意盎然，一片风华。我无论是知识基础，还是理解能力、处事能力，都无法和那些“老三届”“新三届”的同学相比，至于讨论当时的思想热点，如“实践是检验真理的唯一标准”“历史发展动力”问题等，只能当个观众或者听众，无从置喙，只有听课、记笔记、读书，希望尽快缩小差距。至于读书内容，则是饥不择食，谈不上选择。尽管老师在讲课时曾开出书目，但当时图书馆藏书有限，同学们抢着借书，时常是有目无书，只能是逮着什么就看什么，没有什么专业方向，也没想过以后做什么研究。当时的想法很简单，既然离开农门，考进大学，读书能改变命运，就不能虚度光阴。

1978 年是拨乱反正的一年，百废待兴，诸事草创。学校教学工作是名副其实的急就章，离开教学研究岗位十年之久的老师刚刚从农村、厂矿、中学返回高校，没有系统的教材，也没有相应的参考资料，教师之教和学生之学，都是摸着石头过河，有着较大的自由度，至于学科发展更不明确。幸运的是，当时的徐州师院，有一批因各种“历史问题”被下放到苏北的学者站在教学第一线，首先给我们上中国古代史课的是臧云浦先生和王云度先生。臧云浦先生曾任中央政治大学教授，1949 年中华人民共和国成立以后曾短暂地任教于武汉大学，后调回苏州与师母团聚，任教于南菁中学。1957 年，江苏师专成立于无锡，臧先生调入该校，身份是教员，次年北迁徐州，更名徐州师范学院。臧先生在江苏社科界德高望重，是徐州师院历史系的实际创办人，具体工作由王云度先生负责。我们入学时领取的唯一完整的教学参考书就是臧先生主编的《中国历史大事纪年》和《中国历代官制兵制科举制表释》。[①] 这是两本不带有价值预判的教学参考书，《纪年》是1949年大陆第一部简明编年体加纪事本末体通史，《表释》纯粹是简明制度通史加上资料汇编，一册在手，对古代王朝演变、重大事件、重要人物、职官制度、选举制度、军事制度，既可以有系统了解，也可以知道资料门径。王云度先生讲通史课的上半段。其时，臧先生年逾花甲，亲执教鞭，先后给我们讲授通史课的隋唐、明清部分，和王先生合开秦汉史研究专题课，是最受欢迎和尊敬的老师。

学习历史有个矛盾是无法避免的：刚入学时基础最差，而教学内容却最为艰深难懂。先秦秦汉史都是一年级学的，那时一点基础也没有，学起来十分吃力，资料解释、理论分析、社会性质，对于我来说都是似懂非懂。好在王先生讲课精细，臧先生时常给我们做读书指导，在介绍学界名家的同时，指示读书方法，才初步掌握一些读书门径，在听专题课过程中，才有所体会。我就是在听课过程中，知道安先生的。

臧先生长于安先生13岁（臧先生1914年生人），和安先生是旧识。安先生任教于山东师范学院（现山东师范大学），距离徐州不太远。徐州是刘邦故里，又是项羽的“都城”，徐州师院自然地以秦汉史为古代史建设的重点。1979年春夏之交，王先生曾专门去山东师范学院拜访安作璋先生，并经安先生引荐拜访山东大学韩连琪先生，请教办系及学科建设事宜，得到安先生和韩先生诸多帮助。在授课过程中，安先生自然是臧先生和王先生重点介绍的学者。我们对安先生自然是满怀崇慕，以阅读安先生著作为快。只是当时不仅图书馆藏书不多，学术杂志也很有限，虽然知道安先生早有《汉史初探》一书行世，但是最早读到安先生的著作则是论文。根据现存读书笔记，我读的第一篇是《两汉时期山东的社会经济和

① 这是1949年以后大陆最早的中国历史大事纪年和职官制度专著，当时以内部铅印本在各个学校用作教学参考书，几经修订之后，后来分别由山东教育出版社和江苏古籍出版社出版，并多次再版印刷。

农民起义》[①]，第二篇是《从睡虎地秦墓竹简看秦代的农业经济》[②]，第三篇是《西汉经济制度和政治制度——关于西汉社会性质问题的讨论》[③]。不过当时的笔记就是内容摘抄，抄的主要是史料，加个简单的说明，并没有理解其学术内涵。

1982 年，我考中臧先生的研究生，由王先生具体指导，方向是秦汉史。当时研究生课程没有现在的统一要求，课程设置、培养方案都由导师确定，具有很强的个性特征。第一学年，除了系统讲读资料，臧先生给我们讲授先秦诸子和职官制度，王先生讲授秦史；另外，和汉语专业的研究生一起听廖序东先生的古文字学、王进珊先生的《论语》研究等。经过一年的授课，在我们有了一定的基础以后，1983 年 8 月底，为了扩大学术视野、交流学术信息，臧先生和王先生带领我和师兄汤其领、王健，开始了第一次游学，沿陇海线西上，主要拜谒了河南大学朱绍侯先生、洛阳文化局蒋若士先生、西北大学林剑鸣先生、兰州大学刘光华先生等，原计划是返回徐州，稍做休整，再沿京沪线北上，首先到济南谒见安先生、韩先生，后以各种原因没能成行。

研究生二年级，我们论文选题基本明确，我的选题是秦汉兵制。1984 年夏天，在王先生带领下我们赴北京查阅资料、拜访专家，本拟途经济南，拜谒安先生和韩先生，因故改变行程，直到 1985 年 4 月底才第一次拜谒安先生。

1985 年 3 月，我的毕业论文完成，题目是《秦汉兵役制度研究》。之所以选择兵役制度，与拜读安先生著作有着不可或缺的关系。读研不久，我的研究方向确定为秦汉兵制，臧先生研究职官制度，对兵制尤其深入，

① 《山东师院学报》（哲学社会科学版）1979 年第 4 期。

② 印象中本文是王云度先生上课时发给我们作为参考资料使用的，是安先生参加中国秦汉史研究会成立大会的会议论文，后收入《秦汉史论丛》第一辑，陕西人民出版社 1981 年出版。

③ 《山东师范学院学报》（历史版）1959 年第 5 期。

参与中国军事科学院主编的《中国大百科全书》中国古代武官条目的撰写和修订，我自然地选择了兵制研究。兵制研究，内容广泛，兵役、兵政、建制、后勤……大到军权授受、出征指挥，小到士卒日常训练，都是研究对象。这一切和赋役制度、国家行政、社会结构都密不可分。因而，虽然定的方向是兵制，阅读的资料却广泛得多。1982 年，安先生的《秦汉农民战争史料汇编》面世，我在徐师北门的书店第一时间购买，埋头阅读之后，不仅对社会矛盾、秦汉农民问题有个梗概的了解，同时对农民的兵役、徭役负担有了比较明晰的认识，更主要的是对如何在纪传体史书中提取研究讯息有所体悟，特别是其“编者按”，寥寥数语，画龙点睛，避免了许多可能的历史误解。我在本科时代读书甚杂，对史书阅读是随着课程需要而变，对经典史书阅读甚少，《左传》《史记》虽然完整过手，实际阅读的都是选篇；《汉书》《后汉书》《三国志》根本没有系统翻过，读的都是选本，而且偏重于文学性的选本。进入研究生阶段，我虽然夜以继日地集中阅读前四史以及出土简牍资料，但是对散见于“纪”“传”“表”“志”之中的资料把控能力远远不足，理解偏差不可避免。读了安先生的《秦汉农民战争史料汇编》，感到对资料把控能力有了很大提高。不久之后，在北京中国社会科学院历史研究所图书馆借到了安先生的《汉史初探》一书，对汉代赋役、边防有了初步的系统理解。1984 年初，安先生的《秦汉官制史稿》（上）由齐鲁书社出版，对秦汉中央官制包括军制在内做了详细的考述。我拜读之后，感到军政内容已题无剩义，于是把毕业论文集中为兵役制度研究。

在我们的毕业论文定稿之前，臧先生、王先生已经函请安先生做我们的硕士论文答辩委员，安先生愉快地接受了邀请。论文完成后，即由我送呈，给我引见的则是张进（晋文）兄。张进兄是徐师七九级本科，和我同学四年（我本科毕业读研究生，和张进兄依然在一起，直到张进兄毕业离校），关系不分彼此，当时他正随安先生读研究生，引我拜见安先生，自然是义不容辞，早已把去山师的交通路线详细地告诉我。我记得是在4月末的一个早上，还有些许寒意，我直接到张进兄宿舍，二人立即去安先生家里。张进兄的研究生宿舍在校园内靠南的位置，安先生家在学校大门对过，穿过校园，步行十几分钟即到。当时安先生住的是两层小楼，相当于后来的联排别墅，有单独的小院，以木板条相隔，院内有不知名的花草，颇为幽静。我们刚进小院，还未敲门，安先生已经把门打开，说："知非来啦，进来吧。"声音洪亮，语气亲切！这是我听到安先生说的第一句话，至今言犹在耳！进入书房，我立即呈上论文。安先生让我们随便坐，首先询问臧先生身体状况，嘱我转达对臧先生的问候，而后听我简单地汇报论文，询问读书情况，并对选题予以肯定。在我们心目中，安先生是大家，是知名教授，是学术权威，是高不可攀的，一定是威严老者！一句"知非来啦"，以及对论文选题的肯定，使我如沐春风，对答辩的惴惴不安随之消失。至5月底，在张进兄的陪同下，安先生到徐州参加答辩，充分肯定我的论文，并希望我继续努力，我的答辩自然是顺利通过。

1988年，我考入山东大学历史系，随田昌五先生攻读博士学位。三年读博期间，我频繁地出入安先生家里，有时是自己登门请教，有时是陪同田先生到安先生家里赴宴，还不时陪同田先生和安先生参加各种座谈会和讨论会。田先生一个人在济南，谈不上生活规律性，安先生除了叮嘱我照顾好田先生饮食，经常让安师母下厨，以陈年佳酿宴请田先生，只要我在济南，都由我陪同。印象中，安师母厨艺极高，做的菜色香味俱佳。田先生酒酣之际，畅谈学术理念。安先生不擅酒，也不如田先生健谈，一边听，一边劝我们吃菜，对田先生想法偶尔补充，但是，一旦打开话题，则绵绵不绝。我是默默地听，偶尔做些服务，多数时间是埋头大吃。

读博期间，我向安先生请教问题甚多，许多内容已经模糊，但有几件事是我一生难忘的。首先是我的博士论文选题。一般说来，以硕士论文为基础是博士论文的大多数选择，但我入学之后，发现原来的想法太过简单。田先生是先秦史大家，长于史学理论，对秦汉史亦有研究。得知我的想法之后，田先生要求我先厘清先秦然后再论秦汉。先秦史是史学界精耕细作的学术领域，要想有所突破，除了一般意义上的史学功底，在古文字学、考古学、史学理论方面都要有相应基础。对我来说，除了文献基础尚可，古文字学只学到皮毛，考古知识、史学理论完全是外行。面对自己的基础和田先生的要求，究竟如何确定研究方向，如何突破，我踟蹰彷徨，焦虑不安。大约是第二学期刚开学，和师兄周苏平一起去给安先生拜晚年（已经过了元宵节），闲谈中说起论文选题和自己的不安，请示安先生的看法。虽然时过数年，安先生仍然清楚地记得我的硕士论文，就我的想法，指出我原来的论文除了资料发掘不全、分析粗疏，最大问题是对秦汉社会结构把握不足，根源在于对先秦史缺少研究，无法把握秦汉社会结构的由来，只能就事论事，要想突破，就要从源头做起，上下贯通，才能豁然；同时指出秦汉赋役制度、阶级关系等是春秋战国相关方面的发展，许多内容都是战国延续下来的，新的学术历程应该毫不犹豫地从先秦开始，同时以吕思勉学术著作为例，说明贯通的重要性。正是安先生的这一番训诫，打消了我的畏难情绪，我最终确定论文选题《春秋战国社会结构研究》。

其次是参与《秦汉史》的撰写。人民出版社约请安先生和田先生主编一部《秦汉史》。开始写作前，田先生就理论问题谈了看法，要求写出特色，而具体章节内容、体例主要是安先生负责，分给我的任务是第二章“西汉前期的政治和经济”。当时我只发表过几篇论文，是第一次把握研究一个时代政治经济的演变，又属于两位大家主持的项目，对怎样写、详略到什么程度、如何给以下各章留下适宜的衔接空间、两位先生的具体要求是什么样子，心里是没底的。安先生给我的指示是放开写，然后再按照总体要求压缩字数、具体修改。完成初稿，我先把初稿交给安先生。大约两周后，安先生让人送回书稿。安先生没有对原文直接修改，而是用铅笔在书稿的天头地脚以及左右空白处，说明修改理由，从标点符号到资料解释以及事实描述，一一提出意见。有些评论性文字，安先生用的则是商量性的语气，十分委婉地提出不妥之处。拿到修改稿，我感到十分震惊：作为一个初学者，总想写出新意，自以为重在采纳新的研究成果、表达新认识，看了安先生的意见，才知道作为断代史著作，要经得起时间检验，观点要公允，叙述要平和，语言要简练。这是我第一次通过修改书稿从安先生身上学到治学精神。后来，《秦汉史》增订稿出版，因为张家山汉简《二年律令》的面世，西汉前期政治经济部分需要增补内容较多，我就在原来框架内按照安先生的要求进行增补。

最后是《中国封建社会经济史》的撰写。在我读博期间，正逢田先生主持国家社科重点项目多卷本《中国封建社会经济史》，我负责第一卷即战国秦汉卷的战国土地制度、工商业以及战国秦汉人口部分。战国土地制度、工商业发展和我的毕业论文密不可分，对此我心里有底，对秦汉人口问题我则是第一次接触。我向田先生谈了自己的顾虑，请求是否安排给更合适的人撰写。田先生不假思索地回答我“向安先生请教”。关于这段历史时期的人口资料有限，当时学界研究成果也有限，许多数据依赖推定，如何使用很费工夫，我没见过安先生发表过人口问题的论著，我就带着如何分析有限的传世数据、如何采纳已有研究成果等问题请教安先生。安先生对文献资料了然于胸，一一指出要注意的具体问题，特别是《汉书·地理志》《后汉书·郡国志》人口数据的适用性，对简牍资料反映的家庭规模也要有区域意识，不能作为一般家庭结构和规模推而广之，只能作为区域性资料使用，对于存在争议的问题，不要陷入烦琐考证。正是安先生的这一指示，使我少走许多弯路，保证了书稿质量。

1989 年 5 月 26 号，师弟徐俊祥、师妹朱龙英硕士毕业论文答辩，安先生是答辩委员。25 号，我陪安先生到徐州，由学校设晚宴接待，臧云浦先生、王云度先生主陪，我则是双重身份，既是安先生的陪同人员，又是“徐师”的学生，既受到客人的礼遇，又承担义不容辞的服务，也因此多了亲近老师的机会。学者、老师之间谆谆如也、温温如也的儒雅场景，至今历历在目！而面对当时动乱的局面和我浮动的思想，三位先生都谆谆教导我为家庭计、为学术计，保持镇静，至今言犹在耳！

2018 年 4 月初，我去济南参加济南出版社组织的组稿会。会间，我和河南大学李振宏、东北师范大学王彦辉、华中师范大学赵国华一起去拜见安先生。我从 1991 年博士毕业任教于苏州大学以后，除了会议和其他事情，两年一次回济南向田先生和安先生汇报工作、请教问题。2001 年，田先生去世。此后我去济南就不定时了，大都是在开会时拜见安先生，总计不过四五次。因而，对这次拜访，我心里既充满期待也有些惭愧，总觉得这么长时间不看望安先生，有失学生本分。7 号下午约 4 点，我们到了安先生家，迎接我们的是安先生公子安国。当时安先生正在楼上，听见说话声，立即下楼，对我们嘘寒问暖，询问我们的工作生活，表扬我们的成绩出众，同时提醒我们合理安排时间，要劳逸结合。当时安先生声音洪亮，思路清晰，充满对晚辈的关心和期望。安先生毕竟 92 岁高龄，我们担心安先生疲劳，到五点半，我们先后和安先生合影之后，即起身告辞，并相约明年再来拜访。安先生送我们到大门口，目送我们远离之后才返回。其情其景，历历在目！没想到的是，此次竟成永诀！抚今追昔，不仅潸然。

我之为学，先天不足，后天营养不良，全然没有前辈学者的知识基础和学术训练。上大学之前，我既没有受过任何的蒙学教育，也没有系统学习现代文化知识。进入大学，我读书虽然是如饥似渴，但是饥不择食，大都是生吞活剥，一肚子夹生饭，对于学术，一头雾水。幸运的是，我得到了很多老师的教导，他们从不同侧面教我以知识，授我以方法。安先生是我的授业老师，知识、方法、做人，方方面面，言传身教，使我受益终身！如果说我还算一个学人，取得过一点成绩，那么和安先生的教导是分不开的。

按照时下说法，我还算不上是安先生的入室弟子，因为我不是安先生的研究生，在安先生门下没有我的学籍。但是，在我的心目中，安先生是我永远的老师！我相信，安先生也早已把我收入门下。

（作者系苏州大学社会学院教授）

怀念安老师

秦永洲

安老师离开我们半年多了，但我仍然难以相信这是真的，他的音容笑貌经常浮现在我眼前。安老师不是我在学生时期的老师，而是我当老师阶段的老师，而且是整整40年传道授业的老师。

我是1979年毕业留校的工农兵大学生，当时山师大历史系中国古代史教研室只有我一个青年教师。鉴于当时教师队伍的断层，系里和教研室非常重视对青年教师的培养，专门找安老师谈话，让我给他当助教，让他负责培养、指导我这个青年教师。安老师当时已是国内外知名的秦汉史专家，对助教的要求自然很高。上大学时安老师没给我上过课，对我并不了解，当时就表示：我不能什么水平的助教都接受，他必须经过我考试，合格了我才能要。当系里和教研室把这个决定告诉我时，我既喜出望外，又惶恐不安：能得到这样一位知名专家的指导，得到他的真传，当然是我莫大的荣幸，但我这水平能入他的“法眼”吗？他会接受我吗？带着忐忑不安的心情，我走进了安老师家。一开始，安老师只是了解我在大学的学习情况，都读了哪些书、写过什么文章、对哪些历史问题感兴趣等，接着根据我的回答提出了许多犀利的问题。记得我说对中国古代的农民战争、孔子与儒学感兴趣。安老师马上问：那你说秦末、王莽末年的农民战争，地主阶级都是参加起义，借助农民阶级的力量夺取政权，而东汉末年的地主阶级非但不参加起义，而且带领自己的武装镇压起义，为什么？孔子的君臣观念和董仲舒的君臣观念有何不同？我顿时有自己挖坑自己跳的感觉，一时也理不出个头绪，云里雾里回答了一番……我自己认为，安老师对我的考试，肯定不会太满意，但不管怎样，安老总算认可我这个助教了，也答应了当我的指导老师。没想到，从 1979 年到 2019 年，我们之间的师徒关系竟然维持了 40 年。

一

留校的第一年，我的任务是跟安老师上课，当好助教，同时在安老师的指导下备课写讲稿，准备上课。用安老师的话讲，首先站住讲台。

当助教的任务之一是安老师在校内外做报告时，我负责板书。安老师的每一次报告，都有专门的、系统的讲稿，或者说都是一篇结构严谨、条理清楚的学术论文。报告前，安老师先把需要板书的地方标出来，把讲稿给我，让我先熟悉一遍，实际上是让我先学习一遍，所以安老师的每次报告我都能先睹为快。记得安老师给山东大学历史系研究生做过“关于研究秦汉史的史料”的学术报告，给山师大历史系师生做过“论秦汉时期的社会性质”“秦汉史的学习与研究”的报告，都是我在黑板上为他板书。有些精辟的观点，典型的材料，至今历历在目：“如果说秦汉以后封建社会的历史是‘流’，那么，秦汉时期的历史就是‘源’”；“作为封建地主阶级的政治指导思想，不是一蹴而就的，它经过了一个不断探索的过程，这个过程从战国百家争鸣一直持续到西汉武帝时期。战国百家争鸣无疑是中国古代一次重要的思想解放运动，但它还是一次新兴地主阶级如何治理国家的探索活动。如果说，百家争鸣是从理论上对封建社会的治国方略进行探索的话，那么秦朝和汉朝已进入到实施或实践阶段的探索”。由于我有板书任务，不得不用心，而且是先目睹、后耳闻，所以，安老师的每次报告，我是印象最深刻、受益最大的。“采得百花成蜜后，为谁辛苦为谁甜?”看来安老师让我为他板书，真的是用心良苦啊!

在跟安老师听课过程中，我获益最大的是他给研究生讲的“中国古代史”专题课。安老师一生研究中国古代史的心得、对每一问题的精辟见解，以及当今史学界的研究现状，都凝聚到这门课中了。讲课时，安老师渊博的学识，高屋建瓴的条分缕析，上下贯通、左右逢源的侃侃讲述，给我留下了终生难忘的记忆。有许多让我困惑的历史问题，经安老师讲解，层层剥开，如醍醐灌顶，让我豁然开朗。比如安老师讲完“东汉的世家豪族”后强调，东汉世家豪族的形成说明地主阶级的力量已发展到一个新阶段，它决定了东汉末农民战争的形势，也决定了东汉末军阀混战的形势。秦和西汉时期，地主阶级自身的力量比较薄弱，秦末、王莽末农民起义爆发，许多地主不是镇压起义，而是参加起义，借助农民起义的力量夺取政权。而东汉末年则不同，他们非但不参加起义，反而带领自己的武装镇压起义，说明东汉世家豪族地主已经足够强大，不需要再借助农民的力量了。诸葛亮明知马谡“言过其实，不可大用”，为什么还重用他?马谡丢失街亭就该受军法，诸葛亮为什么那么犹豫?原因也是东汉世家豪族的强大。东汉末年的割据政权都是在当地世家豪族的支持下建立起来的，没有他们的支持，既不能建立，也不能持久。曹操依靠北方世家豪族的支持，孙权依靠江东世家豪族的支持，刘备依靠荆州世家豪族的支持。而马谡是荆州地区世家豪族中非常有影响的人物。诸葛亮考虑的是，杀了马谡，还要不要荆州地区世家豪族的支持?他像猫哭耗子一样表演一番，就是为了对荆州地区的世家豪族进行安抚。大家不要忘记，这是安老师1979年讲的课，在当时能听到如此精辟、深刻、通俗而饶有趣味的讲述，是不经常的。

安老师少年时期就通读了《资治通鉴》和“前四史”，因此奠定了很好的国文和历史基础，就读于齐鲁大学时潜心学业，四易寒暑竟有七个假期没回家，光“前四史”就翻烂了两套。他当年的大学同学回忆说:“课堂上老师提问，安作璋能熟练地指出该问题在‘前四史’中哪一史、哪一篇，甚至是哪一段落。”可见其学术功底之扎实。由此说来，安老师指导我这样的青年教师读书当然是轻车熟路。他针对我的具体情况仔细考虑后，决定让我首先通读《资治通鉴》。1983 年我到北师大跟白寿彝先生进修才发现，我读《资治通鉴》，是有幸“受高人指点”。白寿彝先生主张，读书不要贪多，先精读一本书，读《史记》《汉书》《资治通鉴》等都行，靠一本书起家，以后逐步拓展。当时，北师大何兹全先生要求研究生精读的书也是《资治通鉴》。我的历史功底太差，当时起步已经晚了，不可能再像安老师那样通读“前四史”了。“前四史”的主要内容，《资治通鉴》大都涉及，而对需要系统把握历史，迅速适应教学、科研需要的我来说，最合适、最速成的典籍莫过于《资治通鉴》了。从教学的角度考虑，安老师不希望我仅仅局限于秦汉史，希望我拓展到从先秦到隋唐的中国古代史前半段，显然先读《资治通鉴》要比先读《史记》《汉书》有利得多。

我按照安老师的指点，从 1979 年到 1981 年，坚持一字不漏地读完了《资治通鉴》。由此我在教学和研究中获益颇深，慢慢悟出了一条读史治史的方法，我经常给本科生和我的研究生强调这一方法：“读一本书，研究一个问题，写一篇文章。”其中“读一本书”即像安先生、白先生等说的那样精读一本书，靠一本书起家，以后逐步拓展。我对本科生是这样讲的：读一本书，《史记》《汉书》《左传》《论语》等，读什么都行。比如你选定了《史记》，一字一句地读懂，大一时读，大二、大三继续读，并写好读书笔记，毕业论文也选有关《史记》的题目。到大学四年毕业时，你可以自豪地说：“大学四年，我认认真真地读完了司马迁的《史记》，我们这代人我是第一个浸淫于《史记》的，将来，我就是研究《史记》的专家。”中国的典籍汗牛充栋、浩如烟海，皓首攻读也读不完。华东师大的吕思勉先生把“二十四史”通读了三遍，在史学界传为美谈。这才仅仅是“二十四史”，说明所谓的博览群书是相对的。这里首先涉及一个精读和浏览的关系问题。历史课的任课老师都给我们布置了许多参考书，选一本精读，其他的浏览。浏览的方法有多种，老师布置的参考书都是有代表性的，必须浏览。把书借来，记住书名和作者，挑选对你有用或者你感兴趣的地方看，不感兴趣的快速翻过去，翻到最后，这本书就算浏览了。有的书甚至不用借回来，在书架旁边看看书名、作者，看一遍目录，也算浏览了。最简单的浏览是，当别的同学借到这本书，你拿过来，看看封皮上的书名和作者，在手里掂一掂，有点手感，也算浏览了。总之，只要见过这本书，对这本书有点感性认识，将来需要时能知道有这本书就行了，回头再集中力量精读一本书。

安老师指导我教学更是高屋建瓴、以身说法。那时候，在学问高深的大学老先生中，往往分为科研型、教学型两种类型，安老师则是身兼科研、教学两种类型，而且是两种类型的典范。

说到安先生讲课，山东大学孟祥才教授曾对安先生做过这样的评价：有的人讲课，把简单的道理讲复杂了，让人越听越糊涂；有的人把深奥难懂的道理讲得通俗明白了。安先生的课属于后一种。他的课厚积薄发、深入浅出、通俗易懂，让人茅塞顿开、恍然大悟，有听君一席话、胜读十年书的感觉。孟教授对安老师讲课体悟得非常精准，我颇有同感。安老师的课有一个鲜明特点，我用一个不雅的词汇来概括，叫“小大由之”。一般历史爱好者、本科生、硕士生、博士生、著名专家学者都能同听安老师的同一堂课。水平高的专家学者听了安老师的课会大吃一惊：这老先生有学问，根底精深，多年困惑不解的问题他竟然用三言两语就给我点透了。水平低的一般历史爱好者听了安老师的课不仅听得懂，而且被史学的博大精深和魅力感染得心往神驰，觉得这是一次大饱口福的文化大餐。

安先生的课之所以讲得好，首先是对教学的热衷和投入。他把“得天下英才而教育之”视为人生的极大快乐，他鄙视那些“重科研、轻教学”的老师，经常对我和其他刚留校的教师说，一个大学老师，首先要在教学上过关，要站得住讲台，得到学生的认可和欢迎。学生们不仅欢迎安老师的课，而且对安老师讲课简直佩服得五体投地。听过安老师课的历史系七五级、七七级的同学都说，听安老师的课，一是记得住，二是轻松不累。他旁征博引、分析透彻、深入浅出，给人的印象特别深刻，让人久久不能忘怀。甚至他的缺点也是优点。安老师略微有点儿口吃，但他讲课从不口吃，只是稍微停顿一下。可他这一停顿，正好让我们把笔记记上。一个人讲话时口吃，上课却从来不口吃，这是安老师在讲课方面创造的一个生理缺陷和讲课方法巧妙结合的、让人难以置信的奇迹，却是千真万确的。生理上口吃的人说话时，实际上这个字音已经吐出来了，只是重复几遍后才吐第二个字。安老师有自己独特的、克服口吃的方法：遇到口吃时，吐出这个字音，就不再重复，而是停顿下来，一会儿再发出第二个字音，再与课堂上老师必要的停顿巧妙结合，就听不出是口吃了。至于安老师背后历经了多么漫长、艰辛的练习、磨合，只有他自己才知道。

安老师指导我上课时，正是他编撰《秦汉官制史稿》的紧张时期，却抽出大量时间来对我细心指导。当时我和他的研究生到他家里听课，下课后，他总是留下我，回答我的质疑，向我传授写讲稿、讲课应注意的具体问题。至今我记忆犹新的有以下几点：

第一，一堂课下来，一定要学生有所得、有所收获。无论你讲得如何天花乱坠，学生听得如何津津有味，课后回想起来一片空白，这也是一堂废课。

第二，对课堂上要讲的历史人物、事件、典故，一定要论述得清楚、到位、完整，然后用几句话结扣扎死，到后面再涉及这些内容时，一嘴带过，绝不再絮叨。

第三，教师第一次上课，一定要注意语言干净，坚决克服掉一些习惯性的口语。像“这个、这个……”“嗯”“昂”之类的口语一旦形成习惯，一辈子都难改掉。

第四，要注重培养学生获得知识的能力。要启发学生在学习中不要满足于得到一点现成的“金子”，而要掌握“点金术”，即掌握获得知识的方法，古代叫“授人以鱼不如授人以渔”。

这虽然是对教学的一些具体细节的见解，但直到现在对刚上课的大学老师仍有切实的指导价值。

到我正式上课前，安老师似乎比我还要紧张，讲稿他通通审阅、修改了一遍。对我的前五次课，他都要求给他试讲一遍。为了精益求精，他还专门请讲历史教学法的杨奇有老师一同听我的课，把他们共同切磋的教学经验传授给我。大家怎么也不会想到，一位海内外知名的历史学家、秦汉史研究的扛鼎人物，竟然会在自己家里听一个青年助教试讲，而且是一讲一下午，连续听了整整一个星期。这与他进行高水平的历史研究，伏案著书立说，价值相差太大啊！

二

就像前面说的要教给学生“点金术”一样，安老师指导我研究历史的第一步是让我认识类书，学习从类书中收集资料。类书是分门别类辑录资料的工具书，学会使用类书会事半功倍，大大提高历史研究的效率。即便是现在进入网络时代，仍然需要从类书中收集资料。安老师根据自己多年的经验，除了向我介绍类书的内容、种类、功用，更注重让我直接从感性认识入手。比如让我从《古今图书集成》的“皇极典”“官常典”“家范典”的“纪事”中抄录古代人的嘉言懿行。为完成这项工作，我在图书馆翻阅、抄录了一个学期的《古今图书集成》，不仅收集了资料，而且熟练掌握了该套书的体例和用途。我发现，《古今图书集成》辑录资料有点像现在网络上说的“主题法”，比如说“山川典”的“泰山部”，泰山就是一个独立的专题，以下主要有：

汇考——历代典籍对泰山的由来以及泰山的各种名称、典故的记载和考释。

艺文——历代文人撰写的赞颂泰山的诗词歌赋。

纪事——历代典籍对古往今来泰山上发生的事情以及有关泰山事件的记载。

杂录——典籍中的琐碎部分，考究欠真、议论偏驳、文藻未工，难入汇考、艺文、纪事的，等等。

外编——历代典籍中荒唐难信、譬喻臆造的记载。

这样，等于诸多的文人学士把有关泰山的所有材料都给你收集好了，你直接用来写文章就行了。抄录《古今图书集成》后，我又趁机研究了其他类书的体例和内容，顿时觉得自己研究历史的路子宽阔了许多，再也不为收集历史资料而烦恼发愁了。

为了让我熟练而正确地使用类书，安老师让我写一篇《东宫制度考述》，一个月完稿。

安老师对一篇论文是否有创新、具备发表价值，有他的独特见解：一篇论文能否在前人研究的基础上再前进一步，就看它能否有“新观点、新材料、新角度、新方法”。在这“四新”中，有一项即可。对《东宫制度考述》这篇文章，他要求：“考”的部分，要有创新观点，有现代实践意义见解；“述”的部分，材料要全，不仅典型、重要的材料不能有遗漏，还要有前人没发现的新材料。

这篇论文的跨度从三代到清朝，上下约四千年，需要到包括正史在内的数百种典籍中收集资料，短时间内根本无法完成，只能使用类书。于是，我查阅了《古今图书集成·宫闱典·东宫部》，其中，有历代考证太子由来、名称、制度的汇考，有历代记载太子事例的纪事，有历代褒贬太子的诗词歌赋，等等。材料齐了，文章很快就完成了。在我撰写过程中，安老师又告诫我，引用类书中业已亡佚的书的珍贵材料，要认真核对类书原文；类书中引用的现存典籍的材料，一定要核对现存典籍的原文，以甄别异同。这是安老师的真知灼见，也是一名严谨认真、一丝不苟的历史研究者的良好习惯。《东宫制度考述》发表后，很快被人大复印报刊资料复印，并被编入《中央组织部第三梯队建设理论研讨会论文选编》。

安老师让我抄录《古今图书集成》，便利了我一生的历史研究。直到后来的网络时代，我仍受益于这一收集资料的捷径。2011 年，山东师大齐鲁文化研究院王志民主任主编《山东文化通览》，其中有一章山东的山岳文化，也是资料分散难寻，泰山之外的山岳很少有值得参考的成果，很难在规定的时间内完成任务。为此，我翻阅了《古今图书集成·山川典》，历代典籍记载的华不注山、徂徕山、新甫山、长白山、尼山、龟山、蒙山、凫山、峄山、羽山、牛山、沂山、云门山、琅琊山、成山、之（芝）罘山、大昆嵛山、劳（崂）山、蓬莱山等所有材料都静静地躺在那里。

安老师让我抄录《古今图书集成》这一简单的举措，让我在历史研究中终身受益，在此我衷心地向安老师致以崇高的敬意和谢意！

在一生的历史研究中，哪怕我已经当上副教授、教授，安老师仍然一如既往地提携我、指导我。

安老师一生著述丰富，早在 20 世纪 50 年代就出版了他的成名之作《汉史初探》《两汉与西域关系史》，以后他笔耕不辍，史学论著如江河之水，滔滔不绝，不仅有《秦汉官制史稿》（与熊铁基合著）等著作，还主编了《中国通史·秦汉时期》、《山东通史》（600 多万字）、《齐鲁文化通史》（350 万字）、《中国运河文化史》（195 万字）、《济南通史》（300 多万字）等大型的通史著作，积累了编纂大型通史类著作的丰富经验。

在安老师主编的所有著作中，只要我有时间，适合我参与，安老师总是邀请我参加。每参编一部书，我都获益匪浅。如《济南通史》是中共济南市委宣传部主持编纂的一部省会通史，市委宣传部的领导为了保证该书的质量，独具慧眼，专门聘请安老师担任《济南通史》总主编，我担任《魏晋南北朝隋唐五代卷》的分卷主编。安老师在编写大型通史方面的真知灼见，让我记忆犹新。

按照安老师的策划，《济南通史》沿用白寿彝主编的《中国通史》、安老师主编的《山东通史》的体例，再根据济南历史的实际略加变通。全书按时间顺序共分先秦秦汉、魏晋南北朝隋唐五代、宋金元、明清、近代、现代等卷，各卷均分前言、综述、典志、列传、大事年表等。该书于2008年由齐鲁书社出版后，又继续编纂修订版。安老师提出的要求是："纵不断线、横不缺项。"纵不断线是说，济南历史的综述要有时间上的连续性，重大的历史事件不能漏掉，要体现出济南历史发展的规律和特点；横不缺项是说，典志中的政治、经济、军事、民族、刑法、交通、生态、科技、文史、宗教等内容不能缺漏，列传中的济南人物更不能有遗漏。根据安老师的意见，我主编的《魏晋南北朝隋唐五代卷》的典志部分新增加了法制、生态、民族、史学等志，增加了一些遗漏人物的列传。安老师主编的《济南通史》的创新之处有以下几点：

其一，该书是一部省会城市通史，当时仅有武汉、长沙、广州、太原有本市的通史著作，其他省会还没有，在省会通史编纂方面走在了前列。

其二，该书是继承、创新纪传体史书体例的最新之作，尤其是典志部分，不仅增加了政区、生态、交通、民族、教育、经学等新典志，还根据各卷的具体情况因卷而设典志。例如，济南历史上只有魏晋南北朝隋唐时期有士族门阀阶层，别的时期没有，所以只有该卷典志设有"士族"，别卷没有。

其三，在传统中国古代史夏、商、周之前，增加了一个"虞"代。《墨子》《左传》中每每有"虞、夏、商、周"之称，近现代的历史学者在为远古时代排序时往往忽略了，或者把舜放在了三皇五帝时代。这用来叙述中国古史是可以的，但叙述济南历史不行。"舜耕历山"以及济南章丘龙山的龙山文化是济南历史的重要阶段和辉煌时代，不把这个时代突出出来，济南历史将失去光彩。记得在《济南通史》第一次编纂会议上，安老师就特别强调了这个问题。

三

徐北文先生曾送给安老师一副对联："良史春秋笔，名师齐鲁风。"恰如其分地反映了安老师的道德文章。根据我与安老师40年交往的感触，安老师的道德和文章是融汇在一起的，道德即文章，文章即道德。

我参编过安老师主编的《史苑胜览》，其中"中国古代史家的优良传统"是我写的，有一段写道："当然，像'赵盾弑其君'那样的记载，并不符合历史事实，一个'弑'字还隐喻了维护伦理纲常的是非褒贬。然而，史官们用一腔热血换得的是自己的'真话'，我们不能要求这些'真话'没有任何偏见。上述几则故事，都高扬了一种庄严、神圣的职责，一种誓死捍卫直书原则的牺牲精神，中国史学的直书传统不是文字写出来的，而是用史官的生命、热血和正气铸造的。"我可以毫不夸张地说：安老师就具备这种秉笔直书，"不虚美，不隐恶"的浩然正气。

1959年6月，安老师的另一部专著《两汉与西域关系史》由山东人民出版社出版。备课时，我曾一字不漏地认真阅读了安老师这本书。该书旁征博引，缜密严谨，层层深入。当时我被该书深深吸引住了，也由此对安老师佩服不已。该书分上、下两篇，上篇论述了两汉统一西域的经过和西域都护等行政机构的设置，下篇论述了两汉时期中西交通和经济文化交流。书中用大量的史实论证了巴尔喀什湖以东、以南的广大地区在西汉中叶以后就是中国领土的观点。书中第四章"西域都护的建立及其所属西域地区概况"引用丰富翔实的史料指出："宣帝神爵（前61—前58）以后，都护就成为西汉王朝驻西域的最高长官……西域归属汉朝管辖，这在汉人心目中，实际上是等于内地的一个大郡，故西域都护也相当于内地的一个郡守。”当时正是中苏友好时期，这一结论在苏联史学界产生了巨大反响。因涉及中苏历史疆域问题，惹来不少麻烦。不久中苏关系恶化，安老师才免于一劫。无论是中苏友好，还是中苏关系恶化，作为一位史学家都是在秉笔直书一些不争的史实，至于“周身之防”、身家性命，也就在所不顾了。

还有一件事更是反映了安老师仗义执言、“无所阿容”的史德。

我经常要求本科生和我的研究生读毛主席的著作，这些著作有两个特点：一是有文采，二是善于用典。谈到毛主席用典，山师大历史系的老教师都记得，“文革”中毛主席的最新指示要连夜传达，而且不能有一丝一毫的错误。有一次省里的领导到中央开会，带回来记录的毛主席的最新指示，其中有“吴王在莒”的典故，省里的领导们怎么也搞不懂，便把解释这个典故的任务交给了山师大历史系。教授们和有关老师半夜被叫了起来，图书馆、资料室通通为他们开放，查阅了半夜，仍然没有结果：春秋时期的吴王没到过今山东莒县一带啊！最后，当时还是讲师的安老师一语惊醒梦中人：“是不是记录错了？把‘勿忘在莒’记成‘吴王在莒’了？”这一典故讲的是春秋时期鲍叔牙告诫齐桓公，不要忘记当初为了逃避内乱流亡莒国的艰难困苦。大家先是震惊，后来越想越有道理，便委婉地把安老师的疑问反映了上去。最后经过证实，安老师的意见是正确的。了解“文革”那个时代非正常政治气候的人都会感到后怕，当时被作为“反动学术权威”、正在挨批斗的安老师敢说出如此大胆的设想，光有对中国古史的精准把握、对自己渊博知识的自信是不行的，更需要有敢于讲真话的胆量和勇于负责的气魄！弄不好，一个“反革命”的帽子马上会扣到他头上。

安老师接受过新旧两个时代的教育，他更深刻地理解“只有共产党才能救中国”的真谛。他站在中国古代农民战争史的角度来看待共产党领导的革命，在谈到农民战争时他经常对我说："中国共产党领导的革命，实际上就是共产党领导的一场农民战争，它是中国历史上最成功、最完美的一次农民战争。如果让我讲中国革命史，我就讲共产党作为中国先进阶级的政党领导中国农民由弱到强、由小到大，逐步走向胜利的历史。"安老师"拥护党的领导"，不仅停留在口头上，更深深地扎根在他的学术认知上。

对生活了70多年的第二故乡济南，安老师更是充满了火一样的拳拳之情，他很早就有了济南必须节水保泉的危机感。安老师热爱济南，更喜欢探讨济南的历史。早在20世纪50年代，安老师就对济南的由来产生了浓厚的兴趣，并从济南郡治平陵城废弃，西迁历下的历史中得出教训——缺水是济南郡治西迁的主要原因。在济南决定修建地铁时，安老师更是忧心忡忡、坐卧不安，深恐因挖地铁而破坏泉脉，导致泉水断流。他急匆匆地打电话给我，让我把《济南通史》中济南郡治西迁的原因再详加考证，撰写成论文。我也深知责任重大，重新查阅所有文献，将魏晋时期的水旱情况逐年做了统计，还和历史系研究生孙晓玲分别到平陵城、大明湖、趵突泉等地做了海拔高度的测量，写成《从济南城市的兴废变迁看保泉节水的重大意义》。经安老师进行详细修改后，很快由济南市史志办公室编《济南史志文萃》发表。

中国古代一直强调逆境成才，孟子的"天降大任"，司马迁的"圣贤发愤"是安老师经常向学生讲的自强不息的典范。他自己则以身垂范，时刻用"左丘失明，厥有国语；孙子膑脚，《兵法》修列"来激励自己。

"身残志坚日月华，死后才知谁伟大。"今天，我们对安老师进行瞻仰才吃惊地发现，安老师在一生中用自己的智慧、才华、坚强毅力、锲而不舍的精神，向世人树立了一种道德自律、自励，困境中自强不息，使自我价值充分实现的典范。

抗战进行中的1944年秋，安老师随流亡学生辗转到皖北阜阳，进入山东第二临时中学读书。由于时局动荡，学校被迫迁徙，恶劣的生活环境造成的营养不良，使安老师罹患关节炎、疥疮、疟疾三种疾病，但他仍然读书不辍，不仅文科各门功课均名列前茅，还在疾病交加中以极大的毅力补学了因故缺修的全部理科课程。1947 年中学毕业，安老师以优异的成绩考入齐鲁大学文学院历史系，实现了他的夙愿。正当他踌躇满志的时候，长期关节炎的折磨，夺去了他双腿的健康，从此他在崎岖不平的人生道路上举步维艰。然而，中国传统文化的巨大魅力就在于此，它可以使“顽夫廉，懦夫有立志”“闻者兴起”“奋乎百世之上”。谙熟古史、以身垂范的安老师当然不会消沉。

1951 年，安老师以优异的成绩完成了齐鲁大学的学业。那年，齐鲁大学历史系仅有两名毕业生。

20 世纪 50 年代，安老师的《汉史初探》《两汉与西域关系史》两本专著出版，一举奠定了他在秦汉史学界的地位，他在秦汉史研究领域成为一颗令人瞩目的学术新星。这两部著作只是牛刀小试，后来安老师的著作、论文源源不断，以至于著作等身、车载斗量。

改革开放以来，安老师以令人瞩目的学术成就荣任中国秦汉史研究会副会长、山东省历史学会副会长等职务，当选为中共“十三大”代表，享受国务院政府特殊津贴，被评为山东省首批拔尖人才，首届山东省社会科学突出贡献奖获得者。他是秦汉史领域顶尖的几位专家之一，被国内外史学界赞誉为“秦汉史之大家”。

安老师的业余生活也丰富多彩。他热爱学生，热爱教学，直到去世的前一年还在给中国古代史、专门史的硕士生讲课。他对文学、书法不仅情有独钟，而且有独特见解。文史不分家，作为历史学家的安老师对文学创作最有发言权。他认为进行历史方面的文学创作时，大的历史背景、历史发展趋势不能错，在尊重历史事实的基础上，适当进行艺术加工是允许的。他赞同一位历史小说作家的两句话：“大事不虚，小事不拘。”“不求真有，但求会有。”安老师的书法典雅隽秀，形神兼备，被日本学者视若珍品。安老师曾对我说，书法者，有两种，一种叫书法匠，特点是书写工整规范，点横撇捺一丝不苟，没有败笔。你看清代抄录的《四库全书》，小楷写得工整漂亮，千字一律。另一种是书法家，特点是有创造性，有自己的独特风格。毛主席的字最具书法家的风范。

安老师走了，他不仅留下了值得我们皓首攻读的历史论著，还有诸多的教益、诸多的人生启示……

他虽有腿疾却没阻挡他成为生活中的强者、学术上的权威。他向世人展示了自强不息的人格魅力。

他以坚强的毅力走出了那个知识分子是“臭老九”的时代，用自己的才华和努力，树立了知识分子的荣誉和尊严。

他桃李遍天下，以循循善诱、诲人不倦的师范让受过他教诲的后辈真正体验到“永远活在我们心中”的感觉。

……

（作者系山东师范大学历史文化学院教授）

安作璋先生在山东地方史研究中的贡献

朱亚非

一

我的岳父安作璋先生于2019年2月20日晚悄然离世，永远地离开了他一生热爱的事业。对我们家人来说，悲痛的心情难以言表。每当回忆起和岳父朝夕相处的日子，浓浓的怀念之情便涌上心头。

岳父在学术研究上的成就从他大学刚毕业时就已崭露头角，他是中华人民共和国成立后最早从事秦汉史研究并取得卓越成就的著名史学家，其论著曾受到史学大师郭沫若先生的赞赏。他一生撰写、主编学术著作40余种，发表学术论文200余篇。他早年受到良好的乡间私塾教育，后又毕业于齐鲁大学文学院历史系，曾受到老一辈学者张维华等史学大家指点，从大学毕业后就一直在山东师范大学任教和治学。他治学功底扎实，尤其是在秦汉史领域，先后写出了《汉史初探》《两汉与西域关系史》《秦汉官制史稿》《刘邦评传》等代表性著作，成为后人研究秦汉史的重要参考文献。20世纪80年代初，他与林甘泉先生等学者共同发起成立中国秦汉史研究会并任学会首届副会长，对中国秦汉史研究卓有贡献并为国内外学术界所认可，被学者誉为“秦汉史之大家”“今日秦汉史学界的重镇”。

从20世纪80年代始，安先生践行司马迁“究天人之际，通古今之变”的治史思想，研究范围逐步拓展到中国通史、地方通史、文化通史、文献学等领域，建树颇丰，独步学林，堪称一代史学大家。

岳父除了对秦汉史进行研究，另一个重要的研究领域是山东地方史。我担任山东师大山东地方史研究所所长多年，由于工作关系，我对岳父在山东地方史研究领域的贡献体会更为深刻。岳父在20世纪50年代进入山师大任教不久，就开始了对山东地方史方面的研究，给学生们开设了山东地方史的课程，并与其他教师合作编写了《山东通史》（油印本）教材，但由于种种原因，未能出版发行。改革开放以后他就开始酝酿编写一部有分量的《山东通史》，曾在不同场合的会议上提出编写多卷本《山东通史》的设想与建议。20世纪80年代末，在中共山东省委、山东省政府领导的支持下，《山东通史》终于正式被列为山东社会科学重点规划项目。当时的中共山东省委书记姜春云同志还特批一笔出版经费予以支持。在组织撰写《山东通史》时，首先遇到的问题就是山东的历史悠久，重大历史事件众多，历史名人更是灿若星河，如何正确地反映山东的历史全貌？采用什么样的体裁才能将十分厚重的山东历史全貌展示出来？岳父经过夜以继日地反复思考，耗费了大量的精力查阅了众多相关资料，分析前人的研究成果，去其糟粕，取其精华，博采众家之长，拟定多卷本的《山东通史》。每卷由通纪、典志、列传、图表四个部分组成，各个部分互相联系，互为补充，形成一个有机的整体，既完整概括了山东历史的全貌，又创立了一种新型的地方史撰写体例。在撰写的过程中，岳父邀请了山东大学、山东师范大学、山东社科院十余位专家参加编写，经过八个寒暑的努力，终于完成了这部8卷10册400万字的《山东通史》，并于1993年开始由山东人民出版社出版发行，1995年初全套书出齐。这也是中华人民共和国成立后国内最早出版的省级通史之一，出版后受到学术界的一致好评，《光明日报》等报刊曾加以介绍。《山东通史》对山东地方史研究起到了重要作用。由于《山东通史》下限只写到中华人民共和国成立前，随着时代的发展和要求，岳父在21世纪初又邀请几位专家教授增补了当代卷（上下卷），将《山东通史》下限延续到2007年，还将前8卷进行了修订，全书共9卷12册600余万字，由人民出版社于2009年出版。当时岳父已经是80多岁的高龄了，不但要组织编写、审阅通稿、核对史料，还要为出版的事情操心，到了废寝忘食的地步，我们作为晚辈，看在眼里，不能不由衷敬佩。

《山东通史》（9卷本）全面反映了上起原始社会、下至21世纪初山东历史全貌，成为迄今为止后人了解和研究山东历史最全面的一部著作，对历史教学、对山东地方史研究均起到了推动作用。不久后，岳父又受中共济南市委宣传部的委托，用《山东通史》同样的体例，主编了《济南通史》，这次由来自山东大学、山东师范大学、济南社科院、济南大学等机构的多位专家共同撰稿，完成了300余万字的《济南通史》（6卷本），并于2008年由齐鲁书社出版发行，这也是国内较早出版的一部多卷本的省会城市通史。2015年，岳父还与王志民教授共同主编了多卷本的《齐鲁文化通史》（8卷本）。岳父亲自策划并担任学术顾问，推出了由韩寓群主编的《山东地方史文库》，共36卷1800万字。这些研究山东地方史的科研成果的相继出版，极大地丰富了山东地方史的研究成果，扩大了山东地方史研究在国内外的影响，并且创立了编纂地方史的新体例，为山东地方史研究打下了深厚的基础，彰显出地方史在中国传统文化中的历史地位和现实意义，从而也奠定了岳父在山东地方史研究中的领军地位。

二

开展地方史研究，必须要建立从事地方史研究的机构。岳父多年来一直非常重视学校地方史研究机构建设。20世纪70年代末80年代初，他和当时的学校领导共同发起并筹建了山东师大古籍整理研究所并担任所长。在任期间，汇集了一批从事古籍整理的师资，创建了古籍研究所资料室，购置了大批古籍丛书，并在省古籍整理委员会和省教育厅的大力支持下，积极开展了山东地方历史文献的点校整理工作。经过数年的努力，整理出版了大型地方文献“山左名贤遗书”、《郝懿行集》、《郑玄集》等，培养了一批从事古籍整理的人才，为山东地方历史文献的保存完善和整理出版做出了卓有成效的贡献。

20 世纪 90 年代，全国各地地方史研究机构如雨后春笋应运而生，而此时山东各高校和科研部门专事研究山东地方史的学术机构为数极少，制约了山东地方史研究的深入发展。山东是孔孟之乡，历史悠久，地方史研究怎么能落到其他省市后面？我岳父针对这个问题多次找学校领导提出成立山东地方史研究所的建议。在学校领导的支持下，他不顾年老体弱，和李宏生教授等人多次到省教育厅找厅领导及相关部门的领导，商谈在山东师大建立地方史研究所的必要性和重要性，终于得到了省教育厅的批准。1996 年，在山东师大成立了山东地方史研究所，并被山东省编制办批准为正处级单位，这是我省高校和研究机构中唯一的一个山东地方史研究所。2000 年，我校专门史硕士点获得审批通过，在专门史硕士点中设立了地方史研究方向，开始招收地方史方向的研究生，这也是当时我省唯一的一个招收地方史研究生的硕士学位点，目前已招收 19 届地方史研究方向的研究生，已有 50 余位毕业生走上工作岗位，其中 15 人进一步攻读博士学位。山东地方史研究所成立后，2005 年又被山东省社科规划领导小组批准成为省社科重点研究基地，其成员先后承担了近 20 项国家和省社科规划项目，完成了省政府重点资助项目《山东地方史文库》的编写，其研究成果多次获得奖励，还积极参与地方人文资源的保护、开发、利用和文化建设，培养了一大批从事山东地方史研究的地方文化工作者，并为其他地方高校地方史研究机构的工作提供了有力的支持。从山东师大山东地方史研究所的发展历程中，可以看出岳父当年所做的努力是非常及时的，也是很有必要的。他在地方史研究所上面所花费的精力和心血，我是深有感触的。

2000 年，教育部在全国重点高校推广并筹建人文社科重点研究基地，山东省属部分高校也进行了申报。当时学校党委根据我省历史悠久和我校山东地方史和地域文化研究成果突出等特点，申报了齐鲁文化研究院作为教育部省属高校重点社科研究基地，并由文学院牵头，历史文化学院、山东地方史研究所等单位联合申报，文学院的魏建教授做了大量的前期工作。岳父积极参与了基地的申报工作，并为此付出了大量的心血。当年申报基地，全国高校竞争激烈，我们感到成功的概率不是很大，申报工作曾一度搁浅，岳父为此事很着急，曾两次亲自到北京找有关领导及专家沟通此事。尤其需要提出的是，岳父不顾年事已高，体弱多病，长途坐车，不顾鞍马劳顿来到北京，找到他熟悉的曾在省里担任领导职务，后又调往北京担任中组部部长的老领导张全景同志，向其阐述申报齐鲁文化研究院重点研究基地建设的重要性。岳父说，齐鲁文化研究院如能被批准成为教育部人文社科重点研究基地，无论是对学校学术地位的提升，还是对山东地方历史文化建设都会起到重要作用。张全景部长虽身居高位，但是十分关心家乡的文化建设，对岳父如此关心学校建设，并为此专程来到北京深受感动。他很快打电话找到自己熟悉的当时教育部负责人，向他们介绍山东师大在齐鲁文化研究方面的特长，希望他们尽可能支持山东的教育文化建设工作。由于各方面的共同努力，山东师大齐鲁文化研究院终于获教育部批准，成为当时为数极少的教育部省属高校人文社科重点研究基地。

齐鲁文化研究院成立后的第二年，岳父听到香港著名企业家邵逸夫先生要给内地高校捐资兴建教学与科研楼的消息后，又一次来到北京，再次请求张全景部长给予帮助。这次的捐资只限于 211、985 高校，争取工作的难度非常大，在这种情况下，经过张部长的努力，最终还是由教育部批准，争取到了邵逸夫先生捐赠的齐鲁文化研究院——邵逸夫楼建设的专项资金。在省里配套资金的支持下，2013 年，齐鲁文化研究院逸夫楼建成了，齐鲁文化研究院的教师们有了自己相对独立、完善、宽松的科研办公空间。可是岳父毕竟年事已高，经过几次鞍马劳顿，住进了医院。他出院后，正赶上齐鲁文化研究院领导班子筹建，岳父几次向省有关领导和学校领导推荐年富力强、专业知识丰富并有高校领导工作经验的王志民教授（时任淄博学院副院长）来担任研究院主任。岳父作为齐鲁文化研究院首届学术委员会主任，与当时主任王志民教授，副主任魏建教授、朱亚非教授等在齐鲁文化研究院的早期规划建设、学术研究及推动地方文化建设等方面做了卓有成效的工作。岳父与王志民教授主编的《齐鲁文化通史》（8 卷本）也是国内首部研究齐鲁文化发展史的著作，并荣获山东省社科优秀成果一等奖。齐鲁文化研究院成立后，在山东省内起到了区域文化和地方史研究的龙头作用，作为齐鲁文化研究院主要创始人之一的岳父是功不可没的。

三

岳父安作璋教授在做地方史研究的同时，还尤为重视将地方史的研究与地方志的撰写以及地域文化建设相结合。自 20 世纪 80 年代起他就被聘为省史志办史志编委会委员和学术顾问、省地方志学会副会长，多次参与省、市、县志编纂、修订和评审工作。他用自己所掌握的丰富历史知识给史志工作者授课，提高他们的志书编写水平。岳父强调编写志书一定要突出山东的特色，他和其他专家向省史志办提议编写《泰山志》《黄河志》《孔子故里志》，突出山东的“一山、一水、一圣人”，省史志办高兴地采纳了他的建议，先后出版了这几部志书。他又倡导并积极协助省史志办编写“齐鲁诸子名家志”，岳父的建议不仅推动了这些带有山东地方史特色志书的出版，而且对传承山东优秀的历史文化起了重要的作用。自20世纪80年代以后，山东各地市县以文化搭台、经济唱戏的方式，挖掘当地历史文化资源，对当地的重要历史人物、重大历史事件的遗址进行保护和开发，大力开展文化建设。作为一名历史学家，岳父当仁不让，积极支持这样的工作，用自己掌握的历史知识为地方历史文化资源建设做出了十分突出的贡献。20世纪90年代初，他依据《史记》等历史文献记载和实地考察，考证出秦代著名方士、早期的航海家和中日朝交往的历史人物徐福故里应在今龙口一带，并与山东省人大常委会原副主任苗枫林、山东省政协原副主席丁方明等老领导积极支持中共龙口市委、龙口市政府开展徐福研究。在岳父等人的倡议下，全国性的学术交流团体——中国国际徐福文化交流协会成立了，并在北京人民大会堂召开了成立大会。国务院原副总理、全国政协原副主席谷牧，原中顾委委员、海军原政委、开国少将李耀文等山东籍的老领导出席了成立大会。岳父还协助龙口市政府举行了三次国际徐福学术研讨会，邀请了田余庆、田昌五、高敏、朱绍侯等国内知名学者和日本、韩国的学者参加了研讨会，确定了徐福故里龙口说。他作为团长率领中国国际徐福文化交流协会代表团于1997年10月访问了日本新宫、佐贺及韩国西归浦等地，与日本、韩国各界人士广泛交流并建立了密切的联系，不仅有力推动了徐福研究在中日韩之间的广泛交流，推进了徐福故里龙口市的经济文化建设，为龙口市招商引资吸收海外资金创造了条件，而且对促进中、日、韩人民友好交往，构建“和谐东亚”也具有十分重要的现实意义。

20世纪90年代中期，岳父依据菏泽市鄄城与郓城乡间先后发现的《孙氏族谱》、孙膑影像图、碑刻等文献资料，积极支持菏泽市社科联进行孙膑故里的考证。他查阅了大量的历史资料，根据《史记》中记载“膑生于阿鄄之间”，认真分析了民间发现的有关孙膑的资料，组织召开了有著名历史学家何兹全先生等参加的孙膑学术研讨会，考证得出孙膑故里应在今鄄城孙老家一带的结论，并在当地政府支持下开展了对孙膑相关历史文化遗址的修复和建设。通过大力宣传，促成了海外资金的投入，在鄄城兴建了规模宏大的孙膑文化旅游城，为地方带来一定的经济效益。

21 世纪初，岳父积极支持和协助中共无棣县委、无棣县政府对当地碣石山的考证与复名活动。历史上魏武帝曹操曾写下《观沧海》等著名诗篇，毛泽东同志也曾在诗中提到“魏武挥鞭，东临碣石有遗篇”，碣石山由此而知名。碣石山究竟所在何处？多年来一直有争议。无棣境内的马谷山在历史文献上被称为碣石山。东汉建安十二年（207），曹操东征归来，曾“东临碣石，以观沧海”，并作《步出夏门行·观沧海》。唐代刘文伟，永徽年间曾在无棣县任职，他经实地考察认为马谷山在九河入海处，断为碣石无疑。据《山东通志》记载：“在山东无棣县城北六十华里，一名大山，山西南半麓有洞，广二丈余，深不可测。相传有龙马从此出，故以为名（马谷山）。《肇域志》记载以为古碣石山。”岳父结合这些资料，又与当地文史工作者进行认真的实地考察，考证出马谷山应为当年曹操征乌桓所经过的碣石山，并对碣石山进行了复名。目前碣石山已成为无棣县历史文化旅游的重要景点。碣石山的考证和复名为当地文化建设做出了贡献。

自 20 世纪 80 年代以来，岳父还积极参加山东各地人文资源开发和名人故里建设活动，对推动山东各地历史文化建设和历史资源的开发付出了自己的毕生精力。如运河文化建设、大舜文化研究、泉城新八景命名、商都文化研究以及对董永、庄子、郑玄、扁鹊、孙武、左丘明等名人故里的论证与研究，他均利用自己所掌握的历史知识，或撰写学术论文，或翻阅历史资料，或指导登门求教的各市县文史研究工作者，或给地方政府和相关的文化、史志部门出谋划策，每天都把事情安排得满满的。我们看到 90 岁高龄的他还这么勤奋地工作，都心疼地劝他少干些，但他说：“做历史研究、看书就是我的生命，叫我不干，就等于要了我的命。”他将自己的一生用六个字来概括——“读书、教书、写书”，真是恰如其分。

岳父在晚年尤其关心、提携年轻的学者，这也是大家有目共睹的。凡是各地市县登门求教的从事地方史研究的学者，岳父总是来者不拒，耐心地解答他们提出的各种问题，当时解答不了的，就反复查阅历史资料和相关书籍，然后打电话或写信告诉他们；有时省里的领导也向岳父咨询一些历史上有关山东的问题，他也是耐心细致地予以回答，直到领导们满意为止，为领导们施政提供了重要的历史借鉴；年轻教师到家里来，他总是热情相迎，没有一点老学者的架子。他关心年轻人的家庭生活，嘘寒问暖，在学术上积极支持他们从事科研创作，为他们出版的书作序或写书评等。据不完全统计，近些年来，岳父先后为从事地方史研究的工作者和爱好者、年轻教师出版的书和论文题写书评、作序有 70 篇左右；参加地方史相关会议上百次。可以说，他为山东地方史研究、地方文化资源开发、地方文化建设及发扬光大呕心沥血，死而后已。

岳父虽然离开了我们，但他为山东地方史研究和地方历史文化资源保护、开发所做的贡献将永远铭记在后人心中。

（作者系山东师范大学历史文化学院教授，山东地方史研究所所长）

跟随安作璋先生编书的几点感受

王　林

20 世纪 80 年代，我在河南大学历史系读书时，就听说过安作璋先生。当时他与熊铁基合著的《秦汉官制史稿》刚出版，在学界引起很大反响，历史学界几乎无人不知安作璋。当年在河南大学历史系担任系主任的朱绍侯先生和李振宏老师都和安先生交往密切，我最早可能是从他们那里听到了安先生的名字。后来因为专业的关系，我对安先生的著作读得不多，但他的大名则深深记在我的脑海里。

1997 年，我辗转一番调入山东师范大学历史系，当时就住在校内博士院平房。清晨我在校园散步时，经常看见一位身材不高、手握拐杖的老人，也在校广场东边的花园散步，后来才知这位老人就是大名鼎鼎的安作璋先生。2000 年以后，我搬到山师教工二宿舍，跟安先生同住一个院，更是经常见到他。每次见面都聊上几句，我祝他身体健康，他问问我孩子和爱人情况。安先生晚年每天围着 10 号楼散步的情形如今仍历历在目，只是今天风景依旧，却再也见不到安先生了，怎不令人感慨！

我来山师后，承蒙安先生厚爱，参与了他主编的多部著作。我记得参与编写的第一本书是《中华民族英雄》。这本书虽是一本通俗读物，先生却要求很严，稿子反复修改几次才算合格。此后又参加先生主编的《山东通史》（近代卷）、《山东地方史文库》和《中国传统文化的现代价值辨析》等大项目。在参与这些项目的过程中，我对先生的学问和治学精神有了更深的了解。其印象较深的有以下几点。一、先生主编的书，都与国家和山东省发展战略有密切的关系，体现了先生一生治史的风格：通经致用，以史为鉴。先生对编什么样的书、如何编都有深思熟虑的统筹谋划，对每部书的全局都有宏观的把握，包括主旨、内容、体例、编写要求等，有时还制定专门的编写细则，这样就使参编者知道该如何写、写什么。所以安先生主编的书都能保质保量按时完成，出版后也受到学界一致好评。二、先生以身作则，事必躬亲，是名副其实的主编。先生在编书前，对每部书写什么、如何写都很清楚。每次召开编写讨论会，先生都精心准备，将发言内容先用稿纸认真写下来，再在会上宣读，有时能讲一个多小时。可见，先生是真正承担起了主编的责任，与那些挂名主编完全不同。三、对书稿质量严格要求，精益求精。先生对自己主编的书籍，不仅从整体上把握体例和内容，对书稿的要求也很高，反复修改是常事。我印象中最深的一件事是，当时我在书稿中用了一个“庚”字，先生说应该用“赓”，后来一查发现，果然应用“赓”字。这个小细节说明，先生对书稿是认真阅读过的，这对当时已是80多岁的老人来说，很不容易。从中也可以看出先生几十年治学的风格：严谨认真，一丝不苟。

由于专业的关系，我没有能力对安先生的学问进行评价，但从参与他主编的几部书中，也能感受到先生的治学风格和精神，真令人有仰之弥高、钻之弥坚之叹。安先生是我接触比较多的史学大家，从他身上能感受到大家的风范和精神，比如几十年如一日献身学术事业，治学严谨，一丝不苟，关注现实，关心晚辈学者的成长，平易近人，等等，这些都值得我们学习和弘扬。安先生去世后不久，历史文化学院曾组织本院教师写几句缅怀的话。现在我把当时写的话再抄一遍，以表达我对安先生的钦佩与怀念之情：“安作璋先生是当代中国著名史学家，他留下的精神财富永远值得后人继承和弘扬。先生成名虽早，但在学术道路上永不停歇，直到晚年仍笔耕不辍、勤于著述，此种生命不息、奋斗不止的奉献精神永远值得我们学习。先生治史坚持论从史出，文不虚发，所留下的皇皇大作均有永久价值，此种严谨认真、一丝不苟的治学态度永远值得我们学习。先生一生治学紧扣时代脉搏，关注现实，晚年更致力于山东地方史、齐鲁文化史和传统文化研究，此种经世致用的治学取向永远值得我们学习。先生虽去，业绩长存！精神不灭！”

（作者系山东师范大学历史文化学院教授）

史学大师的图书馆情缘

——深切缅怀安作璋先生

杜保国　吴继伟　朱玉强

安作璋先生于2019年2月20日晚因突发心脏病去世，国内秦汉史研究扛鼎人物、一代学术巨匠就此陨落，学校内外、史学界、教育界无不为之扼腕叹息。作为与安先生有较多联系并沐浴其关怀的我校图书馆人，更是感到惋惜和千般不舍。

安先生与我校图书馆有着很深的渊源和情缘。治学严谨朴实的他几乎每天都跟文献打交道，自然也是图书馆的常客。山东师范学院时期，文化东路校区启用伊始，那时的图书馆位于文化楼上。图书馆从原齐鲁大学继承了部分图书，那时候安先生就经常到图书馆借书和阅览。1986年开始，千佛山校区新图书馆启用，安先生更是经常到图书馆查阅资料，借阅文献。退休之后，依然笔耕不辍，退而不休，虽然行走不太方便，但图书馆中仍然能经常见到他的身影。安先生最后一次在图书馆借书是2018年12月10日，书名是《啸亭杂录》。

安先生严谨的治学态度，从他在图书馆留下的点滴痕迹中可见一斑。1985年，安先生接受中华书局邀约为《文史知识》撰写“班固与汉书”相关文章。考虑到文章受众主要为文史爱好者，安先生想在文章中加入“《汉书》下酒”的典故以提升文章的可读性和趣味性。因记不清该典故的具体出处，为了这“一点点”疑惑，安先生执意来到图书馆查了清代褚人获的《坚瓠集》。“核对史料是学术研究基本功，还是体现学风是否严谨的大问题”，安先生是这样想的，也是这样做的，对于待引用史料，如果存在不清楚的地方，他宁可不用。后来安先生年纪大了，亲自到图书馆不甚方便。若有他急切想查的资料，图书馆便安排职工送到他家中。安先生总是非常感激，展现出平易近人的学者风范，丝毫没有“大家”的架子。

安先生在广泛阅读中汲取了营养与智慧，他认为，读书不仅在他的道德品质修养方面有很好的启迪作用，而且在治学方面也为其研究史学奠定了深厚的基础。作为著作等身的“大家”，他乐于把自己用心血凝聚的著作等研究成果捐赠出去，让更多人受益。但凡有新作问世，或者遇见他觉得学校师生值得一读的好书，安先生总要捐献给图书馆或向图书馆推荐。安先生最后一次给图书馆捐书是在他去世前的三个月，捐赠的两本图书分别为《大家手笔》和《学术高端访谈与研究》。据不完全统计，安先生向图书馆捐赠的图书有60余种，总计近200册。

说到安先生与图书馆的情缘，还让我们追忆到先生于20世纪80年代末担任图书馆名誉馆长的几年经历。1988年4月，学校根据工作需要聘任安先生担任图书馆名誉馆长。虽然任职时间不长，但安先生不图虚名，而是积极履职，尽其所能地为图书馆领导出谋划策，经常过问图书馆的工作，并提一些指导性的建议。其中，他对古籍文献资源建设及保护利用所提出的一些建议，让图书馆至今受益。

后来安先生虽不再担任名誉馆长，但他对图书馆工作的关心和支持始终没变。特别是近年来，虽年事已高，且身体行动不便，但安先生以积极认真的实际行动对图书馆的工作给予了热情的关怀和支持。2016年4月，图书馆为准备学校“读书节”活动到安先生家采访，请他谈谈关于读书的心得与感悟，安先生热情予以回答，还对我校图书馆每年组织“读书节”等活动给予了充分肯定和赞赏，表示这样的读书活动对激发学生的读书热情，培养学生独立思考、善于思考的能力发挥了积极的作用。2017

年，图书馆筹备师大文库建设，想录制一期对安先生的访谈节目，以便在师大文库循环放映，他很痛快地就答应了，畅谈了其“实事求是，秉笔直书”的治学理念，并分享了他的读书经验等。师大文库启用前，尚缺一块起“画龙点睛”作用的题字牌匾，图书馆领导经过慎重考虑，认为完成此题字“任务”非安先生莫属。时年已 91 岁高龄的他欣然受邀题字，不仅精心书写每一个字，还因印刷、刻版等技术需要而书写了多次，可谓不厌其烦、有求必应。安先生还将自己珍藏多年的齐鲁大学毕业证书以及毕业论文手稿、导师评语手稿无偿捐赠给师大文库。在文库揭牌当日，他不顾年事已高、身体走路不便，出席揭牌仪式，并参加座谈会，为师大文库后续建设建言献策。他认为师大文库把学校教师的著作成果比较全面地展示出来，体现了山东师大人的学术研究成就。同时，他希望师大文库能在弘扬齐鲁文化方面发挥重要作用。2017 年 10 月，图书馆利用馆藏资源优势，筹备以“历次党代会”为主题的图文及馆藏资料展。了解到安先生是党的十三大代表，图书馆询问可否借其当时的代表证以及他与党中央领导人、山东代表团等人合影的珍贵资料供展览使用，安先生及时查找并予以提供。

先生已去，留给我校图书馆人无尽的哀思与怀念。安先生在我校图书馆发展过程中的倾情付出，是我校图书馆的宝贵精神财富。安先生在 90 岁高龄接受采访时说：“我的一生非常简单，可用六个字来概括，那就是‘读书、教书、写书’。”安先生的精神和行为，将感召我校图书馆人不忘使命担当，为学校发展做出应有的贡献；同时激励我们要以“为读者发现好书，为好书寻找读者”作为做好师生服务工作的动力源泉，通过扎实细致的工作，实现“服务一流”的建设目标，进而推动我校图书馆事业在新时代实现高质量发展。

（原载《山东师大报》2019 年 4 月 17 日，作者分别系山东师范大学图书馆馆长和工作人员）

记安先生生前最后一次接受的采访

张同胜　韩　蕾

著名历史学家，党的十三大代表，中国秦汉史研究会原副会长，山东师范大学历史文化学院教授、博士生导师安作璋先生于2019年2月20日晚因突发心脏病去世。国内秦汉史研究扛鼎人物、一代学术巨匠就此陨落，我国史学界、教育界无不为之扼腕叹息。而就在20多天前，安先生还谈笑风生地接受了我校师生的采访。安先生的驾鹤西去，使得这次采访成了安先生生前接受的最后一次采访。

安作璋先生，1927年生于山东省曹县，中共党员，1951年毕业于齐鲁大学文学院历史系，后任山东师范大学和山东大学教授、博士生导师。历任山东师范大学古籍整理研究所所长、中国秦汉史研究会副会长、山东历史学会副会长和山东地方志学会副会长等职务。安先生是中华人民共和国成立后我国最早从事秦汉史研究并取得卓越成就的著名史学家，他在中国古代史、历史文献学、山东地方史的研究方面，均有很高的造诣。其论著曾受到史学大师郭沫若先生的赞赏，被日本学者誉为“秦汉史之大家”。

2019年1月26日上午，我校思政部主任张同胜、辅导员韩蕾带领青年马克思主义协会学生到山东师范大学拜访安作璋先生，安作璋先生和他的儿子安国教授热情地接待了他们。张同胜向安先生致以春节的问候和祝福，并热切询问了他的身体状况、生活起居等情况。短暂的寒暄之后，安作璋先生滔滔不绝地谈起自己所热爱的历史研究和教学工作。安老认为，历史大有用处，历史人物的言行业绩、道德情操以及历史上的成败得失等经验教训，对于个人的成长、学校的发展乃至国家的兴旺都有重要的影响。安老还说，立功，会受到多种条件的限制，一般人很难做到；但是立德、立言，经过艰苦努力是可以做到的，至少可以作为终生奋斗和追求的目标。因此，安老把立德、立功、立言的“三不朽”精神概括为“道德学问”四字，并终身为之奋斗。

采访时，安老虽已 90 多岁高龄，但思路清晰，逻辑缜密，声音洪亮。安老为人敦厚谦和，平易近人，在与我们的谈话中，时不时用一些浅显易懂的例子给我们阐释深奥的学术理论。安老在交流中，还谈起我校之前在山东师范大学北院校外办学时候的情况，安老口中两所学校兄弟般的情谊也引起了我校教师的诸多回忆。临别前，安作璋先生向我校赠送了《安作璋先生史学研究——六十周年纪念文集》等书籍。虽然行动不便，但在访谈结束后，安老还是将我们亲自送到门口并与我们挥手告别。安老温和的言语、谦厚的品格，让我们在场的每一个人都肃然起敬。

同学们一致表示要向老前辈、老专家学习，学习安老那种博学慎思、孜孜以求的治学精神，明辨笃行、敬业奉献的济世精神，老骥伏枥、志在千里的奋斗精神，学好专业，全面发展，立志成才，不负梦想，不负时代，让青春因奋斗而精彩，让生命因奋斗而幸福！

访谈结束后，我校青年马克思主义协会成员周焕林、王淑敏等同学撰写了《走进学术名家——史学大师安作璋先生访谈录》。这篇访谈录参加了由全国高校思想政治理论课实践教学联盟主办，《思想教育研究》编辑部、北京科技大学马克思主义学院等单位承办的全国高校思想政治理论课实践教学联盟 2019 年寒假实践教学活动成果征集活动，并荣获“口述史部分”三等奖。这一获奖作品，展示了安作璋教授严谨的治学精神以及对求学做人之路的深刻见解，激励新时代大学生逐梦前行、奋勇登攀！

最后一次采访，采不完先生作为史学巨擘的学术贡献；最后一次采访，访不尽先生作为师长园丁的博爱情怀；最后一次采访，留给我校师生无尽的哀思与怀念。我们这个时代需要大师，更需要像安作璋先生这样的大师。安老虽已逝，但安老严谨治学、诲人不倦、甘为人梯的大师风范永远值得我们铭记、学习。

值山东师范大学图书馆为安先生设立纪念文库之际，特以此文纪念安作璋先生。

（作者系山东电子职业技术学院教师）

名师随风 良史永驻

——一名普通学生对安作璋先生的印象

韩 磊

阶梯教室里坐满学生，讲台上有一张桌子，桌子后是一把椅子，椅子上坐着一位银发老人，国字形的脸庞上时常带着笑意，谈笑间秦汉风云随手轻轻拂过。

这是我对于安作璋先生最早的记忆，也是一直留在脑海中的一幕。我是安作璋老师的一名学生，虽然他肯定早就不记得我了，但在我的心目中，他永远是我的老师。

应该是27年前的事了，作为一名山师大历史系大二的学生，系里给我们开设了一门叫作“秦汉史”的课，给我们授课的就是大名鼎鼎的安作璋先生。彼时的安先生已经66岁了，同学们都尊称他为“安老”，并且一直没有变。作为国内秦汉史研究的权威、史学泰斗，安老实在挤不出多少时间给我们上太多课，但他的旁征博引、大家风范总能让课上学生满座，其中有平时经常逃课的学生，也有高年级的学长和慕名而来的外校学生。

安老个子不高，讲课时经常可以见到他坐在椅子上摇晃起双腿，先生的不拘小节可见一斑。但是，没有一名同学觉得他好笑，连调皮捣蛋的我也在心中暗想，这是一位奇人：28岁出版第一部史学著作《汉史初探》；1980年，他因研究成果突出从讲师直接晋升为教授；主编600万字的

《山东通史》……慢慢了解了一些安老的“奇”，更是对他好奇。作为中国秦汉史研究领域的扛鼎人物，《秦汉官制史稿》《刘邦评传》《齐鲁文化通史》等著述等身，安老年龄越来越大，但思想从不止步，驰骋于历史千年，发散至浩瀚万里。

可惜的是，这么多年过去了，安老给我们讲的内容几乎都被时间带走了，特别是对于没有从事与历史相关工作的同学如我。学问要精，人生要勤，恐怕是我能记得的安老对我影响最大的教诲了。安老从不板着脸让人敬而远之，而总是用平和的语气与你谈学问、聊人生，全系师生对他的尊敬和亲近也缘于他的平易近人、和蔼可亲。安老认为，治史的目的自然是为现实服务，历史的价值却在于赋予时人一些清醒的智慧。

安老住在学校对面的教工宿舍，虽然只是隔着一条并不宽阔的文化东路，但大家都很担心他过马路时的安全。记得曾经和同学谈起，觉得很有必要架设一座过街天桥，这样可以更安全一些。每每看到老先生小步微挪走进校园、走进教室，很多同学都会主动上前，或轻轻搀扶起他的手臂，或拉住他久历时光的手，陪他一路慢慢地走。

“我的一生非常简单，可用六个字来概括，那就是‘读书、教书、写书’。”在90岁接受采访时，安老这样说。如今，安老走了，留下浩繁的著作，留下“良史春秋笔，名师齐鲁风”的美名，留下数不胜数的弟子、传人对他的敬仰。

名师随风，良史永驻。安老千古！

（原载《济南日报》2019年2月24日）

发挥各自优势 携手精诚合作

——《秦汉官制史稿》写作出版的前前后后

郭 涛

史学界曾有“四把钥匙”之说，即年代、地理、职官、目录。其中，“职官”一项尤为复杂，牵连甚广。就古代“职官”的整理而言，清人黄本骥曾编有《历代职官表》一书。随着近代学术研究的发展，历史研究各领域也逐步走向断代、精细化的轨道。秦汉王朝和秦汉官制在整个中国古代史上具有重要的意义，现代学术意义上的断代官制史《秦汉官制史稿》应运而生。

《秦汉官制史稿》由山东师范大学安作璋和华中师范大学熊铁基两位先生联袂完成于20世纪80年代初。著作分上、下两册，共70余万字，截至目前仍然是秦汉政治史、制度史研究的必备参考书。著作的质量和创作中的合作精神也都一直为学界所称道，被誉为史学合作中的典范。从两位先生合作时的往来信件可以了解，合作的前期准备工作较为复杂、曲折，明确目标之后开始写作的整个进程很顺畅。

一、朴实正派与积极坦率的交流

安作璋与熊铁基的合作缘起于1980年在山东烟台召开的十院校中国古代史教材编写会议。安、熊两人虽初次见面，但一见如故，合作意向一拍即合。之后各自为此事奔走，寻找更多合适的人选以组成扎实的写作班底。会后返回武汉的熊铁基在给安作璋的信中，亦即目前所见最早的信件（11 月 17 日）中首次提到合作时两人的角色定位。由于各种原因，其他人难以邀请，遂决定由二人合作。在 12 月 26 日的信件中，熊先生又坦陈了自己的优势和问题：我想不如我们两人来搞，也许还省一些，当然主要是你。我们不必客气了（我的情况可以如实告诉你，用现在“扬长避短”的说法，我唯一的长处是能够对一些问题提出一点看法，做事比较快，而且时间也有保证，既没有太多杂务，也不打算另搞一套什么，如果跟着你学，在科研方面基本上可以说全力以赴）。最大的短处是没有什么基础，只能边干边学，所以只能以你为主，在你的指导和帮助下完成任务。（这是确实的话，不是客气。）

熊铁基还提到“如果你同意这个想法，而且觉得我可以作为一个助手的话”，自己会“协助你做这件事”等。为了表示信任，熊铁基坦率地附上宁可先生对“合作”一事给他的回信：“安作璋同志是强人，他学风朴实，为人正派，你们合作一定能有好的结果。”（宁可写于 12 月 22 日）在回信中安先生也表露心迹，称熊铁基“古道热肠，肝胆照人，我已有所领会。今又来信，更加证实我的原来印象”（1981 年 1 月 4 日）。一个朴实正派，一个积极坦率，两人互相信任、彼此交心，在学界都有较好的口碑，为合作意向的达成和日后合作的顺利推进奠定了基础。“作为一个助手”，并非仅仅是熊铁基的自谦之辞，事实上是他当时在专业上“先天不足，后天失调”的清晰的自我认识，希望“边学边干”以补足短板。其时安先生在秦汉史领域已耕耘有年，基础牢固，理应做掌舵人。这种分工是学术积累程度上自然而合理的安排。

二、提纲撰写中的往复

决定合作之后，他们讨论的重心转向书稿编写形式和大纲的拟定，通过大纲呈现出新作的特色是核心问题。在 1981 年 1 月 4 日的信件中，鉴于熊先生积极思考的长处，安先生希望由熊先生先酝酿一个编写大纲。而为了表示一种积极的态度，熊先生接信后立即考虑提纲并表示最后还是由安定夺。安收到编写提纲，觉得架子可以，但也有些问题值得进一步研究。近三个月未得回信，4 月，熊先生再次去信询问提纲之事，希望由安先生早定提纲，他好做些具体工作。安先生回信中对章节的重要性及内容做了较为详细的修改说明，并表示希望熊铁基再写一个包括细目的详细提纲，因为有了细目，方能突出特色。熊铁基在从事魏晋南北朝史学研究的友人建议下，再三考虑，重提对“讲义体裁”的顾虑，两人再次讨论体例和提纲问题。

没有安作璋的明确意见，熊铁基对自己所拟提纲没有把握。从 4 月 28 日回信中可见安先生相对谨慎，他认为在拟定提纲时要考虑系统、全面、详细，同时要考虑特色，提出了提纲撰写的四条原则。他还是请熊铁基先拟一个提纲，在假期秦汉史年会召开之前至少要有一个往复。5 月 22 日，安作璋接到林剑鸣信，其中谈到他正在编写秦汉史一书，安作璋感到形势紧迫，想法有所改变，主动询问大纲编写情况，希望尽快着手写作。

5 月 27 日，熊铁基认为可以立即动手，提出章节写作分配方案。安作璋回信中表示同意立即动手写，明确章节分工和每章的分量，并希望最近仍由熊铁基写一份详细提纲寄来。6 月 8 日，熊铁基回信表示不太明确安先生所指提纲的详细程度，并详细说明了自己按照四条原则撰写的提纲和初步想法。6 月 12 日，安先生反馈了熊铁基所撰写相关章节提纲的修改意见。

至此，提纲问题已基本解决。在提纲拟定的往复过程中，他们的分工也非常清晰，大体上由熊先生撰写，由安先生修改、把关。

三、《秦汉官制史稿》的生成方式

在提纲拟定中形成的这种“你写我改”的模式在之后的写作中贯彻下来：由安作璋寄来相关资料，熊铁基写完初稿快速寄送给安作璋，安作璋则提出修改意见后再返给熊铁基。日复一日，往来不绝，这被安先生称为“流水作业”。

早在4月24日的明确写作分工的信中，熊先生就提到交叉分担一些章节的设想，而为了保证他负主责的西汉部分的质量，希望采取“每章我先写一个初稿，请你修改，提出意见等”的方式。5月27日，熊铁基写的信中延续了这一思路，相关章节由熊铁基利用两人的前期成果进行改写，争取在秦汉史年会开会前后试写出一二节或一章交给安先生审查。

正式开始写作后的《秦汉官制史稿》进展比较顺利，行文风格和作品质量也都得到了保证，这恰恰是沿用拟定提纲时初步确定的“流水作业”方式的结果。《秦汉官制史稿》的写作基础是熊铁基和安作璋分别有10万字的秦代官制史和20万字的汉代官制史的书稿。在1981年12月26日的信件中，熊铁基提到写作的基本原则是，把秦和汉两个稿子合起来，在原有的基础上补充扩大。写作是以熊先生撰写初稿和安先生修改的方式进行，写一章改一章，反复往返。这种方式一直延续到稿件的最终修订阶段。

在书稿撰写过程中，两人还承担了历史大辞典词条的编写审稿、改稿任务，除了审、阅的那部分词条，仅由他们承担编写、改定的官制、法律就有300余条。为了让熊铁基集中力量修改初稿，安作璋具体着手该事，花费了不少时间。此项工作刚告一段落，他紧接着就修订熊铁基寄来的书稿，至1982年底《秦汉官制史稿》上册才初步完成，1983年交出版社，1984年出版。装订好的底稿于1983年9月由安作璋的研究生带去华中师范大学，现保存在熊先生的手中。

上册修订稿交出版社的同时，下册的写作也在进行，仍采用“流水作业”的方式。1983年5月31日，安作璋给熊铁基的信中写道：

按照我们原来的计划，是今年十月间把下册书稿交齐鲁书社，争取1983、1984年两年内出齐。现在看是根本无法实现了。我的意见是最近或到暑假我们开辞典定稿会时，你把已经修改好的书稿寄交给我，有多少算多少，会一结束，你就一边继续赶写下去，我一边就着手修改，流水作业，早则年底，晚则明年第一季度末（三月），把第二、三编全部搞完。下学期我虽然有课，也一定要挤时间来搞（包括看上册校样）。等全部搞完后，我还要利用明年上半年剩下时间或暑假，再通盘审查一遍，包括善后工作。（搞出初稿后，修改定稿的时间往往很长，因此项工作最细致不过，也最繁琐。不过，如单是统一符号，就不知花费多少时间。）这样，至迟我们的书稿在明年下半年开学前就可以交出版社了。当然，越早越好，越快越好。

我之所以这样从先后考虑，不仅是保证时间速度问题，也涉及书稿质量问题。你的长处是思考敏捷、勇于创新、下笔较快；但多少有点粗放，不够稳妥。我的短处是思想迟钝，偏于保守，下笔较慢；但力求谨慎、细致、稳妥，不出或少出差误。我们二人配合起来，一先一后，就能扬长避短，既能加快速度，又能保证质量。当初我们一见如故，即对你推心置腹，我的话如有不当或考虑不周之处，即请指出，我们再好好商量。总之，我们要善始善终，不能让人家看我们的笑话。

这种一先一后“流水作业”的方式便于利用各自的优势，扬长避短，亦保证了下册的进度和质量。下册于1985年顺利出版。《秦汉官制史稿》的合作佳话成为一段很有意义的历史。

学史路上遇先生

邵　瑞　察应坤

一、未见已相见

从我懵懂求学开始，父亲就经常对我讲："人生是有限的，但知识是无限的，用有限的人生追求无限的知识，是必然失败的。因此，你要做的就是如何使你需要学习的知识有限化，并用有限的时间去掌握。做到这一点，你就成功了。一定不要想着题海战术，你追求的不是学习的时长而是学习的效率。"

等我再大些时，知道了父亲说的这句话本意取自《庄子·内篇·养生主》，原文为："吾生也有涯，而知也无涯。以有涯随无涯，殆已！"父亲是山东师范大学干部专修科的学生。他们是在高中毕业后经历过几年基层锻炼又重新"回炉"到大学求学的，所以对知识的渴望以及对逝去岁月的焦虑都比年轻的大学生体会得要更为强烈。父亲记得当年安作璋先生与其他教授出场就不一样，因为安先生腿有疾，是几位领导将先生抬到了讲台上。这个画面对当时的他们震撼很大，感受到当时的领导对人才的尊重，也说明了社会对知识的渴求，而安先生的报告也让他们受益匪浅。尤其是安先生当时引用庄子的这一句话，很好地为他们此后学习生涯指明了道路。而干部专修科的学生，这一特殊大学生群体，他们在毕业之后，在推动我省各地经济、文化、政治等发展方面发挥了积极作用。

虽然我还未遇见安先生，但是安先生对于学习的心得和方法一直伴随着我从小学到博士毕业，再到现在的工作和学习中。

二、因学史相遇

1997 年 9 月，我们考入了山东师范大学历史系。和很多同届的同学一样，是调剂的专业，大家的专业认同度比较低。在山师北院大一的同学们度过了浪漫的芳华岁月，大二来到山师南院，思考学业和努力的方向，又增加了迷茫，也更加努力去探索。我们想要在专业上更加精进，我们想要一种更加活泼高效的学习氛围，于是，我们与志同道合的同学有了创办学生学术性刊物和创设学社的想法，但是究竟怎么做，能做成什么样子，我们也没有把握。在这种困惑下我们拜访了安作璋先生。安先生热情地接待了我们，耐心听我们的想法。他说，刊物的名称就叫《学史》吧。我们没想到这么大学问的教授竟然给我们起了这么一个平凡的名字，一时不知如何回答。先生微笑道：我正在准备我的文稿集就叫《学史》，我学了一辈子史，也希望你们一代代学生能够传承下去。听到先生这么解释，我们立刻感受到身上的责任和老师的期待。先生对麒麟学社作为社团名称表示了认可，他说，麒麟是中国传统瑞兽，麒麟出没处，必有祥瑞。另外，孔子与麒麟密切相关，相传孔子出生之前和去世之前都出现了麒麟，因此麒麟亦被视为儒家的象征。先生当场泼墨，为我们筹建的本科学生刊物题字。之后，大到社团、刊物的干部储备、人才梯队建设，小到刊物的栏目设定，先生都给以谆谆教诲。

现在，《学史》与麒麟学社薪火相传，一届届学史人在先生的关心帮助下不断成长。

三、生活细微见真情

虽然毕业后我们没有在济南生活，但是每年也都会在固定时间去看望先生。有的时候有事情去济南，即使没有和先生预约，也会径自走到先生家门口。大部分时候先生都是在书房看书写作，看到我们来了，会立即放下手中的工作，或者絮叨家常，或者聊聊工作学习；不在家的话也是出去散步了，我们就静静等着，看看先生满房间的书，等先生回来了，会带有些许劳累，但他是满眼的惊喜。我们临走的时候，他都会亲自送我们到门口，和我们挥手道别。而先生的这挥手，从我们第一次办《学史》刊物一直延续到今天，今天似乎到了先生家门口，他还依然在和我们挥手道别。

先生去鄄城开研讨会，我们去看望他，他听说我们刚刚有了小宝宝，还执意给孩子包了红包。而在孩子年幼的时候，我们带着他去看望先生，顽皮的孩子在先生书房里摸爬滚打，我们斥责孩子，先生却是一脸爱怜让他玩耍。再之后，每次去看望先生，先生都会仔细询问孩子的情况。

应坤兜兜转转，在工作多年后又准备博士生考试。我们请安先生写推荐信。先生先是在一张纸上写了初稿，然后反复通读琢磨修改，最后在微弱的灯光下撰写，竟花费了先生一个多小时的时间。先生多次摘下眼镜揉揉疲惫的眼睛，一个字一个字认认真真地填写。我们既感动又很心疼。

时常想起先生居住的小院，院里结满石榴。在本科学习阶段，就能与先生相逢，这是我们的幸运，也是山师历史系一届届大学生的幸运。先生已然离去，但在我们心中先生永远未曾离开。

（作者分别系菏泽学院人文与新闻传播学院副院长、副教授，山东大学儒学高等研究院博士研究生）

怀念安作璋先生

赵树国

夏日，天长，当我从睡梦中醒来时，才刚刚五点钟（2019.5.31），窗外已经是霞光初绽了。或许是跟朱老师表达过要写篇回忆跟从安先生学习的文章，也或许是昨晚睡前还在梳理第一次跟建业去先生家是在哪一年的教师节，今夜梦见安先生了，依旧是那么和蔼可亲。于是便起床来到书房，写了如下文字。

一、初识安先生

我是2000年入山师历史系读书的。在我入学之前，高中语文老师谭月光先生就跟我说，山师历史系实力雄厚，在某些方面甚至不逊于山大，有多名享誉史学界的学术大家，其中就有安先生。这是未入大学之门时我第一次影影绰绰地听闻安先生之名。因为有了这种印象，所以在入学后，我便对本系的老师们特别感兴趣。

我进入山师历史系后，始得知本系有刘祚昌、安作璋、胡滨三位享誉国内外史学界的著名史学家。那时，胡先生已经去世，刘先生远在国外，只有安先生在山师且身体硬朗，所以能见安先生一面，成为我们历史系青年学子们的一个梦想。

2002年教师节，我第一次见到安先生。这是一次很偶然的机遇，学兄李建业带领学生会同学们给安先生送花，我本不是学生会成员却恰好因事来到团总支办公室，所以便有了这次机缘。在去安先生家的路上，建业告诉大家，见了安先生夫人喊陈老师。我们敲响安先生家大门后，陈老师给我们开了门，然后大家就转到安先生的书房中。这次见面时间很短，也记不清楚先生说了些什么，只记得同去的一班刘晓阳同学送了先生一本她自己的诗集，还有这次我观察到先生腿脚不好，走路很是费劲。这便是我和安先生的第一次见面。

第二次见安先生也是在读本科期间。记得那是在学校齐鲁文化研究中心逸夫楼奠基仪式上，时任中共山东省委副书记王修智来山师参加奠基仪式，安先生出席，历史系我们这级学生也集体参加。这次是我第二次见到安先生，不过遗憾的是印象并不深。

第三次见安先生是大四下学期。我当时考取了历史文化学院专门史研究生，那时正值安先生晚年第二次招收研究生。安先生自 20 世纪 80 年代在山东大学招收博士生后，一直没再收硕士生。在历史系专门史硕士点获批后，安先生始再度招收硕士生，2002 级收了韩晓燕师姐，2003 级不知何故未收。朱亚非老师告诉我 2004 年安先生准备再收一个，并且告诉我他准备向安先生推荐建业和我，作为“正”“陪”，由先生择其一，然后吩咐我去拜见一下安先生。其实，当时我心里是有些波动的。建业兄为保送生且已在先生的指导下编纂《董永与孝文化》一书，我则本科期间主要关注的是明清方面的东西，与先生所从事的秦汉史相去甚远，所以虽然也有所期待，但事实上并没太把此事当回事。我心想既然朱老师拟好“正”“陪”，又让我去拜访下安先生，出于礼节，那就去吧。那时，我身上还有浓厚的青涩之气，所以始终不好意思去先生府上拜访。后来，还是有同学告诉我安先生每天早上六点多钟准时在小花园锻炼。我想自己既然这么为难，何不就趁先生在小花园锻炼之际，前去拜见，既能跟先生说上几句话，也能完成朱老师的嘱咐，岂不两全其美？于是，小花园见面便成为我与安先生的第三次见面。

此后不久，我便入本校专门史方向攻读硕士学位，师从朱亚非教授。在读期间，安先生一直坚持给学生上课，后来一直到耄耋之年仍未停止。攻读硕士学位期间，因经常去先生家上课，加上朱老师的关系，很快便成为安先生家的常客，以后与安先生的交往次数也就数不清楚了。

二、几件事情

朱老师、建业一直说，我虽然不是安先生的学生，但从安先生处得到的关爱一点儿都不比安先生的学生少，这确实是实情，也是令我一直心存感激的。读硕后，我在朱老师办公室对门学习，经常会遵老师嘱咐将一些稿件送呈安府，所以见到安先生的机会也就越来越多。等我 2011 年博士毕业回母校工作后，定居于山师校内，与先生家相距不远，所以又能经常聆听先生教诲。这种机缘非常难得，也是朱老师、建业此说之缘由。

与先生交往多了后，距离也就越来越近。先生为人和蔼可亲、毫无架子，让我以前的拘束感一扫而光。从 2004 年真正接触安先生至 2019 年先生驾鹤西游，15 年的时间，无数的点滴，其中有两件小事给我留下了特别深刻的印象。

其一，读硕期间，安先生曾因腿部手术在千佛山医院住院，其间我去陪过先生两次，有两件事情让我印象深刻。安先生年轻时因不愿接受日本人的奴化教育，辗转于乡间求学，条件非常简陋，有时需在潮湿的地面上休息，因此落下了严重的腿疾。在 20 世纪 60 年代做过一次手术，但由于条件所限，并未达到预期效果。2004 年冬天，安先生以 70 多岁的高龄又一次接受了手术，这次手术在加拿大医生的操作下，取得了圆满成功。在安先生手术恢复期间，我去千佛山医院陪过先生，印象深刻。记得我早晨七点多刚到医院病房，先生见我到了，立刻催夜里陪床的朱老师回去准备上课，说无论如何都不能耽误上课，这是个“原则性问题”。这句话对我触动很大，从此我便记住了“原则性问题”是不能含糊的。对于一名教师来讲，上课是天职，是头等重要的事情，这种观念深深地印在了我的脑海中。这次手术时，先生腿疾已有几十年，双腿几乎无法分开。为了增强恢复的效果，医生嘱咐先生每天要坚持分开数次，一次十下，每次分开距离约为一尺。这对于先生来讲是非常痛苦的，有时我实在看不下去，便跟先生讲可否暂停，稍事休息然后继续，但先生不同意，每次都是坚持做完方才作罢。具有超强的意志力也是先生这次给我留下的印象。

其二，还有一件印象深刻的事情，也是在先生身体不适时。记得在读硕期间的一个周四，那次是学院教师的一次集体学习活动，先生那时已经退休，按说可以不参加，但学院在征求先生的意见时，先生还是坚持要来。于是，朱老师让我下午去接安先生来学院。下午两点多，我赶到先生家时，他已经有些不舒服，陈老师劝他请假，但先生不同意，仍坚持来学院参会。当走到大门口的祥云生诊所时，先生忍不住呕吐且有血丝，于是不得不去医院检查。先生去千佛山医院检查后，身体无大碍，虚惊一场。即使身体不舒服，也要坚持参加集体活动，先生的集体主义大局观值得我们学习。

通过这几件小事，我们可以发现，安先生是一位讲原则的人，在涉及重要问题时绝不含糊；他又是一位有恒心、能坚持集体主义精神的人。这些都是值得我们学习的。

三、向先生学习

这些年在跟安先生的交往中，我发现先生身上有很多地方值得学习，简要概括可分为如下三点，倘若真能学习到位，必然会受益终生。

首先，严于律己，宽以待人。先生自律甚严，其言行举止皆有矩可循，他和家人均以勤俭为美德，生活简单、幸福。先生待人宽和，因其享誉学界，故朋友特别多，甚至一些不怎么熟悉的人，都慕名前来拜访，先生对于来访者，均以礼相待，故每年的节日，都成为他的“负担”，往往刚送客、又来人，这样身体会非常劳累，但先生始终不忍拂访客之兴，坚持以饱满的精神状态待客。律己从严、待人以宽的处世之道，使先生受到众人爱戴。

其次，持之以恒的精神。先生做事有恒心、能坚持，仅举一个小细节即可说明。记得有一次，我跟他谈起锻炼的事情，他告诉我锻炼贵在坚持，他在20世纪60年代时有次去泰安出差，因为睡了凉地，结果腰椎出了严重问题，几乎不能动，治疗后，医生告诉他每天最好要有规律地活动下，后来先生便坚持了下来。每天早晨6点左右，他便和夫人陈老师穿过山师门口的马路，然后转到东方红广场东边的小花园里锻炼，这都成了山师的一道风景线。后来，陈老师因身体不适不能陪同先生，先生仍旧坚持在自家楼下锻炼，一直到去世当天。这种数十年如一日的坚持，非有惊人的毅力不能做到，也正因为先生一直坚持锻炼，所以尽管长期伏案工作，他却没有腰椎、颈椎之类疾病。

最后，大事不含糊，小事不放松。先生做事有条有理，遇大事不含糊，做小事不放松。先生在遇到重要事情时，往往会先做全面的梳理，然后做出决策。在平日处理小事情时，他从不含糊，仔细认真。这从一个小的地方可以看出：先生精于治学，藏书众多，近些年随着出版业的日益发达，杂志社、学界朋友又不断赠书，所以他的藏书很快就“堆积如山”。安先生的书房，尽管藏书多却始终干净整洁，进入他的书房后，你会发现各种书分类排列，井井有条。除了书籍，安先生的各种证书、信件及其他东西，摆放皆有一定之规，甚至可以说，如果你问先生要几十年前的证书或者其他小东西，他都能很快找出来。这显示了先生在处理事情方面的超强能力，也从一个侧面印证了古人“一屋不扫，何以扫天下”之说的合理之处。唯有从小事上认真规划、仔细统筹，才能成就一番大事业。

与先生相处的这十几年，对我而言是人生之中一段难得的机缘。先生虽然离开了我们，但他的为人处世之道、他的治学思想，始终指引着我们。

（作者系山东师范大学历史文化学院副教授）

润物无声：安先生与我的学术成长

代　生

今年开学的前一天（2019 年 2 月 20 日），我在从烟台回济南的列车上看到微信，知道安先生因突发心脏病，与世长辞。一到济南我就联系李建业和赵树国兄，他们告诉我先生走得很突然，但也没有遭受多大的罪，先生一生不愿给人添麻烦，即使离开，也是“悄无声息”……随后的几天，我随建业师兄等参与了先生葬礼的全过程，先生的弟子、外地的相识者、全国各地的研究机构和高校以及相关部门，都通过各种方式对他的离世表达了深深的哀悼。先生的离开，不仅是我们山东师大的损失，更是国内外学术界的损失。我真正感受到先生作为一位学者在学术界、社会上享有那么高的声望！

前段时间，朱亚非老师嘱我写一篇纪念文章。作为曾受安先生指导、帮助过的学生，我自然义不容辞。

我是山东师大历史系 2000 级学生，2002 年秋，在朱亚非老师的安排下，由安作璋先生指导我的本科学年论文和毕业论文。那时候，安先生只带研究生，早已不给本科生上课，在我们这些学生看来，能和安先生见一面我们都觉得甚为光荣。听说安先生指导我写论文，许多同学都特别羡慕。

安先生先让我们读《史记·留侯世家》或《汉书·张良传》。我和同学到先生家去汇报阅读体会，记得我把两篇都读了，还专门找出了其中的几处不同，安先生听了很高兴，给我和另外一个同学讲了好长时间。后来，安先生指定我研究汉末思想家王符，那一年寒假，我认真通读了《潜夫论》，开学后到安先生家，安先生就给我讲了一些相关的知识，给我拟定了题目《王符〈潜夫论〉与汉末政治》。安先生说，题目好好做，将来可以做“《潜夫论》与汉末社会”，可以当研究生论文。

那个时候，文章都是写在300字一页的稿纸上，记得我论文第一稿“洋洋洒洒”写了三四十页，誊抄一遍后交给安先生。过了半个月，安先生给我打电话让我过去。拿到论文，我看到上面密密麻麻写了很多字，有文字的纠正，也有文句、标点符号的修改，更主要的是文章立意的指导。安先生告诉我，写文章不能只罗列材料，还要学会对史料进行分析，这样才能让人信服。经过三五次这样的来回修改，我的论文才基本完成。由于我个人的懒惰，学年论文与毕业论文也就合二为一了。论文写作的时候，正值“非典”肆虐，颇有人人自危之感，连学校也封门不准外出，其他老师都是上课间隙才给学生反馈论文情况的，安先生却多次打电话让我去他家谈论文修改，其实有些可以在电话里讲清楚的，但安先生觉得见面能够讲得更明白。

在安先生的鼓励下，我才鼓起勇气报考研究生，因为我的外语太差，第一年（2004年）没有考上。记得毕业前到先生家辞行，我给先生鞠了一躬，感谢他的指导，安先生很感慨，讲了一些鼓励的话，嘱我在工作中多读书，并勉励我继续考研，还特意取出他的《学史集》，并摘录胡适先生之语“做学问要在不疑处有疑，待人要在有疑处不疑”写在扉页送我。安先生说：“我指导你写论文两年，这是咱们的缘分，你算是我的‘学生’。”能成为安先生认可的学生，自然是莫大的荣耀，我知道这是先生奖掖后辈，但安先生的这句话我将铭记终生。

第二年（2005年），我又报考安先生的研究生，虽已过国家线，但因总分较低，难进面试。我就电话联系朱亚非老师和安先生，后来还请假专门去了安先生家一趟。安先生见到我，让我坐下，说："别着急，过了线就是好事。"接着他说："我给你推荐一位老师吧。"这就是我的硕士生导师江林昌教授。安先生在书桌旁翻了好一会儿，说没找到名片，于是先生现场写了一封推荐信让我带给江老师，说等找到联系方式再打电话给江老师推荐。复试完一个月的时候，我出差到济南，趁安先生晨练的机会向他汇报了复试情况，说有几道题答得不好，安先生竟满怀歉意地说他忘记告诉我江老师的具体研究方向了。这让我万分感动，明明是我复习不好，安先生却先自责道歉……临走时，先生嘱咐我，一定要跟着江老师好好学。后来江老师告诉我，没有安先生的推荐，仅凭我的成绩，是难以考上研究生并借此改变自己命运的。

2008 年 9 月，我考入南京大学历史学系攻读博士学位，开学时我邮寄了一本硕士学位论文给安先生，并向安先生汇报我的情况。没过多久，安先生就打来了电话，告诉我，一定要坚持一个方向钻研下去，不能浅尝辄止……关于此点，我已经记录在我的博士学位论文的后记中。

安先生教育我，读书要先做人。对于这点我始终铭记心底。记得 2010 年夏天，安先生在烟台大学给我们做报告，江林昌老师略带调侃地说："您和朱老师推荐来的这两个学生（我和同学李秀亮）什么都好，就是说话、人情世故方面还差一点点。"先生未假思考地说："夫子有云'刚毅木讷近仁'，他们品行好你才留在身边，要多教育他们……"说完两人哈哈大笑。内心里，我们自然知道，两位老师都是为我们好。

工作以后，我和安先生的交流主要是过年过节时的问候，虽然没有在学校里那样多，安先生依然关心我的成长。

下面是我和安先生接触后的一点随记，附录如下：

2014 年 8 月 2 日下午

参加完班级毕业十周年合影后，我给安老师打电话。他听到是我很高兴，并告诉我正准备给江老师打电话，说自己不能参加烟大筹备的清华简会议。我到安先生家后，先生带我到书房坐下，询问我的情况，问我职称，客气地说："你该高级职称了吧?"我赶紧说了现在的情况：报个课题先要经过学院，却每次都被淘汰下来，没有课题很难评职称……安先生耐心地听完后，认真地告诉我如何申报课题，如何进行选题，要注意角度，要有新意。关于题目，安先生说，要选准，要课题、论文、著作一体，写一部著作必须要有很多拿得出的论文，才是一部像样的著作，不能浅尝辄止，要围绕一个方向、一个主题。譬如砍树，在这里砍几下，那里砍几下，永远不能成功，而要在一个地方努力去砍，才能将一棵大树砍倒，做学问尤其如此。他建议我在楚辞研究方面不能放松。安先生还说，工作了就要处理复杂的人际关系，但做学问是最为重要的，不要为外界所干扰，学问做好了，自然会有回报。

谈到自己，安先生说自己已经88岁了，学术工作几近收尾，手头有几部书稿正在做，一是高等教育出版社要出版《中国史简编》上下册，二是中华书局要出他的讲义，以《秦汉史十讲》来命名，样稿正修改，这是他1957年及以后的讲义，并拿出来给我看。我说中华书局已经出过徐中舒先生的《先秦史十讲》，是不是要做类似的一系列图书。安先生听后很高兴，说很有可能，这些讲稿已经几十年了，很多在"文革"中流失，找不到了，部分还请王克奇老师添加。

安先生精神矍铄，思路清晰。他说自己身体还算可以，不过不能久坐，有静脉曲张，在大腿根，经检查确认这是几十年的老病。我说这是职业病。安先生说，做学问就得能够坐下来，他讲了《中国社会科学报》采访他的一篇文章《做学问要有面壁十年的精神》，以此来激励我。这次谈话将近五十分钟，已经远远超出了预期。我起身告别，安先生起身后仍讲了几分钟，嘱咐我要不断努力。我说打扰了，安先生却说：你能来，我很高兴，怎么也要抽时间和你聊。

2015年2月26日上午

在我从老家回烟台的火车上，安先生打电话给我，告知我元旦时邮寄的《清华简系年初探》他已经收到（这是我2012年以来围绕清华简《系年》写的几篇文章辑成的小册子，有六七万字，因为直接邮寄历史学院的缘故，安先生过年前才收到）。安先生说读了我的几篇文章，知道我对清华简在做系统研究，也发表了相关论文，很是高兴，希望我一直做下去，说我如果坚持做就会前途无量。他告诉我某某单位收藏了一批竹简，可以关注，我说学界一些前辈认定这批竹简有问题。安先生很认真地听了这一意见，谈了他对一些新出竹简的看法。最后安先生又问了我的职称、家属等情况，嘱咐我要认真做好科研……

和安先生的对话不到十分钟，安先生不仅对我的论文进行了评价，还对相关问题进行讨论，告诉我一些学术信息，对我的个人问题也很关心，勉励我要好好努力，要我不灰心、做好学问。

2018年3月　入职山师大不久

我给安先生打电话，先报我的名字，还专门问了一句："老师，您还记得我吗？"安先生说："当然了，每年你还邮寄贺卡给我。你上学的时候还时常帮我打扫院子，有一次还把身上都弄得很脏……"讲到这里，我心里生出一种莫名感动：老师还记得我帮他干活，这点小事又何足挂齿？后来，我和同事一起去先生家，先生在简单问了我的情况后，直接将话题转向了申报中国史博士点失败的事情，我说我在江林昌老师那里参与了一点点工作，了解一些情况，我们都希望能评上博士点一级学科。安先生很感慨，给我们讲了很多。在安先生讲完之后，我的心情也比较失落，在先生的心目中，中国史专业能评上博士点是他的一个夙愿……

永远忘不了，到安先生家，他总是笑脸相迎，等到我们落座他再坐下，接着给予无微不至的指导；永远忘不了，每次送别，先生总是亲自送到门口，看着我们远去才关门；永远忘不了，先生谆谆教诲，做学问譬如伐木，不能浅尝辄止；永远忘不了，先生多次教导我，读书要先做人，不论外界环境如何，都要好好读书……

能在安先生指导下读书、写论文，是我一生的荣耀。而在我读硕士、读博士、迷茫、调入山东师大的这几个重要阶段，安先生都给了我具体的帮助和关怀！安先生指导过的本科生，又何止我一个，但安先生对每一个学生都是尽职尽责，没有任何架子，总让人感觉那么温暖。我想，这就是大家风范！

如今，安先生离我们而去，我常常自责，这一年我吃住都在学校，怎么就没有多去看先生几次！我怎么就没早来一天，随老师一起去拜见先生！我总觉得先生身体那么好，机会有的是……但是，安先生的突然离世，使我不能再亲自聆听其教诲，我能做到的，唯有不辜负先生的期望，多读书，多出成果，也希望通过我辈的努力，争取使山师中国史专业早日评上博士点，以告慰先生在天之灵。

（作者系山东师范大学齐鲁文化研究院副教授）

此情可待成追忆

——记我认识的史学大家安作璋先生

董梁英

2019年的2月20日，是一个让我痛彻心扉、永志难忘的日子，著名历史学家、曹县人的骄傲、我最景仰和爱戴的安作璋先生的生命定格在了这一天最后的一个多小时中，一代史学巨星陨落了！家乡许多像我一样熟悉他的人，内心的悲痛、惋惜和怀念之情无以言表，大家默默传递着这个沉痛的消息，心情许久许久不能平静……

时间过得真快，还没有完全从安先生逝世的悲痛中走出来，就到了他老人家一周年的忌日。回忆起与安先生从认识到交往到熟悉的日子，翻开手机通讯录看到那个熟悉的名字，心里老是觉得他还健在，说不定哪天就会接到他打来的电话，就会听到他熟悉的声音，就会看到他熟悉的身影……等明白这一切都已不会再有时，心底每每涌起一股不可名状的痛。

认识安先生是到史志办工作以后，当时开始着手第二轮修志，需要搜集曹县著名人物，听说省城有个叫安作璋的历史学家名气非常大，是曹县人，于是从网上搜索，对安先生有了初步的了解，作为曹县人心底多了一份骄傲和自豪，作为史志工作者更多了一份对安先生油然而生的崇拜之情。见到他也是在十多年前的一天下午，当时他回曹县考察。安先生一直关心着曹县的文化建设，特别挂心曹县作为商朝第一都的研究与开发利用。那天，已经八十多岁高龄的他从济南坐车回到曹县，顾不上休息，就径直到汤王陵、伊尹墓、莱朱墓、箕子墓实地察看，每到一处，他都提出许多的研究开发意见和建议。我一路随行，深切感受到这位有责任心的学者对家乡的厚爱。临走前，他给我留下了他的电话和住址，只这一面我们就像分别了许久的故交一样交往起来。

作为商朝第一都的曹县，由于地处黄泛地区，缺少考古发掘的支持，加之地方宣传投入不足，一直默默无闻。为此我们决定往省里申报一个论证商朝第一都亳在曹县的项目——《商都亳研究》。得知我们的想法后，安先生非常支持，他亲自担任项目顾问，帮助协调立项工作，又不断询问项目进展情况，亲自改稿，撰写评语，直至项目顺利结项。

安先生有着严谨的治学精神。曹县历史名人众多，建设公园时，县里在公园中设计了一处名人墙。我们为此请教安先生。他热情地帮助我们筛选可以上墙的人物，并且亲自编写了人物简介。他大气的风格、精准的描述、独到的评价，给我们的公园平添了不少风采，成为曹县不可多得的一处文化景观。对于后来的广场地雕内容选定、城市文化小品的设置等，他也都给我们提供了很好的指导意见。每次，他对事情的周密分析、对语言的字斟句酌、对用典的准确把握、对所涉史实的认真查证都给我留下深刻的印象。

也许是上了岁数的缘故，看得出安先生对家乡的思念与日俱增。曹县政协办了个内部刊物《曹风》，邀请他在创刊号上题词，一句“悠悠曹南风，念念故乡情”，表达出先生对故乡的深切思念。我们向他约稿，他就把自己童年的家乡生活和青年的求学经历写下来，分两次发过来，登载在两期刊物上。去年县里要申请县改市，需要拟定市名，我们征求他的意见，他反复斟酌，给我们提出几个备选名字。过了几天，他又打电话问我，能不能叫“曹县市”？因为“曹县”这两个字对在外工作的曹县人来说已经深入骨髓，不可能抹去了。我告诉他有这个选项时，他高兴得像个孩子，连连说：“这就好！这就好！不管怎样变化，我依然是曹县人。”

安先生学识渊博，却从来没有什么架子，对家乡的事情几乎是有求必应。在县里召开“中国食祖伊尹和食文化论证会”时，他不顾身体行动不便，亲自参加，并在大会上发言；在我们点校旧志时，他多方帮助物色介绍专家；在我们编纂《美了千年——曹县风物志》时，他亲自帮我们作序。平时想到一件事情放心不下，他就会打电话反复嘱咐，反复叮咛，唯恐误事。他对来自家乡的人也是非常亲切的，每次见到我，总是乐呵呵的，哪怕是刚刚病愈，也是精神振奋，问这问那，聊个没完，离开时又总是恋恋不舍，拄着拐杖送出老远。生活中，我一直把他当成一位慈祥的长者；学问上，我一直把他当作一座永远不会消失的山峰，什么时候有事找到他，他就在那里，压根儿就没想到有一天他会离我们而去。但这一天终于还是来了，来得让我猝不及防。

2019 年 1 月 22 日，那天其实也没什么大事，就想去看看他老人家。我到他家是上午 11 点左右，他见到我非常高兴，我们一直说话到中午 12 点多，他非要留我吃饭，我坚决要走，他见拗不过，只好起身送我。那天天气有些阴冷，还刮着风，我怕他冻着，不让他出门送，他说什么也不听，执意拄着拐杖送出楼道门，一直招手看着我们的车走远。那一刻，也许是一种预感，我第一次忘记了他的身份和笼罩在他身上的各种荣誉光环，看到的是一位站在寒风中的瘦弱老人，心中忽然闪过一丝不安，有点心疼和不舍的感觉，鼻子一酸，眼眶有些湿润，竟然觉得这该不会是最后一面吧？稍后，我马上产生一种自责：怎么能有这种想法呢？并暗自在心中祝祷老人家平安。

然而，事实有时候就是这么残酷——这一面竟真的成了永诀。我终于明白了那句话：世间最大的遗憾，就是不曾好好告别。仅仅过了不到一个月的时间，就传来安先生去世的噩耗，我甚至后悔为什么这中间不能再去看他一次！尽管我好长时间都不愿相信这是真的，但在追悼会上，我分明看到了安卧在鲜花丛中的那个深爱着家乡、给予家乡无数次帮助和支持的可敬可亲的先生。望着他弱小的身躯，不禁想起了《千与千寻》里的一句话："人生就是一列开往坟墓的列车，路途上会有很多站，很难有人可以自始至终陪着走完。当陪你的人要准备下车时，即使不舍也该心存感激，然后挥手道别。"既然没有来得及好好道别，那就让我们永远记住和安先生相处的那些难忘的日子吧！

祝愿天堂中的安先生一切安好！永佑他一生深爱的家乡——曹县！

（作者系曹县原地方志办公室主任）

我心中崇敬的那位老人走了

曲延庆

我心中非常崇敬的那位老人走了……

如果不是那低沉婉转的哀乐将我从沉思中唤醒，我真的还在与他交往的回忆中徘徊。透过那透明冰冷的水晶棺，看着那熟悉的面容和身躯，静静地掩映在青松与鲜花之中，我打了一个冷战，头脑立刻清醒了。是的，我是来为他送行的，我要和他做最后一面的告别，至此，我才真的意识到，那个令我尊敬的和蔼可亲的老人——安作璋先生，确实已经走了，永远地离开了我们……

我最早接触到安作璋先生是从他的书中。

1993 年，我由邹平县史志办主任升任邹平县政协副主席。整天驰骋于地方历史文化之中已经习惯了的我，乍走上行政职位自然有点轻松，稍微有点空闲，就又回到那一方喜爱而又痴迷的历史文化研究领域中。我知道地方文化是一块异常丰厚而挖之不竭的宝藏，虽然编完了县志，但是近十年中积累的地方历史文化资料，只用了不到十分之一，深邃而幽秘的历史隧道还有很长很长的一段没有开发利用，由此我产生了编写《邹平通史》的想法。我便找来了安作璋先生主编的《山东通史》，希望从中学习并参考编写体例。当我沉浸在这部巨著之中的时候，我从中看到了一位知名教授广博的知识和对历史的严谨态度。人虽未谋面，我却已经从心底里升腾起一股崇拜和钦敬之情。

我和安先生的真正交集，是源于对一个历史人物籍贯的争论问题。秦汉之际口传《尚书》的伏生本是今邹平人，县内有祠，亦有墓。然而由于秦汉时邹平隶属济南郡，故古代典籍记载多用“举郡略县”之法，将伏生记为济南人。后代也多不求深考，缘书照搬，如《辞海》《中国人名大辞典》等均记为济南人。特别是20世纪90年代后兴起地方文史研究、文化旅游热，济南也多将伏生列为地方名人。而以安作璋先生为主编的《济南名士多》和《山东通史》两部著作，也记伏生为“济南人”，但在页下注中则提出了怀疑和商榷：“陈蜚声纂《伏乘·里居考》以为伏生乃今邹平县旧口镇东南之伏生乡人。按，邹平在汉代属济南郡或济南国（治所均在东平陵），《史记》《汉书》之《儒林传》称济南伏生，或单用郡城，或伏生原籍郡城，‘以教齐鲁之间’，而后迁往邹平。年代久远，书缺有间，不可详考。今从《史记》《汉书》。”可以肯定地说，在我主编的《邹平县志》和我的专著《邹平通史》出版之前，安先生是不会看到“伏生，济南人”之外的资料和结论的。然而，他在没有完全确凿把握的情况下，并没有人云亦云、盲目结论，而是提出了怀疑，保留了多说并存未定的解释。也就是由于这个注释，我深为安先生严谨的治学态度所折服，便有了将来一定要拜见这个人的愿望。

之后，我在撰写《邹平通史》时，不可避免地又遇到了这个问题。我在《邹平通史》后边附录的《伏生籍贯之辨正》中，为了说明社会上关于伏生籍贯众说纷纭的问题，不得已还是将安作璋教授主编的两部著作作为例子，写在了考证辨正之中。

1998年夏天，我的《邹平通史》撰完初稿后，为了确保资料准确，体例完善，我曾和济南的几个朋友商议，想找几位山东史学界权威为书稿审稿把关。他们都异口同声第一个推荐了安作璋教授。我当时就担心像我们这类地方文史研究人员，怎么能请动这么大的教授？他们就鼓励我，说安作璋先生很平易近人，特别对学生关爱有加。果不其然，当我带着厚厚的打印稿，在山东省历史学会秘书刘晓焕的引导下，敲开了安先生的家门时，一位身材矮小的老人和蔼地把我们让到了房间里，又是冲茶，又是让座，一下子拉近了距离，让我感到了从未有过的亲切和蔼，拘束一下烟消云散……

那是一个狭小而拥挤的空间，本来房间很大，但三面墙都是摆满了书的书橱。一张书桌在窗户下，桌上也是一摞摞的书，还有正翻开书页的，看得出他是正在看书，或查阅资料。当我诚惶诚恐地把请他审稿的来意说了，安先生一口答应了下来，这是颇出我意外的，心里一块石头落了地。安先生接过书稿，随即又问了些我的情况，是怎么想到写《邹平通史》的？一定遇到不少困难吧。我就如实回答了问题，当然困难不少，但最主要的还是资料缺乏，毕竟县一级保存的历史资料太有限了。安先生一直鼓励我，他说，你虽是一个县级官员，但是有能力、有毅力编写出一部县级通史，确实难能可贵，在山东省也难找出第二个。为了不占用安先生过多的时间，又是第一次登门，我们说了不长时间，就匆匆与安先生告别。他将我们送出大门，一直等我们走远了，他才转身回家。

1998 年 10 月，我去济南邀请山东史学界安作璋、戚其章、赵延庆、朱玉湘、李宏生和社会学界徐经泽等著名教授，到邹平参加《邹平通史》审稿会。由于跟安先生是第二次见面了，我自然不那么拘谨了。我仍然很不好意思地对安先生说：“我在书稿中辨正了您的一个说法，请您原谅。”安先生听了，不禁笑了，他郑重地对我说：“你的考证我看了，资料真实，很有说服力。历史上的一些说法，未必就是正确的。不要迷信书本，也不要迷信权威。我希望你们年轻人研究历史，就应该有这种态度。”当时我听了，既高兴，又羞愧，高兴的是我的考证不但没有惹得安先生不高兴，还得到了他的充分肯定；羞愧的是我一直惴惴不安于此事的心态，实在是以小人之心度君子之腹的多虑。安先生矮小的身材在我的心目中顿时高大起来。

审稿会上，专家教授们对我的《邹平通史》稿提出了很多有价值的修改意见，对编辑的体例也提出了完善的建议。那是一次我向众多专家学者潜心学习和亲聆教诲的大好机会，虽然我一生没有机会进入这些高等学府学习，但我有幸聆听了这些教授们的指教。他们那种循循善诱、关心提携的态度，也让我把他们直接当作了我的老师，可以说这是我一生最有收益而难以忘怀的一件事。但是令人遗憾的是，安教授由于有一个重要会议，时间上有冲突，他没有亲自来邹平参加《邹平通史》的审稿会，从而也成了我和他心中共同的遗憾。过后，我又一次登门拜访了安教授，当面请教了他对书稿的意见。他非常歉疚地说未能参加审稿会，感到很遗憾。这一次我们的谈话更为亲热，交流更加畅快，让我感到了他那种关爱年轻人、提携年轻人的真挚情谊。虽然我没有拜他为师，但那种忘年之交的师生之谊在我的心中升腾蕴藏。也就是这次拜访时，我大胆向安教授提出了为此书写序的要求，安先生也痛快地答应了。没过多久，他就打电话告诉我《序》已经写好了：“不知你是否满意？”我听了之后，他那种谦虚的学术态度和大家风范，再一次让我感到了自己的渺小。

正是由于这“一序之请”，我与安作璋教授结下了二十年的情缘。自那以后，几乎每年我都到安教授府上拜望，顺便带一点邹平的农产品小米、山药之类，略表一下谢意。安教授总是再三婉拒，并把我当作自己的学生一般，谈吐交往显示出亲切慈爱。自然我也在他面前放开拘谨，有时也去扒翻一下他的书橱。遇有他刚出版的书籍，他都端正地签上名字，赠送给我。那种学者长辈关切寄望的情谊，至今历历在目。

记得还有一件事情，成为我终生的遗憾，让我对安教授更加崇拜和敬重。大约是 2003 年的夏天，我正好有事出差来到济南。下午 3 点左右，接到了中共邹平县委办公室的电话，说是山东师范大学的一位安教授到邹平找我，因为不知道我的电话，送他的博兴县的司机就把他带到了县委办公室。我一听估计就是安先生，心中一下子着急起来。我当时还在济南办事，立即回去也来不及了。我赶紧叫那边把电话交给安先生，询问他怎么没打电话就去邹平了呢？安先生在电话里很轻松地说：“我是去博兴了，他们县要利用董永故里开发旅游，让我过去，吃了饭回来看着时间还早，就希望顺路能见你一面。”

我这才知道，安先生在回济南路上，看到时间还很充裕，就告诉博兴送他的司机，在邹平下了高速，要到县政府去找我聊聊。因为我每次去济南看他，都要求他有机会到邹平玩。看来他也觉得今天时间充裕，我们可以见一面，谁知这么不巧，正好我不在家。我赶紧告诉他，让他住下，我马上赶回去。他知道我要回去再快也要两个小时，就回复我说以后再见吧，“我这就立即回济南了，你也不用急着往回赶了，以后有的是机会”。说真的，我也不好意思让一位七十多岁的老人在那里空等我两个小时，邹平也没有他熟悉的人。我在无奈之下，只好答应了。

回家后，这件事成了我非常后悔和遗憾的事。不久，我又借到济南出差之机，再次去看望安先生，再三表示我的歉意。安先生一直笑着安慰我，意思之中含有几年前没有机会参加我的《邹平通史》审稿会的歉意，他觉得很对不住我，总想抽机会来弥补一下。我一听，更感到无地自容：一位全国有名的大教授，由于事繁，时间冲突，错过的事情多了，何至于为我这么一个未了的心愿而一直不安于心。我只是一个地方文化工作者，何德何能竟能让安先生冒着炎热，毅然中途下了高速，寻到县里？我当时感动得快要流泪了，那种感情是我平生很少有的。从安先生身上我感受到了一种师友加长辈的关怀，一种知己加忘年的情谊。这件事也一直在我心中永不磨灭。

2008 年，我退休之后，去济南的机会少了，自然去安先生家的次数也少了。但是由于安先生的关系，我与安教授的女婿山师大教授朱亚非接上了关系。我们一同参加了中国范仲淹研究会，每年的学术讨论会，我们都经常见面，我也趁此机会向朱教授打听安先生的身体状况、起居饮食。

当听到安先生身体很好时，我的心里也感觉到安然了许多。随着年龄的增长，我也越来越感到不像年轻时想干什么就能立即去干了，心理也懒散了不少，好几年没有再去看安先生了，每想起来，心里像是欠了一笔账，总想有机会还是要去看看安先生的。

2019 年 2 月 21 日晚上 10 点半，我洗漱后准备休息了，手机信息的铃音突然传来。我打开手机，一个惊天巨雷轰顶，是朱亚非的信息：“曲主席，岳父安作璋先生昨晚不幸去世，星期六下午两点在莲花山殡仪馆举行告别仪式。”我知道，这是朱亚非教授知道我与安作璋先生的特殊关系，特意发唁信专门告诉我的。

一个噩耗驱走了睡意，我坐在书桌前，心里涌动着一种无言的悲伤。当心情沉静下来，我就拿起手机，给亚非回了个信息：“亚非先生，惊闻安作璋老先生驾鹤仙逝，不胜悲痛。我与安老先生有一序之谊，深感老先生提携晚生之情，唯愧未能常去拜访致谢。今得噩耗，如雷轰顶，斯人已去，唯有致以深切哀悼。并望先生节哀顺变。保重保重。收到唁信，准备前去悼念。22 点 50 分。”

一夜难眠，与安先生 20 多年的交往，一幕一幕从眼前划过。6 点 15 分，当天刚放亮，我就起来了，思虑再三，便写了两句表达心意的挽联“苍天有情应悲泪，华夏痛失一代师”，也算为安先生送行。写好后我就给好友刘晓焕发过去了，想征求一下他的意见，结果他立即就发给了治丧小组。

半月之后，3 月 7 日，我又去山大办事，中午便买了点东西，想顺便慰问一下安老夫人。当我再次走进安先生的家时，亚非将我让进安先生的书房。书房里还是那么摆设，书桌上还放着一摞书，亚非告诉我，屋里什么都没收拾，还是保持着原来的样子，只是那把椅子上再也没有安教授的身影了。我顺便带去了两本我最近出的《范仲淹幼年流寓考辨》和《追日集》，本来也是想有机会送给安先生，并向他汇报的，现只好放在了他的桌子上……

由于屋子过于狭窄，座位不多，亚非把我让到安先生的座椅上，他坐在我的对面，谈起了安教授临终前的情况。随行的小耿无意间给我照了一张相。结果当我回看照片时，却发现了书橱上正有一张安先生的像，正目光炯炯地注视着我……这或许是一种无意中的巧合，也或许是一种冥冥中的天意。我与安先生接触多年，留下的合影照片真是不多。此次“合影”是否也是一种“补偿”，亦或许是预示一种永久的希望——斯人虽去，情谊长存。

当我再次走出那座低矮的一楼宅居，回头望着出来送行的亚非教授，心中猛然感觉出一种凄凉——我心中崇拜敬慕的那位安作璋先生确确实实已经永远地走了。我只有在心中默默祝愿安先生：天堂路遥，一路走好！

2019 年 4 月 6 日清明翌日完稿

安作璋先生与无棣碣石文化研究

——深切怀念安作璋先生

郭云鹰

2019年2月20日晚，一代史学泰斗、著名秦汉史专家安作璋教授溘然长逝。

噩耗传来，悲痛欲绝。安老是一位敦厚谦和的慈祥老人、史学界的一颗璀璨明珠。我们常常回想起安老与无棣的特殊情感，碣石文化研究、海丰吴氏家族文化研究等，安老的音容笑貌时常涌现在脑海之中，久久挥之不去。

一、碣石复名 安老一锤定音

我们有幸与安老相识、聆听他的教诲，得益于无棣《禹贡》碣石山复名工程。

关于《禹贡》碣石的位置争议，历史相当悠久，已近两千年。自东汉班固著《汉书》以来，尤其是“文颖注曰”之后，“山东说”“河北说”“沧于海说”等，众说纷纭，争长论短，已在史学界和地理学界形成了一个重要课题、千年“谜案”。

改革开放以来，特别是自1998年马谷山申报省级地质遗迹自然保护区以来，我县文史专家于长銮老先生首次提出了碣石复名建议。滨州市的历史学者、教授，无棣的历史文化爱好者们，为正本清源、还原历史真相、提高当地知名度，为发展经济和社会事业，自发组织基于碣石文化的研究、宣传，先后召开研讨会，查阅资料，在各大报纸、刊物上发表了大量诗词与文章。2001 年，中共无棣县委宣传部按照县委的安排，组织力量搜集史料，撰写考证论文，整理编辑了《禹贡碣石山》（滨准印［2001］1 号)，并筹划成立“无棣县碣石山复名开发工程指挥部”。消息一出，如同油锅里泼了一瓢冷水，县内县外、社会各界顿时沸腾起来了，支持者有之，反对者更有之，人言啧啧，议论纷纷。复旦大学一位教授来电劝解我们：“学术问题是一条看不见的高压线，碰不得，一定要小心谨慎。小范围研讨是可以的，千万不要登报、出书，更不要复名开发，否则会身败名裂的。”也有许多好心人出主意：这些历史问题，一定要请教我省历史大家安作璋教授，他是学术权威，是专家；要拿得出有理、有力的论据，让专家们认可研究成果，否则一切都是枉然。于是，我们在滨州师专历史系几位教授的引荐下，将滨准印《禹贡碣石山》和其他研究资料一并呈于安作璋教授，小心翼翼地等候安老的教诲。

其实，就在我们刚一提出“碣石复名”这个议题时，就已经引起了安老先生的高度重视，用他学生的话讲：“安老一直关注着。”曾经有人问安作璋先生：“一个历史学家最主要的素质是什么?”他的回答是：“实事求是，秉笔直书。”求真求实、治学严谨、经世致用是中国史学的优良传统。安老结合自己的治学经验，对史家“四长”——才、学、识、德进行了新的诠释，尤其把“史德”摆在突出位置。他见到滨准印《禹贡碣石山》小册子后，认真仔细地逐一查对相关资料，与“《禹贡》学”同行专家们做了认认真真的研究，认为《禹贡》之碣石，并非清朝大儒胡渭等所说“沦于海”“没于陆”，而是仍旧矗立在古黄河入海口、渤海西南岸。为此安老欣然挥笔“禹迹已湮，碣石犹存；盛世复名，历史重光”(该题词已刻碑立于碣石山北麓)。

安老的题词为碣石山复名定位一锤定音，其中不知倾注了老人家多少心血和汗水。

二、碣石复名发布会 力挽狂澜

碣石复名开发工程是一个艰难的、曲折的过程。我们之所以当作“工程”对待，一方面，当时市委、县委领导高度重视，大力支持，摆到了重要议事日程上；另一方面，我们毕竟学识浅薄，日常工作繁忙，掌握资料有限，只能硬着头皮上，发扬蚂蚁啃骨头的精神，一点一点地钻、一点一点地研、一点一点地啃。

安老对我们研究中的两点成果给予高度评价，其一，曹操作《观沧海》诗的时间，应为北伐乌桓侯的前一年，即建安十一年（206）秋八月，曹操自并州东征海贼管承，途经渤海郡碣石山有感而发，并非它说。这是我县文史专家刘玉文老先生，利用在新疆出差两个多月的时间，闲暇之余，到图书馆查阅了大量历史资料而得出的。这一结论，解开了学术界多年来的疑惑和成见。其二，《碣石篇》（又名《步出夏门行》）组诗《艳》云：“经过至我碣石，心惆怅我东海”，其“碣石”与“东海”是什么关系？背景又是什么？我县青年文史爱好者徐景江同志反复查阅《三国志》和《资治通鉴》，使历史真相终于大白于天下。史书上记载得非常清楚，原来这一年（建安十一年，206）曹操悉平并州高干之后，在他的统治管辖区内又接连发生两件大事，一是青州海贼管承起兵闹事，二是东海郡昌豨叛乱。于是，曹操兵分南北两路讨伐之，他随北路大军乐进和李典平息海匪管承、“至我碣石”之后，东海战事仍未结束，所以“心惆怅我东海”。铁的事实证明，《观沧海》这一鸿篇巨制，出自渤海郡碣石山，“东临碣石，以观沧海”的遗迹遗址，就在我们无棣。

在网络媒体十分发达的今天，网络平台给学术文化研究提供了很好的条件，大多数史学家和爱好者，充分利用这个平台进行切磋交流，相互学习。我们的碣石文化研究得益于网络平台，得益于专家学者的相互交流。但是，也有个别“有志之士”包括省内外的所谓“大家”，利用这个平台，不懂装懂，造谣中伤，混淆黑白。在渤海历史文化研讨会上，火药味十足，争得面红耳赤；在规划评审会上唇枪舌剑，一波三折。而所谓“社会舆论”几乎一面倒，横加指责，狂轰滥炸，极尽攻击、诽谤、污蔑之能事，妄图扼杀和搅乱碣石复名开发而后快……

碣石复名开发工程步入非常艰难的十字路口，碣石文化研究面临前所未有的“滑铁卢”，处于十分尴尬和困窘之境地。

安作璋先生在回忆艰苦岁月和困难挫折时曾说：“支撑我继续生活和学习的，就是我过去所熟悉的历史人物在逆境中艰苦奋斗、百折不挠的精神。我常用司马迁说过的一段话‘左丘失明，厥有《国语》；孙子膑脚，《兵法》修列’来激励自己。”安老先生把早已尘封了的古代事件，磨莹成清澈照人的历史明镜，给人们以启迪、以感悟、以力量。

“碣石山复名新闻发布会”如期举行。2001 年 9 月 15 日上午 10 时，七十多岁的安老先生克服行动不便的困难，登上了碣石山，将覆盖在巨型卧碑上的鲜红面料揭开之后，金光闪闪的三个毛体大字“碣石山”展现在世人面前，山上山下一片欢腾，鞭炮齐鸣，震耳欲聋。在热烈的掌声中，安作璋先生发表了热情洋溢的讲话，他说：“郭云鹰等同志根据明清之际大学者顾炎武的《肇域志》以及许多文章、诗词等历史资料，并进行了细致的实地考察研究，力排众议，明确断言《禹贡》碣石在无棣，曹操所登临的碣石也在无棣，曹操的《观沧海》诗是在建安十一年（206）秋八月率大军自并州东略边境，征讨管承，途经无棣马谷山（碣石山）有感之作。这一结论，言之成理，持之有据，解破了学术界也包括我在内多年来的疑惑和成见，同时给无棣争得了一个千古名山胜地。这必将对无棣经济文化的繁荣昌盛，特别是对当地旅游文化事业的发展起到不可估量的作用。”

安老似铜钟般的声音，掷地有声，久久回响在碣石山上，回荡在无棣人民心中。

三、出版《禹贡碣石考》 大功告成

复名新闻发布会之后，2005 年，经山东省人民政府批准，大山镇更名为碣石山镇，并成立了省级地质公园。在山上，恢复重建了碧霞元君宫、观海阁、禹王亭等景点；在山顶南侧，矗立起一座秦始皇东巡碣石碑，也称“无字碑”；在山下饮马湖旁，建立了碣石地质博物馆和碣石文化展览馆。该景点已被批准为四星级旅游景点，承办了首届世界华人运动会圣火采集仪式，恢复了碣石山庙会等。为扩大宣传效果，县委组织人员又重新整理各种考证文章，编辑了《禹贡碣石山》（两版），由济南出版社出版发行，这一切都得到了安老先生的亲切关怀。2005 年 12 月，安老来无棣参加“吴式芬纪念馆”开馆仪式时，专门听取了我们的汇报，给予具体的指导，并安排我们去山东师范大学授课，介绍我县是如何挖掘历史文化和考证《禹贡》碣石的。

2009 年冬，徐景江同志利用在家养伤的机会，学习“左丘失明，厥有《国语》”的精神，将十多年来的研究成果整理成较为系统的、全面的属于我们自己的东西。文章形成后，大约二十万字。安老阅完这些文章后大加赞赏，给予充分肯定，并提出了许多修改意见，明确指出，碣石山是历史名山，不仅是无棣的、山东的，也是全国的。安老认为，为加强碣石文化研究在全国的影响，进一步提高和确定历史定位，这部著作应该报国家级出版社出版。他亲自联系人民出版社，力荐该书，将之命名为《禹贡碣石考》，还亲自题写书名。对于“碣石考”三个字，安老反复书写了好几遍，直到满意为止，这一方面可以反映安老严谨的治学态度，另一方面也说明“考”字的分量。作为地方工作者、历史文化爱好者，能够“考证”历史、与“大儒”抗辩、逆潮流而动、解千年“谜案”，确实有点“小草也疯狂”。但作为史学泰斗的安老并不这样看待，对于每一次登门求教，他总是不厌其烦地仔细听取我们的汇报，认真予以指导，结束后，亲自送到楼宇门外，目送我们上车。他对待我们，就像对待他的学生一样，循循善诱，诲人不倦，非常尊重基层的研究成果，并不时给我们纠正研究方向，提供研究方便。从确定出版《禹贡碣石考》，到书稿付梓五年时间，几十万字的书稿，安老几次全面审阅和修改，多次写信和电话交流沟通，不放过每一点细小瑕疵。安老为人十分谦虚，多次提出书中不要用他的照片，要用无棣碣石文化宣传研究会全体人员的照片，“成绩是你们的，是无棣的，应多宣传无棣的同志”。

九十三岁的安老先生去世了，用他的话说，“我这一生非常简单，可用六个字来概括，那就是‘读书、教书、写书’”。碣石文化研究仅仅是安老对历史文化巨大贡献的“沧海一粟”，但是对于无棣碣石复名开发工程的作用、对于我们参与的每一个同志的收获确是难以估量、无法用语言表述的。

为表达无棣人民对安作璋教授的怀念之情，县政府发出唁电，并派高晓勇副县长带队，组团赴济参加告别仪式。于长銮老先生代表无棣碣石文化研究会撰写了挽联——

上联：研经攻史，三皇五帝穷秦汉；

下联：临棣登碣，一言九鼎识名山。

禹迹已湮，碣石犹存；安老千古，情怀永在！

无棣人民永远不会忘记安作璋先生，碣石文化永远闪烁着安老先生的智慧和光芒。

（作者系中共无棣县委原副书记）

史学泰斗的滨州情怀

李象润

记得今年（2019 年）正月十六，寒冷的子夜时分，忽接乡贤建业君讣讯：史学泰斗安作璋先生驾鹤仙逝，愚吾顿有翰林天倾地陷之痛感，心乱而思绪万千，面滞而热泪溢出。安老仙逝的噩耗在滨州史学界迅速传播着。十八清晨，我与正致力编著《博兴通史》的张基地、陈建元先生结队前往济南莲花山殡仪馆，与安老先生做最后的诀别。下午两点，数百名学界同仁和先生的弟子、学生、朋友从全国各地赶来，在庄严肃穆的气氛中送先生最后一程。邹平县的曲延庆、王忠修先生来了，无棣县的高晓勇、郭云鹰、徐景江、刘震、刘玉文先生来了。我们在冰冷悲凉的气氛里相依着，向安老深鞠躬、洒热泪、致大礼，受到安国、朱亚非、李建业、张荣刚等同人的接待。从济南归来的路上，我眼含悲泪，回忆往事，历历在目。岁月时光虽在流淌，但先生的音容笑貌犹在，先生对滨州历史文化研究的热切关注和全力支持，同侪将永铭心田。

安作璋教授是我国当代著名的历史学家，他在中国古代史尤其是秦汉史、历史文献学、山东地方史研究方面，均有很高的造诣和广泛的影响。作为一名生于斯、长于斯的山东学人，先生怀着强烈的赤子情怀，有着服务桑梓的热切愿望。从中华人民共和国成立初期，他便萌发了强烈的历史担当，主动承担起山东地方史研究和著述工作的时代重任。几十年来，他身体力行，笔耕不辍。从 20 世纪 80 年代开始，他便发起和主持编著卷帙浩繁的《山东通史》，组织省内外多所高校和科研单位的数十位专家、学者勠力同心共同编写。为争取科研立项和编写经费及出版资金，为制订编写纲目和体例，为组织队伍写书稿，他强力支撑着年迈和有恙的身体，多方奔走，耗时尽力，不知经过了多少艰难困苦，熬过了多少不眠之夜，几番周折坎坷，克服了面临夭折的难题。在先生矢志不渝、百折不挠的努力下，终于在1995年把《山东通史》第一版8卷10册出齐收官，这标志着山东地方史研究和成果走在了全国的前列，实现了安先生多年的宏志夙愿。安先生不但在学术上成就辉煌，而且积极主张学以致用，以极大的热情指导帮助地方搞好历史文化研究和地方通史的编撰，尤其对地处古今黄河入海处的滨州大地情有独钟、厚爱一层。长期以来，他特别关注滨州的商周薄姑和齐文化研究，并表现出极大热情和奉献精神，也因此与滨州结下了深厚的历史文化之缘。

博兴县地处古今的“南北干道”，是商周时期的薄姑重地。1987年4月，安先生应邀到博兴县参加“汉孝子董永及其故里论证会”，荣任论证委员会主任委员，朱绍侯、高敏任副主任委员。经过安先生与其他参加论证会的专家学者的认真研讨比对，论证得出“董永实有其人，故里山东博兴，家住丹阳乃虚传，武氏石刻可鉴”的学术结论。不久，《人民日报》（海外版）发表《董永有其人 故里在山东》的文章，对其学术成果给予充分肯定，由此，董永故里是博兴的消息迅速传播于海内外。安先生还帮助他的弟子李建业、董金艳，搜集、整理了有关董永孝文化的大量资料，申报了“山东师范大学首届大学生科技立项”课题，其成果近70万字的《董永与孝文化》一书于2003年由齐鲁书社出版。安先生撰写序言，并题写书名。2015年，中国文史出版社出版的《博兴文化大观·董永孝风卷》，也是由李建业、董金艳二位年轻学者应家乡之邀而编著的，安先生担任该书的学术顾问，欣然为之题写书名，并在所撰的序言中殷切希望：“随着孝敬父母、承担家庭责任、敬老爱幼这些传统美德、责任意识和社会公德被弱化，人们也开始从内心里真心呼唤传统家庭亲情文化和孝道文化的回归。深入研究和大力弘扬传统孝文化中尊老爱幼、和谐友善等文化理念和思想资源，无疑是构筑社会主义核心价值体系的重要内容，对于提高公民的思想道德素质，培养良好的社会道德风尚，形成和谐友善的社会环境和文化氛围，加快构建和谐社会，无疑具有重要的现实意义和深远的历史意义。”这些年来，安先生不顾年迈体弱，多次受邀到博兴参加有关董永的文化活动，令我们感佩之至。可以说，40 多年来，博兴县在弘扬仁孝文化、创建“董永孝文化品牌”上，一直是在安作璋先生支持下逐步发展完成的。

邹平县地处从中原内陆到山东沿海“天齐古道”的中枢，有着丰厚的历史文化沉淀。1992 年，编纂十载的《邹平县志》出版发行以后，县史志办公室主任曲延庆先生调县政协工作，任分管文史工作的副主席，他开始构思编著《邹平通史》事宜。1997 年春季，历经三年多的努力，40 万字的《邹平通史》初稿完成，得到中共邹平县委、邹平县政府领导的关心和支持。1998 年 10 月，邹平县召开了《邹平通史》评审座谈会，以县政协的名义邀请安作璋教授等省内著名历史和社会学方面的八名教授专家到邹平，对《邹平通史》进行了审读修改。安作璋教授因时间问题未能参加，但其他与会专家提出了许多中肯的修改意见和建议。后来，安先生不辞辛劳，认真提供史料帮助修改文稿，并欣然为《邹平通史》作序。安先生认为：“洋洋 50 余万言的《邹平通史》，可以说，在地方史这个研究领域内，其本身就有填补空白和开创性的意义。”可见，安先生对地方编著通史大加褒赞、不吝笔墨、积极支持。

无棣县地处山东省北大门，是古代齐国北部边疆重镇。从 20 世纪 90 年代起，无棣县资深文史专家于长銮就多次呼吁碣石山复名意义重大。2001 年初，中共无棣县委开始组织文化专家展开论证工作，由时任县委常委、宣传部部长的郭云鹰具体负责，成立了“无棣县碣石山复名开发工程指挥部”。在困难重重的情况下，他们到山东师范大学找到安作璋教授。安先生的学术论证和支持发挥了中流砥柱的导航作用。经过几个月的努力，2001 年 9 月 15 日，“无棣碣石山复名新闻发布会”在碣石山北麓新落成的“碣石山碑”前举行。中央电视台、《人民日报》和省、市媒体的记者，山东师范大学齐鲁文化研究院、山东地方史研究所、省地名办、省矿产办的领导和专家参加了复名仪式。著名历史学家安作璋教授发表重要学术讲话，并与山东师范大学历史学教授、国际徐福文化交流协会理事李宏生先生一同为“碣石山”揭碑、题词。安作璋教授在讲话中明确指出：“《禹贡》碣石在无棣，曹操所登临的碣石也在无棣，曹操的《观沧海》诗是在建安十一年（206）秋八月率大军自并州东略边境，征讨管承，途经无棣马谷山（碣石山）有感之作。这一结论，言之成理，持之有据，解破了学术界也包括我在内多年来的疑惑和成见，同时给无棣争得了一个千古名山胜地。这必将对无棣经济文化的繁荣昌盛，特别是对当地旅游文化事业的发展起到不可估量的作用。”安作璋教授题词碑用将军红大理石做成，碑阳刻安先生题词：“禹迹已湮，碣石犹存；盛世复名，历史重光。”碑阴刻安先生“在碣石山复名新闻发布会上的讲话”文稿。2005 年 12 月，安作璋先生又到无棣参加了“吴式芬纪念馆”开馆仪式，并对无棣县的历史文化研究进行具体指导和帮助。2011 年，碣石山复名十周年之际，安作璋教授又为“碣石复名十周年”重新题写了“禹迹已湮，碣石犹存”几个大字，对碣石文化研究给予充分肯定。2011 年 10 月 15 日，首届世界华人运动会圣火采集仪式在碣石山举行。2013 年，历时三年多时间，徐景江、郭云鹰将多年来搜集的《禹贡》史料、《禹贡》研究以及涉及碣石、九河的零散史料和考辨文献、文章，再加系统化、专题化，形成一部集史料文献、考辨研究于一体的“综合性考辨文章”，请安先生过目斧正时，安先生将“综合性考辨文章”改为“学术著作”，帮助调整篇目，建议撰写“绪论”、绘制曹操东临碣石时期的征战路线图，并提出了很多修改意见。在安先生的精心指导下，作者又经两年多的时间，对考证内容进行反复校对、修改和完善，充实大量文献、考古资料和图片。安先生题写了书名，帮助联系人民出版社；在书稿送审、编排直至定稿开印过程中，安先生均进行认真审定。整个书稿的审定倾注了安作璋教授大量的心血和情感。2014 年 12 月，《禹贡碣石考》由人民出版社正式出版。安先生仙逝后，《滨州日报》2019 年 4 月 15 日发表郭云鹰撰写的《安作璋先生与无棣碣石文化研究》文章，详述安先生对无棣历史文化研究的巨大贡献与缅怀之情。

滨州，上古时代是炎帝族薄姑故地，地处济阳凹陷带，是从中原内陆进入渤海的必经地域，是“天齐渊”所在，依山向海，天齐滨州，自古都有大河流淌，是姜齐文化的发祥地。2009 年 4 月 21 日，我与滨州学院姚吉成老师、杜立晖博士在李宏生教授的引荐下，就进一步搞好滨州的历史文化研究和组织“蒲姑（甫古）与滨州历史民俗文化论坛”活动，及启动《滨州通史》的编纂工作，专门前去拜访了安先生。我首先向安先生汇报了近几年我们滨州历史和民俗文化研究的主要成果、黄河三角洲历史文化研究的主要脉络、薄姑论坛研究活动的主要做法和困惑，着重阐述了“齐文化源于滨州薄姑”和“滨州即天齐渊”的主要观点，以及编纂《滨州通史》的初步设想等。德高望重的安老认真听取了汇报，对我们近几年历史文化研究的主要成果表示高度赞同和积极支持，反复说“齐文化源于滨州薄姑”的学术观点是符合历史真相的，他还对下一步进行《滨州通史》的研究提出许多建设性的指导意见。先生的教诲给我们巨大的鼓励。我们呈给先生《滨州历史与民俗文化考略》《滨州历史与民俗文化研究》两册书籍，敬请先生给予指教。先生阅读后，认为我们“在滨州历史文化研究上有突出贡献，即使就整个山东地方历史文化研究而言，也是独树一帜的”。2009 年 8 月，我与滨州学院李沈阳博士又去济南，把《滨州历史与民俗文化论坛》的书稿送先生指教。先生不仅就如何进一步编好此书提出意见，还欣然作序题词：序言肯定“该书有很多值得称道之处……抓住了滨州的这一区域文化特色，有新的深化和拓展”；题词：“我们所以要了解历史，归根结底是因为我们关心我们的现在和未来。”其间，他还多次电话指导，诲人不倦地指点后学迷津。更令人难忘的是，2009 年 12 月 31 日下午 5 点多，我走在下班路上，突然接到了安先生的电话，他说要对序言的清样稿做两处修改。我立即快步返回办公室打开电脑，拨通了先生的电话，先生先对序言稿做了总的说明，然后对样稿第四行、第九行的两处欠妥的地方做了修改和补充。笔者有幸感受了齐鲁大地史学泰斗安作璋教授治学严谨之风范，真是高山仰止、景行后学矣！接着，他鼓励我们要再接再厉，把区域历史文化研究推向前进，并向滨州的全体历史文化工作者问新年好！我走在回家的路上时，已是万家灯火，迎着刺骨的寒风和飘落的雪花，心里却是热乎乎的，我不断回味着先生亲切的教诲和热望。

2009 年 9 月，滨州市历史文化研究会隆重成立，聘清华大学李学勤先生和山师大安作璋先生为学术顾问。2010 年，在安先生指导下，我在滨州组织评选新八景活动，并编纂出版《滨州八景诗文通览》，安作璋先生题词评价说：“滨州评选新八景，开齐鲁历史文化之新风，有重要的历史和现实意义。”2010 年 9 月，在安作璋和李学勤先生的指导帮助下，中华书局《文史知识》头题发表了我（与李浴洋合作）的《薄姑三论》长文，而滨州历史文化爱好者也在相关期刊陆续发表了系列文章及科研成果，尤其《滨州区域文化通览》八卷本荣获一等奖，这标志着滨州区域历史文化研究走在了全国地市级的前列。

安先生数十载如一日精研山东历史古籍，殚精竭虑主编《山东通史》的同时，积极倡导各地市编撰自己的通史著作，志在全面提升山东历史文化的总体实力。先生曾多次向时任中共滨州市委书记的邓向阳、张光峰同志建议，滨州应当组织编写自己的通史著作，并鼓励我们努力研究、积极准备，且大力提供学术帮助。他曾多次对我说：“我觉得滨州通史值得写，而且也应当写……通史除了写历史事件的发展过程，还要注意把各种重要典章制度和历史人物传记加进去，使之在体例和内容上更加丰满和生动，体例也可以创新，要善于接地气、冒热气、出灵气、有生气。”2011年12月，我们基本完成《滨州区域文化通览》八卷本，受到中央文史馆和国务院参事室的表彰奖励并荣获一等奖。2012年5月，《滨州通史》开始酝酿编纂，我们决定以安作璋先生主编的《山东通史》和《济南通史》等为蓝本和参考。修撰期间，李学勤、袁行霈、安作璋、郑杰文、刘德增、朱亚非、刘德龙等大家学者多次对通史的修撰表示支持，并进行学术指导；我和编写组的同仁，曾多次到济南向安先生汇报和请教。在安先生和李学勤先生的指导下，我们提出要善于用“工匠精神”打造学术精品，把《滨州通史》铸就打磨成全国地市级最好的通史著作，以对得起安先生和李学勤先生的厚爱深情。安作璋先生任学术顾问的《山东地方史文库》编委会秘书李建业先生为家乡通史编纂给予了资料帮助。2017年9月6日，《滨州通史》四卷本经先生审读书稿和题词，由山东人民出版社隆重出版，先生题词：“览前史之得失，为当代之龟鉴。”殷殷之心跃然纸上。2017年9月26日，我又同博兴县张基地、陈建元先生到济南，向安先生呈送刚出版的《滨州通史》新书和《博兴通史》的编写提纲，聆听先生的学术指导和高超见解。先生欣然应邀担任《博兴通史》的学术顾问，谈了他对我们如何编纂好《博兴通史》的具体意见。先生翻阅着翰墨清香的《滨州通史》四卷本，笑着说：“《滨州通史》的封面色调与版式内容，与《山东通史》太相似了！但有进步和创新，可敬可贺！”张基地笑着说：“《博兴通史》将来的封面设计，也要参照《山东通史》的装帧特点，与《滨州通史》封面款式基本一致，形成一个历史文化的系列丛书。”安先生高兴地说：“好哇！好哇！”接着大笑起来。2019年春节，他的学生李建业、董金艳回博兴省亲，博兴县政协的张基地、陈建元同志委托他们将《博兴通史》征求意见稿带给安先生，敬请安先生审阅指正。万万没有想到，正月十六上午在济南安老家里，安先生还和齐鲁文化研究院江林昌院长、张荣刚主任畅谈齐鲁文化的课题策划，晚上我们竟接到了安先生仙逝的噩耗，岂不令人痛心哀哉！我们只能等到《博兴通史》正式出版后，献祭于先生灵前，以告慰安先生在天之灵吧。

去济南莲花山殡仪馆参加先生遗体告别仪式时，无棣县带去了于长銮先生代表无棣碣石文化研究会题写的挽联："研经攻史，三皇五帝穷秦汉；临棣登碣，一言九鼎识名山。"我代表滨州市历史文化研究会撰写的挽联是："大师殒之日，泰山为之倾，黄河为之泣，翰墨为之穷。"挽联数语，实难表达对安先生的崇敬和缅怀之情。我们要学习和继承安作璋先生的史学精神，"实事求是，秉笔直书"，为苍生人民开太平。天下文脉，通史为宗。安老任顾问并指导我们编著的《滨州通史》已先后获山东省历史学会创新成果一等奖和省第33届社科优秀成果三等奖。吾曾赋诗一首，以告慰安先生英灵："十年辛苦著史通，切磋琢磨费经营。山师安寓州县辨，清华李园薄姑明。北海霾深寻前路，梁邹夜雪问苍穹。百万文字义工愿，水远山长又一程。"

《中国社会科学报》的记者张杰于2019年2月21日见到先生逝世的讣告，次日即在中国社会科学官网上发表缅怀文章："因为采访，记者曾数次前往安作璋先生家里拜访，先生为人敦厚谦和，平易近人，即使行动不便，每次拜访结束，安先生都会将记者送到门口，温和的言语、谦厚的品格让人肃然起敬。"我相信，这不仅仅是北京记者张杰一人的体会和记忆，我们每次到安舍拜访，安先生也都是将我们送到楼道门口外，每一位拜访过安先生的客人和学生，都会有这样的体味和温暖吧。见微知著，安先生实为当代学界楷模。先生将永远活在我们后学的心目中，激励我们不负人民，努力前行，立志把先生开拓的事业推向未来。

（李象润，历史文化学者，学术带头人，历任滨州市文联主席，《滨州通史》主编，滨州学院和滨州职业学院特聘教授，滨州市人大代表，滨州市历史文化研究会主席）

难舍安老

——我的徐福历史研究老师

曲玉维

安老走了，走得那么突然，走得那么让人不能接受，全然不管2017年元旦时节我们在安老家中相约百岁的约定。2019年春节前后，我几次与安老相约，因为到2020年龙口徐福研究正好三十年了。我在2019年1月14日又获新职：龙口市徐福研究中心主任。这一任职使我退居二线成为泡影，也使组织筹备龙口徐福研究三十年纪念的相关活动成为我不可推卸之责任。于是当日我便向朱亚非副会长（中国国际徐福文化交流协会）汇报交流：徐福研究三十年，要有纪念，要有活动，至少要编辑一本龙口徐福研究三十年图文集，而这封面题字非安老莫属，因为他是龙口徐福研究的全程参与者、见证人、引领者。安老虽然由中国国际徐福文化交流协会副会长转任顾问，但他依然有顾有问，总是那么关心、关注龙口徐福研究，在脑子里有徐福位置，在心里装着龙口徐福研究。

早在20世纪50年代，安作璋先生主编的《山东通史》（内部教材）就第一次提出了徐福故里是黄县和徐福船队自登州沿海一带渡海赴日的观点，而龙口人（1986年黄县改为龙口市）一直未能自觉。直到1989年夏秋，时年59岁的山东省社科院语言文学研究所副研究员李永先接触了这一历史话题并饶有兴趣，写成了《徐福籍贯是龙口》的文章并发表在烟台一学院的学术期刊上。李先生先后向时任山东省政协副主席丁方明、山东省人大常委会副主任林萍汇报。曾经担任烟台地委书记的林萍对此事很是支持，电话与龙口方面联系。李永先持信只身来到龙口，龙口市有关领导会见了他并表明了支持的态度。李先生回去之后又和山东师范大学的安作璋教授商谈，得到了安作璋教授的认同和支持，安先生偕同山师历史系的朱亚非讲师先后两次来龙口洽谈徐福研究问题。龙口的徐福研究这才在外力的推动下幡然猛醒，提上了议事日程。1990 年，龙口市在聘请组织部分历史、考古、民俗、航海专家对历史文献、徐福遗址、出土文物、民间传说综合考证分析的基础上，获得了大量一手资料并组织撰写了数量可观的学术论文，召开了第一届徐福籍贯学术讨论会。来自江苏、天津、辽宁、河南、山东的专家学者 20 余人与会，其中著名专家有中国秦汉史学会副会长安作璋教授、中国日本史学会常务副会长王金林研究员等。经过热烈讨论，大家一致认为司马迁《史记》记载的“齐人徐福”是秦齐郡黄县徐乡人，今龙口市乡城镇古城遗址即汉徐乡城——徐福故乡。随着有关徐福学术研讨活动的深入开展，徐福东渡事件逐渐由徐福其人其事拓展到了历史、考古、航海、民俗、伦理、语言、宗教、文学、外交、建筑等诸多方面，已经形成了一种独特的文化现象。安作璋先生在第三届徐福学术研讨会上对“徐福文化”现象专门进行了论述，他指出：徐福文化应包括徐福思想和方士文化—齐文化—秦时中国文化等几个层面的意思。在当前和平与发展的国际环境中，广泛深入地研究徐福和徐福文化，弘扬民族优秀文化，加强中外文化交流，增进团结友谊，促进共同发展，以研究徐福精神全面推进徐福文化工作向纵深发展，是历史与时代赋予我们光荣而神圣的使命。

我参与徐福研究，是 1998 年的事，当时我从经济部门奉调而来，对徐福全然不知，甚至 1998 年 4 月的徐公祠落成典礼我都不知道。这时龙口已经组织过三届徐福研讨活动了，编辑出书、编导歌剧《徐福》等徐福研讨高潮已经过去了。我来接手的第一项任务就是筹备龙口市徐福故里文化节，第二项任务就是组织龙口徐福文化艺术团出访韩国西归浦。我只能是一边干，一边学，干中学，学中干，请教徐福研究会老人、同事，拜访安老、李永先、林仙庭、朱亚非等专家学者，很快与安老、朱亚非翁婿二人成了莫逆之交，他们也是我迅速融入徐福研究领域、广交徐福学界专家朋友的恩人。说来也是缘分，安老是山东师范大学著名历史学教授，是全国数得着的秦汉史大家，而我毕业后在山东省商业厅工作期间，厅领导曾经派我参加了在山师大举办的省直机关秘书培训班，记得张蕾老师给我们上课，这好赖和山师大也是沾边的。朱亚非是我山东大学的学兄，只不过他是历史系七八级，我是经济系七九级，所以我的历史功底只是高考积累那点，再就是历史系端庄漂亮的孔令仁教授教过我们中国经济思想史。我的底子太薄，对徐福更是孤陋寡闻，因此，要想把工作做好，得下非常人之功。

2001 年 11 月，安老和亚非兄邀我赴济南参加全国首届齐鲁文化研讨会。这时经过三届徐福故里文化节筹办和三度率团访问韩国西归浦参加庆典工作历练的我已经得到了中共龙口市委副书记、龙口市徐福研究会会长由伟中的充分肯定，把我的“副”字去掉，我以龙口市徐福研究会秘书长的名义第一次参加国内学界会议并以《齐文化与徐福东渡》为标题做了交流发言。由此结识了山师大历史系特别是秦汉史等学界一帮学者，如仝晰纲、魏建、李云泉、燕生东、赵卫东、党明德等，还结识了中国中外关系史学会会长耿昇先生。当我于 2004 年在浙江岱山再次见到耿昇先生时，我已受邀填表成为其学会会员。2005 年，首次参加了中国中外关系史学会延边会议，又由此结识了更广范围的学界朋友，像社科院的万明、山大的晁中辰、中国海洋大学的曲金良和修斌、南开的孙卫国、广州大学的王元林、复旦的邹振环、陕西师大的王欣、敦煌研究院的胡同庆、暨南大学的刘永连等。而我与耿昇先生的友谊也在不断加深，2011 年中外关系史沈阳会议上提名我为学会理事；2013 年，在石家庄召开的学会第八届会员代表大会上我被推举为学会副秘书长，成为学会秘书长孙泓的助手；2017 年，在青岛中国海洋大学召开的学会第九届会员代表大会上我再次当选。2011 年，中国国际徐福文化交流协会第三届会员代表大会特邀耿昇先生一行助阵，致贺词。2018 年 4 月 8 日，耿昇先生逝世，我借用李白的《赠汪伦》而改为《祭耿昇》以表达哀思："玉维乘车将欲行，忽闻京中哀鸣声。笔耕不辍成津梁，学林萧萧泣耿昇。"

2004 年，中国国际徐福文化交流协会会长办公会议在济南举行，会议决定以协会的名义编撰《徐福志》，由朱亚非担任主编。为了赶进度，2005 年 12 月 21 日，在山东师范大学安老家中召开了《徐福志》编纂人员例会。协会副会长、《徐福志》主编朱亚非先生主持会议，协会秘书长、《徐福志》副主编曲玉维，协会副秘书长、《徐福志》副主编史衍勤、郝慧民，徐福研究专家李永先先生及有关编辑人员出席会议并就相关问题进行了研讨。协会顾问、《徐福志》学术顾问安作璋先生就《徐福志》编纂的具体章节亲自点拨、深入指导，并为《徐福志》作序。记得会议结束时，一场大雪不期而至，以至于济南长途汽车总站全部班车停发，我们只好坐过路车辗转潍坊才得以回到龙口。

2005 年孩子高考结束时，我们夫妇陪孩子放松式游走，我们选择了济南，住在山师大招待所，一是希望安老与孩子见见面，做一番指点鼓励；二是希望去山大转转，走走我的母校，体味一下小树林的感觉；三是希望去商业厅看看，体验一下我工作的第一站。说到底还是一家人共同维护着我对济南的留恋之情。

2007 年，经过九年筹办九届徐福故里文化节，九度东行韩国济州岛参加西归浦市第五至第十一届七十里庆典、七次徐福祭礼、第二至第四届东亚细亚徐福文化国际学术大会和济州徐福学会东亚徐福国际学术研讨会，参加为期 11 天的浪漫飞行之旅"2002 年中日韩 JRT 国际徐福研讨会"以及访问国内大多数徐福遗迹传承地，我积累了一些文章，在协会主办的《徐福文化交流》连载后，安老鼓励我可以先期编辑出版，日后再考虑续集，先睹为快。安老为我题写书名《追随徐福东渡行》并作序：

曲玉维同志的《追随徐福东渡行》即将出版，很高兴为它写几句话，以表祝贺。

我与玉维同志相识近10年了。他是山东大学经济系的毕业生，毕业后曾在山东省商业厅工作，后调回家乡龙口市，在市委、市政府机关工作。1998年到文化局分管徐福文化工作，先后担任龙口市徐福研究会秘书长兼办公室主任、中国国际徐福文化交流协会秘书长兼秘书处主任。龙口市是中国早期航海家、中日韩交往的先驱者徐福的故乡。从1990年开始，龙口市委、市政府和龙口市人民开始深入研究这位伟大乡贤的业绩，纪念这位先驱者的贡献，学习这位先驱者的开拓精神。在国内外各方面的支持帮助下，十几年来龙口市对徐福的研究和宣传持续不断，并且取得了巨大的成功。不仅发起成立了全国性的学术团体——中国国际徐福文化交流协会，举办了每年一度的徐福故里文化节及各类研究、宣传活动，出版发行了大量研究、宣传徐福的著作、刊物、宣传册，建立了徐公祠、徐福园等徐福纪念设施，而且与日本、韩国、中国台湾及海外一些国家和地区建立了广泛的联系，吸引了大量的海外投资，有力地促进了龙口市经济文化的快速发展。

龙口市徐福研究、宣传和推广活动之所以形成今天的规模，是与龙口市委、市政府的热心推动和全市人民的积极参与分不开的。同时也得力于龙口市徐福办同志们的不懈努力，其中玉维同志更是付出了大量的心血。9年前，玉维同志听从市委调遣，从自己熟悉的经济工作岗位上调入徐福研究会办公室并主持工作。这是一个全新的工作岗位，也是一个陌生的领域，既要全面承担组织、研究、宣传徐福的活动，组织文化节、学术会议和其他活动，还要接待海内外来访的客人，联络各有关领导、专家和其他徐福爱好者，出版发行各种宣传刊物。工作千头万绪，紧张而劳累，但他凭着强烈的事业心和对徐福这位先贤的热爱，与秘书处和办公室其他同志同心协力，出色地完成了市委、市政府和中国国际徐福文化交流协会交付的各项任务，推动着徐福研究不断迈上新台阶，得到了领导和专家学者的赞誉。

玉维同志有很好的文学功底，又是一个善于观察、善于思考和勤于笔耕的人。多年来他在紧张工作之余，仍发表了不少脍炙人口的文章。这本《追随徐福东渡行》就是他多次参加中日韩徐福国际研讨会议及徐福遗址考察活动的亲身经历。全书以散文形式把所见所闻记叙下来，抒发出来，文字优美，读起来亲切感人，给人以深刻的启迪与思考，可以说是一本饱蘸着真实情感写成的旅行杂记，是玉维9年来的厚积薄发，是无心者很难做到的。书中没有过多的夸张和修饰，但通过真实的描述，展现出中日韩三国人民对徐福的追忆和热爱。徐福已超越了国界，成为中日韩人民友好的象征。徐福当年东渡所展现出的那种以德睦邻、与邻为善的和谐精神在新时代正在发扬光大。2000多年过去了，徐福这个人物虽然离我们越来越远，但他的形象却越来越高大，这也是他为东亚各国人民所景仰的缘由所在。

此为序。

安作璋

2007年2月1日

安老腿有疾，出访行动总是不便，但只要龙口徐福研究方面有活动，总是有求必应，亲自莅临，而我们也尽最大可能为安老提供方便，如派专人到烟台火车站站台推着轮椅接安老。与安老见面后，我们会赶紧趁机请教徐福学术研究中遇到的疑难问题，而安老也总是不厌其烦耐心解答。有一年，安老在龙口参加活动，时任中共烟台市委副书记的齐秀生听说后立马从招远赶到龙口与安老见面，原来齐书记是安老的学生。安老也以老师的身份积极影响齐书记关心龙口的徐福文化，如龙口旅游度假区的徐福文化园就是其一，虽然因地方人事更迭，项目最终没有如期实现，但是先期的设计还是令人耳目一新的。

从我接到徐福研究中心主任职务任命的那一刻起，我就明白这回真的要将徐福研究“革命”进行到60岁了，《龙口徐福研究三十年》这一写作任务应当尽早不尽晚。春节期间，我一来值班，二来心已安静，索性赶写《龙口徐福研究三十年》初稿，2月16日，洋洋一万八千字脱稿。其间我通过朱亚非教授与安老联系，请他题写条幅，安老也愉快地应允了。可是我万万没有想到，2019年2月20日也就是正月十六日夜，上午还在看书稿、下午还出去遛弯的安老突然离世，享年93岁。我和赵兴亮副秘书长2017年元旦去给安老拜年时，我们相约百岁，可是安老走了。我们一时间无法接受，龙口徐福研究人也不能接受，所以无论如何我们都要送安老最后一程。龙口到济南的动车票没有了，我们赶大巴车。我立即以协会、龙口徐福研究会、龙口徐福研究中心的名义发了唁电，送了花圈。协会副会长、安老的学生岳庆平，协会常务副会长、安老的女婿朱亚非，协会秘书长曲玉维，协会副秘书长赵兴亮到山师二宿舍33号楼安老的家中吊唁并参加了在济南莲花山殡仪馆举行的“今日秦汉史学界的重镇”、史学大家安作璋同志遗体告别仪式。《光明日报》《大众日报》《齐鲁晚报》《山东商报》等媒体都有整版报道，《齐鲁晚报》通栏标题“良史春秋笔，名师齐鲁风。史学大家安作璋去世，一生读书、教书、写书”是对这位齐鲁文化泰斗的最恰当概述。2月24日，曾经参加协会成立大会的史学泰斗李学勤先生去世，享年86岁，令我们痛上加痛。有悼安、李两先生千古联：秦汉官制齐鲁大地一生安作璋，寻根问祖夏商断代一世李学勤。本来约好3月份去拜访李永先先生的，结果2月24日一早我们俩访问了李先生，李先生回忆了1989年启动龙口徐福研究的过程，并为《龙口徐福研究三十年》题字留念。看看时间还有，我们顺访了山东省博物馆秦汉展馆的徐福东渡板块，去千佛山辛亥革命烈士墓拜祭了龙口籍徐福后裔徐镜心烈士墓。逝者已去，生者安好。先辈们开创的事业还未完成，徐福研究还要继续，请安老安心，我们后辈一定努力！

（作者系山东省龙口市徐福研究中心主任）

追忆我与安作璋先生的一来一往

石贤圣

2月21日，我从好友微信及多个媒体公众平台惊悉：中国秦汉史研究领域的扛鼎人物，中国秦汉史研究会原副会长，著名历史学家，党的十三大代表，山东师范大学历史文化学院教授、博士生导师安作璋先生，于2019年2月20日22时37分在山东省中医院东院不幸因病去世，享年93岁……起初半信半疑，但后来通过多种渠道，获悉同一噩耗，我不得不相信这是真的。盈眶的热泪，相隔百公里的三鞠躬……仍然无法表达我对安先生的哀悼和敬仰之情。曾经一来一往两次与安先生近距离接触和交往的情景，瞬间浮现眼前，于是，我迅速打开电脑，敲击键盘，将文字这一安先生一生钟爱的载体，化作舒缓的音乐、美丽的花朵……表达对他渊博学识和高尚品德的赞叹！

2008年6月6日，由山东师范大学教授、著名历史学家安作璋，省人文自然遗产保护与开发促进会副会长、省政府调研室原主任王德椿，省文化厅原厅长于占德等组成的省文化工作考察组一行7人，应邀来陵县（现德州市陵城区）考察文化工作。

盛夏时节，草木葱茏，百花盛开，蜂喧蝶舞，一派生机勃勃的美好景象。安先生虽已年逾八旬，但依然精神矍铄。在时任县委书记李世民，县委常委、宣传部部长刘在军，副县长邢志军等陪同下，安先生一行兴致勃勃实地考察，听取有关情况汇报。神秘连绵汉墓群、庄重肃穆东方朔墓、古朴典雅文博苑、“三奇”美誉画赞碑……陵县悠久的历史渊源、丰富的文物遗迹、深厚的文化底蕴，使安先生一行表现出浓厚兴趣，对中共陵县县委、陵县县政府千方百计发展文化旅游事业的做法给予高度评价，并就进一步做好相关工作提出了宝贵建议。

安先生认为，陵县历史悠久，文化灿烂，名人辈出。存世1200余年的国家一级文物东方先生画赞碑，年代更为久远的、全国少见的省级文物保护单位神头墓群、东方朔墓以及众多国家级文物，令人叹为观止；在这片热土上，孕育了东方朔、颜真卿等诸多历史名人，谱写了许许多多华彩篇章，闪耀着正义与智慧的光芒；陵县的民艺民俗是中华民艺宝库中的奇葩，独特的民间舞蹈蹦鼓舞，曾入编《中国民族民间舞蹈集成》……陵县是山东省黄河以北文物古迹最多的县份，堪称汉唐古城。

安先生说，1995年12月14日省人大常委会第19次会议通过的《山东省1996—2010年人文自然遗产保护与开发规划纲要》第二部分《规划目标》之“（十三）运河文化区”中，确定该区以古京杭大运河为主线，包括德州、聊城、菏泽、泰安、济宁、枣庄等地，规划目标共有9项，其中陵县就占有两项，即“保护和开发陵县汉墓群”“建设东方朔文学艺术陈列馆”。这一方面证明陵县在全省人文自然遗产保护与开发方面占有举足轻重的位置，另一方面也为陵县提供了可以充分利用的优惠政策。

可喜的是，近年来，中共陵县县委、陵县县政府在发展经济的同时，对文化工作高度重视，采取了多项有效措施，使很多文物古迹得到有效保护，同时不断完善文化设施，尤其是今年又投巨资建设东方公园和文化艺术中心，迈出了令人高兴的第一步。所有这些，完全符合上级有关促进社会主义文化大发展、大繁荣的会议和文件精神。安先生建议，要进一步加强保护工作，加大宣传力度，做好利用文章，认真探讨发展文化产业的运作方式，集思广益做好长远规划，推动文化旅游事业更好更快发展。

安先生一边仔细观看，一边不断询问有关情况，时过中午，仍意犹未尽。考察完毕，他在文博苑欣然挥毫题词“汉风唐韵”。简短准确的概括、隽秀飘逸的墨迹，令在场人员热烈鼓掌喝彩。我当时是县文化旅游局的党组副书记、副局长，有幸参与陪同并做好服务工作，亲身感受到了安先生的迷人风范，并有幸在他题词时与其相对而立，铺平宣纸。

2014年初，新年伊始，万象更新。当时正讨论东方朔墓碑碑名问题，我便萌发了请教安先生的想法。虽然当年安先生来陵县调研时我曾有幸参与接待，但若干年过去了，且咱毕竟是个“小卒子”，如此大家能理睬咱吗？抱着试一试的想法以及不忍心打扰又急于求教的忐忑纠结心情，我于1月4日中午将有关资料打印装订，并写了一封短信，以特快专递的方式寄给安先生。次日上午10点12分，我便收到邮政系统发来的短信，告知我寄的邮件安先生已妥收。更令人意想不到的是，1月6日上午9点15分，安先生用家中座机给我打来了电话：“喂，你好！是石主任吗？你的来信和相关资料收到了。我在电话里谈点看法好吗？”我异常兴奋，赶紧说：“好！好！安先生您先挂了电话，我再打过去，以免浪费您的电话费。”安先生接过话茬：“不用不用，接着说就行！”接下来他侃侃而谈，一口气说了23分3秒，使人无法相信他已88岁高龄！接完电话，我的崇敬、感动之情难以言表，迅即根据电话录音及笔录情况将其谈话内容整理打印成文。为避免因听觉或理解问题而歪曲原意，我借1月7日出差济南的机会，登门拜访，当面请教安先生。当天14点32分，我辗转打听到了他位于山师大教工二宿舍区的住宅楼，拨通了他家座机，接电话的正是安先生！待我说明来意后，他非常爽快地答应了。随着门铃的清脆响声，迎接我的是一位50多岁的男士，他自称是安先生的女婿，正要去上课，安先生在楼上，一会儿就下来，要我稍等。环顾房间，这是位于一楼的一套复式房子，看布局应是20世纪80年代所建，一层的面积约50平方米，阳面两室均布置成书房，靠墙都是旧式木质书橱，里面多为大部头书籍，实在放不下了，书橱之上也整整齐齐码了一捆捆的书，默默诉说着历史的厚重。西书房书桌旁青翠欲滴的非洲茉莉和争芳斗艳的蝴蝶兰打破沉寂，洋溢着无限生机。

很快，安先生沿着木质楼梯缓步走下。我欲上前搀扶，他摆手阻止："你不熟悉地形，我自己来!"安先生毫无大家架子，上身着旧式手工毛衣，脚上穿着一双普通布鞋，除了双腿因患关节炎稍有不适，思维敏捷，谈吐自如，若不是亲眼所见，让人无法和其年龄画上等号！他极其朴实，热情引领我到东书房一张非常简易的写字台前相对而坐，使我很快打消了拘谨。简单寒暄几句，我便拿出事先打印好的"电话稿"请他指正。安先生戴上眼镜，字斟句酌，还不时和我交谈一下："给你打电话时没打草稿，难免有不妥之处……"反反复复修改了三遍，不知不觉一个多小时过去了。修改后的稿子较之原稿，改正别字 1 个，修改字、词、标点符号 5 个，删除标点符号 5 个，增加标点符号 2 个，删除汉字 98 个，增加汉字 73 个，总字数（含标点符号）由 788 个减少为 760 个——治学严谨之态度着实令人钦佩！为尽量少打扰这位可敬的老人，我连声道谢后，于 15 点 45 分告辞。安先生在"电话稿"末尾特别注明："仅是个人粗浅的理解，仅供参考!"且当日修改完后反复强调："只是个人观点，千万别强加于人!"足见安先生平易近人、谦虚谨慎之高尚品德！反复拜读，感慨万千！写到此，已是泪眼模糊。

安先生，2 月 20 日，"雨水"刚过，马上就是万物复苏的阳春时节。您虽然"离开了"我们，但您的风范根深叶茂、影响深远!

良史春秋笔　名师齐鲁风

倪自放

著名历史学家、秦汉史研究会原副会长、山东师范大学历史文化学院教授、博士生导师安作璋先生，因心脏病突发，于2019年2月20日22时37分在山东省中医院东院不幸去世，享年93岁。1927年1月10日安作璋先生出生于山东曹县，1947年至1951年求学于齐鲁大学，后至山东师范学院（今山东师范大学）历史系任教，1980年由讲师晋升教授，曾担任山东师范大学古籍整理研究所所长、中国秦汉史研究会副会长、山东历史学会副会长和山东地方志学会副会长等职务。

在安作璋先生的书房内有一副友人题赠的对联："良史春秋笔，名师齐鲁风。"多位受访的学界知名人士告诉《齐鲁晚报》记者，这是安作璋先生的人生写照。

一、成就"今日秦汉史学界的重镇"

作为我国著名历史学家，安作璋是中华人民共和国成立后最早从事秦汉史研究并取得卓越成就的史学家。山东师范大学教授、博士生导师朱亚非介绍，安作璋在秦汉史、历史文献学、山东地方史、齐鲁文化史、中国运河文化史等领域均有独特贡献。

"我的一生非常简单，可用六个字来概括，那就是'读书、教书、写书’。”90 岁时，安作璋如是说。其中读书、写书成就了著名历史学家安作璋。

1947 年中学毕业后，安作璋以优异成绩考入齐鲁大学文学院历史系，主攻秦汉史。这期间，他午夜之前极少休息，总是如饥似渴地涉猎着先秦和秦汉的各种文献，“前四史”被他翻烂两套，四易寒暑，他竟有 7 个假期没有回家。1951 年，安作璋大学毕业，被分配到山东师范大学（原山东师范学院）历史系工作，迄今已走过了整整 68 年。

1954 年 2 月 20 日至 5 月 27 日，短短 3 个多月中，安作璋相继发表论文《西汉的西北屯垦》《论西汉农官的建置及其作用》，引起史学界的注意。

改革开放以来的 40 多年间，安作璋著述就达千万字以上，撰有《秦汉官制史稿》（合著）、《秦汉官吏法研究》（合著）、《秦始皇帝大传》（合著）等著作。他还主编《中国史简编》、《中国古代史史料学》、《山东通史》（600 多万字）、《齐鲁文化通史》（合编，350 万字）、《中国运河文化史》（195 万字）、《中华杂技艺术通史》、《济南通史》（300 多万字）等，多次获得山东省社科优秀成果奖。

朱亚非说，安作璋先生最新的学术著作是《学史集续集》，“安先生说，历史是一座取之不尽、用之不竭的宝库，活到老，学到老，也不一定能窥其门径，而升堂入室更不容易，因此最近十余年写了《学史集》《学史集续集》”。朱亚非说，刚刚过去的春节，安先生是在书斋中以书写的形式度过的。

二、教书六十八载，年逾九旬坚持授课

作为山东师范大学教授的安作璋，始终把自己定位为一名教师，传道授业解惑，一直坚持到年逾九旬。朱亚非另一个身份是安作璋先生的女婿，

他告诉本报记者："安先生教书68年，去年他92岁，还在带研究生。"

朱亚非介绍，改革开放后，安先生开始培养研究生，被国务院学位委员会遴选为博士生导师，至耄耋之年仍为史学人才的传承奉献自己的心血，年逾九旬仍坚持为研究生授课，数十年来为国家培养了一大批博士生、硕士生、高中级历史学教师，其中有不少已经成长为知名学者。安先生主编的《中国史简编》《中国古代史史料学》被教育部评定为高校通用教材，为国内诸多高校历史学专业所采用，泽被万千学子。

山东师范大学历史文化学院副教授秦铁柱是安作璋2007年带的研究生，秦铁柱说，安作璋先生治学严谨，"先生对青年学者提携非常多，也要求严格，我的一些学术文章，先生看得很仔细，经常是一个标点一个标点地改。要知道，我考上安先生的研究生时，先生已经80多岁了"。秦铁柱说："我曾经问安作璋先生治学秘诀，他说，我没有什么秘诀，如果说有，那就是'业精于勤'四个字，即眼勤、脑勤、手勤，也就是勤于读书、勤于思考、勤于写作。"

除了传授专业知识，安作璋还注重言传身教。秦铁柱回忆说："先生给研究生开设的第一课是'传统道德与和谐社会'，强调'立德'的重要性，为'三不朽'之首，教育我首先要做一个有道德的人，其次才是做学问，他常说，'国无德不兴，人无德不立'。"

山东师范大学教授、博士生导师仝晰纲是安作璋的学生，后来成为安作璋的同事。仝晰纲说，安作璋对青年学者非常关心，"我刚工作时，安老师单独找我谈话，他对我说，工作之前坐了十几年的冷板凳读书，工作之后至少还要再坐十年冷板凳读书，这样才能奠定学术研究的扎实基础"。

三、与时俱进，做经世致用的活学问

作为我国著名历史学家，安作璋还兼任山东大学教授、博士生导师。

山东大学经济学院教授、博士生导师陈新岗，是安作璋在山东大学带的最后一位博士生。陈新岗目前的学术研究领域为经济史，在他看来，自己目前的成就来源于导师安作璋最初对自己“与时俱进、经世致用”的学术要求。

陈新岗说，自己2000年做安作璋先生的博士生时，安先生已经年过七旬，“虽然安作璋先生研究的领域是古代史，是先秦史，但他不是做古董式的研究，而是要‘究天人之际，通古今之变’，也就是要研究人与人、人与自然、人与社会的关系，通晓历史发展的规律，做与时俱进、经世致用的活学问”。

陈新岗博士论文选题时，安作璋先生就说，题目必须兼具学术意义和现实意义，“安先生讲，如今是太平盛世，应当研究治国问题。于是，《两汉诸子治国思想研究》成为我的博士学位论文题目，论文主要围绕两汉治国实践中的重大问题，诸如德治与法治、吏治与治吏、集权与分权、国家干预与经济自由等展开，这些主题至今依然有重大现实意义”。

朱亚非说，安先生心系国家、社会，一直关心国家大事，心始终与国家、民族在一起，他是一位坚持经世致用的学者，不管是他早期所关注的“两汉与西域关系”，还是后来的“运河文化”研究、山东地方史研究等，都与国家经济、社会发展密不可分。

朱亚非介绍，安作璋主编的《中国史部研究》不仅成为学术热点课题，也有现实意义，最能体现安先生做“经世致用活学问”的学术追求。

四、齐鲁文化研究的开拓者、推动者

地方史研究是安作璋先生另一个有重大贡献的领域。他主编的《山东通史》，被学界评价为“地方史研究中的开创之作，是近年来历史研究的突出成果”，所创体例为后来者所借鉴。

山东师范大学齐鲁文化研究院名誉院长、教授、博士生导师王志民说，安作璋先生在秦汉史方面的突出成就有目共睹，同时，安作璋先生是我省前辈学者中少数最早致力于齐鲁文化、山东地方史研究的学者之一，也是山东师范大学齐鲁文化研究的开拓者、推动者。王志民说，安作璋先生是教育部人文社科重点研究基地齐鲁文化研究基地第一、二届学术委员会主任，“2001 年春天基地挂牌后，我与安先生反复磋商，广泛征求意见，首先启动了基地重大项目《齐鲁文化通史》的编撰，先生与我共同担任主编。在接下来的三年里，安先生以当时近 80 岁的高龄，与大家一起投入到项目中来，最终圆满完成了 350 万字的八卷本通史。这部通史是国内同时期区域文化研究中的扛鼎之作，在国内学术界引起很好反响，并获得山东社科优秀成果一等奖”。

王志民介绍，虽然后来安作璋先生不再担任齐鲁文化研究院学术委员会主任，但齐鲁文化研究院完成的诸多大型学术工程，例如 100 卷“齐鲁历史文化丛书”、28 卷“山东文化世家研究书系”，乃至广获赞誉并获得省社科优秀重大成果奖的《山东省历史文化遗址调查与保护研究报告》，安先生都是主要的学术顾问之一。

（原载《齐鲁晚报》2019 年 2 月 22 日）

研史 60 余年　历史长廊话春秋

许　倩

2019 年 2 月 20 日晚，著名历史学家、党的十三大代表、中国秦汉史研究会原副会长、山东师范大学历史文化学院教授、博士生导师安作璋先生因病去世，享年 93 岁。从事史学研究 60 多年，安作璋在中国古代史、历史文献学等方面有着很高的造诣，并成为中国秦汉史研究领域的扛鼎人物。用一生做学术研究，安作璋在重温历史的同时闪耀了史学界。

一、学生察应坤忆恩师：为人亲切，为学严谨

半夜得知安作璋先生去世的消息，安作璋的学生、山东大学博士研究生察应坤感到非常悲痛，“悲痛袭来，顿觉失去依靠”。如察应坤所回忆，自 1997 年上大学以来，安作璋先生对察应坤的帮助不仅体现在学术方面，也体现在生活上。

“我从 1997 年大学本科开始，就跟着安老师学习，因为都是菏泽人，我跟安老师还有一种特别的老乡之情。”察应坤回忆，自上学那时起，安老师就对学生关怀备至。“上大学时，我们创办了学生学术性刊物《学史》，主要是为青年学子提供学术锻炼的平台。安老师为刊物题写了刊物名称，并以‘士不可以不弘毅’题词鼓励学子孜孜以求学术的进步。”

后来，察应坤考博时的推荐信也是安老师亲笔写的。“虽然内容不

长，但安老师改了好几遍，又亲手写了下来，用了整整一个小时。”察应坤回忆，安老师教学授课非常受欢迎，给学生们留下了深刻的印象，“当时上课时报告厅都坐满了，包括门外也挤满了人”。

在学生察应坤看来，安老师的治学具有大家风范，“安老师治学主要的精力放在秦汉史和齐鲁文化方面，既具有微观上严谨的学风，也注重宏观上的历史研究观。既讲求乾嘉学派那种对于史料的推敲、认真，也具有浓重的家国情怀，对国家振兴有着强烈的知识分子责任担当”。

对于学术研究，安老师严谨细致、字斟句酌。察应坤回忆，安老师最看重学生的勤奋和认真。近些年，察应坤出了三本专著：《周自齐传》《王鸿一传略》和《吕后传》，安老师为其中两本书作了序，另一本作了推荐，并评价这几本书填补了山东历史研究的空白，为山东地方史研究提供了新的材料和新的视角。

让察应坤印象深刻的是安老师对其中内容的修改和对学术的严谨。“《王鸿一传略》之前的副标题是‘毕生余瘁为民生’，安老师将其改为‘毕生尽瘁为民生’，从‘余瘁’到‘尽瘁’是一个非常大的升华，通过改一个字就让文章的层次提升了。”

安老师对《吕后传》的创作也提出了建议。“《吕后传》属于秦汉时期的范围，老师对这段历史比较熟悉，在创作中也提出了很多意见，也很中肯地做了评价。”察应坤回忆，“在写吕后的史料挖掘时我用到了‘凤凰涅槃’这个词，安老师告诉我说‘涅槃’是佛教用词，当时佛教的词语还没进入中国，对于形容吕后的人生是不合适的”。

退休以后，安作璋一直进行学术研究。“安老师主要从事秦汉史、齐鲁文化和中国通史、运河文化史等方面的研究。”察应坤告诉记者，安老师一直有锻炼的习惯。“每天早晨五六点就起床，然后到山师校园里去转一圈，晚饭后再去校园转一圈，始终坚持。”

二、同事、家人朱亚非追忆：笔耕不辍，活到老学到老

作为从事历史教学的同事，也是女婿，对于安作璋老师的去世，山东师范大学历史文化学院教授、博士生导师朱亚非感到十分意外："没想到，本来身体还可以，感觉很突然。"

在朱亚非看来，安老为人热情，"别人找他帮忙他都会尽心帮助"，对待自己要求严格，工作非常认真、刻苦，"每天坚持读书、写书和锻炼，直到去世前一天也是如此"。朱亚非告诉记者，最近这段时间，安老师还在进行两本书的创作，最终却没能完成，"时间比较紧张，家人一直劝他注意休息，他做习惯了，每天都是这样。最近一直在看稿，一本是关于中国杂技史的图说版，还有一本关于传统文化方面的研究"。

从 1951 年进入山师开始，安作璋不断推出历史研究成果，一方面是秦汉史研究，还有就是山东地方史研究。"他是中国秦汉史研究会的创始人之一，在秦汉政治史、人物史研究方面很有影响，也是中华人民共和国成立以后山东地方史研究的开拓者之一，12 卷 600 万字的《山东通史》等大部头书都是他主编的，他对地方人物事件长期都有关注。"朱亚非回忆，在研究的同时，安作璋也推动了学校的学科建设，比如山师齐鲁文化研究院入选教育部人文社科重点研究基地就与安老师的努力分不开。

安作璋还将地方历史研究与经济发展、旅游文化建设联系起来。"比如研究徐福东渡对龙口、琅琊等地引进外资、文化建设做了贡献，此外对商都文化和孙膑的研究也对地方文化做出贡献。"

做学术研究的 60 多年也是教学的 60 多年。从 1951 年开始教学，退休后又被返聘，安作璋直到去年还在给研究生上课。朱亚非回忆，对于学生，安作璋既严格又宽容，"给学生改论文都是一个字一个字地改，连标点符号都给改过来。对待学生薄弱的地方又及时鼓励"。

三、作家魏新忆史学大家：对家乡情深，有传统学者的精神

“我的一生非常简单，可用六个字来概括，那就是‘读书、教书、写书’。”这是安老师对自己人生的概括。确实，他在学术方面的研究深厚，也被业内学者所敬佩。

作为晚辈和安教授的老乡，作家、诗人魏新对安老师的去世深感惋惜。“安老师作为史学大家，也代表了一代学者对学术的严谨。”魏新告诉记者，“安老师是我非常敬仰的前辈，在汉史这方面有很深的造诣。安教授对汉史尤其是对西汉的研究，学术价值非常高，现在研究汉史绕不开安教授的成果”。魏新感叹，安老师对于家乡的感情也非常深厚，“安教授还是曹县县志的顾问，前后几个版本他都是顾问”。

“安教授对西汉的研究非常透彻，在他身上有着传统人文学者的精神，这种精神也能激励后人去研究历史。能这么多年静下心来研究历史，守着孤寂和寒窗踏踏实实地做学问，非常不容易，值得我们尊敬。”魏新回忆。

四、生平成就：研究治学60年，著作等身

安作璋治学与从事研究60多年，是中华人民共和国成立后最早从事秦汉史研究并取得卓越成就的著名史学家，其论著曾受到史学大师郭沫若先生的赞赏，被日本学者誉为“秦汉史之大家”。

从20世纪80年代始，安作璋践行司马迁“究天人之际，通古今之变”的治史思想，主张治史贵在通，其研究范围逐步拓展到通史、地方史、文化史、文献学等领域，也著有众多史学作品。主要著作有：《汉史初探》《两汉与西域关系史》《班固评传》《秦汉农民战争史料汇编》《秦

汉官制史稿》等，其中《秦汉官制史稿》被学界评价为填补了断代官制史方面的空白；《刘邦评传》被学界评价为“不仅是刘邦个人的传记，而且还是一部翔实的西汉开国史”。安先生主编的《山东通史》被学界评价为“地方史研究中的开创之作，是近年来历史研究的突出成果”。

（原载《山东商报》2019年2月23日）

夫唯大雅　卓尔不群

——论汉献王刘德的文化贡献及人品风范

张汉东

“夫唯大雅，卓尔不群”[1](p2436)，一个伟美壮观的人格形象！这，就是汉献王刘德。班固为景十三王作传，传尾赞语对其余十二王只字未提，独赞献王刘德，并给予高度评价！“夫唯大雅，卓尔不群”八字，触摸到了献王的人格内涵和精神灵魂。本文拟对这一评价做出论析性解读，充分领略其卓尔不群的大雅风范。献王对中国文化的贡献主要有三个方面：一是文献收藏，二是学术研究，三是精神财富。精神财富是其中的精华，展现了献王的高尚人品。下面首先考察其生平事迹，其次讨论其文献收藏和学术研究，最后解析其人品风范。望能抛砖引玉，启发我们的追梦创新精神，促进家乡的繁荣建设。

一、人生路上背负沉重身世的顽强奋进者和追梦人

汉献王刘德（？—前130），汉景帝刘启之子，名声显赫的汉武帝刘彻的同父异母兄。刘德在景帝前元二年（前155）被封为河间王，都乐成（今河北献县），在位二十六年，于武帝元光五年（前130）去世，终年约40岁。死后获朝廷谥曰“献王”，国传于子不害。汉献王刘德的河间国从

景帝时建国到王莽时绝嗣，共传八世一百五十余年。

《汉书·景十三王传》比较系统地记叙了献王刘德的生平：

> 河间献王德以孝景前二年立，修学好古，实事求是。从民得善书，必为好写与之，留其真，加金帛赐以招之。繇是四方道术之人不远千里，或有先祖旧书，多奉以奏献王者，故得书多，与汉朝等。是时，淮南王安亦好书，所招致率多浮辩。献王所得书皆古文先秦旧书，《周官》《尚书》《礼》《礼记》《孟子》《老子》之属，皆经传说记，七十子之徒所论。其学举六艺，立《毛氏诗》《左氏春秋》博士。修礼乐，被服儒术，造次必于儒者。山东诸儒多从而游。
>
> 武帝时，献王来朝，献雅乐，对三雍宫及诏策所问三十余事。其对推道术而言，得事之中，文约指明。
>
> 立二十六年薨。中尉常丽以闻，曰："王身端行治，温仁恭俭，笃敬爱下，明知深察，惠于鳏寡。"大行令奏："谥法曰'聪明睿知曰献'，宜谥曰献王。"[1](pp2410～2411)

仅从这个简略的小传，我们很难看出传主在人生旅途上有什么苦衷和坎坷，但结合当时的社会背景和传主身世，我们不难发现献王刘德是个面临人生逆境的勇敢挑战者！他背负着沉重的身世，步履艰难地走在逆境中，为了实现自己的美好理想和宏伟抱负，以顽强的意志和聪明的慧心，在恶劣的政治生存环境中另辟蹊径，坚持不懈地追逐着自己的理想。

献王刘德出生在父亲刘启的太子宫中，并在宫中长大。他被立为河间王时年约二十岁，正值大有作为的好年华。当时汉朝已经建立半个世纪，尤其是经过文景之治的休养生息，大汉帝国的发展有了雄厚的经济基础。中国历史来到了一个千载难逢的腾飞临界点。时代在呼唤宏大的兴功造业。无论朝野，凡有才之士无不摩拳擦掌，跃跃欲试，想施展抱负，给国家增添色彩。建功立业，是那个时代的最强音。结果，汉武帝刘彻率领一批文武精英完成了历史使命。他拓疆半个世纪，奠定了中国多民族统一国家的疆域基础；他设州察郡，整合秦制，完善了中央集权行政体制；他独尊儒术，确立了中国君主国家的思想核心。刘彻把大汉帝国推向鼎盛，完成中国多民族统一国家在疆域、政治、思想上的“三大奠基工程”，所以，他成了名彻古今有皇皇大功的皇帝。历史很会开玩笑，如果不是刘德的母亲栗姬在处理宫闱关系中失误，刘彻的上述使命或许是由刘德来完成也未可知，但由于栗姬的失误，就有了戏剧性的变化：刘德被推入恶劣的政治生存环境中，没有了施展才华和实现抱负的政治空间。

刘德的母亲栗姬是景帝刘启早年最宠爱的妃子，为刘启生了刘荣、刘德、刘阏。刘启有十四子，栗姬所出的荣、德为其中的二位年长者。景帝前元二年（前155），封六位皇子为王，德与同母弟阏位列于首：“德为河间王，阏为临江王。”[1](p141)当时未封长子刘荣，是因为要立其为太子。因为当时的薄皇后乃刘启祖母薄太后所强加，不受宠爱，未能生子，所以须从庶出皇子中选择太子。刘荣最长，其次为刘德。太子虚位于荣，故这年封德、阏为王。两年后，即前元四年（前153），立长子刘荣为太子，立年方四岁的刘彻为胶东王，是年刘阏不幸亡故，没有子嗣，临江国归汉。刘彻的母亲是美人王娡。王美人本在民间嫁人生女，瞒婚入宫，得宠于刘启，生了刘彻。刘彻是第十皇子，本来皇位与其无关，他只是一个四五岁的胶东王而已。可是这时杀出了一位馆陶长公主。长公主是景帝刘启唯一的同胞姐姐，深受母亲窦太后宠爱，在汉宫中的地位举足轻重，景帝好多爱妃都是通过她的门路得宠。长公主有个女儿，就是“金屋藏娇”典故中的陈阿娇，她想把阿娇许配给太子刘荣，好来日做皇后，却被栗姬谢绝。长公主又向王美人提亲许配刘彻，王美人爽快答允。二人联姻，局面大变。她们造谣言，施巧计，嫁祸栗姬激怒景帝，竟很快就颠覆了刘荣的太子地位。景帝一怒之下当场杀了一位大臣，把太子刘荣废为临江王，刘荣、刘德的母舅栗卿也遭受诛杀，母亲栗姬气病身亡。刘荣在前元七年（前150）废为临江王，同年王美人被立为皇后，刘彻立为皇太子。皇位继承权由栗姬母系向王娡母系的转移彻底完成。

景帝中元二年（前148），刘德兄临江王刘荣坐侵太宗庙地，征诣中尉，惶恐自杀，无后除国。至此，献王刘德的所有亲人丧失殆尽，只剩了一位对他漠不关心且又难得一见的父皇刘启。这时刘德仅20余岁，可怜年纪轻轻，人生路上已是举目无亲，满腹泪水，栖栖惶惶。

如果说太子被废还不是刘荣之过，那么“征诣中尉”则是咎由自取。从其“侵太宗庙地”和“恐”而“自杀”来看，刘荣根本不成器，连个临江王位都保不住，何况君临天下！正常情况下，刘荣若不能继承皇位，候补者就是刘德。除了刘德和刘彻，景帝其余十一子都是不上墙的烂泥巴，正如《汉书·叙传》所云：“鲁恭馆室，江都訬轻；赵敬险诐，中山淫醟；长沙寂漠，广川亡声；胶东不亮，常山骄盈。四国绝祀，河间贤明，礼乐是修，为汉宗英。”[1](pp4253~4254)十二王都糟透了，只有“河间贤明……为汉宗英”。“为汉宗英”，是说刘德乃汉宗室英豪。刘德既在皇子中脱颖而出，才智超群，又继胞兄刘荣之后最年长，当时已是朝气蓬勃的青年皇子，而刘彻尽管雄才，几岁小儿还尚未展露，若非后宫妇人斗弄心计，刘德继承皇位也就顺理成章。

刘德既不能继承皇位，也就彻底丧失了在政治上施展抱负的机会。这有两个原因：一是汉朝严禁诸侯王参与政治，二是汉武帝对献王刘德尤其警惕。

汉初一度认为诸侯王势力是皇权的最大威胁。刘邦灭秦建汉，认为秦无藩王辅弼而导致迅速灭亡，所以在除掉异姓诸侯王的同时，大封同姓王，形成了汉朝境内郡国并存的政治体制。藩国林立，血缘关系日益疏远，难免威胁皇权。文帝时，先后发生济北王刘兴居和淮南王刘长两次小型叛乱；到景帝时，又发生了大规模的吴楚七国之乱。从文帝到武帝，皇权一直对诸侯王势力采取压制措施：文帝采纳贾谊的治安策“众建诸侯而少其力”，景帝贯彻晁错的“削藩”，武帝实施主父偃的“推恩令”，都在极力压制诸侯王。朝廷乘平定七国叛乱的余威，直接剥夺了诸侯王的行政治民权、官吏任免权，对王国官裁职贬秩，使王国丧失独立性，让诸侯王成为只能衣食租税而无权问政的贵族。即使如此，武帝刘彻仍然十分警惕诸侯王的威胁。他的担心也自然有其原因，就在景帝乘平定七国之乱余威刚刚夺权于诸侯王之后，即发生了景帝之弟、刘彻之叔梁王刘武觊觎皇位、谋图不轨的事，当时皇位继承权几乎被梁王夺走。而刘彻即位后也曾发生淮南、衡山二王的谋反事件，刘彻岂能不时刻担心。

在皇位继承权的斗争中，叔父刘武的觊觎没有成功，栗姬母子惨败于王娡。刘彻的皇位继承权从栗姬母子手中夺来，沾着对方用生命喷出的淋漓鲜血，因此，不难理解武帝刘彻对献王刘德的格外警惕。

朝廷严禁诸侯王问政，皇帝格外警惕河间，对献王刘德来说，在政治上自然也就没了英雄用武之地。他还不如一介布衣平民！在张扬功业的汉代，谁都可以大胆甩开膀子建功立业。如终军，可以过关弃繻，请长缨而收南越；如班超，可以弃笔从戎，统一西域。献王却不成，因为他是诸侯王，而且是令皇权极为敏感的诸侯王，因此他不可能在政治上有所作为。在人生路上，他是背负沉重符号的艰难行者，这个沉重符号就是他的母系身世，就是与皇权有隙而深受皇权猜忌的身世背景。“最是无情帝王家”，可叹一代英豪没了用武之地。母亲气死，母舅被杀，弟早亡，兄自尽，这个年轻人举目无亲，在皇权猜忌中，背负沉重，艰难地走在自己的人生路上。但是刘德是一个很有才智和毅力的人。他没有被压垮，没有倒下，他顽强地奋进着，追逐着自己的人生之梦。他适应朝廷尊儒和限制藩王问政的要求，把自己的功业转向了文献的搜求整理，试图从文化角度挖掘出历史上先王们的富民强国方略，提供当朝古为今用，促进国家繁荣昌盛。

这是他苦心孤诣、另辟蹊径施展人生抱负和美好理想的被动选择，也显示出其卓尔不群的风格。为此，他下了不少功夫，搜罗整理古本而尽量远离政治，从事研究而努力使学术古典化，实事求是地探讨历史而离开现实，以期避免皇权的敏感。但既然是研究先王，既然是实事求是，那就必然涉及先王政治，皇权连先王政治都很敏感！

武帝元光五年（前130），献王至长安朝见武帝，向朝廷进献典籍、雅乐，接受策问。“对三雍宫及诏策所问三十余事”，策问题多而又多，可见武帝对刘德戒心之重。《史记集解》引《汉名臣奏》杜业奏曰：

> 河间献王经术通明，积德累行，天下雄俊众儒皆归之。孝武帝时，献王朝，被服造次必于仁义。问以五策，献王辄对无穷。孝武帝艴然难之，谓献王曰：“汤以七十里，文王百里，王其勉之。”王知其意，归即纵酒听乐，因以终。[2](p2094)

武帝故意找碴儿，用反话讽刺献王：既然商汤王以七十里、周文王以百里就得了天下，你河间国那么大，努力吧，天下很快就是你的啦！皇权无情，真是欲加之罪何患无辞。武帝这句反语如同利剑，一语杀向献王。献王心领神会消极以对，归国后“纵酒听乐”，直至去世。

汉初诸侯王入朝一般是在岁首，即十月初一。据《史记·汉兴以来诸侯王年表》，献王刘德于元光五年，即献王二十六年（前130）“来朝”[2](p858)；据《汉书·武帝纪》，“五年春正月，河间王德薨”[1](p164)。岁首入朝是汉家惯例，诸侯王实际入京时间要在年前，因为至少要留出岁首日朝见天子的准备时间。从献王刘德的学术活动看，他应该是在年前入京，并于岁首前后在京师逗留了一段时间。汉家的策问一般是书面出题，记录在简上，由专门官员持策前往代皇帝提问，受策问者也是书面回答，由官员回呈皇上，皇上若有问题则继续反复。献王的策问题量很大，策问过程恐怕也就跨了年度，始于年前，陆陆续续随问随答，年后以“武帝杝然难之”而结束。这些连串的策问使献王形成了一些著作，皇帝给予的评判却是致命一剑。岁首之后回国，刘德心情郁结，终于正月，去世很快。所谓“纵酒听乐”也无多时日，最多两三个月而已。尽管我们不能断言他是以死明志，但其逝匆匆，向武帝展现了他光明磊落的纯洁人品。

一代英豪，顽强与命运抗争，终于倒在了皇权的无情剑下。不过，他在短暂的四十多年人生旅途中，给后人留下了许多无价的瑰宝。

二、中国文化史上的典籍重镇和学术中心

下面叙述献王刘德在典籍收藏和学术研究方面对中国文化的贡献。献王是秦火之后大规模搜集文献和组织人力进行整理的第一人，并且他亲自率领学术团队进行学术研究。献王的典籍收藏和学术研究，不仅使他的河间国都乐成（今献县）成为当时西汉的一个典籍重镇和研究中心，也使他本人成了中国文化史上的一个典籍重镇和学术中心。献王使儒家文化在乐成复兴，对中国文化产生了深远影响。限于篇幅，这里只说其典籍收藏和学术研究。

（一）典籍收藏

1. 与朝廷平分秋色的惊人藏书量及藏书特点

刘德搜集文献的方法是鼓励民间献书，誊抄一份好本送给献书人收藏，将真本（原本）留下，并赐以金帛作为奖励补偿。如此，可使献书人既仍可利用原有藏本的内容，又可得到一笔钱财，所以吸引了全国各地家有先祖旧书的人，纷纷从四面八方前来献书。汉王因此“得书多，与汉朝等”。藏书之多竟与大汉朝平分秋色，可见其藏书量的惊人。藏书量既与朝廷等量齐观，也就是说当时献王的日华宫已经成为一个重要的藏书基地。可以说，这在中国文化史上是个典籍重镇。

献王并未仅限于文献搜求，还对文献整理做了大量工作。所谓“修学好古，实事求是”，就是讲的文献整理工作，即从旧书典籍中探索出其真正含义，这就需要校勘、查考、正误、修残补缺等。献王所开展的这项工作，就成为秦焚书后的第一次大规模文献搜集和整理活动。献王藏书量既大，其中当然就含有一些难得的版本、珍本，甚至是孤本。献王组织人力对这些文献进行整理、传授或进献朝廷，为中国文化做出了杰出贡献。

献王具体收藏了哪些图书，又整理了哪些典籍？详情已无可考。其收藏，我们可知的概况就是“皆古文先秦旧书，《周官》《尚书》《礼》《礼记》《孟子》《老子》之属，皆经传说记，七十子之徒所论”，大体以儒家书为主流。具体书名：（1）本传记载了《周官》《尚书》《礼》《礼记》《孟子》《老子》《毛诗》《左氏春秋》八种。（2）《汉书·食货志》及注载有《乐语》和《乐元语》二种。王莽诏书“《周礼》有赊贷，《乐语》有五均”，注引邓展曰：“《乐语》《乐元语》，河间献王所传，道五均事。”[1](p1180)二书讲食货赊贷平抑物价事。王莽“五均司市师”即出于此。（3）《后汉书·张纯传》载有河间《古辟雍记》一种。“（纯）乃案七经谶、明堂图、河间《古辟雍记》”，李贤注曰：“武帝时，河间献王德献雅乐，对三雍宫，有其书记也。”[3](p1196)《古辟雍记》当为献王“对三雍宫”之依据。（4）《隋书·经籍志》载有《礼古经》《司马穰苴兵法》《明堂阴阳记》《孔子三朝记》《王史氏记》《乐记》等数种。《隋书·经籍志》曰：

又有（礼）古经，出于淹中，而河间献王，好古爱学，收集余烬，得而献之，合五十六篇，并威仪之事。而又得《司马穰苴兵法》一百五十五篇，及《明堂阴阳》之记，并无敢传之者。唯（礼）古经十七篇，与高堂生所传不殊，而字多异……河间献王又得仲尼弟子及后学者所记一百三十一篇献之，时亦无传之者。至刘向考校经籍，

> 检得一百三十篇，向因第而叙之。而又得《明堂阴阳记》三十三篇、《孔子三朝记》七篇、《王史氏记》二十一篇、《乐记》二十三篇，凡五种，合二百十四篇。[4](p925)

其中的《礼古经》五十六篇，即献王本传中的“《礼》”；“仲尼弟子及后学者所记一百三十一篇”，即献王本传中的“《礼记》”；《乐记》二十三篇则属献王新作而非旧书收藏。这样，《经籍志》多出《司马穰苴兵法》《明堂阴阳记》《孔子三朝记》《王史氏记》四种。（5）许多资料记载了《孝经》出于献王。尽管献王藏书量与朝廷相等，但遗憾的是我们目前所知的重点书名也仅此十余种而已。

从上述种类，可见献王藏书特点：一是献王藏书以儒家为主但并不限于儒家，其中《老子》乃道家，《司马穰苴兵法》乃兵家；二是以古文先秦旧书为主但并不限于古文，《孝经》即今文本；三是收藏了不少珍贵的孤本，譬如《周官》《孝经》等。总之，献王藏书是一种以儒家典籍为核心、以旧本图书为主流、包含不少珍贵孤本的藏书格局。这与汉武帝尊崇儒术、抑制王国势力的政治要求相吻合。因为献王只能适应皇权要求，尊崇儒学，且在儒学中又不可能像民间布衣学者如董仲舒、公孙弘那样入世，那样热衷于政治，既然须尊儒学而离政治，那就唯有埋头儒家先秦古文旧书了。

2. 三部出于献王而传世的重要典籍《诗经》《周礼》《孝经》

在上述藏本中，《左氏春秋》不是孤本。《左氏春秋》在汉初有官、民两种传本，都是出于汉初的张苍，献王博士贯公的《左氏春秋》属于当时的民传本。唯出于献王而传世的重要孤本是《毛诗》、《周官》（即《周礼》）和《孝经》三部儒家经典。

《毛诗》。《毛诗》即今传《诗经》。《诗经》古称为《诗》，秦火后“以其讽诵不独在竹帛”风行流传，汉初形成齐、鲁、韩、毛四家。前三家为今文学派，朝廷置博士立为官学，非常火爆，直到汉末；毛为古文，朝廷不立，并受到今文排斥，显得冷落萧条。但前三家由于进入官学而走入死胡同，学术上丧失生命力，后来全部失传。《毛诗》却因潜伏民间，用心于“实事求是”、以推本真的研究，学术上生机勃勃，成为《诗经》的唯一传本。当献王扶持《毛诗》时，《毛诗》并非当时的《诗经》孤本，然而今日我们去看那些诸多流派仅存的零碎佚文，它却成为《诗经》中唯一的珍贵无价的孤本了。中国古典文献通常以四部分类，四部中以经为首，而经，按经古文学思维系统以《易》为首，按经今文学思维系统以《诗》为首，换言之，《诗经》是中国古典文献的龙头经典。这从其文化地位和真实价值上说也无可争议。若无《毛诗》，《诗经》不存。这么一部龙头性的重要经典，出自汉献王的乐成，可谓献王对中国文化的重大贡献。乐成，《毛诗》之故乡也！

《周礼》。《周礼》原称《周官》，刘歆校书改为《周礼》，清皮锡瑞有“论《周官》改称《周礼》始于刘歆”[5](通论三《三礼》p47)之论。《周礼》是经古文学的重要经典。其来源众说纷纭，或云出于孔壁，孔安国所献，清孙诒让斥为“虚妄不足凭信”。而学者认为可信的有三说，周予同列举如下：

> 一、以为汉武帝时发现。唐贾公彦《周礼义疏·序周礼废兴》引《马融传》说：“秦自孝公已下，用商君之法，其政酷烈，与《周官》相反，故始皇禁挟书，特疾恶，欲绝灭之，搜求焚烧之独悉，是以隐藏百年。孝武帝始除挟书之律，开献书之路，既出于山岩屋壁，复入于秘府，五家之儒莫得见焉。”他以为《周礼》因秦始皇焚书而隐藏，因汉武帝提倡儒学而出现，复因藏于宫廷图书馆而不行于当时。二、以为汉河间献王所得。《汉书·河间献王传》说：“献王所得书，皆古文先秦旧书《周官》《尚书》《礼》《礼记》《孟子》《老

> 子》之属。”三、以为河间献王时李氏所得。唐陆德明《经典释文·叙录》引或说，说：“河间献王开献书之路，时有李氏上《周官》五篇，失《事官》一篇，乃购千金，不得，取《考工记》以补之。”《隋书·经籍志》则以为李氏得《周官》，上于河间献王，献王补以《考工记》上奏。唐杜佑《通典·礼》篇说亦同。[6](pp240～241)

所谓“三说”实乃一说，因为三者并不矛盾，只是从不同角度叙述了同一件事，而令其眉目更为清晰：《周官》乃武帝时发现，如何发现的呢？从民间，凡民间秘藏皆谓之“山岩屋壁”；谁家屋壁？李氏也；李氏献给献王《周官》五篇，因缺一篇《冬官》，所以“乃购千金”；谁“乃购千金”？当然是献王，绝对不会是李氏出钱，若李氏能出千金购求一篇，何必又去献五篇？如此，则《隋书》“补以《考工记》上奏”与陆引“或说”完全一致，即献王补为六篇后奏献给了朝廷。由于当时朝廷尊崇今文，《周官》不但是古文，而且多有理想化的成分，不合时宜，所以被束之高阁而不用，确实是“因汉武帝提倡儒学而出现，复因藏于宫廷图书馆而不行于当时”，直到西汉末刘歆才重新把它拿出来并对今文博士们大发了一通雷霆。这里我们要说的是，《周礼》这部重要经典出自献王藏书，是献王对中国文化的又一大贡献。

《孝经》。《孝经》虽文字不多，却是两汉基础教育的重点教科书，东汉列为“七经”之一，在后代群经中也一直享有突出地位。对于《孝经》出于汉献王，文献资料多有记载。如《全汉文》卷十三《孔安国·古文孝经训传序》：

> 及秦始皇焚书坑儒，《孝经》由是绝而不传也。至汉兴建元之初，河间王得而献之，凡十八章，文字多误，博士颇以教授。后鲁恭王使人坏夫子讲堂，于壁中石函得古文《孝经》二十二章……鲁三

老孔子惠抱诣京师，献之天子……河间王所上虽多误，然以先出之故，诸国往往有之。汉先帝发诏称其辞者，皆言“传曰”，其实今文《孝经》也。[7](p196)

献王的《孝经》是今文经，所谓“文字多误”，乃经古文学者对其贬词也，然“博士颇以教授”“诸国往往有之”“发诏称其辞”却恰恰说明了经古文学者对其充分肯定的事实。“博士颇以教授”指京师朝廷太学博士以献王今文本《孝经》为教科书，“诸国往往有之”指献王今文本《孝经》广泛流传于地方各郡国亦即全国各地，而“发诏称其辞”则指最高统治者皇帝对献王今文本《孝经》十分纯熟，能在施政中信手拈来，引用自如。上至皇帝、太学，下至全国各地，都用献王今文本《孝经》。又邢昺《孝经正义》：

汉兴，改秦之政，大收篇籍，言从始皇焚烧之后，至汉氏尊学，初除挟书之律。有河间人颜贞出其父芝所藏，凡一十八章，以相传授，言其至少，故云滥觞于汉矣。[8](p2540)

司马贞议曰：今文《孝经》是汉河间王所得颜芝本，至刘向以此参校古文，省除烦惑，定此一十八章。[8](p2539)

献王今文《孝经》出自民间颜氏父子所藏的颜芝本，此本风行朝野，流行全国，是汉朝官方认可并大力扶持的官学本。而孔壁所出古文本二十二章，由于不合今文博士官学政治口味，尽管上献了朝廷，却被束之高阁而未用，直到汉末刘向校书，才用它校对了今文本十八章的某些文字。再后来，这个孔壁古文《孝经》就杳然失传了，尽管后来有人拿出过古文本，但经不起学者推敲，也不过邀功牟利的伪作而已。于是，只有献王献给汉朝廷的这部《孝经》传到了今天。

3. 献王在整理典籍基础上所创作的新著作

献王在整理先秦古文旧书的基础上又创作了许多崭新著作，可惜我们今天所知甚少。就零星资料看，其所作新书有：《乐记》二十三篇、《河间周制》十八篇、《对上下三雍宫》三篇。另外有两种无考确切书名，一种是“雅乐”，即乐谱集，姑且称之为《雅乐》，不知篇数；一种是“礼乐古事”汇编，姑且称之为《礼乐古事》，五百余篇。这些新作是在整理古籍基础上的创新，很大程度上属于学术研究，主要放在下文讨论。

为了令献王藏书情况清晰了然，列简表如下：

汉献王刘德藏书简表

献王藏书量	“书多，与汉朝等”（与国家藏书量平分秋色）
献王藏书特点	以儒家经典为核心，以古文旧本图书为主流，含大量珍贵孤本
所知献王重点藏书名	《毛诗》《尚书》《左氏春秋》 《孝经》十八章 《周官》六篇 《礼》（又曰《礼古经》）五十六篇 《礼记》一百三十一篇 《古辟雍记》 《明堂阴阳记》三十三篇 《孔子三朝记》七篇 《乐语》《乐元语》 《孟子》《老子》 《司马穰苴兵法》一百五十五篇 《王史氏记》二十一篇
所知献王孤本传世经典	《诗经》《孝经》《周礼》
献王所作新书	《乐记》二十三篇 《河间周制》十八篇 《对上下三雍宫》三篇 《雅乐》若干篇 《礼乐古事》五百余篇

（二）学术研究

献王学术研究表现为如下几个方面：

一是设置专书博士，献王置了《毛诗》与《左氏春秋》博士，用专职官组织带动学术活动的开展。

在汉代，专经博士只有朝廷才立，地方各郡国一概没有，朝廷虽设专经博士，但并没设古文经博士，而献王刘德在其王国立了《毛诗》与《左氏春秋》两位专门博士，可谓一朵璀璨的学术奇葩。清梁玉绳《史记志疑》引陈大令曰：

> 汉代贤王，河间称首，修学好古，表章《六经》。且毛公治《诗》，贯公传《左氏》，献王皆以为博士，并当时不立于学官者。其后《毛诗》独存，《左氏》盛行，实自献王发之……古称宗藩之贤曰间、平，谓河间王及后汉东平宪王苍。[9](p1178)

博士为学术专职官，身兼学术研究与授徒传学职能，《毛诗》与《左氏春秋》博士构成献王乐成学术职能机构，有组织、有计划地开展工作，有力地推动了学术活跃。

二是修建馆舍，招揽学者，用礼贤下士的诚恳态度收揽学子，组建乐成学术团队，研究学术。

《三辅黄图》曰："日华（笔者按：献王建）、曜华（笔者按：梁孝王建）宫，营构不在三辅，然皆汉之诸王所建。"[10](p82)《三辅黄图》卷三与《西京杂记》卷四对献王建日华宫皆有相同记载："河间献王德筑日华宫，置客馆二十余区，以待学士。自奉养甚薄，不逾宾客。"[10](p80)[11](p148)对此，汉史名家陈直先生在《三辅黄图校证》和《汉书新证》中有考证：

直按：本段与《西京杂记》卷四文字完全相同。《畿辅通志》卷一百六十一云："献县南三十五里，有河间献王日华宫故址。"又同卷云："河间县西北三十里，有君子馆故址。引《肃宁县采访册》云，县治东南十里，有武垣郡城。邑优贡生苗学植，博学好古，谒毛公祠，得砖一枚，上刻'君子'二字，古茂闲雅，汉隶体也。其后庠生刘溯，主讲毛公祠畔，又得'君子馆'砖三。嗣是而得者，有'君子大吉''君子长生'字样。据此，则馆与毛公祠，均应在武垣故城，当隶肃宁境。"

又按：河间有君子馆遗址，始见于《金史·地理志》。《苗夔墓志》亦言，尝得汉君子馆砖于河间城外。《畿辅通志》谓馆在肃宁境，其说不确。盖君子馆为日华宫内二十余馆之一，皆河间献王所筑。"君子"二字，翟云升《隶篇》中，摹有原文。余昔在友人白集武处，见有大兴刘位坦所题君子馆及日华宫两砖拓本，"君子"二字为古隶书，"日华"二字横列，钝为篆书，与开母庙石阙相似。[10](pp80~81)

余在西安白集武处，见旧拓君子馆、日华宫两砖，合拓本一幅。君子二字直书，日华二字横书，旁有大兴刘位坦题记。大意谓"河间献王宫馆遗址，时时发现君子二字砖，篆形各不相侔，日华宫砖，尤为罕见"云云。[12](p310)

说君子馆、毛公祠在河间或肃宁境，乃糊涂的误解！之所以有此误解，或许是混淆了古河间国与后河间县以及采访者的出发地和采访地。汉献王的河间国建都乐成，当然是《畿辅通志》的前说，即"献县南"的"日华宫故址"，君子馆是日华宫之一区，毛公祠和君子馆又岂能跑到河间、肃宁县境？故陈直一语定鼎："《畿辅通志》谓馆在肃宁境，其说不确。盖君子馆为日华宫内二十余馆之一，皆河间献王所筑。"此乃实事求是性结论。

三是献王自己以身作则，躬自投入学术研究之中，而且成就斐然。

所谓“其学举六艺”，“修学好古，实事求是”，可见其古朴、典雅、求实的学术风格；所谓“经术通明”，“辄对无穷”，可见其功底深厚、学识渊博的卓越才华；所谓“得事之中，文约指明”，可见其研究能抓准要点，言简意赅；所谓“修礼乐，被服儒术，造次必于儒者”，可见其已将儒家礼仪纳入日常生活的实践中。如此种种，皆可见献王躬身研究活动。

这里来讨论献王在整理古籍基础上的创新之作：

《乐记》二十三篇。《汉书·艺文志》在乐书种类中首列“《乐记》二十三篇”[1](p1711)，叙述说：“武帝时，河间献王好儒，与毛生等共采《周官》及诸子言乐事者，以作《乐记》，献八佾之舞，与制氏不相远……刘向校书，得《乐记》二十三篇。”[1](p1712)刘向所校二十三篇即献王所献，只是当时不被重视，故藏于秘府，后来由校书的刘向“得之”。为刘向校书所得。顾名思义，《乐记》记载乐理，“记”而可“校”，属于文字性记录。司马迁作《史记》遍窥石室金匮秘藏，其《乐书》对二十三篇多有采用。

《雅乐》若干篇。《汉书·礼乐志》云：“是时，河间献王有雅材，亦以为治道非礼乐不成，因献所集《雅乐》。天子下大乐官，常存肄之，岁时以备数，然不常御，常御及郊庙皆非雅声。”[1](p1070)这与上文《艺文志》所载是同一次进献。这次向朝廷进献了《乐记》、乐舞、乐谱。《乐记》二十三篇是文字，量很大；乐舞是八佾舞，先秦时期天子的专用舞蹈，是实际的人员操作；乐谱就是《雅乐》，是乐器演奏的音乐符谱，它应包括八佾舞和各种天子御用之乐，譬如郊庙祭祀。上文记载了《乐记》和八佾舞，本文则记载了作为乐谱的《雅乐》。献王研究古礼乐，“以为治道非礼乐不成”，献乐记、献乐舞、献乐谱，可说是一片苦心。然而，作为武帝的刘彻却不“常御”，“常御及郊庙皆非雅声”。这也难怪，早就天下皆郑声了，谁还欣赏雅乐呢？

《礼乐古事》五百余篇。《汉书·礼乐志》云：“叔孙通所撰《礼仪》，与律令同录，臧于理官，法家又复不传。汉典寝而不著，民臣莫有言者。又通没之后，河间献王采礼乐古事，稍稍增辑，至五百余篇。”[1](p1035)这个《礼乐古事》卷帙浩繁，多达五百余篇，与二十三篇的《乐记》和乐谱的《雅乐》无关，辑录了历史上的“礼乐古事”，类乎后世的资料长编。

《河间周制》十八篇。《汉书·艺文志》在儒家种类中列有“《河间周制》十八篇”，本注曰：“似河间献王所述也。”[1](p1725)

《对上下三雍宫》三篇。《汉书·艺文志》在儒家种类中列有“河间献王《对上下三雍宫》三篇”[1](p1726)。

献王上述著作虽已亡佚，但基本保留了书名，从书名可以窥见其规模和内容，如《礼乐古事》竟多达五百余篇，规模可谓宏大。有的著作内容，保留在其他书中，如上所述，《史记·乐书》含有《乐记》资料，而今存《礼记》四十九篇，则大体是献王《礼记》等“经传说记”的删节整合本。

四是献王具有独到的学术思想理论。“卓尔不群”既表现于献王的人格形象，也表现于他的学术思想。

献王的学术思想理论很丰富，应该引起足够重视。

首先，我们注意到了“实事求是”。“实事求是”既是乐成学风，也是献王本人的学术风格和理论方法。献王本人倡导并躬行之，从而才促成这一优秀的乐成学风，至今仍有深远影响。这一点在此无须多论。

其次，献王很重视“道术”的运用。策问中“其对推道术而言”。“道术”，相对“儒术”指道家学术，此谓治道之术。治道之术也是学术，也是理论方法和艺术。“推”为推论分析，即理论艺术的运用。献王“推道术而言”，说明他是政治理论行家。那么，献王所推的“治道”之术是什么呢？从他“以为治道非礼乐不成”看，其“治道”之术应该是由先秦礼制思想发展而来，而《乐记》《雅乐》《礼乐古事》《河间周制》以及八佾舞等，都是为此“道术”服务的。

最后，献王有个学术思想重点，即“广明德慧”，这一点却不被学者注意。

刘向《说苑》有如下四条经清代学者予以充分肯定的献王资料：

> 河间献王曰：“汤称学圣王之道者，譬如日焉，静居独思，譬如火焉，夫舍学圣王之道，若舍日之光，何乃独思，若火之明也？可以见小耳，未可用大知，惟学问可以广明德慧也。”[13](p69)
>
> 河间献王曰：“尧存心于天下，加志于穷民，痛万姓之罹罪，忧众生之不遂也。有一民饥，则曰：‘此我饥之也。’有一人寒，则曰：‘此我寒之也。’一民有罪，则曰：‘此我陷之也。’仁昭而义立，德博而化广，故不赏而民劝，不罚而民治。先恕而后教，是尧道也。”[13](p5)
>
> 河间献王曰：“禹称民无食，则我不能使也。功成而不利于人，则我不能劝也。故疏河以导之，凿江通于九派，洒五湖而定东海，民亦劳矣，然而不怨苦者，利归于民也。”[13](p7)
>
> 河间献王曰：“《管子》称：‘仓廪实，知礼节；衣食足，知荣辱。’夫谷者，国家所以昌炽，士女所以姣好，礼义所以行，而人心所以安也。《尚书》五福，以富为始，子贡问为政，孔子曰：‘富之。’既富，乃教之也，此治国之本也。”[13](p73)

“广明德慧”，即扩展道德，发扬智慧。在献王看来，“广明德慧”是学者不断升华人生品格的修身追求。学者只有通过“修学”“学问”才能“广明德慧”，而学问做“大”才能像太阳那样光明，才“可用大知”，大有用处，即达到更高层次的“德慧”。如何达到“大”？须“学圣王之道”，也就是传承前人文化遗产。在这里，他借传承文化遗产强调昭仁、立义、博德、广化、宽恕、贵谷、利民等理念，表现出浓重的民本思想。这些零星资料可见一斑，反映了献王学术思想的丰富多彩。

三、光风霁月般的上善人品和卓尔不群的大雅风范

献王“举六艺”，整理儒家古籍，“被服儒术，造次必于儒者”，可谓与儒学结了深缘，然而，若说他是纯粹的儒家，恐未必妥当。献王自幼在宫中长大，接受的主要是道家思想，其藏书有《老子》，可见道家对他有深刻影响。他能享国二十六年，人品升华到极高境界，都与道家思想有密切关系。观献王为人处世，仅从儒家角度是难于解释和描述的。

《老子》曰：“上善若水。水善利万物而不争……夫唯不争，故无尤。”[14](p59)《周易》曰：“地势坤，君子以厚德载物。”[15](p78)“上善若水，厚德载物”，这一道儒两家合成语大体可以表述献王品格的道德层面。拥有上善人品，才从智慧层面展现出其卓尔不群的大雅风范。

“品格”，即品行格位。人品和人格是一个意思，即一个人的品质属于哪个格位。翻开《汉书·古今人表》就会一目了然，作者把从伏羲到吴广的古今人名统统列入“上上”至“下下”九等表格中，所列标准不分贵贱，唯凭善恶智愚。如商纣王、晋灵公，“可与为恶，不可与为善”，任你权位再高也要列入最底格“下下”；而“一箪食一瓢饮”的颜渊，虽为贫困潦倒之草民，但“可与为善，不可与为恶”，则在第二格“上中”。班固把道德层面的善恶和才分方面的智愚融为一体做标准，将人定位入格，这就是初始意义上的人格或人品。

我们就从道德和智慧两个方面讨论献王的人品，这与献王自己推崇的“广明德慧”相吻合。如上所述，献王认为“广明德慧”是学者不断升华

的人生品格的修身追求。

先来看献王的“德”。

献王是个非常善良的人。这从其日常行事可以看出。譬如，他喜欢收藏古本书，“从民得善书，必为好写与之，留其真，加金帛赐”，抄与好本并给金帛换取，而不是用王权强夺；他遗憾《周官》不全，宁愿以千金购买遗篇，无奈之下补以《考工记》，而不是去作伪；他“实事求是”地对待古籍，不弄虚作假欺骗世人，这在作伪流行的汉代是难能可贵的。

献王是个非常仁爱的人。他上敬皇帝下爱百姓，尤其对下人和鳏寡孤独的人，特别温仁慈爱。尽管刘彻对他戒心很重，但他很理解很宽容，况且幼年刘彻并无过错，所以献王对这位胞弟皇帝倾力支持，给他提供治国方略，体现了宽厚仁爱的兄长风度。史称“四方道术之人不远千里”，“山东诸儒多从而游”，中尉常丽谓其“温仁恭俭，笃敬爱下”，“惠于鳏寡”，都可见献王温仁慈爱，体贴下人，关爱别人，也深得别人爱戴。

献王是个俭恭律己的人。上文称“温仁恭俭”，“惠于鳏寡”，《三辅黄图》说献王“置客馆二十余区，以待学士。自奉养甚薄，不逾宾客”。这些都可见献王之为人。所谓“温良恭俭让”，献王是也！尊重别人，关爱下属，严于律己而宽以待人，甚至自己的奉养都低于宾客，自薄奉养的朴素生活作风与实事求是的学风统一于一身，反映出献王人品的淳朴美。

总之，从上述资料看，献王实在是个非常善良仁爱、非常温柔谦恭、非常关爱下属、非常尊重别人和严于律己的人。他可以“自奉养甚薄”，却不惜千金求购珍本；他可以委屈自己，但要厚待别人。这是一个多么高尚的人！

献王又是个爱心博大的人。从他论述先王之道可知，他的爱心并未止步于小爱，仅限于救助鳏寡的小恩小惠上。他主张“学圣王之道”，讲论“尧道”，说尧“存心于天下，加志于穷民，痛万姓之罹罪，忧众生之不遂”；他提倡“仁昭而义立，德博而化广”；他赞许大禹疏河凿江，“利归于民”；他期望国家昌盛，士女姣好；他憧憬无“一民饥”“一人寒”“一民有罪”的美好盛世。这一切都展现了他的爱民思想，是基于上善人品的爱心由小推大，而普及天下苍生，表现了以民为本的大爱。后人称他为“贤王”，就是认为他的爱心普及于黎民百姓；评其为“大雅”，也是说他站在上层的政治高度关爱广大民众。可见，献王品德高尚，善若流水，厚以载物，爱心博大，正气浩然，其名为“德”，可谓名副其实也。

再来看献王的“慧”。

献王是个有大智慧的人。他自己把“慧”作为修学追求，常丽称他“明知深察”，朝廷定论“聪明睿知”，班固云其“大雅”，都并无丝毫夸张成分。献王之所以号为“献”字，并非民间所传因其向朝廷献书，而是根据《谥法》，“谥法曰‘聪明睿知曰献’”，所以才谥曰献王，“献”字饱含着刘德的聪明睿智，是朝廷正式行文的盖棺定论。

朝野上下、古往今来都说献王聪明睿智，那么他究竟聪明睿智在哪里？这聪明睿智从何而来？怎样深入理解他的“大雅”？这是很有趣也很值得深思的问题。这些问题，应该用道家思想去理解。与儒家入世不同，道家哲学倾向出世，能够更冷静地观察和对待世界。汉初崇黄老道学，尚无为而治，尤其是刘德祖母窦太后，当年汉宫风行道家书，无人敢于不读。刘彻即位初年还怕惹这位老祖母，直到她逝世才敢放手独尊儒术。刘德在太子宫长大，道家那上善若水、道法自然的博大胸怀，是他聪明睿智的思想源泉。他修学好古，广明德慧，将自己的美德升华到上善人品。上善若水，水利万物而不争，因势而成形，体让外物，宽恕他人，从而使自己的爱心普及苍生。他“深察”，即眼光敏锐，洞察一切，看问题很透彻。其最透彻的“深察”，莫过于对皇弟刘彻猜忌自己心知肚明，明白自己时刻处于人生险境。他“明知”，即“明智”，在于顺势而为，法其自然，尊儒术而不入世，适应皇权需要，把自己禁闭在古书堆中以求生存，以追梦想。对常人来说，自身尚且难保，何谈大爱惠民？献王却以“大雅”风范传承文化，“卓尔不群”地站在了历史舞台上。说他有大智慧，也正在于此。

“大雅”，是献王正气浩然而有大智慧的美称。雅，正也。“大雅”出自《诗经》，原指王事端正，“皆国之大事”[8](p502)，要在“王宫正堂”处理，故称“大雅”。中尉常丽谓献王“身端行治”，班固赞献王“大雅”，都有一身正气的含义。大雅、高雅、雅乐、大雅之堂、正堂、正大光明等，都同源于朝堂国事。后来词义发散，“大雅”或指大才、高才，也并未湮没本义，即正能量的治国之才，包括大德和大慧两个方面，才堪称“大雅”之才。献王“学圣王之道”，“广明德慧”，虽无权治国，但有才治世，品德高尚，智慧超众，在两汉诸侯王中鹤立鸡群，脱颖而出，展示出令历代学人景仰钦佩的大雅风范。

德、慧之外，献王品格中还有个“卓”字值得注意。

“卓”，即卓越优秀，是献王修身修学所达到的一种境界。献王的“卓尔不群”表现在多方面。譬如，诸侯王大多骄奢淫逸，他却传承文化，独善其身，成了佼佼者；其他学派“率多浮辩”，信口雌黄，他却“实事求是”，开创了两千多年的良好学风；贵族们大都好色，很多人倾尽精力沉溺女色，而献王把精力投入学问，去领略书山学海中的无穷妙趣。即使是在心灰意冷的生命尽头，他也没有沉溺女色，而仅是“纵酒听乐”。酒可放松精神，乐能享受艺术。由此也可见献王品格之卓越高雅，拔萃超群。“卓”与“不群”相辅相成，是一体两点。卓，指优秀突出；“不群”，指有独到特色。献王修到这种人生境界，与其顽强的奋进意志和创新精神分不开。如果没有顽强的奋进意志，不会达到优秀突出的“卓”；如果没有创新精神，也不能获得独到特色的“不群”。

在这里，献王给我们留下了极其宝贵的精神财富，即无论做什么，都应以顽强意志和创新精神奋力前进，达到“卓尔不群”的境界，既要优秀突出，又有独到特色。如此，才能在激烈的竞争环境中生存发展，繁荣昌盛。

现在回到班固《景十三王传赞》。赞曰："昔鲁哀公有言：'寡人生于深宫之中，长于妇人之手，未尝知忧，未尝知惧。'信哉斯言也！虽欲不危亡，不可得已。是故古人以宴安为鸩毒，亡德而富贵，谓之不幸。汉兴，至于孝平，诸侯王以百数，率多骄淫失道。何则？沈溺放恣之中，居势使然也。自凡人尤系于习俗，而况哀公之伦乎！夫唯大雅，卓尔不群，河间献王近之矣。"[1](p2436)献王"卓尔不群"，超越了西汉所有诸侯王，其人品如光风霁月，白玉无瑕。他能生存下来，达到极高境界而获得古今赞誉，原因何在？班固认为"宴安"，即生活条件的过度优越导致了西汉一代诸侯王的腐败。此话有理，不过仍未解释何以献王独出淤泥而不染，因为献王与其他诸侯王一样拥有优越的生活条件。

《孟子·尽心》说："人之有德慧术知者，恒存乎疢疾。独孤臣孽子，其操心也危，其虑患也深，故达。"[16](p103)孟子认为，有德慧术智的人往往出于患难中，孤臣孽子孤苦无依，担心危险，顾虑祸患，所以能够通达德慧术智。孟子早于献王，他的话却从一定程度上解释了献王。献王正是出于患难中的孤臣孽子而成就了德慧术智。献王的成就原因是早年受过深刻的道家思想影响，后来罹遭家祸，孤处人生险境，所以顺势而为，法乎自然，似水而因势成形，退让而利物不争，在潜心文化的过程中寻求梦想。本无心插柳，竟青史留美名。这也可谓道法自然，天与厚报也！

参考文献：

[1]（汉）班固．汉书［M］，北京：中华书局，1962.

[2]（汉）司马迁．史记［M］．北京：中华书局，1959.

[3]（南朝宋）范晔．后汉书［M］．北京：中华书局，1965.

[4]（唐）魏徵，令狐德棻．隋书［M］．北京：中华书局，1973.

[5]（清）皮锡瑞．经学通论［M］．北京：中华书局，1954.

［6］周予同．周予同经学史论著选集［M］．上海：上海人民出版社，1983.

［7］（清）严可均校辑．全上古三代秦汉三国六朝文［M］．北京：中华书局，1958.

［8］（清）阮元校刻．十三经注疏［M］．北京：中华书局，1980.

［9］（清）梁玉绳．史记志疑［M］．北京：中华书局，1981.

［10］陈直．三辅黄图校证［M］．西安：陕西人民出版社，1980.

［11］成林，程章灿．西京杂记全译［M］．贵阳：贵州人民出版社，1993.

［12］陈直．汉书新证［M］．天津：天津人民出版社，1979.

［13］向宗鲁．说苑校证［M］．北京：中华书局，1987.

［14］张松如．老子说解［M］．济南：齐鲁书社，1987.

［15］高亨．周易大传今注［M］．济南：齐鲁书社，1979.

［16］朱熹．孟子集注［M］．上海：上海古籍出版社，1987.

附记：

本文是2015年奉先师安先生之命而写，当时作为会议论文参与“首届中国献县文化交流研讨会”，会后收入当地内刊《献县文化研究》2015年第2期［冀出内准字（2014）第AD002号］。现为纪念先生仙逝周年而正式发印，以缅怀先师。

我是安先生招收的首届秦汉史硕士研究生。距今41年前，即1979年，我28岁，有幸成为先生第一届秦汉史研究生，追随先生求学。当时先生总共就招了我和王克奇二人，而且直到我们毕业，三年期间从未再收新生。入学伊始，恰值“科学的春天”来临，十年文化断层后百废待兴，寂寞漫长的求知荒漠使我们这代年轻人对学术知识极度饥渴。我们有幸得名师指点，觉得十分宝贵，很激动，抱着对学问的强烈追求和对先生的崇拜之心，几乎是认真去记他所说的每一句话，反复琢磨他所修改的每一个字，而先生也对我们关爱有加，耳提面命，从不知倦。那年代我们的祖国和人民还相当贫困，但在先生那间简陋得不能再简陋的平房中，在那个挤满书架、书桌和一张床的斗室之内，我们拥有和尽情享受着无穷的知识宝藏。师生教学如鱼得水，书籍滋润我们在求学之路上健康成长，我们在那温馨静谧的小小空间，有过令人十分怀念的珍贵时光。

毕业后有段时间我参与了先生的一些项目，继续蒙受先生指导，感到受益颇多。通过长期学习和实践磨炼，我渐渐摸到学术研究的一些路子，也陆陆续续写出了一些东西。然而就学问而言，我比师兄弟们要差许多，因此每当有人喊我师兄，就感到惭愧脸红。不过，无论如何，自己毕竟也算尽力了。比如，50 岁前上半夜从未上过床，忙时要搞到两三点甚或整个通宵。那时没有暖气和电脑，由于长期深夜爬格子，40 岁刚出头就有了膝关节疼痛和右手发抖的毛病。我自认为是刻苦努力的，但与先生的刻苦和执着精神相比，则又相差远矣。先生有句名言，曰“热桌子，冷板凳”，意思是做学问就必须吃苦，无怨无悔。先生一直到 90 多岁临终前还笔耕不辍，而我后来却对一向爱好的专业学术研究产生了极度的厌倦，加之心脏不适，身体欠佳，到 50 多岁临近退休时，已经懒于动笔，退休后干脆刀枪入库、马放南山了。记得修订《山东通史》时，先生要我负责秦汉卷，我竟直言谢绝说：“那么多师兄弟，我都奔七的人啦，身体又不好，您老人家就饶了我吧。”先生说：“你参加项目活动一开心什么病都没了。你才奔七，我都奔九的人了还在忙呢。其中有乐，你就勉为其难吧。”师命难违，只得遵从。先生很体谅我，修订《山东通史》后没再要我参加项目。

2015 年春，河北献县人曹书通先生电话找我，说献县要开文化讨论会，主题是“《毛诗》与河间献王”，邀请史学泰斗安先生光临，先生不能与会，推荐说“这里我的学生中就有一位张汉东教授来自你们献县，正好又是搞秦汉史的，最合适不过”。曹先生从先师那里得到我的号码，当即拨通电话，滔滔不绝，谈到家乡变化，谈到家乡人对先师的崇敬，谈到惊喜先师门下竟还藏着一位献县同乡，欢欣之情溢于言表。聆听故乡人说故乡事，我自然颇受感动；而更令人感动的是先生的敏捷反应，他老人家竟能当即联想到我的家乡，足见师生深情。

我去见先生时，先生对我说：“你参加这次会议，不可以空手，必须写篇东西献给你的家乡。”这是当然的，即使先生不说，我也会写。我很高兴，高兴家乡之爱先生，高兴先生对我之厚爱。好在当年做硕士论文时，已经搜集了河间献王刘德的资料，几十年来尚且保存完好。于是我从尘封中找出，心情舒畅，一气呵成了此文。

这篇文章是我对汉献王刘德的评价，含着我对故乡献县的深情，其正式发表更增加了我对先师安先生的景仰和怀念。曾经年年月月，朝夕相处，师生情的点点滴滴已经深深铭刻在心，成为不可磨灭的人生印痕。先生，您老人家永远活在学生心中。

（作者系安作璋先生研究生，山东师范大学文学院教授）

从《山东通史》的编写体例看安师的修史观念

王克奇

作为盛世修史的典范之作《山东通史》，其主编安作璋老师在其中的学术贡献是不言而喻的。本篇小文试着透过《山东通史》的体例设计，就安老师的修史观念谈一点自己的认识。

关于山东地方史的修撰，由来已久。据张国淦《中国古方志考》，元代以前，属山东地方方志类的史志著述有名可考者就有36种之多。而现存最早的山东地方志书是元代于钦编撰的《齐乘》。之后又以明嘉靖年间开始编撰的《山东通志》以及清代历朝修撰的《山东通志》最为著名。这类地方史志有一些局限及缺陷，如《齐乘》主要记载了“三齐”的史实，而限于当时地方建制的历史原因，对鲁南地区的记载付之阙如。而《齐乘》与《山东通志》诸本的共同特点是体例上的一脉相承，偏重于分门别类的风土人文典章制度的记载，而疏于政治经济文化大势变迁史的考察，对揭示历史规律走向不甚重视。至于人物传记，更有“帝王”“名宦”“人物”的等级划分，破坏了著作体例上的整齐性、规范性。但传统的史学著作也有其优点，那就是对历史人物传记的重视，在元代之前，山东地方史志的常见体例就是“先贤传”，突出了“人物传记”的地位，所以从正史二十五史到传统地方史志，人物列传所占的分量最大，可以说人物及其生活是历史记载的中心与重心，这是中国传统文化人文性特征的体现，是传统史学的优良传统。

说完传统史学再说现代史书体例的特点。中华人民共和国成立后，作为史学革命的一个部分，史书体例方面有所改造创新。受苏联史学理论体系的影响，史学界流行的史书体例主要是章节体。体例是内容的外在表现形式，这与历史书写侧重于政治、经济、文化、制度事件有着重要关系，而揭示社会辩证发展历史规律俨然是新史学的根本任务。但往往是顾此失彼，在这种史学体例书写的历史中，“事”成为叙述的中心，造成了教材、著作中常常是见“事”难见人，历史的主导者“人”隐身了，历史客观必然性的表达成为命定，而人的主观能动性的努力隐然不见，历史主要是一种客观走向，而其中发挥关键作用的是看不见的历史之手，亦即历史法则。用一句时尚的话：历史潮流浩浩荡荡，顺之者昌，逆之者亡。此外，“人”活动的细节被忽视了，而细节的追求是展示历史丰富性、多面性的需要。细节是历史的生命之色，理论是灰色的，生命之树常青。有了“人”的历史是鲜活的，没“人”的历史缺乏生命本色，而缺乏细节的历史是不完整的。安老师在《山东通史》的“增订题记”中说：“长期以来，我们编写历史书包括通史、近代史等，所采用体裁多是按章、节、目编排的教科书体或讲义体。这种体裁有利于阐述历史发展过程及其规律，使人对历史有一个系统的了解，但其缺点则是有许多内容如历史人物的生平事迹、典章制度的来龙去脉，都无法完整地容纳进去，并且读起来枯燥乏味。”可谓切中时弊。有鉴于此，在《山东通史》编撰体例的设计上，安老师将传统史志体裁的优点与现代教科书体裁的优点加以结合，有针对性地克服了体裁的缺陷，构建了新的编写体例，力求更真实地还原历史面貌，更科学地反映历史进程。

从《山东通史》初版本的体例构成看，主要由“综述”“典志”“列传”“图表”四部分组成。“综述”概括历史纵向发展的基本脉络，将历史事件借助因果关系环环相接，使读者对山东历史的大事件以及基本走向了然于胸。如果说“综述”是“条条”，那么“典志”则是“块块”，主要讲各种典志制度的内容及由来，反映政治、经济、文化等诸项制度的历史状况。典章制度的再现，是一件研究难度颇高的学术工作，上下因革，左右关联，面面俱到，严丝合缝，考据论说缺一不可，是功力之作。典志部分的撰著，是《山东通史》的一大亮点特色。典志制度具有相对的稳定性，与“综述”着眼于变动发展形成一种动态与静态的互补平衡。“列传”写人物，“人”是历史的主角，历史是人的创造史和成长史。“人”不是一个抽象的概念，他是由鲜活的秉性各异的无数个生命个体组成的，汇成了社会共同体。经过历史的提炼和史家甄检，“人物列传”提供了典型人物的历史写真。人物的典型性决定其历史的代表性、覆盖性。无数典型人物的历史剪影缀连出多彩生动的社会整体画面。至于“图表”，则简练直观地展现了历史的原始面貌，提供了了解历史梗概的工具。

但《山东通史》体例的构造探索不是一蹴而就的，在之后人民出版社出版的“增订本”中，安师又对编撰体例做了进一步改动。关于主要改动，安师在“增订题记”中说：“此次增订，我们除了改‘综述’为‘通纪’，使之更加名副其实外，又在每卷中增加了‘前言’部分。‘前言’以自序的形式说明《山东通史》各分卷历史发展大势和时代特征，突出山东地方特点，各分卷历史研究的学术价值与现实意义，各分卷研究的主要内容、成就与不足以及编写的具体情况和需要说明的问题等。‘前言’主要是为读者阅读此书提供方便，使其便于对本书有一个基本的了解和进一步的研究。”“前言”的设立，是对各卷内容的凝练，考验编撰者的把控能力，能使该著作的学术水平更上一层楼。在这次体例的变动中，引人注目的是“综述”改为“通纪”。“前言”的设计剥离了“综述”中的部分内容，使“通纪”特点凸显，重在一个“通”上。“通”即“贯通”，实际上使得“通史”更加名副其实。安老师特别崇尚《史记》作者司马迁的追求：“究天人之际，通古今之变，成一家之言。”“通古今之变”了不得，《史记》是正史中唯一一部“通史”。“贯通”是一种史学传统，也是新史学的时尚，更是一种卓见史识。为了实现“贯通”，增订本《山东通史》还新增了“当代卷”。写当代史，也是继承了司马迁的学术担当。

行文至此，作为学生不揣浅陋，冒昧归纳安师的修史观念，大致有三点：一是“重人”，二是“尚通”，三是“于典志中见功力”。江淹有言：修史之难，无出于志。诚哉，斯言！

（作者系安作璋先生研究生，山东师范大学历史文化学院教授）

缅怀恩师安作璋先生

张　进

我第一次拜见恩师安作璋先生是在1983年冬天。此前，我报考中国社会科学院历史研究所研究生落选后，便准备第二年继续报考。但临到报考，我在是否再考历史所的问题上却有些犯难。我征求本科老师王云度先生的意见，他鼓励我继续报考历史所，并告知李祖德先生几次提到欢迎我再来报考历史所。尽管王老师认为我录取很有希望，但我心里仍然觉得有些冒险。因为我去年报考已经进入复试，是在招生有两个名额最后却只录取一人的情况下落选的，而今年历史所秦汉史的招生名额只有一个，万一再不录取就又要耽误一年。我吞吞吐吐告诉王老师，今年山师大的安作璋教授将招收三名秦汉史研究生，录取的希望可能更大。作为学生，我当时多少有点担心王老师说我没有毅力，也怕辜负了李祖德先生的美意。没想到的是，王老师听说我想报考安先生的研究生，立即笑着说："报考安先生好!"他认为安先生平易近人，学问好，名气大，而且招生名额多，报考安先生的确是一个更好的选择，所以他当场就写了一封推荐信，让我一定要去拜见一下安先生。

时光过去了36年，我已经记不得去拜见安老师的具体日期。记忆犹新的是，我在徐州（当时我是徐州师范学校教师）开往济南的火车上惴惴不安，不知道怎么和安老师谈。当我照着信封上的地址找到安宅后，我敲了敲一楼小花园的门，屋里走出一个腿脚有些不便的中年人开门。他面露慈祥的微笑，带着浓重的山东口音问我找谁。我说找安作璋先生，我是一名来自江苏的考生。他热情地拉着我说："我就是安作璋，你进来，进来。"我的紧张心情立即消除了许多。到了屋里，我先向安老师做了自我介绍，然后呈上王云度老师的推荐信。安先生说，他已经收到王云度先生的信，知道我要来拜师。他欢迎我报考，让我注意三个方面的复习：一是专业基础课的考试，二是专业课的考试，三是外语和政治课的考试。安老师还简单测试了我的专业基础，问我主要读了哪些书。我说已基本通读了《左传》《史记》与《汉书》，还读了《秦会要订补》《两汉会要》《秦集史》和郭沫若、范文澜等前辈学者的书，也读了安老师的《两汉与西域关系史》。安老师又问我的本科毕业论文情况，我说写的是商鞅变法，其中一小部分已以《"初为赋"新探》为题公开发表——这篇本科时期发表的小文章要衷心感谢我的本科老师徐师学报主编闫自强先生，他不仅理解和赏识拙文的选题，而且手把手地教我如何精简和删改论文。更让我高兴的是，这篇小文章引起了学界的注意，被中国人民大学复印报刊资料《中国古代史》《经济史》同时转载，这也坚定了我从事秦汉史研究的信心。听了这些介绍，安老师微微点头。由于我一直担心的是秦汉史专业课的考试问题，因而我又向安老师请教如何查找他的早期著作和一些论文，安老师却断然回答说："没有必要！那些论著有的已经过时。"他认为更重要的，也是我最需要的，是要熟悉近10年来的秦汉史研究动态，并反复嘱咐我要重点阅读《中国历史学年鉴》《中国史研究动态》和其他期刊发表的相关问题综述或评述。这对提高我的考试成绩后来起了很大作用，也成为我从事秦汉史研究和其他研究的一个座右铭。30多年来，我几乎每过两三年都要写一篇秦汉史甚至中国古代史研究综述或述评，有的时候年年写，仅公开发表的就有10余篇。

我第二次见到安老师是在翌年春天到济南参加研究生复试。印象中我的复试是在一间办公室进行，围绕一个长桌坐了七八位老师。我现在还能记得名字的，只有安老师和赵继颜老师、高凤林老师。当时复试相当严格，我一个人的复试时间就有半个小时左右，许多老师都轮番向我提问。安老师主要问了两个问题：一是“文革”中评法批儒，举例说明其中是怎样歪曲历史事实的。我回答说，梁效、罗思鼎大肆宣扬秦朝的灭亡是因为秦二世背叛了秦始皇的法家路线，且不说秦二世严刑酷法，更加暴虐，是否背叛了秦始皇的法家路线，就是从历史事实来看，秦朝的灭亡也主要应归因于众叛亲离、各种社会矛盾的激化，比如秦统治集团的内部矛盾、秦与六国旧贵族的矛盾、地主阶级与农民阶级的矛盾等。安老师的第二个问题是让我说说自认所写最得意的文章的内容。我听到这个问题就感觉安老师已经准备招我做研究生了，因为我初次拜见安老师曾向他说明公开发过论文。我的紧张心情完全放松，于是简要介绍了《“初为赋”新探》的内容，顺便把准备好的文章和转载文章的复印件交给了复试老师。总的来说，我的复试比较顺利，自我感觉良好，认为今年录取不会再有问题。果不其然，在一个多月后我就高兴地接到了招生办的录取电话通知（录取书是在调档完成后收到的）。从此，我和德高望重的历史学家安作璋先生遂结成情同父子的师生关系。

我是安老师招收的第二届硕士生。与我同时考上的还有两位师兄弟：一位是陈乃华师兄（现为山东师范大学古籍整理研究所退休教授），入学前是扬州师范学院历史系世界史教师；一位是刘德增师弟（现为齐鲁师范学院教授、副校长），是山东大学历史系80级应届毕业生。我在入学后的第一个学期接连发生了几件事情，恩师都为我排忧解难，精心指导，使我受益匪浅。

第一件事情是帮我解决和同学之间的纠纷。我们研究生宿舍住有四人，除了我和两位同门，还有一位政治系的研究生小Z。我因上大学前是半导体厂工人，经常上夜班，甚至连班（下午四点到第二天早晨八点），因而养成了晚上熬夜看书写东西的习惯。陈乃华因家在济南，经常不住在宿舍，对他没有影响。刘德增虽然早睡早起，但他睡眠很好，雷打不动，对他也没有多大影响。但小Z就不同了，睡眠很轻，从不熬夜，我半夜读书对他有很大影响。尽管我尽量不发出声响，台灯也用牛皮纸包了起来，但有时也仍然会把他弄醒。这就不免发生一些争执。有一次又发生了争执，小Z把学习英语的录音机打开，录下了争执的过程。然后他提着录音机，拉着我到安老师家评理。一开始，安老师还不断地劝解我们互相体谅，让我尽可能早睡，把有些工作挪到白天做，也劝他多做运动，提高睡眠的质量，有的时候要体谅同学获得新知和灵感的兴奋。但小Z明显不接受安老师的劝解，他把录音机打开，对安老师说，您听听张进和我的争吵，这事儿我要给学校汇报。然后就出现了令人震惊的一幕——安老师勃然大怒，拍着桌子斥责小Z说："你想干什么？你还想搞'文革'整人的那一套？他半夜读书是为了学习，又不是干坏事！有什么问题不能协商解决，非要整人不可？"小Z可能从未见过老先生发火，吓得不敢说话，赶紧把录音机关了。过了一会儿，安老师才语气和缓地解释说，抓紧时间学习是一件应当鼓励的好事，有了问题你们同学应该学会协商解决，实在解决不了也应当相互体谅，或者考虑调换宿舍的问题。小Z也意识到自己的做法比较过分，向安老师一再道歉。

事情过后，安老师和我谈起了他的读书经历，原来恩师当年也是经常熬夜读书[①]，对我的做法完全能够理解。当然，安老师也一再提醒我要尊重小Z同学，能在白天做的事情不要在半夜去做，争取不要打扰他的休息。我觉得安老师说得很有道理，回到宿舍就向小Z道歉，并保证尽量不在晚上11点后工作。小Z也向我道歉，认为自己的做法欠妥，即使后来偶尔我在半夜工作他也尽量做到克制。到了第二学期，研究生整体搬迁到

---

① 参见拙文《安师作璋先生的治学》，《安作璋先生从教50周年纪念文集》，泰山出版社2001年版。

新建的研究生楼，我们一起协商调换宿舍，这个问题就彻底解决了。后来我和小 Z 还成了好友。我在第一学期写的文章发表后，他也钦佩我的工作确有成效和意义，向我表示祝贺。

恩师为我解决的第二件事情是硕士论文的选题。我们入学后，安老师便考虑为我们确定硕士论文选题。在学期过半时，安老师提出了三个选题——秦汉民俗研究、秦汉官吏法研究和汉代经学治国研究，认为均有重要的学术价值，特别是经学题目，并让我们自己挑选。我稍做迟疑，前两个题目就分别被刘德增、陈乃华挑走，只剩下没有可选择的经学。我虽然也硬着头皮接受，但心里不太乐意，主要有两个原因：一是经学太难，很难做出成就；二是我喜欢经济史，对思想史一类的选题往往敬而远之。所以见到安老师的时候，不管是集体上课，还是单独向先生请教，我都表示经学的选题难度太大，希望先生能让我另选一个题目。而安老师则耐心地给我讲道理，认为研究这个课题很有意义，是当今学术研究的前沿课题；对我本人来说，更具有全面掌握研究秦汉史的传世文献的作用；从研究方法来说，研究经学治国并不是要研究经学本身，而是要研究经学在治国中的作用，只要能弄清经学在指导某项国家政策中的通常含义，完全不必陷入对经学派别、相关段落、字词的烦琐考证之中。最终我慢慢接受了这一课题，安心搜集资料与写作。尽管相关工作量很大，仅抄录的重要史料卡片就放了满满一抽屉，但我从中有很大收益。我把涉及秦汉史研究的主要文献认真研读了一遍，有些重要文献甚至读了几遍，这对我以后全面研究秦汉史奠定了坚实的史料基础。另一方面，随着我的研究论著不断发表和出版，我也成为“新三届”大学生中最早研究经学相关问题的一批学者之一。[①]

① 参见陈长琦《改革开放 40 年来的秦汉魏晋南北朝史研究》，《中国史研究动态》2018 年第 1 期。

此外，硕士选题的确定为我的经济史研究埋下了伏笔。我本来一心想做经济史，所以入学不久我就开始搜集资料，在三个月内撰写了一篇近五万字的长文，题为《秦汉时期的重农抑商政策》。安老师审阅此文后，仍然主张我应该做经学课题。他的主要理由是，这篇文章写得确有新意，对秦汉重农抑商政策的梳理也比较全面，对一名硕士生来说，值得称道，但从长远发展来看，进一步研究的空间不大。如果作为我的硕士论文选题，现在就把学位论文基本写好，将影响我今后几年的学习和提高。“磨刀不误砍柴工”，实际上经济史以后我仍然可做，现在先把经济史研究放一放，并不妨碍我在全面搜集经学资料时顺手摘抄和补充一些经济史资料，更不妨碍我发表单篇论文，最终将形成我的另一个研究方向。事实也是如此。经过几番修改，这篇长文的第一节的部分内容，就以《从商鞅变法到西汉前期抑商政策的转变》为题发表在《光明日报》1985 年 2 月 13 日史学版上；第二节的主要内容，也以《从西汉抑商政策看官僚地主的经商》为题发表在《中国史研究》1991 年第 4 期上；第三节的部分内容则与经学治国研究相结合，以《以经治国与汉代经济》为题发表在《江汉论坛》1992 年第 12 期上。可以毫不夸张地说，我的秦汉史研究之所以能有思想史和经济史两个主要研究方向，正是因为安老师预先为我做好了长远规划。由此，我也深刻体会到他的良苦用心，也更加体会到他对我的厚爱与期望以及指导方法的高明。

恩师还因材施教，为我量身定制了之后的一个主要研究路径。作为教学经验极其丰富的名师，在我们三位硕士生入学不久，安老师便敏锐发现了我们各自的特点。先生认为我对马克思主义经典著作较熟，长于思辨，文笔较好，但基本史料读得不细，对考证下的功夫不多。对师弟刘德增，先生认为他读书用功、扎实，长于考证，但思辨不足。对师兄陈乃华，先生则认为他的学术基本功比较平衡，但由于乃华兄曾任世界史教师，对中国史的治学方法和写作规范还比较欠缺。为此先生曾一再强调，每一个学生都应该有自己的特点，并充分发挥自己的长处，在这个问题上是不能强求一律的，但必须努力弥补自己的不足。具体来说，先生经常督促我认真研读史料，希望我博览群书，多做一些考证文章。对刘德增，先生要求他多看一些经典著作，并特别向他推荐了黎澍先生主编的《马恩列斯论历史科学》。对陈乃华，先生则恳切希望他多看中国古代史的论著，尽快掌握中国史的治学方法和写作规范，并在今后的研究中充分发挥中外历史比较的优势。

恩师的因材施教对我们三人后来的治学都产生了极大影响。仅以我本人为例，在读研期间我就认真通读了秦汉史研究的基本史料，如前四史、两汉纪、儒学经典、先秦两汉魏晋诸子典籍、《昭明文选》等，以及《睡虎地秦墓竹简》《居延汉简甲乙编》《隶释》《隶续》和古今学者的许多论著，奠定了学术研究的基础。同时，我始终注意写一些考证文章，迄今已经发表数十篇，受到学界同行的好评。其中，《秦代“算赋”辨析》[①]主要运用传世文献，考辨秦代算赋是对妇女征收的一种赋税，被里耶秦简等出土文献所证实；《里耶秦简中的积户与见户——兼论秦代基层官吏的量化考核》[②]考辨了以往关注较少的秦代积户、积人与积日问题，并在已有研究基础上明确指出秦代“顷刍稿”是按实际授田数量征收的，被新出《里耶秦简［贰］》证实；《睡虎地秦简与授田制研究的若干问题》[③]则将里耶秦简与北大秦简《算书》、岳麓书院藏秦简《数》和张家山汉简《算数书》相互印证，破解了已失传2000多年的秦及汉初的田租征收方式。尽管这多少都有些偶然，实为可遇而不可求的事情，但能够达到考证文章被后出文献证明的水平，显然与恩师对我的因材施教有着直接关系。

---

① 《山东师大学报》1988年增刊《青年学者专辑》，中国人民大学复印报刊资料《先秦、秦汉史》1990年第1期转载。

② 《中国经济史研究》2018年第1期。

③ 《历史研究》2018年第1期。

恩师对研究生的培养还强调要拓宽视野，博采众家之长。安老师虽然是国内外著名的史学大家，却从来主张研究生的学习必须拓宽视野，要尽可能地学习其他历史学家的长处，并要求我们应尽可能与国内攻读中国古代史专业的研究生交流。为了给研究生创造交流学习的机会，先生在1986年10月便带着我们三人参加了在安徽师大召开的中国秦汉史研究会第三届年会。此次会议让我们大开眼界，结识了许多师友。尤其对我来说，更有着意想不到的收获。鉴于安老师的行走略有不便，会议主办方希望他能安排一名学生随同照顾。安老师便指定我随同，结果使我认识了大多数参会者。因为我时刻跟在安老师身边，许多人都对我有较深印象，加之一拨又一拨国内外学者都专门到房间里来拜会安老师，这就使我有了同他们进一步交流的机会。比如日本学者，他们七人（福井重雅、大庭修、杉本宪司、尾形勇、永田英正、鹤间和幸、籾山明）曾集体拜会先生，会议间歇若单独碰到，也都会聊上几句，我跟着安老师自然可以沾光。以尾形勇先生为例，在会议期间我和他多次单独相遇，都向他问好，他也会问我安老师的起居情况。我们之间已比较熟悉，以至于到第五届年会再度相见于泰山时，他一眼就认出我是安老师的学生，问我在哪里工作。至于当年还是青年学者的鹤间和幸先生，我们通过几次聊天成为朋友，他的学生在南京晓庄学院任教时还专门带来他的问候。当今国内秦汉史学界的重镇或一线学者，如吕宗力、王子今、彭卫、卜宪群、杨振红、张鹤泉、王彦辉、臧知非、马新、赵国华等，我与他们也大多是在这次会议上认识而成为朋友的。他们和我一样，当年都是朝气蓬勃的青年学者，由此即可看出导师指导或推荐学生参加学术会议的重要作用和意义。我在当了教授和硕导、博导后，只要会议主办方允许，也都会用我的科研经费带着一些硕士生和博士生参会。追根溯源，这都要归因于恩师的教诲和示范。

恩师既重视培养学生的科研能力，也重视培养学生的教学能力。他专门安排我们到山东青年干部学院教学实习了一周，不仅指导我们备课，审阅和修改我们的讲稿，还多次亲自听课，点评我们讲课的优点和不足，使我们的教学水平都有了明显提高。或许由于我的普通话较好，安老师对我的讲课效果更加满意，因而毕业分配便将我留在历史系，而把陈乃华、刘德增留在了古籍所。遗憾的是，为了照顾家庭、解决夫妻两地分居问题，我在 1988 年底不得不提出调动（我的妻子当时在徐州师范学院任教，我的儿子在 1988 年 10 月出生）。当我基本确定调往中国矿业大学工作后，安老师明显有些失望和伤感。但他完全能够理解我们的难处，反而多次祝福我们夫妻工作顺利、学业更加进步，并认为我不在老师身边可能还会有更好的发展，关键在于勤奋和努力。四五年后，当我们夫妻都评上副教授后，安老师便多次表示我的调动选择是明智的。又过了四五年，我们夫妻双双调到了南京师范大学工作，并相继被评为教授和硕导，我也成为秦汉史研究的知名学者和安门弟子中的第一个博士生导师，安老师就更加感到欣慰和释然了。

离开济南后，我和恩师的联系逐渐变少。尽管每过一段时间我都会去济南拜见安老师，向他汇报我们全家的工作、学习和生活情况，但毕竟不能经常见面，也不能老是写信或打电话。让我们难以忘怀的是，在 2006 年 5 月中旬，安老师和朱亚非学兄在南京曾逗留数日。当时他们参加京杭大运河研讨会，在返程时路过南京。安老师早年曾漂泊南京，在秦淮河附近得到了一位山东曹县老乡的救济，对秦淮河有着一种特殊的情结。当然，我和妻子在南京工作也是让他牵挂的一个重要原因。但非常不巧，我当时正在台湾参加一个学术研讨会，因而我便让妻子带着儿子和石卓义、赵会英两位硕士生接待安老师一行。安老师重新游历了秦淮河，参观了文庙和李香君故居，吃了很多样秦淮小吃，特别高兴和满意，还留下了他的珍贵镜头。更让恩师高兴的是，我的儿子后来考入山东大学，师从胡新生教授攻读先秦秦汉史硕士生，他们祖孙二人有机会经常见面。安老师把自己的许多著作都赠送给我的儿子，还多次在书房里当面指导他的学习以及应注意的问题，甚至帮他修改一些习作，使我们全家都为之动容。

我最后一次拜见恩师是在 2018 年 9 月 14 日。那天下午，我在山大历史文化学院做完讲座后，便打车去看望安老师。由于此前曾电话联系，因而安老师做了精心准备。除了谈一些学术问题，比如“同居毋并行”的意义，他还专门为我们夫妻写了一幅我们早就期盼得到的墨宝。因为我向安老师报告儿子已经结婚并留校工作，他还坚持要赠送一个红包，以表达师爷的祝贺和欣喜。我辞别的时候，他又让安国师弟开车把我送到山大南门。今年春节时，我打电话给安老师拜年，他也非常高兴，一再询问我们全家的工作和生活状况，并关心我父母的身体（我父亲的年龄比安老师小了几岁，安老师曾在徐州和我父母见面）。万万没有想到，仅仅过了两周，安老师便遽归道山，让我们全家都深感悲痛。安老师千古！

谨以此文缅怀我的恩师安作璋先生。

（作者系安作璋先生研究生，南京师范大学社会发展学院历史系教授）

缅怀安师

刘德增

2019年2月20日22时37分，恩师安作璋先生因病去世，享年93岁。痛定思痛，写下这篇小文，以此缅怀恩师的教诲。

一

1980年高考，我填报的志愿是历史学专业——此非我喜好历史，虽然上大学之前读过《三国演义》，但读到关羽被杀以后，就不想再读下去了，《三国演义》并没有引发我对历史的兴趣，选报历史学专业乃是因为在高考各科成绩中，历史分数最高。记得当年高考我总分是400分，其中历史最高，为83.5分。这个分数也可以报考北京大学历史系。高中班主任说，北京路远，不如报考山东大学，距家近，省路费，山东大学的文史哲闻名全国。于是，我就填报了山东大学历史系历史学专业。

考入大学，走进了学术殿堂。但是，不久我就发现这座殿堂并不令人神往。大学历史教材一般分为政治、经济、民族关系、文化几个模块，丰富多彩的历史仅靠这几个模块呈现，味同嚼蜡。于是乎，有的同学跑到隔壁去旁听中文系的课程，那几个耕种他人田、荒芜自家地的同学，受到学纪处分。

我对历史研究的兴趣，缘于《光明日报》1981年3月31日发表的尹韵公《赤壁之战辨》一文。尹文提出：参与赤壁之战的曹军，并非曹操自诩的八十万人马，亦非周瑜统计的二十三四万。著名的赤壁之战，实际上是曹操统率追击刘备的五千轻骑兵，与孙刘联军之间的一场小小的遭遇战。当时恰逢我们课程进行到魏晋南北朝史，尹文观点与传统说法相去甚远，我遂萌发与尹文商榷的念头，不自量力地撰写了《再辨赤壁之战》一文，得赵凯球老师极大鼓励，于是更加不知天高地厚，投给《光明日报》。虽然这次投稿如泥牛入海，但获得了历史系“五四青年论文奖”。自此之后，我便喜欢上了魏晋南北朝史。大四那年，我准备报考郑佩鑫老师的魏晋南北朝隋唐史研究生。临报名时，郑老师告诉我，他只有一个统招名额，山东大学想请回赵俪生先生，赵先生曾是山东大学历史系“八大金刚”之一，1957 年去了兰州大学历史系，也有回归乡梓之意，故让其女儿报考山东大学历史系研究生。郑老师说，他会公平公正地阅卷打分，但同等情况下，山东大学肯定会优先考虑赵先生的女儿。他建议我改专业，推荐我报考山东师范大学历史系安作璋先生的秦汉史。

不久后的一天，我按照郑老师给的地址，敲响了安师的家门。头发花白、身穿浅灰色中山装的安师热情地接待了我，当听说我的学士论文选题是王莽官制时，安师更为高兴，说他与华中师范大学历史系熊铁基先生刚刚完成《秦汉官制史稿》一书，王莽官制正是他们要进一步研究的课题之一。我提出距考试时间很近，请教改学秦汉史的“捷径”。安师告诉我，他正在给山东师范大学历史系学生讲授秦汉史。于是，我成为这门课的一名旁听生。

不曾想，我刚听了几次课，就在一次课间休息时被传唤到山师历史系办公室。雷漪主任“审问”了我，下了“最后通牒”：没有山东大学的介绍信，不能来山东师范大学旁听。我狼狈而回，去找陈之安老师，他当时是山东大学历史系副主任，陈老师立即给我开了介绍信。

考试录取时，又出了问题：我英语考了 34 分。当年的英语录取成绩是40分，专业课成绩好的可以降至35分。我的专业课成绩很好，但英语成绩仍差一分。安师坚持要录取我，甚或以放弃本届研究生招生相“威胁”。当时的研究生招生制度有一定的宽松度，我最终忝列安师门下。

二

1927年1月10日，安师出生于山东曹县城内一户书香之家。家门上那副“忠厚传家远，诗书继世长”的对联，影响了他的一生。安师说那是他一生遵循的两个信条。

1937年，安师小学毕业那年，抗日战争全面爆发，烽火硝烟未能扼杀他读书的愿望，他入私塾，进流亡学校。这段苦难求学史让他刻骨铭心。记得1986年10月，安师带我们去芜湖参加中国秦汉史研究会第三届年会，返程路过南京间隙，安师执意去夫子庙，到了那里，安师才道破心意：他曾流亡至此，饥肠辘辘，身无分文，还是走进一家包子铺，要了屉包子，狼吞虎咽之后，脱下上衣抵充饭钱。老板仔细打量他，又问他姓名、家庭、老宅，当确认他是曹县文庙旁的安家之子后，激动地说：“我是安家邻居，早年曾受安家接济。”老板不但不收饭钱，还周济了安师一些钱。事过境迁，言及此安师仍唏嘘不已。

1947年，安师以优异成绩考入齐鲁大学文学院。齐鲁大学乃当时海内名校，与燕京大学齐名，时有“南齐北燕”之誉。齐鲁大学文学院名师荟萃，栾调甫、胡厚宣、张维华、朱东润、莫东寅、韩连琪等文史大家教授的课程，让安师受益终生。安师主修秦汉史，“前四史”翻烂两套，四易寒暑竟有7个假期没有回家。某年出差，偶遇安师一个同学，他绘声绘色地给我讲安师的逸闻趣事：安师学习好，老师让他代批学生作业，有个漂亮的女同学，安师总是多给她几分，云云。我向安师求证此事，安师笑曰：“别信，他是省话剧团的。”

1951年齐鲁大学毕业，安师到山东师范学院（1981年改名为山东师范大学）工作，开始了69年教书育人、著书立说的生涯。

三

与陈乃华、张进师兄去安师家上第一课，安师给我们布置学习任务，迄今印象最深的一项是熟读“前四史”，达标的要求是：当问及秦汉441年间的某人某事，能马上说出其传记在哪一卷中，事迹散见于哪些传记中。三年研究生，于此用功最多，分门别类地抄了很多卡片。但是，回首往事，于《史记》《汉书》用功最多，此二史中，尤喜波澜壮阔的秦始皇至汉武帝那一时段。

安师还要求多读名家名作，告诫我们：读此类论著，不仅要看写了什么，更重要的是看人家是怎么写的，像范文澜、郭沫若、翦伯赞诸老的大作，要看他们如何谋篇布局，从哪里切入，怎么论述的。记得安师最赞许的文章之一，是田余庆先生发表于《历史研究》1984年第2期之《论轮台诏》。安师以此文为例，教育我们写文章要照顾“前后左右”，也就是说，选题作文，不仅要探讨其前因后果，还要考察与其他事象之关系；文字需“胖瘦适度”，既不能洋洋洒洒，更不可语焉不详；用词要准确，不能为了追求优美、生动而词不达意。

另一项要求我们用力的地方，是多写。凡是自以为可以进行研究的题目，就要千方百计地搜集史料，写成文字。按照安师的吩咐，每个学期我都要挑出一篇习作，呈安师审阅。在安师看过退回后，我就仔细揣摩安师是怎么改的，为何那么改，从中受益匪浅。

安师还告诫我们：秦汉史是先贤今哲耕耘了多年的熟地，想找点“荒地”很难，每一次考古发现，都是突破已有研究的机遇，因此，要特别重视考古发现。不久，我就用“牙缝里省下”的钱订阅了《考古》杂志。历史文献与考古发现相互印证的“二重证据法”使我受益匪浅。读研期间，我最得意的文章，是利用传世文献与考古发现写成并发表于《考古》1987年第4期之《也谈汉代“黄肠题凑”葬制》一文。

四

研究生毕业，我到山东教育学院（2010年改为齐鲁师范学院）任教。我家住山东师范大学，故能时常见到安师，继续聆听教诲，我也因此更多地了解安师的治学与为人。深深地烙在脑海之中的安师，是如此这般：

研究历史，孜孜不倦。安师著作等身，誉满天下，功成名就，但不曾放下历史研究，直到去世前，仍在思考、写作。记得有一次，我劝安师保重身体，别写了，安师道：“不写，干什么呢？”此语至今记忆犹新。我深深地理解：历史研究，乃安师最爱。

当然，安师也有其他“私好”。记得2005年，我随安师、孟祥才老师去内蒙古呼和浩特市参加“中国秦汉史研究会第十届年会暨国际学术讨论会”。安师躺在火车下铺上，聚精会神地看书。此书已破旧，用白纸包着封面。我问安师是什么书，安师笑而不答，我抢过一看，原来是金庸的武侠小说。闲暇时，安师常以此类读物为乐。

对待学术，一丝不苟。在我研究生毕业之后，安师指导我完成了一些课题，如《汉武帝大传》（中华书局2005年版、2015年再版）、《汉武帝独尊儒术与齐学》（《秦汉史论丛》第7辑，中国社会科学出版社1998年版）、《齐鲁博士与两汉儒学》（《史学月刊》2000年第1期）、《论“汉家制度”及其历史影响》（《光明日报》2002年9月3日史学版）、《论“汉家制度”》（《秦汉史论丛》第9辑，三秦出版社2004年版）、《论汉武帝》（《山东师范大学学报》2005第3期）等论著，署名虽是安师与我，但思路观点大多是安师的；在安师坚持下，所得稿费全归我。我还参加了安师主编的《简明中国历代官制词典》（齐鲁书社 1990 年版）、《后妃传》（河南人民出版社 1990 年版）、《中国通史・秦汉时期》（上海人民出版社 1995 年版）、《公主传》（河南人民出版社 1992 年版）、《山东通史》（山东人民出版社 1993—1995 年版、人民出版社 2009 年增订版）、《中华杂技艺术通史》（南海出版公司 2012 年版）等论著的编写。在这些论著写作过程中，我更加深刻地感受到安师学术研究之严谨，他从思想观点到遣词造句乃至标点符号，无不反复推敲。在安师教诲下，读书作文，我最喜欢《论语・为政》“多闻阙疑，慎言其余”之句，并请人勒石为章，以此自励。

在安师指导下撰写的论著，每次所得稿费，安师总是坚持悉数给我。每次我都恳求安师留下一点，安师总是说：我那一份就给你孩子买本书看吧。就在安师去世前几天，他还为《汉武帝大传》再版稿费费心，叮嘱安国师弟将再版稿费全部给我。安师葬礼结束第二天，安国师弟就要我的银行卡号，把再版稿费悉数打给我，说这是“老爷子”生前的嘱咐。

2015 年隆冬，我去拜见安师，向安师讨要墨宝，安师给我写了“返本开新，实事求是”八个大字，期望之心切，教诲之情深，跃然纸上。

（作者系安作璋先生研究生，齐鲁师范学院副校长）

安作璋先生二三事

贡绍海

敬重的授业恩师安作璋先生离开我们已经大半年时间了，在此期间，我常常忆起先生的音容笑貌。发生在先生和我之间的以下几件往事折射出先生高尚的品格、严谨的治学态度和培养后学的殷切之情。

一

为适应依法治国、推进社会主义法治国家建设的客观需要，加强对我国当代司法价值的研究，培育司法职业共同体良好的价值取向，考察和研究我国古代的法律观念和法治理念势在必行。众所周知，在我国法学教育和法治建设的特殊时期，无论是在学界还是司法实务界，西方“宪政”“司法独立”等所谓现代司法理念一度拥有一定的市场。正本清源，培育和弘扬具有中国特色的社会主义司法价值观，进而树立司法共同体等积极健康的司法价值理念，对于公正司法、树立司法权威具有重要的现实意义。基于此，2008 年山东法官培训学院（国家法官学院山东分院）组织力量开展了“传统文化与中国特色社会主义司法价值”专题研究，其目的是通过对我国优秀传统文化的研究，挖掘根植于中国优秀传统文化之中、与司法理念联系密切的内容，以期实现对构建中国特色社会主义司法价值的推动和镜鉴作用。该项课题由我负责具体的组织和研究工作。

为开好头、起好步，在专题研究之初，我们筹备举办一次专家座谈会，以便理顺方向，启发思路。由于师承关系，更重要的是安作璋先生在中国古代史和传统文化研究领域的学术地位，我自然而然地首先想到邀请先生出席我们的研讨会。当我把这个想法向先生汇报后，他二话没说，非常爽快地答应了我们的请求，并建议我们同时邀请中国古代史著名学者、山东大学教授孟祥才先生出席研讨会。研讨会上，先生做了精彩发言，深刻剖析了中国传统文化的内核及其对中国社会发展、国民性格养成的重要影响，阐释了秦朝酷法暴政二世而亡，汉代“外儒内法”、德法兼济绵延400余载，其中所蕴含的深刻的治国理念与智慧。先生的发言得到了与会专家学者的积极评价，也使课题组成员受益匪浅。

由于准备工作充分和应邀出席的专家学者们的精心指导，这次研讨活动达到了预期目的，为专题研究打下了坚实的基础，其后正式出版的研究成果《传统文化与中国特色社会主义司法价值研究》（人民法院出版社2008年版）一书也得到了司法实务界和学术界的好评。然而，作为研讨活动的组织者，在高兴之余，我又深感愧疚，因为研讨活动结束之后，在送先生回家时，师母才告诉我：就在研讨会举办的前一天，先生还在发烧拉肚子，是在打了一天吊针后，不顾家人劝阻坚持参加研讨会的。由此，一位关心国家法治建设进步和“重然诺”的学界泰斗形象在我心中愈加丰满起来。

二

2017年12月27日，我赴京参加国家法官学院学习贯彻党的十九大精神研讨会暨建院二十周年座谈会。午餐后刚刚躺下休息一会儿，突然被手机铃声吵醒，说实话，心里多少有些不悦。当看到是先生的电话后，我马上起床接听。原来，先生有几十年午饭后阅读《光明日报》的习惯，当天看到《光明日报》第13版刊载的中国社会科学院研究员张生撰写的《中国传统文化核心价值观念论略》一文后，遂打电话嘱咐我学习参阅。

先生一直以来非常关心我的学习和工作，并尽心点拨和辅导。此前，出于法官教育培训工作之需，我专门就“传统文化核心价值与法官职业道德养成”进行了研究，认为中国传统文化核心价值可概括为八个方面，即“民本意识”“忠孝意识”“内省意识”“以义导利”“名节意识”“天人合一”“三不朽”“规矩意识”，并登门向先生请教。此时想来，应是先生在看到类似文章后，忆起此文观点与我近期的研究课题有关，这才让我认真学习借鉴。先生对后学的关爱之情由此可见一斑。

接到先生电话后，当天晚上我就找来《光明日报》，认真拜读了张生研究员的《中国传统文化核心价值观念论略》。作为国家社科基金重大项目“社会主义核心价值观融入法治建设立法修法规划研究”子课题负责人，张生研究员在文章中着重论述了中国传统价值在仁义基础上由内心而行为、由个人而群体所形成的五组基本价值，仁义与这五组基本价值构成了中国传统文化核心价值观念：1. “孝与忠”。孝是以血缘亲亲之情界定个人和团体内在伦理属性、规范人际关系的价值准则，是人伦规范的核心。忠则指为人正直、诚恳厚道、尽心尽力、忠于国家、忠于职守。忠是孝的进一步扩展，是建立在家的基础上的社会群体认同与责任。忠孝是相互维系的伦理价值规范，两者互相促进、相辅相成，是我们当代爱国爱家的伦理基础。2. “智而有勇”。智是整个伦理价值系统的智识支持，其内涵包括了对情感的理性控制，对行为的成本与功利的权衡、行为方式的技巧把握，其终极价值在于个人长远的、社会整体的利益最优化。中国古代在个人、社会和国家层面都不同程度地推动智识的发展。勇是行动力、决心、意志的体现，是实现其他伦理价值的力量保障。儒家认为唯有智勇结合才能实现正义和美德，去除社会污秽而实现善治。3. “诚信奉法”。“诚信者，天下之结也。”诚实无欺，信守诺言，是为人的基本伦理规范，是社会秩序稳定的伦理基石。奉法是指每个人都要自觉遵守各种法纪，包括强制力较弱的软性规范和强制力较强的硬性规范。诚信与奉法两者的结合，要求从内心到行为都能表里如一地履行自己的责任、遵守公共规范。4. “廉而明耻”。“廉耻，立人之大节；盖不廉则无所不取，不耻则无所不为。人而如此，则祸败乱亡，亦无所不至。”社会风清气正、国家法纪昌明，实仰公民深明廉耻，尤以国家公职人员为重。5. “勤俭戒奢”。“历览前贤家与国，成由勤俭败由奢。”中国古代先贤们早已深刻认识到勤俭戒奢的真谛，否则懒惰奢靡之风易兴难抑，败家亡国即在瞬息之间耳。

读罢此文，心中为之一畅：一则，对本人深入研究中国传统文化多有裨益；二则，有这么多学界同仁重视参与，传统文化的研究与发扬可期矣。

三

时间上溯到20世纪80年代末，那时我还在山东师范大学跟随安作璋先生攻读中国古代史硕士学位。临近毕业，撰写学位论文成为头等大事。在先生的指导下，我选择了把汉代掾史制度作为研究课题。

职官制度属上层建筑范畴，往往能够最直观反映特定历史时期的政治属性和社会面貌，是历史研究的重要内容。但是，由于历史研究领域宽泛，当时关注并深入研究掾史制度的还不多。

掾史即掾与史的合称。汉衙署分曹办事，曹设掾和史，掾为长而史次之。但亦有仅设史者，如功曹只有功曹史，不设掾，则史即为一曹之长。汉掾史由主官自行辟任。辟任后上报者，公府属吏秩可至四百石或三百石；不上报者，通常为一百石。各县掾史则多在百石以下。掾史虽然秩级不高，却是各级政府政令的具体执行者，对汉代社会治理和发展起到独特而重要的作用。

例如，汉代督邮一职就是郡府设置的负责专职监察属县的曹掾，《三国演义》中关于张翼德鞭笞督邮的描写就活灵活现、脍炙人口。安作璋和熊铁基两位先生合著的大型断代官制史《秦汉官制史稿》（齐鲁书社1984、1985年版）中，就有对督邮的专门考证和论述。但是，由于篇幅所限，书中对督邮的论述有些简略，也有值得进一步研究的必要。汉代督邮在郡府掾史中地位较高，有人认为仅次于功曹和主簿，而且其作用十分重要，时人已誉之为治郡之“爪牙之吏”“郡之极位”。鉴于此，我专门撰写了《略论汉代督邮》一文，文中除了论述督邮机构、职掌、除任和升迁，还着重探讨了督邮一职的演变和内涵。此前，学界多认为督邮之“邮”无外乎两种含义：一是训其本意，即邮传；二是训为邮驿传递的政府文件。但是，就督邮“其监属县”的职掌不难看出，上述解释过于牵强。经考证，我认为此处“邮”字应为罪行或过错之意。《诗经·小雅·宾之初筵》中“是曰既醉，不知其邮”，《汉书·成帝纪》中“天著变异，以显朕邮”，其中“邮”字皆为“过失”之意。师古亦训曰：“邮与尤同，谓过也。”如此，督邮一职便名实相符了。

论文完成后，我当时萌生了一个念头：能否投寄给《山东师大学报》发表呢？于是，诚惶诚恐地把论文呈给先生阅改。几天后，先生把我叫到家中，将修改后的论文递给了我，我仔细一看，先生对论文进行了多处修改。就这样，在先生的指点和帮助下，我的第一篇学术论文正式发表在《山东师大学报》上。可谁又知道，我的这篇“处女作”包含了先生多少期许和关心呢！

还有5天就是我国第35个教师节了，谨以此文，以忆先生。

（作者系安作璋先生研究生）

师恩伴我行

——纪念安作璋先生

武普照

自1982年跟随安老学习至今已有37个年头。一日为师，终身为父，在这漫长的时光里，恩师的教诲一直萦绕耳际。我就像一个恋家的孩子，经常到安老身边汇报、学习。自从互联网上有了博客，我把每次去拜望安老的心得都要写成一篇美美的记忆文字。值此安老仙逝周年之际，我择取其中的三篇博文与天堂的恩师共享，一起回味我们师徒的点点滴滴。我的儿子武靖宇现在省实验中学读高二，他自幼和他安爷爷亲密无间，也写了一篇悼念文章，附在本文后面。

2010年9月9日的博文

给安老祝贺教师节

今晚，细雨霏霏，我携妻儿去山东师范大学给我的老师安作璋先生祝贺教师节。文化路还在整修，去老师家的路坎坷泥泞。我们敲门进去，老师正在吃晚饭，我把带的礼物放在了过道一边，安老师从不在意这些。看到84岁的老师精神矍铄、神采奕奕，我很高兴。童童也亲热地叫爷爷，高兴得老师执意要让童童坐下一起吃饭。我连忙说刚刚吃过，就抓紧从餐厅退出来。看到安老师的书房，童童很惊讶，因为安老师满满当当两屋子的藏书已远超我的藏书，何况这还仅仅是安老师的部分藏书。

安老师是我的本科、硕士阶段学业的导师，大一的“中国古代史”、大三的“秦汉史”、本科论文指导都是安老师。那时候安老师已是正教授。能有幸在本科阶段得到老师系统的教诲，比我幸运的同学屈指可数。那时的教授不比现在，1980 年，安老师破格晋升正教授时，他是秦汉史专业国内高校唯一的正教授。他还是秦汉史研究会的第一任副会长。1986 年，我有幸考中了安老师的硕士研究生，得以继续跟老师学习。那时候硕士招生指标极少，安老师三年招一次，每次不超过三个研究生。我们那一届只招了两名。如此说来，在安门的研究生弟子中，我算是老三届。

安老师给我和贡绍海（仅比我小一天的同届师弟）安排的第一项任务就是读书。“前四史”、《十三经注疏》、《资治通鉴》、“诸子集成”等要求一年之内通读。老师定期让我们汇报读书心得，其实是在检查我们的读书进度。他老人家对相关古籍了然于胸，根据我们所提的问题，他或表扬或敦促。他让我们把读书时发现的问题及时写成提纲或小文章，边读书、边充实相关资料。如此一来，在写论文的时候，上述古籍中的相关资料即可搜罗殆尽。这种治学方法可谓独具匠心。我后来写成的十几篇论文多是那时读书的心得。

我公开发表的第一篇论文《秦汉守官制度考述》被安老师修改了六次，每一次都有观点的修正和资料的核实。在老师的悉心指导下，我学会了如何写论文，后来，我有一篇小论文一次就获通过，准许发表了。那时候，没有安老师的认可，我们不能随便投稿。说来很有意思，安老师允许投出的稿子，全部都能发表。在那个专业杂志极少的年代，我一个无名小卒的论文居然能被人大复印资料转载。细细想来，每一篇论文，都浸透了安老师的心血。

安老师在“文革”以前已出版两本专著《汉史初探》和《两汉与西域关系史》。他的《秦汉官制史稿》《刘邦评传》先后于 1986 年、1991 年获山东省社会科学优秀成果一等奖。他主编的《山东通史》1996 年获山东省社会科学优秀成果一等奖。先生著述等身，堪称学界的泰山北斗。

我此次拜访恩师，也带去了我新出的两本专著《环保产业投资问题研究》（上海三联书店 2010 年版）、《近现代财政思想史研究》（南开大学出版社 2010 年版）。想想老师的辉煌，我之前一直不敢把这些“离经叛道”的册子拿出来。安老师看罢，连说很不错。他说你研究的环保投资可是大热门啊，你能写出东西来，很好，财政思想史还可以继续研究，你可以筹划一部多卷本的中国财政思想通史，这两本书对得起你这教授职称了，专业研究方向可以根据工作、兴趣适当调整，贡绍海现在研究人性与法学，也不错。老师的一番话，让我惴惴的心如释重负。他教会了我们如何治学，还对我们的研究方向不加限制地给予鼓励，太感动了。

安老师对目前学界的浮躁与官本位、衙门化很反感，戏称一切都“烂”了，要尽可能抵制恶俗，做一个纯粹的教授。

老师有一点感冒，我不敢久留，他亲自送我们到楼门口。我到车上刚要离开，安老师又让我回去，他执意要送两本书给我，说有本书里面还有我的照片，安老师给我题了字。看他按书的出版时间题写的日期，我感到很羞愧。虽然所从事的专业有变化，但我应该多来看看老师。我们约好节后聚会一次，这让我充满了期待。

时间已是9 月 10 日，教师节到了。我衷心祝愿安老师、师母教师节快乐！

2012 年 2 月 8 日的博文

给安老拜年

2012 年 2 月 3 日晚，我带着夫人、儿子去给我的老恩师安作璋先生拜年。已经 86 岁高龄的安老身体很好，依旧是耳聪目明，思维敏捷。我们到家时，安老正和师母陈老师共进晚餐，让我惊讶的是，餐桌上没有一个菜，每人一碗面条，里面有些许青菜。安老的这种饮食习惯由来已久，老人高寿的秘诀当与这种清淡的饮食习惯有关。老人对童童格外喜欢，每次预约去家里拜访，安老都要特意嘱咐我带上童童。这次安老执意给了童童压岁钱。起初的谈话，也是从他祖孙俩开始的，我只有在旁边聆听的份儿。

童童年前期末考试得了3个优+，还得了校级三好学生。这次过年，奖励了一趟海南游。这也是过来拜年晚到的原因。安老听罢很高兴。他问童童对什么感兴趣，童童说都感兴趣。老人戏说，你这不得了，一般人搞好了能成为专家，还有一种人学贯中西、通晓古今，被称为杂家，你将来要争取做个杂家，呵呵。安老问童童平时读什么书，童童说，有《三国》《射雕英雄传》等。安老说，读《三国》要学习里面的智慧、谋略、忠义。他们还讨论了三国时期各国的谋士，讨论了“三曹”“建安七子”的诗文。最后，安老说，你10岁，我85岁，咱俩年龄加一块是95，你要好好读书，将来我还可以收你做我的研究生。童童说，到时安爷爷97岁了。安老说，没问题！老人的心态惊人地年轻。

自1982年秋开始我跟安老学习中国古代史，至今已有30年。我从事学术研究的基础多是安老所赐。

安老和我谈话伊始，先是推荐我去读一篇文章，习近平同志在中央党校2011年秋季开学典礼上的讲话《领导干部要读点历史》。他说，这是中央领导第一次系统、详尽地论述历史的重要性，文化产业的发展是大势所趋，文史哲迎来了难得的发展机遇。你原来研究环保产业，又有文史的底子，这种知识结构很难得，从产业角度研究，文化产业和环保产业有相同之处，理论和方法有契合点，就是怎么和文史结合是个难点。网络是大发明，现在查阅资料比我们当年方便多了。网络、传媒、出版、影视、广告、文化遗产等子产业都很有发展前景。问题是内容，譬如影视，电影《鸿门宴》说刘邦和虞姬有一腿，这就有些胡闹了。基本的历史事实要尊重，有一部《大风歌》你可以看看，那个剧主要写汉文帝时期，内容发掘得不错。汉初的很多问题，我们现在还有。文化产业要发展，必须有过硬的内容，这离不开文史哲。

我也即兴提出些想法跟安老汇报。我说，年前我整理了三篇文化产业和财税政策、文化产业投融资方面的论文，对文化产业研究也开始涉足。今年的国家社科基金选题有 40 多项和文化产业有关，可是我们身边的朋友对此有专门研究的几乎没有。研究文史哲的不知道怎么研究产业经济，研究经济的不懂文史哲。这说明中央的智囊太有前瞻性了。我觉得研究文化产业首先要理清它的产业链。传统文化的积淀、网络传媒技术、科技教育的投入、大众的文化需求是上游，文化产品的发掘、研发、创新是中游，文化产品的推广、营销、传播以及公众评价是下游。据此产业链，可以运用相关经济学、管理学、文化学的理论在各个环节、细节做文章。安老笑道，这是个大课题啊。

好的导师总是能授以“点金术”。每次与安老聊天，我都能受到启迪。我的上述言论事先毫无准备，纯属即兴而发。现在看来，倒也算是一说。如今文化产业热，可像样的成果凤毛麟角，我愿与师友、弟子们一起研讨之。

我和安老聊了 3 个小时以后，考虑到老人的身体，不得不告辞。我再次乞求安老抽空给我写幅字，他笑道，我笔墨纸砚都找不到了，在哪里写呢，看情况吧。望着安老被图书占满的房间，我也笑了。

天很冷，安老还是送我们到楼门口。和老人依依不舍地惜别，我只有在心底祈愿，愿我的恩师龙年吉祥、寿比南山！

2019 年 8 月 10 日的博文

听安老讲书法

安老在《中国社会科学家自述》中曾提及“自从我识字时起，最先留在记忆中的就是我家黑漆大门两边的那副‘忠厚传家远，诗书继世长’的对联”。小学毕业后，他随家庭迁到乡下读私塾。安老自幼就与笔墨结缘，他的书法功底是扎实的童子功。

关于书法，基于多年的爱好，我向安老请教多次。他说，古人的书写工具是笔墨纸砚，读书识字、官方文书、著书立说、书信往来等，毛笔是必备的文具。秦汉简牍上的文字，虽不是出自名家之手，但都可视其为书法。那些“刀笔吏”、“掾史”、戍边的将士，如今都算得上是书法家。随着经济社会的发展，毛笔被钢笔、铅笔、圆珠笔等取代，人们不再以毛笔为主要的书写工具，写毛笔字变成了部分书画爱好者的专业功课。电脑、手机普及以后，动手写字的人愈来愈少，提笔忘字也变得见怪不怪。很多所谓的“书法家”，缺乏严苛的基本功训练，写出来的毛笔字很难被人欣赏，也就不足为奇了。书协主席们在春晚上展示的书法作品遭人诟病，根源就在于心浮气躁，没有脚踏实地地传承中国优良的书法传统。

安老还讲到，研习书法，功底扎实是其一，书法的第二要务是书者的人品。这一点尤其重要。古代文人善书者不计其数，技艺超群者也不胜枚举，但为后人称道的并不多。譬如北宋书法四大家苏、黄、米、蔡，这其中的“蔡”，本是指蔡京。由于他为人奸诈，是臭名昭著的奸臣，虽然字写得好，却最后被蔡襄取代。在大部分国人眼中，墨汁是干净的，是容不得劣质和奸邪的，故历代书法评价中，人品历来高于书品，历史上许多奸臣、贪官虽堪称书法大家，但大都因人废字，因人品失了字品，故不受人喜欢。历史上的秦桧、严嵩、梁鸿志、郑孝胥、康生等人皆是善书之人，因为他们或为残害忠良的奸臣，或为背叛祖宗的汉奸，品行不端，很难登大雅之堂。

书法的第三要务是学养。古人云“文如其人”。书法既要看功底、情感、品德，还要看书者的修为与学养。习书日久，最后的书写，不再只是看技法如何精湛，而是字里行间透出的学识与涵养。中国书法讲求写意，就是要直抒胸臆，一挥而就。用点画表达心中的情感，用笔墨展露胸中的豪情，任性恣意地在黑白的世界收放自如。学养深厚是成就书法家个性、风格的关键。

从1982年开始跟随安作璋先生学习中国古代史，主攻秦汉史，到2019年2月20日安老仙逝，有37个年头。从写本科毕业论文我就有幸跟随安老，安老让我写的题目是《论东汉党锢之祸》（该文被收录到赵继颜老师主编的《中国古代政治冤案》）。1986年跟安老读硕士研究生，他给我和贡绍海安排了相当重的读书、写作任务，后来的日子，严格的安老让我一直沉浸在历史研究的浩瀚中。至于和安老聊书法、绘画、文物收藏，都是闲暇时难得的“题外话”。慈祥的安老从不介意我的跑题，每每能和我聊上一会儿，让我获益匪浅。

1989年10月，安老应日本关西大学和学术振兴会的邀请，赴日讲学、交流月余，他的渊博学识和精辟见解使日本学者为之折服。听说很多日本的专家教授都恳求安老留下墨宝，安老多数满足他们的期望。我见到载誉归来的安老时，再次恳请老人家赐我墨宝。1991年春节，已经到山东财政学院工作的我去给安老拜年。安老把事先写好的一幅书法作品送给了我。老人家书写的是南宋诗人叶绍翁的《游园不值》：“应怜屐齿印苍苔，小扣柴扉久不开。春色满园关不住，一枝红杏出墙来。”我看落款，发现这是安老在庚午年岁初已经写就的。我如获至宝，满怀感激。安老的书法典雅隽秀，奇姿流美，线条飘逸，力透纸背，透出文人独具的书卷气。在安老跟前，我一直是个调皮的孩子。我看着这幅墨宝，给老师提了两点意见。一是这名款“普照同志正之”非常不妥，这让小徒无地自容。再就是这“红杏出墙”和“出轨”貌似很相近啊。安老笑答，你研究生毕业工作了，当了大学老师，称你同志没有啥不妥。至于为何送你这首诗，你要通篇细细品读，“春色”是关不住的，“红杏”必然要“出墙来”，希望你好好研究秦汉史，成为学界出墙的一枝红杏。听了老师的解读，我汗颜了。后来我慢慢懂得，安老研习书法从不轻易示人，遇到似我这种一再恳求的弟子，他也要择取一首寓意深刻且能表达他老人家心愿的古诗词，精心写毕才送给学生。

2011 年国庆节，我携家人一起去看望安老，85 岁高龄的他耳聪目明，思路清晰。他对我获批的国家社科基金项目《节能环保产业自主创新技术 R&D 投资问题研究》提出了很多视角独特的建议，他认为起初的“发展是硬道理”没有错，如今则必须“科学发展”，关注节能环保，特别是该行业的核心技术的研发，不能再做洋人的打工仔、接受“经济殖民”。他说，如今经济学研究较盛，你研究财经问题，拿国家社科要比历史学容易很多。谈论了一个多小时的学术问题，我受益很多。接着我提出让安老再给我写幅字。安老指着满屋子的书籍，还有堆满了各种书稿、研究报告、学生论文的写字台，笑着说道，我想写，笔墨纸砚都找不到了，再说也没地方写啊。我说，您老现在运动量、散步的频次和距离不比以前了，总在家待着，得有个活动筋骨的项目，您老是我心目中的大书法家，还是应该捡起毛笔来，笔墨纸砚的事，我去安徽给您办理。

后来我在皖南屯溪老街采购了湖笔、宣纸、徽墨，一并给安老送去。他老人家很高兴。我说，我求的墨宝您先不用急，先把习字当作一项活络全身的体育运动，把身体调理好、保养好才是关键。

时光荏苒，2016 年（丙申年），安老 90 华诞。1 月 17 日，“安作璋先生教育与治学思想研讨会”在济南召开，来自中国社会科学院、中国史学会、中国秦汉史研究会、中华书局等单位的专家学者共 70 余人莅会。安老杏坛耕耘 65 载，无论在教育思想、治学方法、学术研究，还是教书育人等方面，都留下丰硕成果。他一直坚守教学一线，授业不倦，教授过的学生多达万余人，并培养了 30 多位博士和硕士。我用相机记录了这具有特殊意义的盛会。随后我把照片制作了一个相册，奉送给安老。他对我的摄影水平大加赞赏，说以前有很多采访的记者给他拍照，从来没有人把他拍得这么伟岸、高大。作为回赠，安老选了一张他的书法作品送给我，所书内容是唐代诗人杜甫创作的五言古诗《望岳》：“岱宗夫如何？齐鲁青未了。造化钟神秀，阴阳割昏晓。荡胸生层云，决眦入归鸟。会当凌绝顶，一览众山小。”年届九旬的老人笔法朴拙圆满，内里充沛，浑然天成。这幅书法没有年款，是老人家平时习练的作品，他在一卷卷写毕的宣纸里挑选了这幅，主要还是对我寄予厚望，希望我在学术研究方面“会当凌绝顶，一览众山小”。如今安老已驾鹤西去，他的期望将继续指引我前行。

附：武靖宇《致最敬爱的安爷爷》

安爷爷，您是万众敬仰的国学大师，是历史界的学术泰斗，您撒下万千桃李，教书育人，流芳百世。我爸爸（武普照）跟随您学习30余载，无时无刻不有所收获。作为一位老师，一位学者，您的伟大成就不是我一个小孙儿所能说尽的，我今天只是想在寄托哀思的同时，表达一下一个孩子心中不同的您。

一般来说，像您这样名满天下的大师，是很难保持始终如一地去治学、去研究的。但在我小时候，记忆中第一次来到您的居所之时，我就被那占满房间的藏书震撼了。这里面有您的著作，有您研究的秦汉史的材料，也有各种并非您专门研究的通史，其他学者的著作，等等。我的性格向来浮躁，如果让我家里摆了这么多的书，我估计不止我，甚或很多人，不说研究，甚至都没有去看它的心情，但您之所以成为大师，最重要的一点就是您的专一。如果没有这样细致严谨的研究学习，任何人都难以做成大事业。这是我在您屋中的第一反应，这已经让我获益无穷。

大约十年前，您为我爸爸从历史转到财政金融的迷惘解惑，这是我小时候的记忆，但它深深刻入我的脑海，让我深深地记住了您的伟大背后令人可敬的一面。您没有任何架子，也不循规蹈矩。爸爸这种堪称“叛变师门”的转行，被您的融会贯通说一语点破。所谓经济和历史，本质是相通的，中国古代也有财政赋税史、经济思想史等，西方历史更是受经济推动巨大。您的包容、睿智的解释，如此深厚的修为，让我，让无数人都不得不叹服。

而对我自身来说，您更是一位值得敬爱的长者，是我最亲爱的安爷爷。

在与您多次的交谈后，我感受到了您亲和的一面，您和我讨论历史，丝毫没有历史大师的架子，在我说时您会耐心倾听，在您说时句句让我受益无穷。您为我考虑未来的志愿，关心我的发展，这些都是一位长者对晚辈的关怀，并无任何其他因素掺杂，只是我们爷孙俩的情谊。您的慈爱，成为激励我前进的重要动力。您之前曾笑称让我考山师，让我去当您的学生，现在天降横祸，也许没有这个机会了，但我会为了您对我的指点奋斗，您给我指明的道路，复旦的历史地理专业是我最终的目标，也是您留给我最宝贵的遗产。

您的葬礼，来了五湖四海的桃李，他们在各自领域早就取得了巨大成功，却在您的遗体前悲痛欲绝，这是您的伟大所造就的。电影《寻梦环游记》中曾提到，人真正的死亡是被遗忘。在我心里，在无数人心里，您根本没有死去。您留下的火种早已燎原，您的精神会永远传承下去，所以您并未离去，您一直在受这么多人的敬爱，连我这样一个小孙儿都能为您写下这么多的送别之语，您就不必担心凡间的事了。您只是换了一个研究的地方，您去找您毕生所研究的历史人物实地考察，在天上享受天伦，这是多么美妙的事情啊！

（作者系安作璋先生研究生，山东财经大学财政税务学院教授）

道德文章　风范长存

——纪念安作璋先生

刘厚琴

安作璋先生是国内外知名的历史学家，从事学术研究和教学工作约70年之久，撰写学术论文200多篇，出版著作20余部，主编著作20余部，硕果累累，桃李满园，为学术研究的进步做出了不可磨灭的贡献。2020年2月20日是安先生逝世一周年的日子，值此之际，学界同仁无不深切缅怀先生。笔者作为先生的学生，对其学术特色、名师风范有所感受，简单谈谈安师的学术成就、治学特色以及对我的深刻影响，以表达对恩师的缅怀之情。

一、学路宽广　成就卓著

安先生在中国古代史、历史文献学、山东地方史，尤其是秦汉史和齐鲁文化史的研究方面，都提出了诸多独到见解，有着很深的造诣，在国内外学界有着巨大的影响力。笔者择要介绍秦汉史、山东地方史和齐鲁文化史三个方面的成就。

首先，秦汉史研究。秦汉史是安先生的主攻方向，先生用力最勤、成果最丰硕，被日本学者誉为“秦汉史之大家”。1955年，年仅28岁的安先生的第一部史学著作《汉史初探》出版。该书一问世，便大受欢迎，并于1957年再版。在秦汉史研究方面，先生已出版的主要著作有《汉史初探》、《两汉与西域关系史》、《桑弘羊》、《班固与汉书》、《班固评传》、《秦汉官制史稿》（上下）、《秦汉官吏法研究》、《学史集》、《秦汉史十讲》、《秦汉史研究文集》、《刘邦评传》（后增订为《汉高帝大传》）、《秦始皇帝大传》、《汉光武帝大传》等。其中，《秦汉官制史稿》是“秦汉史研究中的一项丰硕成果”，“不仅填补了断代官制史方面的空白，而且在许多方面有新的开拓，它的出版在中国官制史研究的漫长过程中树立了又一块新的里程碑”。《刘邦评传》“不仅是刘邦个人的传记，而且还是一部翔实的西汉开国史”。这两部著作皆获山东省社会科学优秀成果一等奖。

值得强调的是，《秦汉官制史稿》（上、下，齐鲁书社1984、1985年版）是一部大型的断代官制史，是秦汉官制研究的奠基之作。尽管安先生已经成名，但他始终坚持严谨治学，与熊铁基合作长篇巨著《秦汉官制史稿》时，从选题到完成，曾五易其稿，历时十载，才公开出版。全书共70余万字，分上、下两册，上册内容为中央官制，下册内容为地方官制和有关的各种制度。其资料丰富，对历代有关官制的研究成果，进行了认真的考究和审订，除了尽量吸收前人的丰硕成果，对其中的某些错误或不足，也进行了订正和补充，并对若干具体的制度问题在深入研究的基础上提出了自己的见解。①

其次，山东地方史研究。安先生对山东地方史研究的主要贡献是主持编纂《山东通史》（山东人民出版社1993—1995年版）。他主编《山东通史》时，曾因劳累过度而住进医院。住院期间，他仍手不释笔。《山东通史》按历史发展阶段，分先秦、秦汉、魏晋南北朝、隋唐五代、宋金元、明清、近代、现代卷。该书在体例与结构上都有创新，通过宏观与微观相结合，基本能反映山东历史发展的整体面貌。该书出版后，《中国史研

---

① 参见唐赞功《评〈秦汉官制史稿〉》，《光明日报》1985年7月10日。

究》《中国社会科学》先后发表评论文章，认为这是一部“运用马克思主义观点与方法研究山东地方史的开创性著作”，作为“我国地方史研究中的一项重大成果”，它“以其丰富的内容、翔实的资料、恢宏的规模、考究的装帧、浓郁的地方特色而独树一帜”。该书出版十多年后，为了更加系统、全面、真实地反映山东历史，安先生主持修订了《山东通史》（人民出版社 2009 年版）。新修订的《山东通史》是一部体例新颖、史料翔实、内容丰富、论证严谨、图文并茂，集科学性、思想性与可读性于一体的世纪精品工程，对于宣传山东历史、继承与弘扬齐鲁文化有着深远的历史意义与现实意义。

《济南通史》（齐鲁书社 2008 年版）是安先生主编的另一部反映山东地方史的大型丛书。上起远古下迄现代，按时间先后顺序，分先秦秦汉卷、魏晋南北朝隋唐五代卷、宋金元卷、明清卷、近代卷、现代卷，共 6 卷，比较充分地反映了济南历史的全貌。

最后，齐鲁文化史研究。安先生多年来一直致力于齐鲁文化的研究，建树颇多。他与王志民合编的多卷本《齐鲁文化通史》（中华书局 2004 年版）是一部大型的地域文化通史，它既充分吸取了中华人民共和国成立以来学术界研究齐鲁文化的成果，又突出了学术的创新性，并填补了某些领域的研究空白，是齐鲁文化研究领域的重要成果。

二、严谨治学　勤奋笔耕

安先生从事历史研究约 70 年，形成了自己独特的治学之道。对于确定研究方向、把握研究动态、转换研究视角以及研究方法，先生皆提出了自己的独到见解。其一，确定研究方向。安先生强调，一切都要从实际出发，从学术需要出发，从自己的专业基础、能力、志趣以及各种环境条件出发，才能有较为成功的把握，才能避免好高骛远或半途而废。其二，把握研究动态。安先生虽然主要致力于中国古代史的研究，但他也很注意国际史学界的动向。他之所以成就斐然，与其立足中国、面向世界的广阔胸怀与高瞻远瞩的学术素养是密不可分的。其三，转换研究视角。历史研究需要转换视角，应选择那些结合点作为突破口。找准结合点，转换新视角，在秦汉史研究中就可能有更大的突破和创新。其四，开展跨学科的研究。安先生主张注意历史学和其他学科的结合，尤其要注意历史学同哲学、考古学、社会学、政治学、文学等结合。这不仅可以丰富历史学的研究内容，而且能够解决单一学科无法解决的问题。

除了有自己的治学之道，严谨治学，安先生也十分注重史料基础。早在 1947 年，他以优异成绩考入齐鲁大学文学院历史系，并拜在张维华等知名史学家门下开始，就主攻秦汉史。求学期间，安先生一直勤奋学习，午夜之前极少休息，刻苦探研有关先秦和秦汉的各种文献，“前四史”被他翻烂两套。后来，也有好几套《史记》《汉书》被他翻烂了。先生能够有丰硕的研究成果，与其对资料的熟悉是分不开的。

安先生更注重勤奋笔耕。曾经，有些青年教师与学生请安先生传授一些治史秘诀，他说：“我没有什么秘诀，如果说有，那就是‘业精于勤’四个字，即眼勤、脑勤、手勤，也就是勤于读书、勤于思考、勤于写作。”“三勤”道出了先生治学思想的一个重要方面，即业精于勤与持之以恒的治学态度。他自己就是“三勤”的典范。安先生午夜之前极少休息，有时躺下后仍在思考问题，一旦有所发现，立即披衣起床，笔之于书，简直到了寝不安席的地步。先生 90 岁时自述：“我的一生非常简单，可用六个字来概括，那就是‘读书、教书、写书’。”作为学者，安先生一生忠于学术，视学术为生命，并为此而奋斗，无怨无悔，孜孜不倦。他数十年如一日，始终埋头于学术研究事业，终于取得卓越的学术成就。

此外，安先生在治学上非常谦虚。他历来强调不能恃才、恃名或恃文傲人。所谓“满招损，谦受益”，这已经成为先生治学的一个鲜明特点。

安先生极其尊重前辈学者。他认为晚学不应对前辈的论著求全责备，因为后人的学术进步是建立在前辈研究基础上的，且许多前辈的研究成果是我们迄今还无法超越的。安先生是这样说的，也是这样做的。他对于出版其授业老师张维华先生的论文集可谓不遗余力，已成为学术界的一段佳话。

对待同辈学者，安先生也非常尊重，总能看到他人之长处。尽管先生成名很早，但他从不以权威自居。相反，他在与许多学者交往时，始终把他们视为专家。每当看到一些同辈学者出版或发表论著后，先生都认真阅读，力求从中学到更多的东西。

对于晚辈学者，安先生也以完全平等的态度与他们探讨学术问题。因为学术研究人人平等，只要言之成理，持之有据，无论是中年学者，还是青年学者，其研究都应该得到承认与重视。先生主张，不论年龄大小，学者之间都应互相学习借鉴。先生曾多次提到，他在写有些论著时就曾从一些青年学者包括学生的研究中得到了启发。

安先生以渊博的学识、严谨的学风、谦虚的品德，赢得了广大学界人士的推重与尊敬。

三、教书育人　名师风范

安先生不仅是功底深厚、学问精深的大学者，也是一位诲人不倦的教育家。作为从事高等教育的资深教授，他在长期的教学生涯中，在教书育人方面也表现出了高尚的风范。安先生作为国务院学位委员会评定的博士生导师，多年来，用大量心血，精心指导，培养了一批硕士研究生、博士研究生、高中级历史教师，有的已成为知名学者。

安先生诲人不倦，为培养后学倾注了大量心血。先生把“得天下英才而教育之”视为人生最大乐趣，不仅尽心尽力地向在校学生传授治学心得，而且对于校外的慕名来访者，不论教师、学生，或者社会青年、机关干部，一概热情接待，有问必答；对于别人求教求荐的论文、书稿，也认真阅读，并提出修改意见。尽管先生为此费去不少宝贵时间，但从未厌烦，表现出诲人不倦的师长风范。

安先生作为导师，对于弟子们的提携可谓不遗余力。先生是我的硕士生导师，也是我学术道路上的指路人。我的第一篇论文就是在先生的指导下写出的，也是在他推荐下发表的。我的第一部专著《儒学与汉代社会》也是在安先生指导下完成的，初稿完成后，先生在百忙中阅读了书稿，对篇章结构等提出了一些具体的修改意见，并为该书写了序。不仅如此，先生还帮我联系好了出版社，使得书稿能够顺利出版。

近三十年来，安先生给予我的教诲与帮助是多方面的，也是不能一一言述的。回顾我的成长，如果有丝毫的进步，都与安先生的关心、培养、提携有关。不论是在先生门下读书期间，还是工作之后，先生对我一直像慈父一样，既教导我做学问做人，又关心我的家庭生活。恩师言传身教，对我的熏陶将伴一生，受用无穷。点点滴滴我将铭记在心。

总之，安先生突出的学术成就、严谨的治学态度赢得了学界的尊重，而他淡泊名利、平易近人、关心后学、诲人不倦的优秀品质更是有口皆碑。安先生学问好，做人更好，道德文章，堪称楷模！

（作者系安作璋先生研究生，曲阜师范大学孔子文化研究院教授）

安作璋先生指导我高校从教二三事

张 弘

1995年9月，经过一番努力拼搏，我终于考入山东大学历史系，成为一名博士研究生，师从安作璋先生攻读中国古代史博士学位。1998年7月，我完成学业，顺利毕业，获得历史学博士学位。同年9月，我来到济南大学任教。得知此事，安先生很是高兴，认为我走上高校教学育人之路，是一个明智的选择。不过，安先生对我不太善于言辞的“短板”，一直甚为担心。安先生自1951年毕业于齐鲁大学以来，一直在高校从事教学与科研工作，积累了丰富的教学经验。在我毕业后的很长一段时间里，我每次去安先生家，他都要问及我的教学情况，并向我介绍他教书的一些经验。概而言之，主要有备课与教授两个方面。首先，应备好课。要围绕教材博览群书，储存较多的相关知识，以便能厚积薄发，进行深入浅出的讲解；要深入了解学生在学习中的各种心理活动，使所讲的内容切合学生的实际；要认真编写讲稿，把授业、解惑与传授科研方法等有机地统一起来；同时，应在讲稿中设计板书草图，以便讲授时能书写得纲目条理清晰、内容醒目、重点突出。其次，应注重授课的效果。在讲课语言的使用上，要符合汉语言使用的规范；要简明扼要，力求形象生动、悦耳动听，具有一定的吸引力、感染力；在传授知识方面，在向学生讲清楚专业知识体系的同时，提供一些新颖的见解，让其了解一些该专业领域的学术动态、发展趋势、目前所达到的学术研究水平及存在的问题等，并启发学生解放思想，学会独立思考与研究分析，力争把学生培养成具有开拓精神和创新能力的人才。

在安先生的关心指导下，我的教学水平得到较大提升，逐渐得到学生、教师的认可与好评。2001 年，济南大学与其他院校合并重组，成为山东省内一所较为著名的综合性大学。由于当时的济南大学理工科优势明显，文科特别是历史学科因师资力量不甚雄厚等原因，处境较为尴尬。我由此也承担了十分繁重的教学任务，为历史学本科专业的学生开设了 10 余门课程，不仅讲授中国历史方面的“中国历史文选”“中国古代经济史”“中国文化概论”等课程，还开设了世界历史方面的“西方政治制度史”“世界文化概论”及史学理论与写作方面的“史学概论”“文献检索与论文写作”等课程。教学任务多了，读书学习的时间自然便少了，科研几乎无暇顾及。我很是苦恼，便去安先生家谈及此事。安先生一方面宽慰我，要与时俱进，承认既定现实，安心教学工作；另一方面，则给我讲了许多教学相长的道理，以妥善处理教学与科研的关系。他让我充分利用较短的空闲时间，多读一些历史资料，为从事学术研究打下更加扎实、广阔的基础；另外，还建议我利用公休日、寒暑假等大段时间进行一些专题研究与论文的写作。我依此而行，果然取得了很好的效果。在教学方面，我认真负责，兢兢业业，承担了繁重的本科教学任务，效果较好，多次获得济南大学本科教学贡献奖。在科研方面，我持之以恒，努力钻研，在来济南大学工作的 20 年里，已发表论文 50 多篇。这些成绩的取得，都与安先生的悉心指导是分不开的。

我祖籍山东省济宁市，父母一直在老家居住。每年春节，我几乎都要回老家看望、照顾父母，很少有机会拜望安先生。我岳父母家在济南，每年中秋节，我都在泉城陪伴岳父母。从 1998 年到 2018 年，每个中秋节前夕，我都要去安先生家拜望先生，每次总要谈及高校教学等事情。安先生睿智、豁达的言谈，对我在高校从事教学工作多有裨益。2019 年春天，安先生遽然离世；今年中秋佳节，我只能倍思先生。我想，只有加倍努力工作，才能不辜负安先生的殷切希望，为我国高等院校的教学工作尽一份力量，以此告慰先生。

（作者系安作璋先生研究生，济南大学文化和旅游学院教授）

您永远活在我们心中

——写在安作璋先生逝世一周年之际

陈新岗

2019年9月10日是中华人民共和国第35个教师节。往年这一天，我都会准时出现在安先生的书房里，送上我的祝福，并聆听先生的教诲。但今年的教师节，先生已离我们远去，我潸然泪下，只能坐在自己的书房里，遥祝先生节日快乐！

一年来，我脑海中时常出现安先生的音容笑貌。微胖的身躯，方正的脸庞，坚毅的目光，服帖的白发，洪亮的声音，这是20年来安先生留给我的深刻印象。我自2000年拜入安先生门下求学，至今已二十载。安先生总是穿一身灰色的中山装，脚穿黑色布鞋，安详地坐在书房里，或带着老花镜阅读，或用放大镜查字，或伏案写作，或招待客人。安先生对中国秦汉史研究贡献颇大，被称为“中国秦汉史研究领域的扛鼎人物”，在学术界拥有崇高地位，但他又虚怀若谷，提携后进，真正的“道德文章”之谓也。安先生一生致力于秦汉史和地方史研究，取得丰硕成果。我无意总结安先生的学术生涯，只是凭印象简单总结他的治学特点。这些总结肯定不全面，有待将来一一补齐。我认为主要有三点：

一是认真执着。安先生是一位智者，做事认真而又执着。除了安先生自己在学术上的一贯谨慎，他还经常教导我们，世界上没有简单的事情。这句话有两层意思，一是任何事情都是复杂的，我们不应简单化，二是我们应养成辩证对待任何事情的基本态度，都要看到事情的两面性。我于2000年进入安先生门下学习，当时安先生已是73岁高龄。作为应届生，我是安先生培养的最后一届博士研究生，自然与安先生的年龄相差悬殊。所以，我从读博到工作，从未婚到成家，感觉自己经历了很多，也成熟了很多，但在安先生眼中永远是孩子般的单纯与上进。我经常把问题考虑得过于简单或美好，总想直抒胸臆地去做某些事情，这时安先生总要说一句话——世界上没有简单的事情。起初，我对安先生的这句话并没有太深的理解，直到遇到挫折时才深刻理解了这句话的含义。物以类聚，人以群分。人是社会动物，你做事情的时候，不能完全以自己为中心，要考虑周围人的影响与感受，任何事情的背后都反映了人与人之间的关系。正因为此，你要认真对待所有事情，千万不能把问题简单化。有时候，我给安先生汇报一些事情的经过或结果，他也会说“你事情想得过于简单”“你处理事情有进步了”之类的话。有了对待事情的基本态度，如何做呢？安先生教导我们，要解决好“度”的问题。操之过急、用力过猛等是我们处理事情时经常存在的一些问题，其效果可想而知。安先生对待这些“过犹不及”之事的方式是“张弛有度”。安先生生于1927年，他经历了20世纪以来中国社会发展的主要阶段，因为有梦想、有担当，他能够气定神闲，从容面对一切，自然而然能够拿捏好处理问题的那个“度”。我们虽然也经历了很多，但离安先生的气定神闲和那个“度”还有相当距离。安先生永远是我们学习的榜样。

二是经世致用。安先生常说，要做活学问，不要做死学问。安先生秉承“究天人之际，通古今之变”之精神，最终实现了“成一家之言”的学术梦想。安先生主张学术研究要让老百姓听得懂、看得明。他从秦汉史研究到山东地方史研究，一生都在践行“历史为现实服务”的学术精神。我记得2000年博士论文选题的时候，安先生明言，论文题目一定要有现实意义，要最大化发挥历史研究的“经世致用”功能。本着这样的思路，安先生帮我选定了“两汉诸子”这一领域。包括陆贾、贾谊、董仲舒等人在内的两汉诸子，无疑是两汉时期最著名的学者或政治家，他们的思想行为不仅对两汉社会产生了重要影响，而且深深影响到后世。但研究两汉诸子的哪些内容呢？两汉诸子具有丰富的学术思想、治国思想等，其中治国思想对现实的影响最为深刻，于是最终确定“两汉诸子治国思想”这一领域。显然，这一领域是围绕两汉的重大治国问题展开的，主要包括治国方略（德治、法治）、意识形态（学校教育、人才选拔）、利益集团（王国、外戚与宦官）、吏治问题、民族政策（汉匈关系）、货币制度（官铸、私铸）、经济政策（国家干预、经济自由）、“三农”问题、社会风俗等。我的博士学位论文主要评析了诸子对两汉重大治国问题的主要见解、利弊得失以及对当代国家治理的重要影响。后来，该论文最终以《两汉诸子治国思想研究》为题，由山东文艺出版社于2009年出版。本书出版十年来，好评不断，主要原因之一是研究主题契合当今的国家治理，像吏治问题、意识形态问题、利益集团问题、“三农”问题等。从某种意义上讲，《两汉诸子治国思想研究》很好地继承了安先生的学术风格，较好发挥了历史研究的“经世致用”功能。我在以后的《山东经济史》《山东商贸史》等著作中也遵循了这一风格。我毕业后留校到山东大学经济学院工作，在研究中国经济史的过程中，逐渐对中国历史上的信用问题产生了浓厚兴趣，并与现代经济中的信用相结合，尝试建立“信用经济学”这一新的领域，这或许是历史研究“经世致用”功能的另一种体现吧。

三是提携后进。安先生不仅具有高度的爱国情感，还具有慈父般的情怀。他总是力所能及地帮助后生晚辈，给予他们细致帮助和大力提携。最具体的体现就是安先生为后生晚辈写了几百篇论著的序言或评论。我记得安先生为给一位年轻学者撰写序言，曾五易其稿，还亲自打电话与对方沟通，而对方竟是一位以前未曾谋面的学术界新人。我相信，凡与安先生交往过的年轻人，在他们的著作中都能看到安先生撰写的序言。安先生平易近人，总是在各种场合褒扬鼓励年轻学者。我印象中在 2002 年西安和 2014 年成都的中国秦汉史研究会年会上，安先生无论在大会发言还是小组讨论中，总是对年轻学者寄予厚望，希望他们沉心学问，厚积薄发，为历史科学发展做出更大贡献。安先生不仅关心年轻人的学术成长，还大力帮助年轻人的工作生活。很多年轻同志从学校毕业后，对社会一无所知，对就业更是感到迷茫。安先生总是结合他的优势与劣势，送上中肯的建议，然后再帮助联系相关的就业单位，我想很多年轻学者都得到了安先生的无私帮助。等你工作后，为了发表文章或职称晋升，你或许感到无助，安先生总是输出正能量，热情地帮助你，教你正确对待荣辱，一切向前看，时间会给你最好的答案。

一年了，我眼前总是浮现安先生的慈祥笑容和坚毅目光。我和很多年轻人一样，都接受了安先生的指导和帮助，无论在生活中还是工作中，安先生永远是我们心中的那盏明灯。无论你在还是不在，安先生总是坐在那里，给你指导，给你帮助，给你梦想，给你担当。

（作者系安作璋先生研究生，山东大学经济学院教授）

师恩如山厚重　亲情如水绵远

——写在恩师安作璋先生周年祭

韩晓燕

那双苍老而温暖的手紧紧拉着女儿，“两年不见了，孩子，都长这么高了，爷爷每次都盼你来……”2019 年春节拜年时，安先生曾如此亲切地同我们母女闲话家常，话语间难掩欣喜之情，还执意给了孩子压岁钱。未曾想，彼时余音犹在，噩耗如惊雷撕夜，吾师竟驾鹤仙逝。学生深感锥心之痛，思念历久弥笃，略摘记忆之一二，以此拙文寄哀思。

一、投身安门，吾生之幸

1998 年 9 月，我考入山东师范大学历史系学习。因为安先生年事已高，早已不再为本科生授课，对先生的了解多源于师生口中学界“三驾马车”的美谈。先生之风如高山仰止，我辈虽不能至，心却向往之。后来萌生报考专门史研究生念头的我，在怯于史学功底浅薄而缺少信心时，幸运得到了朱亚非老师的鼓励和帮助，成为当年唯一通过笔试、面试的学生。山东师范大学专门史专业是安先生主导创建的富有地方特色和优势的硕士授权点，2002 年正式招生，我和同级的四位同学可谓开门学生。之后，朱亚非老师向安先生推荐了我，使我有幸拜师安门，跟随先生学习近二十载。

犹记当年，怀着崇敬又紧张的心情，我第一次拜访了安先生。在那间书香四溢的书房里，先生身着朴素的中山装，面容慈祥又不失威严，语重心长地向我这个初投师门的“毛丫头”讲起了求学之道：“想做好学问必须要勤奋，做到眼勤、脑勤、手勤，必须要有面壁十年的精神，肯下苦功，没有捷径可走……”先生言谈间透出的严厉，瞬间令我压力倍增。我深知，入师门不易，出师门更难，何况读研三年安先生只带我一名研究生，这份独享“殊荣”也让我暗下决心，唯以好学勤勉回报先生，为培养我的先生争光。

二、师恩如山，厚重深沉

安先生知识渊博，学富五车，讲课深入浅出，善用典故。安先生的专业必修课从“传统道德与和谐社会”讲起，站位高远，条理清晰，殷切教育我们首先要做有道德的人，其次才是做学问；先生家中原本不宽敞的客厅，成为我们汲取知识的温馨“课堂”，我们喜欢利用课间向先生请教各种学术问题，先生总是不厌其烦，耐心地为我们答疑解惑。

我个人的学术研究与论文写作，更浸透着先生无数的心血。安先生引用吕洞宾“点石成金”的故事，启发我真正掌握做好学问的“点金术”，手把手教我从基本功抓起。入门伊始，安先生给我布置了熟读“前四史”的读书任务，要求每周汇报读书进度，向他提出不明白的问题。安先生在细心解答问题的同时，还会随机提问我对问题的看法和观点，敦促我不断思考发现问题。对这种互动研讨式的小课，我既渴求又紧张，每次课前必须做足功课才不至于太露怯。

在通读“前四史”时，安先生引导我关注两汉齐鲁士人的事迹活动，并要求将有关的史书记载及文献资料摘录于卡片。为尽可能全面地收集材料，我提着卡片盒连续三个学期泡在图书馆，先后积攒了十多箱的信息卡。根据安先生的指点，我按照历史人物、事件活动等主题分类汇总卡片信息，整理了“两汉齐鲁人简表”“两汉齐鲁士人私家传经授徒简表”，以此为索引，为论文《齐鲁士人与两汉政治》的写作奠定了坚实基础与有力支撑。读研期间，我先后发表在《东岳论丛》《管子学刊》上的《齐鲁人与两汉地方吏治》《齐鲁人与两汉地方治安》等文章，曾被安先生数次修改，甚至细到一个标点符号，先生都亲笔圈画提醒。在先生的悉心教导下，我慢慢学会了如何撰写论文。

当论文定稿呈于桌前时，我才见到了先生会心的微笑，“虽然刚入学时你的专业基础不太好，但是论文能够顺利完成，与你自身的努力分不开，我也很高兴看到了你的进步”。我清楚地记得毕业前夕安先生与我的交谈，更明白自身科研能力离先生的要求还相距甚远，仍需要在学术之路上扬鞭自奋。

2005 年 6 月，安先生在《学史集》上为我题写毕业赠言：“学术乃天下之公器，以学术的成就追求民族昌盛、国泰民安，则是学者的历史责任。”

三、亲情如水，绵远悠长

研究生毕业后，我到原山东经济学院（现为山东财经大学）从事行政管理工作。先生在忙碌的学术研究之余，时常打电话询问我的工作生活情况，并多次鼓励我攻读博士学位继续深造。后来，我考取山东大学史学理论与史学史专业的博士研究生，论文选题围绕齐鲁大学国学研究所开展，先生更热心地为我提供了许多有价值的研究资料，还多次对论文纲要提出修改意见，督促我不断调整完善。虽然我在学术道路上没有做出多少成绩，但先生孜孜以求的学术精神始终鞭策着我。每当因工作事务繁杂陡生牢骚抱怨时，我一想到先生潜心学术、分秒必争的身影，便打消偷懒念头，振奋精神，全心投入工作。

在我心目中，安先生和师母陈有今女士不仅是可敬的师长，更是可亲的长辈。先生与师母平易近人，在我上学时经常留我在家中吃饭，待我如同家人。老两口生活简朴，饮食清淡，每餐往往只是一碗米粥，几碟青菜，饭间闲谈时，他们还常常和我聊起年轻时学习生活的往事。我工作这些年，每逢教师节、中秋节、春节到安先生家中去看望先生和师母成了一种习惯，如同飞鸟归巢一般，能与老人促膝长谈，心里就感到无比踏实。

记得2016年教师节那天，安先生与我和武普照师兄兴致勃勃地聊起了书法，还拿出最近写的几幅书法习作供我们欣赏。因自幼于私塾读书，安先生有扎实的书法功底，书法风格典雅隽秀，密集处颇得浑厚，空灵处多有沉实。但先生从不轻易示人，亦不轻易为人题签，始终认为自己的书法只是一种自我陶冶，不足为他人所道。从师多年，我第一次向先生“讨”要他的书法作品，先生兴起，现场题签，将张载的“四为说”欣然赠送于我。手捧安先生墨宝，我如获至宝。有言道“书如其人”，先生一生正是以他的敦厚谦和、严谨低调默默耕耘着“道德文章”。

跟随先生学习多年，恩师的教诲始终萦绕心间，我深刻感受到先生宽厚无私的高尚人格、诲人不倦的师长风范，也深刻体会到先生对年轻后学的热情关怀和殷切期望。如今与先生天人永隔，唯祈先生天国安好。在其“生命不息，奋斗不止”的精神指引下，我们将继续砥砺前行。

（作者系安作璋先生研究生，山东财经大学教师）

道德学问著春秋

——深切怀念恩师安作璋先生

李建业　董金艳

2019年2月20日22时43分，我接到了安国老师从医院打来的电话：我的导师安作璋先生突发心脏病，不幸去世了。我们不愿相信，可不得不信。我抓上衣裳就往外跑，到了医院见到了静静躺在急救室病床上的先生。接下来几天，与大家一起忙于各种治丧事宜，无暇细想，一直到23日下午先生的遗体告别和骨灰寄存仪式结束。这时静下来，我恍然觉得先生还在眼前，那么的清晰，那么的亲切，不觉泪流满面。我想我应该写点文字，记下与先生的交往，记下那些他无意间留下、自己也许都不一定记得，对学生、后辈来说却很重要的事情，作为学生对老师永远的怀念。

我与先生的交往在同辈中是较早的。2000年我大学二年级，跟随师兄师姐创办历史系的学生学术刊物《学史》，经常到先生家中请教，对先生留下了比较深刻的印象。到2003年大学毕业攻读研究生时，更有幸拜在先生门下，攻读秦汉史。掐指算来，已有近20年的时间了。

先生常跟我们说："我的一生非常简单，可用六个字来概括，那就是'读书、教书、写书'。"从早年起，他就把儒家立德、立功、立言的"三不朽"精神概括为"道德学问"四字，并一直贯穿于他为人、为学、为师的人生追求之中。

一、为人："人总是要有一点精神的"

先生在回忆早年于齐鲁大学求学经历时，曾无限感慨地说："这是我人生的十字路口，所幸的是凭着坚定的信念和意志迈出了正确的一步。因此，我体会到'人总是要有一点精神的'，不然，精神一垮，将一事无成。"这种精神就是先生身处逆境艰苦奋斗、不折不挠的精神，也是在治学中虚怀若谷、勇于攀登的精神。

1927 年 1 月，安作璋先生出生于山东曹县。他的一生，经历非常坎坷。先生自己经常提起，自从识字时起，最先留在记忆中的就是家中大门两边那副"忠厚传家远，诗书继世长"的对联，"长辈们经常给我讲这副对联的意思，就是教导我长大以后为人要忠厚，要好好读书。没有想到这竟成为我一生遵循的两个信条"。

1937 年，先生小学毕业，时值抗日战争全面爆发，家乡曹县县城沦陷。因不愿接受日本奴化教育，他毅然转到乡下私塾读书，其间先后读完"前四史"和《资治通鉴》等书，这为他以后学习历史特别是秦汉史打下了良好的基础。

1944 年秋，先生随流亡学生辗转到皖北阜阳，进入山东第二临时中学高中部学习。当时正处于全面抗战紧张之时，大家住的是用土坯垒起的草房，吃的大多是发了霉的高粱米窝头，绝大多数同学又与家庭失去了联系，处境十分艰难。更为严重的是，多种疾病又在这一带肆虐，安先生也未能幸免，除了危及生命的猩红热，疟疾、疥疮和关节炎都曾降临到他的身上，特别是关节炎，夺去了他双腿的健康。回忆起这段异常艰苦的岁月，先生说："生活的艰辛和疾病的折磨曾一度到了难以忍受下去的地步。支持我继续生活和学习勇气的，就是我过去所熟悉的历史人物在逆境中百折不挠的艰苦奋发的精神。我常用司马迁说过的一段话'左丘失明，厥有《国语》；孙子膑脚，《兵法》修列’来激励自己。”三年中，他以极大毅力苦读不辍，不仅文科各门功课名列全班前茅，还在贫病交加中补学了因故缺失的全部理科课程。

1947年中学毕业，安先生以优异成绩考入齐鲁大学文学院历史系，投入著名文史学家栾调甫、胡厚宣、张维华、朱东润、莫东寅、韩连琪等先生的门下。在张维华先生的悉心指导下，安先生主攻秦汉史。他午夜之前极少休息，总是如饥似渴地涉猎着先秦和秦汉的各种文献，“前四史”被他翻烂两套，四易寒暑竟有7个假期没有回家。他的大学同学回忆说：“那时课堂上老师提问题，安作璋总能熟练地指出该问题出自‘前四史’的哪一史哪一篇甚至哪一段落。其他如经史子集、简牍金石、秦砖汉瓦，更是无不通览，了然于胸。”

在齐鲁大学学习的四年（1947—1951），先生恰巧跨越了新旧两个时代，先是接受了乾嘉学派考据务实思想的影响，以后又接受了辩证唯物主义和历史唯物主义，这都为他学术思想与治学风格的形成打下了坚实的基础。1951年，安先生大学毕业，被分配到山东师范学院（后改为山东师范大学）历史系工作。

从青年时期起，先生就以累累创新的学术成就，不断引起学术界的瞩目。1954年2月20日、5月27日，短短3个多月中，他的论文《西汉的西北屯垦》《论西汉农官的建置及其作用》就相继发表在《光明日报》史学版上，这在当时史学界青年一代中是非常罕见的，产生了很好的反响。1955年，先生晋升为讲师。同年，他的第一部史学著作《汉史初探》由学习生活出版社出版，1957年由上海人民出版社再版。这是一部包含多篇论文的汉史论集，主要探讨了西汉农业生产力和生产关系、西汉王朝对农业生产的经营管理以及桑弘羊在汉武帝文治武功中的地位等问题。该书出版后，在史学界引起了很大反响。特别是有关桑弘羊的论文，受到了史学大师郭沫若先生的赞扬。1956年3月1日《光明日报》发表评论文章，认为这是一本“运用历史唯物主义观点”“参考资料很丰富”的汉史论文集。肖黎在《中国历史学四十年》中，认为该书“为近40年来秦汉史学者个人论文集发表最早的一种，其中诸多观点常为以后的论著所引证”。这一年，安先生年仅28岁。1959年，先生的另一部学术专著《两汉与西域关系史》由山东人民出版社出版，1979年齐鲁书社再版。该书史料翔实，论证缜密，在中国西北史地与早期中西交通史研究领域具有重要地位，是中华人民共和国成立后最早研究丝绸之路的著作之一，在当时的苏联史学界产生了强烈反响。这两部著作和相关论文的发表，初步奠定了先生的学术地位。面对成绩，先生并未沾沾自喜，他谦恭地说：“自己只不过迈出了成功的第一步，离马克思所说的那个‘光辉的顶点’还相当遥远，必须再接再厉，继续攀登。”

十年动乱时期，先生被戴上“反动学术权威”的帽子。在那是非颠倒的年月，从事学术研究就等于“犯罪”，而他却未曾停止学术研究的步伐。他常常夜间在家里密封灯光，悄悄工作，通宵达旦。当十年动乱结束不久，他以大批学术研究成果公之于世时，人们惊讶了。然而在当时，除了老伴陈有今和少数几个知己朋友，又有谁能知晓其中的奥秘和甘苦滋味呢？

改革开放以后，已届知天命之年的先生迎来了学术的春天。1980年，他以突出的研究成果从讲师直接越级晋升为教授。曾先后担任山东师范大学古籍整理研究所所长、中国秦汉史研究会副会长、山东省史学会副会长、山东地方志学会副会长、山东大学历史系兼职教授等职务。先生深受学人尊重，被国内外历史学界誉为“今日秦汉史学界的重镇”。1987年他被推选为党的“十三大”代表；1988年被授予山东省专业技术拔尖人才称号；1991年起享受国务院政府特殊津贴；1993年被国务院学位委员会批准为博士生导师。曾先后6次获山东省社会科学优秀成果一等奖。2007年又获得首届山东省社会科学突出贡献奖。2018年获评改革开放40周年山东社会科学名家。

先生功多而不矜，名盛而不傲，虽是国内外知名的历史学家，但他待人诚恳谦恭，虚怀若谷，这在学界是出了名的。他与熊铁基合作的长篇巨著《秦汉官制史稿》，从选题到完成，曾五易其稿，历时十载才公开出版，然而他还是谦虚地把该书定名为“史稿”，以表示并非成熟之作，今后还要继续修改提高。2001、2015 年，先生在中华书局出版的两部论文集分别命名为《学史集》《学史集续集》，他说：“历史是一座取之不尽、用之不竭的宝库，活到老，学到老，也不一定能窥其门径，而升堂入室更不容易，因此本书题名曰《学史集》。”足见他的宽广胸怀。《光明日报》社编审、《文摘报》原主编肖黎曾多次向安先生约稿，他回忆说：“先生每次寄来稿件时都要附上一段话，说自己虽然已经认真地思考才下笔，完稿后依然不太满意，如可用，希望我予以修改，文章长短由我确定，不必再商量；如不可用，寄回即可。作为老先生，他总是这样平等待人，替别人着想，让我感到心里热乎乎的。”

二、为学：“三勤与三通”“传承与创新”

记得刚上研究生时，同学们请安先生传授一些治史的秘诀，他说：“我没有什么秘诀，如果说有，那就是‘业精于勤’四个字，即眼勤、脑勤、手勤，也就是勤于读书、勤于思考、勤于写作。没有面壁十年的精神，是做不出真正学问的。凡是有成就的学者，都要经过热桌子与冷板凳的锻炼。要像滴水穿石那样，牢牢把握一个方向、一个选题，坚持到底，久久为功。”

先生本人就是“三勤”的典范。他午夜之前极少休息，每到夜深人静，落笔翻书，正是搞研究的好时候。有时躺下后仍在思考问题，一旦有所发现，立即披衣起床，笔之于书，真可谓到了寝不安席的地步。他的邻居说：“每天熄灯最晚的一家就是安教授家。”我每次到老师家中，也总是见他伏案读书或写作。艰辛的付出换来了累累硕果，仅改革开放以来40年间，先生著述就达数千万字，皇皇巨著，洋洋大观。先后出版了《班固与汉书》（后增订为《班固评传》）、《秦汉农民战争史料汇编》、《秦汉官制史稿》（合著）、《刘邦评传》（合著，后增订为《汉高帝大传》）、《汉武帝大传》（合著）、《汉光武帝大传》（合著）等著作，主编了《中国通史·秦汉时期》、《秦汉史》（合编）、《山东通史》、《中国运河文化史》、《齐鲁文化通史》（合编）、《中华杂技艺术通史》、《济南通史》、《中国吏部研究》、《郑玄集》、《郝懿行集》、“经世大典·治国方略丛书”、“山左名贤遗书”以及《中国史简编》、《中国古代史史料学》等多种。先生勤奋严谨，笔耕不辍，就连去世当天仍在修改《中华杂技艺术通史》再版的书稿。

安作璋先生是中华人民共和国成立后最早从事秦汉史研究并取得卓越成就的著名史学家，是中国秦汉史研究会创始人之一，在国内外史学界享有崇高的声望。70年来，他以丰富的著述、渊博的学识、高尚的品德、卓越的风范，赢得了学林和社会各界的高度赞誉，被誉为“史学泰斗”和“中国秦汉史研究领域的扛鼎人物”。先生的不少著作在国内外史学界产生了深远而广泛的影响。《秦汉官制史稿》是我国第一部大型断代官制史，“可视为近40年秦汉官制集大成的力著”，“不仅填补了断代官制史方面的空白，而且在许多方面有新的开拓，它的出版在中国官制史研究的漫长过程中树立了又一块新的里程碑”。《刘邦评传》是研究刘邦的一部大型学术专著，《光明日报》发表评论文章，认为这“不仅是刘邦的个人传记，而且还是一部翔实的西汉开国史”，“其中不少人，可以说是在司马迁、班固之后，第一次对他们作了科学的评述”。《山东通史》出版后，《中国史研究》《中国社会科学》先后发表评论文章，认为这是一部“运用马克思主义观点与方法研究山东地方史的开创性著作”，作为“我国地方史研究中的一项重大成果”，它“以其丰富的内容、翔实的资料、恢宏的规模、考究的装帧、浓郁的地方特色而独树一帜”，“它的价值将随着两个文明建设的日益进步而被人们越来越重视”。《中国运河文化史》则填补了我国运河文化研究的空白，“是迄今为止关于我国运河文化史研究领域内容最为全面详赡的一部著作”。此外，《中国史简编》于1988年经国家教委审定，推荐为全国高等学校文科教材；《中国古代史史料学》于2006年经教育部审定，列入“十一五”国家级规划教材。2018年11月26日，中共中央政治局就中国历史上的吏治举行第十次集体学习时，安先生主编的《中国吏部研究》被列为学习参考书目。

除了“三勤”，安先生在学术研究上还讲究“三通”。他常对我们说：“读书务要精通，治史者尤要如此。要做到‘究天人之际，通古今之变’，也就是要研究人与人、人与自然、人与社会的关系，通晓历史发展的规律。”他认为，所谓“通”包含三个方面，即纵通、横通、类通，“纵通是了解历史的来龙去脉和发展规律，认识过去，把握现在，展望将来。横通是全面联系地看问题，认识同一时期不同事物之间的关系。类通则是触类旁通或逐类相通之意”。求通的原则贯穿在安先生的学术生涯中，例如他主编的《中国史简编》《山东通史》《齐鲁文化通史》《济南通史》，在叙述历史发展一般规律的同时，还分析论证历史发展的不同阶段和不同时期的政治、经济、文化诸方面的相互影响与制约关系，深刻揭示了历史发展变化的客观规律。

中国社会科学院历史研究所所长、中国秦汉史研究会会长卜宪群说：“三勤虽是安先生的谦逊之辞，亦道出了先生治学思想的一个重要方面，即业精于勤与持之以恒的治学态度。另外，诸如坚持马克思主义与中国历史学实际相结合的治学原则，坚持‘通古今之变’的治史追求，坚持传承与创新发展的治史理念，坚持古为今用的治史宗旨，同样是先生史学研究取得巨大成就的思想与方法意义上的法宝。”

安先生认为治学要处理好“两个关系”，即博与专的关系、继承与发展的关系。

正确处理博与专的关系是有效的治史方法。先生说：“治史贵乎博大精深，没有渊博的历史知识，要达到精深的地步是不可能的。”他还指出：“所谓渊博，也并不是无所不知，无所不晓，再高明的医生也不能包治百病，但对其所学的专业和研究方向来说，不但要精通，还要扩而大之，凡是与研究方向有关的知识都应该通晓。同时，我们可以把知识划在一定的范围或领域内，即变无限为有限，然后再用有限的时间去探索有限的知识，这里所谓有限的知识，就是‘专’的问题。”他认为，所谓“专”不是“攻其一点、不及其余”的“专”；“博”也不是漫无边际的“博”，而是专博结合，博中有专，专中有博。正确处理好这二者的关系，在专业学习上就会出现“一马当先，万马奔腾”的生动活泼局面。

继承与发展是历史研究的目的所在。安先生注重传统文化的继承与发展、传承与创新。他曾在给我们授课时说起：“在几千年的历史中，祖先给我们留下了很多经验教训。中国人自古重视历史研究，历来强调以史为鉴。毛主席讲过，历史的经验值得注意。邓小平同志也讲过，成功的经验是我们的宝贵财富，失败的教训也是我们的宝贵财富。”2015 年 5 月，第 22 届国际历史科学大会在济南举办，他拿着习近平总书记给大会发来的贺信说：“不忘历史才能开辟未来，善于继承才能善于创新。总书记说‘历史是人类最好的老师’‘历史研究是一切社会科学的基础’，这就充分阐明了传承历史文化的极端重要性。”

无论是传承还是创新，有一条原则先生始终坚持不动摇。他说：“在学术研究领域，无论采取哪种方法，都应当鼓励支持大胆尝试；但无论哪一种方法都不能代替马克思列宁主义。中国历史学要始终在马克思主义指导下开展研究，这个原则不能有丝毫动摇。”他还指出，要认真学习马克思主义，并努力把马克思主义的基本原理和中国历史实际相结合，这是学习和研究中国历史的最根本的途径。

安先生所谓“传承与创新”的范畴还有着国际化的广阔视野和前瞻意识。他指出：“中国历史学的发展还必须和世界文明的发展趋向相一致，尽量吸收人类文明最新成果。要做到这一点，就必须和国际史学界保持经常的交流，取长补短，掌握历史研究的最新动态和研究成果，不做时代的落伍者。”2015年国际历史科学大会召开后，他又应《人民日报》理论部之邀，在《大家手笔》栏目撰写《中国历史学的传承与创新》一文，更加细致地谈到了这个问题：“可以预见，未来中国历史学发展将会面临更多的问题和挑战，这就要求我们在历史研究中努力进行创新。创新应该是全方位的，无论是理论、观念、方法、手段等都要创新。创新绝不是标新立异，那样的所谓‘创新’是不可取的。真正的创新应该是在马克思主义指导下，在继承吸收前人和当前研究成果的基础上有开创性的发展，是对当前和今后历史研究有启迪意义和导向作用的创新。当然，在某个具体问题上把研究的深度和广度再向前推进一步也是创新，但更重要的创新是那些具有方向性、导向性的研究。”

求真求实、经世致用是中国史学的优良传统。安先生结合自己的治学经验，对梁启超的史家“四长”说进行了新的诠释，尤其把史德摆在突出位置。有人问他：“一个历史学家最主要的素质是什么?”他说：“实事求是，秉笔直书。”中共山东省委原副书记、山东省政协原副主席王修智同志是安先生的学生，他曾说：“安先生完全以历史学家的严谨眼光来关照历史人物和事件，从中总结历史的经验教训，评价历史的得失，丝毫不去迎合某些人物传记中泛滥的各种媚俗倾向，这一点非常值得称道和敬佩，体现着他一贯坚持的科学、严谨、认真、负责的治学态度。”

先生心系国家社会，始终关心国家大事，不管是他早期所关注的“两汉与西域关系”，还是后来的“运河文化”研究等，都与国家经济、社会发展密不可分。先生还是教育部人文社会科学重点研究基地齐鲁文化研究院、山东省社会科学重点研究基地山东地方史研究所的主要创建者。他晚年致力于地方史研究，将理论研究与地方历史文化资源保护、开发相结合，受到地方政府与相关部门的广泛赞誉。先生说："治史的目的自然是为现实服务，但历史的价值在于赋予时人一种清醒的智慧。"在先生渗透血汗的文章中，布满着对历史的关照，更充满了对现实的思索。他曾说："一方面，要把历史研究定位于真实的历史和历史的真实，另一方面，更要把历史研究的目的定位于今天，定位于当代社会，直接用史学来观照社会的发展。要从纷繁芜杂的历史人物和事件中理出历史发展的脉络和趋势，再从这种脉络和趋势中发现闪光的历史智慧，寻找可供镜鉴的历史亮点。"

三、为师："得天下英才而教育之"

"君子有三乐，而王天下不与存焉。父母俱存，兄弟无故，一乐也；仰不愧于天，俯不怍于人，二乐也；得天下英才而教育之，三乐也。"安先生说他还在读私塾的时候就记住了孟子这段话，并将"得天下英才而教育之"作为毕生的追求。

安作璋先生是优秀的教育家，在山东师范大学、山东大学执教近 70 载，一直到 90 岁高龄仍坚持给学生授课。"我是一名学者，但更是一名教师"，这是先生说得最多的一句话。在从事历史教学工作近 70 年的时间里，先生始终以高尚道德情操潜移默化地教育着学生，可谓桃李满天下。他亲自授课的历史系、政治系和中文系学生多达万人，还先后培养了 30 多位博士、硕士研究生。学生孟祥才、王连升、岳庆平等皆是国内外知名的专家学者；不少学生还走上了省部级领导岗位，为祖国社会主义现代化建设事业发挥了重要作用。先生常说："一个合格的教师和学术带头人，不仅要看他个人出了多少成果，更重要的是看他培养出了多少有成就的甚至超过自己的学生。”

安先生认为，教书与育人二者相辅相成，不可分割，教书是基础，育人才是目的。在教书方面，安先生的严谨细致是出了名的。他常说：“教师要备好讲好一堂课，自己懂了只能算是完成了一半任务，另一半任务就是要使学生也能懂得和掌握。”安老师教学非常认真，他所讲授的“中国古代史”“中国历史文选”“山东地方史”“秦汉史”等课程，都要查阅大量的史料，写成系统条理的讲稿后再进行讲授。此外，他通过各种方式了解学生的实际情况，以便做到有的放矢，不断加以改进。因此，他在讲课时，总能做到心中有数，厚积薄发，深入浅出，深受学生欢迎。先生在客厅为我们 2004 级研究生授课的一幕，时常出现在我的脑海中，虽已过去十余年，但先生的思路清晰、滔滔不绝，先生的音容笑貌仍历历在目。他不仅重视传授历史知识，更注意培养学生治史能力，使学生不但知其然，而且知其所以然。他常引用神话传说中八仙之一吕洞宾“点石成金”的故事，来启发和勉励学生在学习中不要只想得到一点现成的“金子”，而是要掌握“点金术”。

安先生善于把握教育精髓，强调知行合一，既重视知识传授，更重视道德养成。“道德学问”是先生自己的理想追求，也是对学生的严格要求。他经常给我们讲：“人的一生会遇到许许多多需要解决和探讨的问题，但概括起来不外乎如何做人与如何做事两个问题，无论干哪一行，从事何种职业，都离不开做人这个前提条件和根本问题。比如，研究历史要有‘史德’，要实事求是，秉笔直书；做官要有‘官德’，要清正廉明，绝不能贪赃枉法；经商要讲‘商德’，要货真价实，童叟无欺。”中共中央组织部原部长张全景曾多次邀请安先生为省部级领导干部培训班授课，他说：“作璋同志十分注重古为今用，充分利用历史这门具有特殊教育功能的课程，有意识地通过若干历史人物的言行业绩、道德情操和成败得失等具体而生动的事实及其评价，使学生在获取历史知识的同时也接受了爱国主义教育、革命传统教育、思想品德教育和历史的经验教训。”

对学生，安先生不仅严格要求，更有慈父般的谆谆教诲。安先生曾给在青海省挂职锻炼的学生颜辉写信，告诫他要恪守为政之德，要多为百姓干点好事，干点实事：“千万不要搞什么‘政绩’工程、‘渗水’数字，做吃祖宗饭、花子孙钱的不仁之事。这方面的历史教训太多了，‘后人哀之而不鉴之，使后人复哀后人’。民不饥寒为上瑞，一个人能力或有大小，但良知不可或缺，无论在何处，干何职，都应时时想着为民效力，为国尽忠。”师兄刘德增深情地说起和安老师分配稿费的一幕：“那些在安老师的指导下完成、我荣幸地与安老师一同署名的文章发表了，稿费的归属总是发生分歧，安老师总是命我把稿费全部装进口袋，我推辞不掉，便从中抽取几张，余下的再塞回安老师手里，安老师扯住我再塞回来，来来回回，总要折腾上几个回合，最后总是以我妥协、失败而告终。”

先生把传统道德总结为“孝、忠、仁、义、礼、智、信、诚、宽、和”十德，其中“孝”则居于首位。他曾和我说：“交朋友要首先看他对自己父母的态度，如果一个人连自己的父母都不孝顺的话，肯定不会真心实意地对待朋友，更谈不上全心全意为人民服务。”正是在先生思想的指引下，我将传统孝文化作为研究方向，大学期间在先生的悉心指导下编著了《董永与孝文化》一书，后又相继完成了硕士学位论文《孝文化与汉代社会》和《董永孝风》等著作。对于这些成果，大到布局谋篇，小到具体表述，甚至是标点符号，先生都为我做了认真的修改，并亲笔题写书名，撰写了序言。2003 年 7 月，我作为中国青年志愿者扶贫接力计划第五届研究生支教团的一员，赴新疆伊犁哈萨克自治州昭苏县天山乡从事为期一年的支教工作，临行前先生嘱咐我在完成教学任务的同时，可结合当地历史文化做些文章。在新疆工作的一年时间里，我谨遵先生教诲，撰写了 30 余万字的书稿《凝望伊犁》，先生仔细审阅了书稿，提出了许多很好的修改意见，可惜后来因研究方向发生变化等种种原因，未能付梓，成为遗憾。在我留校工作尤其是到学校组织部门工作后，先生又多次认真和我谈到学习问题，建议我从自身工作实际出发，将传统道德尤其是中国古代官箴文化作为研究方向。我谨遵师命，在先生指导下相继主持了山东省社会科学普及与应用重点项目《官箴新义》和山东省社会科学规划研究项目《中国古代官箴文化的当代价值与创造性转化研究》等研究工作，主编或参与编写了《中华传统美德名典》《中华传统美德警句名言》《中国谏议制度史》等著作。近期，与同事们一起策划组织编写的《官箴治要》一书已拿出初稿，还未来得及向先生汇报，却再也听不到先生的悉心点拨和谆谆教诲了。

作为享誉海内外的史学泰斗，安先生没有半点架子和派头。他性格温和、宽厚、朴实，平易近人，对学生循循善诱，对朋友热情相助，凡是熟悉他的人，无不热情赞颂。这种赞颂来源于安先生的平民立场。在安先生的身上，充分彰显了无数布衣知识分子薪火传承的高贵文脉——布衣精神。平时，青年教师和学生向他请教，问他一升，他能毫无保留地端出一斗。社会上也常有人慕名来信来访，还有一些对历史感兴趣或从事史志研究的各行各业的人，先生都热情招待，有问必答；对于各方寄来求教求荐的论文书稿，也都一一认真阅读，提出修改意见。在很长时间里，安先生被大家亲切地誉为“序言专业户”，应邀为年轻学者的著作撰写序言、书评达百余篇，为此费去不少宝贵时间，但他从来都来者不拒、有求必应。

在我的印象中，安先生在任何时候、对任何人总是满面笑容，不摆名教授的架子。安先生的腿脚不好，走路拄着手杖，但是只要有客人来，他都是手扶沙发，或拄着手杖，起身相迎。客人告辞时，他也总是起身送行，每次必定送到门外。印象最深的是，即便是自己的研究生，我每次去先生那里，起身告辞时，先生也要起身相送，知道先生行动不便，怕给先生添麻烦，我便抓紧把门关上，疾步离开，但走不了几步就会听到开门的声音，回头总会看到先生站在门口向我挥手道别……

中共山东省委宣传部原部长、山东省人大常委会原副主任苗枫林曾说："秦汉，以及由此上溯春秋战国以至夏商周三代，几千年的历史长河，把我们与古人之间隔开得非常遥远。但是，安先生却把这个遥远距离拉得近些再近些，并且不时地在他的书房里，把早已尘封了的古代事件磨莹成清澈照人的历史规镜，给人们以启迪，以感悟，以力量。"安先生去世后，中国史学会专门发来唁电，指出："安作璋先生造诣精深，著作等身，被公认为当今学界泰斗。安作璋先生重视教育，关怀晚辈，桃李满天下。安作璋先生一腔爱国热情，道德文章，皆为后世楷模。"

先生家客厅悬挂着一副济南名士徐北文题赠的对联"良史春秋笔，名师齐鲁风"。这正是安作璋先生一生"道德学问"的最好写照。

（作者系安作璋先生研究生）

谆谆教诲记心中

马婷婷

老师已经离开我们半年多了。其实，在我的内心深处，老师一直没有离开，他老人家的音容笑貌时不时在我脑海浮现。也许是因为没能亲自送别老师而惭愧自责，也许是因为师恩如海无法报答而内心愧疚，很多个夜晚，我都辗转反侧，内心郁结，无法纾解。前一阵，老师竟然入我梦中了，还是那一套灰色的中山装，古旧的桌椅，古朴的绿色台灯发出氤氲的光，头发斑白的老师埋头伏案，正在认真书写着什么……

得知老师离世的噩耗还是我在美国访学的时候，看到师兄的信息，震惊得我一下子从沙发上跳了起来，整个人怔住了一般，内心突然涌过一股悲伤：原来，老师，竟是这样离开我了，我，就这样失去老师了。

师恩难忘，永记于心！我一直心存感念，如果没有安老师以及后来的博导熊老师，就不会有我现在踏实稳定的高校教师生活。当时，成为老师的研究生自觉是不够格的，木讷懵懂，没有见识，既没有李建业师兄的能力卓著，也没有后来师弟师妹们的博学广识，只不过急功近利地会考个试、会得个高分，获得了保送研究生的资格，才有幸成为老师的学生。每次在老师家里上完课，同学们都走了，只有我会被老师留下，汇报最近的学习状况，内心还有点不情愿。当时的我，人是浮躁的，也是不知道珍惜的，现在回想起来，坐在我面前的，是一位史学大师啊；我守着的，是一个历史大宝藏啊！如果那时，能踏踏实实多读几本书，能再多向老师请教几个问题，该有多好！枉费了老师的心血，真是悔不当初！

老师走了，老师的教诲和嘱咐我却受益至今。就拿当年老师帮我定的硕士论文主题“礼”来说，充满了远见卓识，在当前传统文化日益得到重视的大环境下，我一路延续下来的研究和目前从事的思想政治教育工作竟然毫不违和，很大程度上避免了研究方向转型的困扰，真是感佩老师的眼光独到。还记得有一次，我和丈夫新婚后去老师家里，老师非常开心，跟我们说了好多祝福的话，更说了好多叮咛嘱咐的话，临走还塞给我一个大红包。出门后，我丈夫忍不住惊诧道：“你老师也太好了吧！”是啊，何其有幸，我碰到的是一个多么好的老师啊！

安老师，感恩与您相遇！双手合十，为您祈福！您一路走好！

（作者系安作璋先生研究生）

忆恩师安作璋先生

秦铁柱

2019年2月20日晚11点，我刚刚洗漱完，接到学院颜春杰书记的电话，说安先生已于当晚10点去世。听到这一噩耗，我整夜未眠。临近春节时，我亲往老师家拜访。因临近春节来访的人多，先生稍显疲惫，但身体依然硬朗，言谈间十分关注我未来的学术发展。未曾想这一见竟成永诀。恩师已经逝去一年了。在这一年里每每翻阅先生赠予我的《学史集》时，便潸然泪下，脑海中回忆起在先生门下的点点滴滴。

2007年，我怀着对历史学的热爱考入山东师范大学中国古代史专业。我是从《中国古代史史料学》这部著作中初识先生的大名，后来又读了《汉高帝大传》《汉光武帝大传》《秦汉史》《秦汉官制史稿》，被先生的史学造诣所折服。开学之后，朱亚非老师通知我去先生家里一趟，先生住在山师北街东边的山师教职工二宿舍，因是一层，还有一处小院，与山师北街的喧闹不同，先生家却显得格外静谧。我怀着忐忑的心情敲开了先生的家门，一位和蔼可亲且精神矍铄的长者打开门问道："你是铁柱吗?""安先生，我是秦铁柱。""来书房吧。"先生热情地接待了我，询问了我的籍贯、学校、家庭、本科毕业论文的题目，以及我未来三年的学习规划。先生十分健谈。临别时，先生问我："还有什么要求?"我回答："没有别的要求，只要能跟随先生读书就是我最大的心愿。"然后先生又赠予我一本《学史集》，并语重心长地告诉我，这是他60余年治史的心得，希望我能够仔细阅读，从中找到治史的动力，掌握学史的方法。自此我正式进入先生门下，与先生结下了深厚的师生缘分。

因为我本科四年没有经过正式的历史专业学习，安先生从实际出发，要求我以最短的时间将相关的历史基础课程补上，研一时，让我利用课余的时间，旁听了“中国古代史”“中国历史要籍”“中国古代史史料学”“史学概论”“考古学通论”等本科课程。此外，先生要求我必须通读“前四史”。在通读的过程中，我仿照先生做卡片的方式，依据政治、经济、军事、民族关系、思想文化分类抄录了大量的卡片，为硕士毕业论文的写作奠定了坚实的基础。作为硕士生，最重要的工作之一是撰写硕士学位论文。经过与先生反复商讨与筛选，先生认为汉代的义利观问题既有学术性又有现实性，我遂选择《汉代义利观与社会实践》作为我的硕士学位论文题目。

在硕士研究生学习的三年中，我几乎一周要见先生三四次，与先生谈谈我的读书心得，论文写作中遇到的一些问题，以及秦汉史的最新学术动态。先生时刻关心着我的学习，从未让我参与他的课题，担心因此而耽误我的学习任务。我的硕士毕业论文可以说是三易其稿，每次将稿子交给先生，稿子里总是充斥着先生用红笔所做的修改意见，大到文章观点，小到标点符号，都一一修改，令我十分感动。

2010 年，临近毕业时，我考博失败，先生鼓励我在哪跌倒就在哪里站起来。我毅然决定再准备一年。在这一年中，先生时常给予我考博指导。第二年我以优异的成绩考入了南开大学历史学院，当我第一时间把这一消息告诉先生时，先生十分高兴地对我说：“你的人生又进入了一个新的阶段。”读博三年中，我虽不能常随先生身边，但每逢假期必造访先生，向先生汇报我的读书心得与博士学位论文《两汉列侯问题研究》的撰写情况，先生每次都给予我精心的指导，提出了很多宝贵的修改意见。我之所以能够在三年的时间里顺利地完成博士学业，与先生的关怀与勉励是分不开的。

2014 年，博士毕业后，我实现了多年的夙愿，终于成为山师大历史文化学院的一位专职教师，并担任了先生的学术秘书，帮助先生处理一些与学术有关的事情。先生时刻关心着我的教学、科研与生活。因为刚刚毕业，缺乏教学经验，我在教学工作上较为吃力。先生为此感到忧虑，他经常对我说："要想在大学里站稳脚跟，就必须要在课堂上站稳脚跟。"先生时常将我叫到家中，将自己的教学理念、教学方法倾囊相授，亲自翻阅与修改我的讲稿，并嘱托学院督导组的老师多关注我的教学工作。在先生的关心下，一年之后，我的教学工作得到了较大的提高，终于在课堂上站稳了脚跟。针对我学术研究功底相对薄弱的情况，先生鼓励我继续申报博士后，认为继续深造有助于我今后事业的发展，并主张我继续博士时期的研究课题，将对汉代列侯的研究拓展为两汉封国研究，并且与山东地方史的研究结合起来。在先生的指导下，五年内，我先后申请获得了省社科基金项目《汉代封国"诸子"与齐鲁文化研究》、国家社科基金项目《两汉封国"诸子"与齐鲁文化的主流化研究》，出版学术专著两部，《帝国中坚——汉代列侯研究》《汉代义利观研究》，发表学术论文三十余篇。尤其是在我的第一部学术专著《帝国中坚——汉代列侯研究》临近出版之际，先生不顾刚刚做完白内障手术，亲自为我撰写序言，这篇序言也成为先生生前撰写的最后一篇序言。在先生的指导与提携下，从 2007 年到 2019 年，我最终实现了"历史门外汉"到"登堂入室者"的转变。

先生的生活至为简朴，平日常穿的一身灰色中山装已有三十余年，衬衣也有二十余年，所戴的手表价值不过百元，平日饮食不过粗茶淡饭。先生的生活亦极有规律，每天早晨六点准时到院内散步，七点准时吃早餐，八点读书、写作，至十点半到院内散步半个小时，午休两个小时后，下午三点开始工作，四点半到院内散步半个小时。先生经常嘱咐我们在搞好学术的同时，要注意锻炼身体，他常说的一句话是"动则通，通则不病"。

先生之所以能够在学术上取得巨大成就，以及能够享寿至 93 岁，与他淡泊名利的心态、规律的生活密不可分。

闲暇之余，先生亦与我经常谈起他年少求学的经历，借以勉励我在学术的道路上不断前行。先生出生于山东曹县的一个科举世家，曾祖在四川担任过知县，祖父为武举人，伯父亦为武举人，父亲弃武从文，考中秀才，在清政府废科举后，考入山东师范学堂，可见家学渊源深厚。先生幼年即读“前四史”与《资治通鉴》。1944 年，先生随流亡师生到了皖北阜阳，考入山东省第二临时中学高中部。高中三年，先生吃的是高粱米、窝窝头、咸菜，住的是简陋的茅草房，睡的是地铺。恶劣的环境导致先生患上了疟疾、疥疮、关节炎，尤其是严重的关节炎影响了先生的一生。1947 年，先生报考齐鲁大学，在为期三天的入学考试中，先生由于身患疟疾，高烧不退，但依然以惊人的毅力完成了入学考试，并以优异的成绩考入齐鲁大学。在齐鲁大学，先生将所有的时间都投入到去图书馆或在宿舍的学习中，四年 8 个寒暑假期里，前 7 个假期基本上都是在图书馆、资料室度过的。说起先生的勤奋，齐鲁大学还有一段佳话，先生曾经讲到在齐鲁大学有一个“熟人”，先生往往在宿舍苦读至深夜二三点钟方才休息，洗漱之时，经常碰到早起的另一个同学，一个最晚睡觉，一个最早起床，在齐鲁大学被传为美谈。先生经常以司马迁的一句话来勉励我在困境中愈挫愈奋，“孔子厄而作《春秋》；屈原放逐，乃赋《离骚》；左丘失明，厥有国语；孙子膑脚，《兵法》修列”。

先生已经将对学术的追求作为生命的一部分了。先生平日里没有什么娱乐休闲活动，要非说有什么娱乐活动，就是闲暇之余，乐于翻阅武侠小说，在先生的卧室里存放着古龙、金庸、梁羽生的武侠小说。先生曾有一次笑着对我说：“武侠世界里的大侠退出江湖叫作‘封刀’，而学者退休不再著述叫作‘封笔’，我恐怕是不会‘封笔’了，会一直写到最后。”当时我以为这是先生的一句玩笑而已，没想到却是先生对于学术最后的承诺。

从踏入师门到先生去世，我跟随先生十二载。这些年来，我点滴的进步都与先生的教诲与勉励分不开。先生始终是我人生的明灯，是我的榜样与楷模。每当夜间疲倦想偷懒时，回忆起头发花白的先生依然伏案写作的场景，我便增加了勇气，继续读书、写作。

我追随先生十二载，先生的教诲与期望铭记于心，必继承先生“学高为师，身正为范”的精神信条，在学术的道路上刻苦自励，百折不挠。

先生千古！

（作者系安作璋先生研究生，山东师范大学历史文化学院副教授）

三载授业　一生感念

——怀念安先生

韩玉峰

2019 年 2 月 21 日下午收到铁柱师兄的微信，我才知道安老师去世了，瞬间懵了。过年之际我还曾向安老师拜年，跟他老人家简短通过电话，知道他身体还挺好的，不曾想正月未过人已逝，不禁唏嘘感慨。晚间与师兄通话，聊及导师突然去世之事，不禁悲从中来。聊天得知，安先生 20 日中午还在家中会客，兴致颇高，当晚突感后背疼，家人送去医院，最终因抢救无效去世。情况来得太突然，让人愕然而悲痛。电话挂断，难以入眠，追忆与安先生相处的点滴。

一、拜在恩师门下

2008 年我考入山东师范大学，攻读硕士研究生，所学专业为历史。开学后不久，朱亚非老师通知我抽空去见安作璋先生并带上自己的本科毕业论文。我打电话与安先生约好时间，走出山师北校门，穿过繁华的文化东路，向北进入一条巷子，找到了安先生的家。此处为山师教职工宿舍楼，安先生家就在一层。我按响了门铃，片刻后门开了，进入房间，我看到一位和蔼可亲的尊者，个子不高，走起来腿脚有些不便，但精神矍铄。

后来我从安先生赠予的《学史集》自述中得知，1944 年，安先生随着当地大批爱国师生辗转来到皖北阜阳，进入山东第二临时中学高中部学习。当时正值抗战胶着之际，校舍及生活条件十分恶劣，更为严重的是多种疾病在这一带流行，安先生因关节炎造成了终生的腿疾。

进入房间后，安先生领我进入书房，进门左手便是。书房较为狭窄，三面都是书柜，里面摆满了各种历史类书籍，靠窗户位置摆放了一张书桌，桌上摆放了一盏蓝色的老式台灯，人坐其中，真可谓坐拥书城。安先生坐在一把太师椅上，我坐在斜对面一把椅子上，当时显得有些局促，内心还是比较忐忑。印象中安先生问了一些简单的问题，诸如籍贯、学校、专业及大学时期的老师，还询问了大学时期的毕业论文题目及相关内容，我都一一具答。其他所谈话题距离时间较远，记忆模糊。谈话结束，我将本科毕业论文交至安先生手上，与安先生道别。

一段时间后，接到朱老师电话，我被安先生选为弟子，让我抽空去见一下安先生，当时心中有些窃喜。因为事后做了一些功课，对山师大历史学院的老师有了一番了解，在学院楼梯展板上也有介绍，著名的有刘、安、胡“三驾马车”，刘即刘祚昌，于2006年去世，治世界近代史；安即安作璋，治中国古代史；胡即胡滨，于1996年去世，治中国近代史。可惜，三驾马车只留其一，未见其他两驾之风采。

二、三年恩师情

2008年秋季某日，我与安先生约好时间见面。这次见面不同于上次，上次带有面试选拔弟子的意味，刘姥姥进贾府头一回，这次相对来说心情平和些。与安先生见面后，谈及了研究生论文的题目，因安先生治古代史，尤其是先秦秦汉史方向，根据我的情况，定了一个“秦汉时期儒生的命运与国运”的题目，让我回去阅读书籍，搜集资料，整理思路。谈话结束后，安先生赠予了一本由中华书局出版的《学史集》，安老师开玩笑说："也算是见面礼，可以通过阅读此书，寻得一些治史之门径。"

我由此开始了与安先生的师生之谊。山师大与安先生家相距十分钟路程，出北门，过马路，进小巷，家门近在眼前。大概一周要见安先生一次，谈谈读书心得与搜集资料情况，再谈及一些由此引发的历史事件和对一些历史现象的观点，讲一些最近新闻上看到的与历史相关的文章。

2008 年，安先生已经 81 岁，依然教授"先秦秦汉史"。因安先生腿脚不方便，加之年龄较大，行动不便，所以研究生去安先生家里上课。上课时，安先生一把太师椅端坐中间，学生如众星拱月般分坐两旁。印象中听安先生第一堂课，谈及治学时说，研究历史需要坐冷板凳，如果要有自己的学术成果，需要到 50 岁。我想安先生所说的，应该是司马迁在《史记》中所言的"究天人之际，通古今之变，成一家一言"吧，这也是每个历史学者所要追求的。

在三年中，安老师虽有课题，但未曾让我去参与，只是安心让我去上课、读书、写论文。三年中，我曾与铁柱师兄去帮助安先生收拾小院，以及粉刷小院中一个放杂货的小房子；还曾帮助安先生整理旧杂志以及书籍。有时临近中午，安先生留我们在家吃饭，喝点汤，吃些包子，简单而温馨，像家一样的感觉。偶尔会帮安先生寄个快递，拿个稿费单，这都是很正常不过的事情了。

在山师大的三年，基本上心无旁骛，未参加学校任何社团及其他活动，生活基本是三点一线，教室、宿舍、图书馆。研究生可借阅的图书较多，学院也可借阅，因此每次都是满载而归。三年下来，借阅的图书达五六百本之多，笔记本也记了十多本。现在看来，那三年是我人生中最集中、最美好的读书时光，可谓空前绝后。

2010 年 9 月，我随安先生前往诸城参加了大舜学术研讨会，这是我第一次参加学术研讨会，感受了学术研讨会的浓浓氛围，领略了诸城的美丽风景及文化遗址。在这次研讨会上，我为安先生录制了一段发言视频，这也成为一段珍贵的缅怀安先生的视频。这段视频曾在临毕业之际拷贝给安先生，安先生当时表示很高兴。

安先生是一位很简朴的长者。在我印象中，有一次去安先生家，师母要购买一个瓷盆，可安先生说："不是还有一个小盆？还能用，不用买。"这只是生活中点滴一掠，一斑而可窥全貌。

安先生是一位严谨认真的学者，对我的学位论文中标点符号、语病等不合适的地方都做了修改。修改稿件我依然保留着。每当看到论文上安先生批改的或多或少的红字，感激之情油然而生。

2011 年 6 月，毕业之际，我前往安先生家，与之告别。聊及工作及未来，安先生送了一本他编著的三国时期的人物书，鼓励我今后可简单先做一些类似的学问。临别时安先生赠言：己所不欲，勿施于人。与安先生道别，安先生一直送至大门口。我依稀记得当时眼眶微微有些湿润。

毕业后，我返回了太原，开始了忙碌的工作。刚到出版社后，我参与了武侠小说《蜀山剑侠传》的编辑工作，2012 年出版。出版后，我给安先生寄了一套，安先生表示很喜欢，临睡前还翻看一番。随后也给安先生寄了一些民国武侠的书籍和其他书籍。

毕业后，逢年过节我都要向安先生问候，并述说现在的工作情况。当我结婚、生子时，我也向安先生报喜。从内心来说，安先生是我的授业恩师，如同家人。2014 年，我家女儿呱呱坠地，当时打电话向安先生报喜，安先生问起名字否，我已忘记当时起的什么名字，我借故让安先生给起个名字，安先生欣然同意。几天后，安先生打来电话，说起好了，凤仪，即有凤来仪，很吉祥，很有古韵。我采用了安先生为小女起的名字。

三、再见恩师

2017 年 5 月 3 日，因工作原因，去济南约稿。阔别六年，再见恩师，激动万分。恩师年过九旬，身体硬朗，古人言“仁者寿”之谓也。恩师治学严谨，成果累累，至今治学不辍，活到老，学到老，治学到老，一生践行着家门口那副“忠厚传家远，诗书继世长”的对联。临别之际，安老师将事先写好的墨宝赠予晚生，其书内容为王安石的《登飞来峰》：“飞来山上千寻塔，闻说鸡鸣见日升。不畏浮云遮望眼，自缘身在最高层。”

四、送别恩师

2019年2月22日晚离并，前往济南参加安先生的告别仪式。上车后得知正逢艺考和上学高峰期，过道里人山人海，难有立足之地。一路站到济南，彻夜未眠。2月23日早晨5点到达济南，休整两个小时后，前往安先生家。

当日上午11点40分左右随安先生家人一同前往济南莲花山殡仪馆，大概12点半到达，远远看到几个黑底白字“沉痛悼念安作璋同志”赫然在目。告别仪式在殡仪馆规模最大的开阳厅（取自古代天文学中北斗七星中的斗柄一星“开阳”，因古代以农业立国，观天象以定农时）举行。大门前备有介绍安先生生平的资料，来宾人手一份，还备有小卡片以书对安先生的哀思，以及签名册。

大厅的正面为一超大LED屏，滚动播出学会、大学、亲朋好友发来的唁电以及安先生生前的照片。LED屏下以花摆出书之造型，并摆放着安先生一生之著作。大厅两侧为亲朋好友的敬挽之词。前来参加告别仪式的亲朋好友达三四百人之多。

仪式于下午2时始，首先致悼词，接着大家在司仪的主持下，伴随着《时间都去哪儿了》的音乐，一排排井然有序地行三鞠躬之礼，并手持一束鲜花敬献安先生。告别仪式，朴素而不失大气，庄严肃穆。此日风和日丽，惠风和畅。最终圆满完成整个告别仪式。

安先生功德圆满，一生以“读书、教书、写书”为业，读书则活到老学到老，教书则至鲐背之年止，写书则著作等身。安先生具君子之风，存仁者之德，被国内外学者称为“今日秦汉史学界的重镇”，乃中国秦汉史研究领域的扛鼎人物，其有些学术著作有开创之功，有填补学术空白之力，学术泰斗，实至名归。

在安先生门下受业三载，教诲铭刻于心，感念感恩。心香一炷，遥祭南天，叩首，再叩首。

安先生千古，一路走好！

2 月 23 日乘坐夜车返并，2 月 24 日早抵并。

2019 年 2 月 21 日草
2019 年 2 月 25 日改
2019 年 8 月 29 日定稿于并州

（作者系安作璋先生研究生）

师恩难忘 师德铭记

——沉痛悼念恩师安作璋先生

李 群

2019 年 2 月 20 日惊闻安作璋老师去世的噩耗，我的心情久久不能平复，也迟迟不敢相信。我从山师大毕业已 6 年有余，安老师的谆谆教诲仍萦绕耳畔，如在昨日。

作为中国秦汉史研究领域的扛鼎人物，安老师却一点也没有架子，十分平易近人。2013 年我被学校保送研究生，开始跟随安老师学习。第一次去拜访安老师，我怀着无比崇敬、激动而又略带忐忑的心情。安老师正坐在办公桌前伏案写作。见我进来，老师抬头微笑着招呼我坐下，然后跟我聊了很多有关学习生活的问题。当谈到我的家乡时，老师笑着说：“日照是个好地方啊，之前我去的时候已有好多年了！”在平时老师也会经常找我谈心，每次都是微笑着和我聊这聊那。每当逢年过节的时候，老师还经常召集我们去他家吃饭，安老师就如我的爷爷一般慈祥、和蔼可亲。

总觉得安老师有忙不完的事。我每次去老师家，他或是在埋首写作，或是在翻阅资料，好像永远不知疲倦似的。虽然安老师身体不便，已至耄耋之年，但是每次有重要的会议，他都会按时参加。2012 年，曹县举办食文化交流会，老师说：“只要家乡人民需要我，我就义不容辞，随叫随到。”安老师时刻都想着为家乡多做点贡献。

安老师不会用电脑，经常打电话给我，让我替他将一些写好的文章用邮件发送出去。每一篇文章，老师都要对着电脑逐字逐句认真核对，甚至连每一个标点符号都仔细斟酌，反复确认几遍之后才发送出去。有时候望着电脑，老师感叹："有了电脑，的确是很方便啊，可惜我老了，学不了了。"我试着教老师运用百度搜索一些资料，老师学得很认真，他笑着说："学会这些以后我查找资料就很方便了。"老师就是这样活到老，学到老。

在指导我写研究生毕业论文时，安老师根据我的个人兴趣和原有基础，建议我探究"明代儒生与皇权之间的关系"这一课题。安老师说："明代专制主义中央集权达到顶峰，儒生是社会的标杆。他们与皇权联系极为密切。而儒生与皇权的关系，国家对儒生的政策与态度，不仅关系着其个人境遇，也关系到社会安定、国家盛衰存亡，对后世有很强的警醒作用和启迪意义。特别是在面对国家危难之际、个人义利冲突等问题时，儒生是趋炎附势、随波逐流还是直言抗争，甚至舍身立命，都关乎国家兴亡，甚至影响到以后中华民族的文化心理。"我知道安老师作为史学研究者，他一直秉持着"为天地立心，为生民立命，为往圣继绝学，为万世开太平"的宏愿。在写作论文时，每次我交上文稿，老师都会在上面用红笔勾勾画画，工工整整地写上批语和备注，每一页上面都批改得满满的，甚至逐字逐句帮我审阅。同学们都十分羡慕。老师这种严谨的治学态度令我深深折服，也直接影响了我以后的学习和工作：不论何时，对待何事，都必须认认真真，从严要求自己。

偶尔在闲暇之余，老师也常跟我提起他的求学经历。老师说他从小深受家中"忠厚传家远，诗书继世长"对联的影响，做人必须要忠厚可靠，做学问必须讲求以德为先，这样家世才能传之久远。抗日战争全面爆发时，适逢小学毕业的安老师不愿意接受奴化教育，便转到乡下私塾求学，后又流亡到皖北阜阳。在流亡期间，吃着霉变的窝窝头，住着简陋的茅草房，睡着地铺，生活条件十分艰苦，安老师因此染上关节炎、疥疮、疟疾三种疾病。他说，越是艰苦的环境，越能磨炼人的意志，最终老师以优异的成绩考入齐鲁大学历史系。长期的关节炎，影响了安老师的腿的健康，但他前进的脚步从未停止。安老师怀揣着对学术研究的极大热忱，勤奋钻研，甚至到了废寝忘食的程度。凭借着不懈的刻苦努力，在毕业后，老师很快出版了《汉史初探》《两汉与西域关系史》两部著作，引起了史学界的广泛关注。可是安老师在谈起这些过往经历时，很是淡然。

在毕业找工作时，我和老师谈到想回家做一名教师，老师很是支持。他说："女孩子当一名老师是很不错的选择，生活稳定，工作环境比较纯净，也很适合你的性格。"毕业后，我顺利地成为一名教师，老师也很欣慰。在工作中，安老师的品德风范也始终是我前进的标杆和学习的榜样。我偶尔给安老师打电话，他总说闲不住。我每次劝他老人家多休息休息，老师总是笑着说："身不由己啊，身不由己啊!"我深知其实是老师不肯给自己放假，不想让自己停歇。就像在编著凝聚着安老师无数心血的著作《中华杂技艺术通史》时，老师经常慨叹："中国的杂技艺术犹如璀璨的明珠，源远流长，却没有一部完整的史书去记载，甚是可惜啊。"而这部著作也填补了中国杂技艺术史研究领域的空白。就是这样，安老师总想着要为史学界尽可能地再多贡献一些自己的光和热，直至生命的最后一刻。老师把他的一生都奉献给了史学。

虽然安老师已离开了我们，但是老师的风范和精神必定会永远镌刻在我们心中，指引着我们今后的工作和生活。再次回想起安老师的音容笑貌，我不禁潸然泪下。最后我想用一首小诗来表达对安老师的缅怀之情：

秉笔直书华夏史，
光芒泽被齐鲁地。
师德师风谨秉承，
师恩如山永铭记。

（作者系安作璋先生研究生，北岳文艺出版社编辑）

追忆恩师安作璋先生

周忠民

2019 年 2 月 20 日，我的恩师安作璋先生永远离开了我们。惊闻噩耗，我的心情异常悲痛。回忆往昔，有关恩师的回忆，点点滴滴、丝丝缕缕逐渐在眼前清晰起来，抑制不住的泪水夺眶而出。谨以此文，聊以追念先师。

2011 年，我考上了山东师范大学历史文化与社会发展学院的研究生。入学后，经朱亚非教授的引荐，我有幸拜先生为师，令我受宠若惊。初次见面，先生就送给我两本书，一本是《学史集》，另一本是《安作璋先生史学研究六十周年纪念文集》。在每本书上，先生都认真标注了需要我重点阅读的章节。先生还给我列出了一个阅读书单，并告诫我："做学问是一桩很辛苦的事，坐不住冷板凳，就会半途而废，就会功亏一篑，要想有成，必须持之以恒。"先生还跟我谈论了他在大学四年的 8 个假期中，有 7 个假期都是在图书馆中度过的，午夜之前也很少休息过，把所有的时间用在了学术研究上，以此鼓励我多读书、多思考、多写作。

总之，将近三年的研究生学习，跟先生学到了很多我不曾学过的东西。犹记得老师在 86 岁高龄时，仍给我们研究生上课。由于老师腿脚不便，年龄也大，恰好老师家与学校很近，仅一条马路之隔，于是每逢上课，大家就聚集在老师家的客厅中，尽管客厅面积不是很大，十几个人坐在一起显得有点拥挤，可丝毫抵挡不住大家学习的热情。第一次上课时，老师先是详细询问了我们每个人的情况，比如本科来自哪个大学，大学里读了哪些书，本科毕业论文写的什么，做到有的放矢。每次上课前，老师都要查阅大量的历史资料，写成系统的讲稿再给我们讲授，讲课时总是深入浅出，深受大家喜爱。每次上完课，老师总是询问我们的意见，如果发现有不足之处，立即在讲稿上记录下来，在下次讲课时再进行补充。

先生对待学术严谨认真，精益求精。他自己从严治学的同时，还严格要求自己的学生。他时常教导我们，要正确选择研究方向和课题，一切要从实际出发，从自己的专业基础、能力、志趣以及各种环境条件出发，才能比较有成功的把握，才不至于因好高骛远或故步自封而流于空想，甚至半途而废。要想做一个合格的史学家，必须具备识、学、才、德和创新精神。同时，要正确处理好博与专、古与今、继承与发展的关系。在做人方面，先生认为，一个合格的史学家，要有求真务实、不虚美、不掩恶的“史德”。但无论做学问还是做事，都要讲求一个“真”字，做人也是这样，只要什么事都能求真务实，就没有办不好的事，品德也不会发生偏差。

毕业工作后，我和先生的联系不曾间断，也曾看望过先生几次，每次相聚，先生还是和以前那样平静耐心地和我交谈。先生还不忘把刚出的新作送我一本，鼓励我不要放下对学术的研究，争取再考博。每次走的时候，先生总是坚持把我送到楼下，看着我离开。而今我回忆起来却愧对恩师，这几年忙于繁重的教学工作，有些书也没有认真拜读，在学术研究道路上也没有太大的长进，考博也是一拖再拖。

先生走了。学术界少了一位令人敬仰的史学泰斗，而我再也听不到他的谆谆教导和亲切鼓励了。师恩难忘，我从先生身上学到的治学思想、教育思想、做人道理都将成为我终身的财富。今天，再次翻看和先生的合影，先生依然是那样的慈眉善目，可亲可敬。

先生，您一路走好……

（作者系安作璋先生研究生）

再读《秦汉史研究文集》

——怀念恩师安作璋先生

李雅雯

恩师安作璋先生是历史学家、历史教育家、山东师范大学历史文化学院终身教授，治史、教学约七十载，笔耕不辍，著作等身，先后出版学术著作三十余部，发表论文两百余篇，在秦汉史、山东地方史、历史文献学、齐鲁文化史等领域成就突出、贡献卓著，先后培养了硕士、博士研究生三十余名，桃李满天下，享誉海内外。2015 年 5 月安先生九十华诞前夕，这部《秦汉史研究文集》由人民出版社出版，其中收录了安先生历年发表的秦汉史研究论文四十四篇。从时间上来说，最早的一篇《西汉的西北屯垦》发表于 1954 年《光明日报》史学版，迄今已满一甲子。从研究内容上来说，涉及秦汉时期的社会、经济、政治、思想文化、少数民族、中外关系、历史人物等诸多问题。其中一些文章，可谓历经风雨沧桑，劫后余烬，弥足珍贵。这部文集是安作璋先生一生治史著述的缩影，体现了先生严谨扎实、秉笔直书的治学态度，坚持马克思主义与中国历史相结合的指导思想，“通古今之变”的治史追求，运用新材料、新视角创新发展的治史理念，以及求实求真、古为今用的治史原则。这些都是安作璋先生留给后辈学人的宝贵财富。

这部《秦汉史研究文集》对于我来说更是意义非凡。我于 2013 年保送本校中国史专业研究生，有幸被安先生纳入门下，跟随先生学习秦汉史。我入学之后的一项任务就是帮助先生整理和校对文稿。这些文稿大多是先生的手稿和影印的报刊，需要录入电脑再打印出来。每次我录入完毕，先生都会与我一同校对，他一边念原文我一边核对，最后再由先生通览定稿。至今回忆起我与先生一同校对文稿的情景，依然历历在目，记忆犹新。历时一年半，这些文稿整理和校对完毕，最终结集出版，也就是这部《秦汉史研究文集》。可以说，这部文集是我学习秦汉史的开蒙之作，正是阅读先生的文章，使我对秦汉史产生兴趣，引领我走向治学之路。这部《秦汉史研究文集》是安先生的心血之作，也承载了我无数的回忆。如今，先生与世长辞，重读这部文集感慨万千，亦有新的体悟。

一

1927 年 1 月，安作璋先生出生于山东曹县的一户书香之家，祖父和伯父都是清末举人，父亲毕业于山东师范学堂。受到家学传统的影响，安先生自幼读史，中学时代已读完“前四史”与《资治通鉴》，从此与秦汉史结下不解之缘。1947 年，先生如愿考入齐鲁大学历史系，受业于张维华、韩连琪、莫东寅、王献唐诸位先生。安先生回忆自己的求学经历时说：“我读大学是从 1947 年到 1951 年，跨越了新旧两个时代，先是接受了乾嘉学派考据实务的思想影响，以后又接受了马克思辩证唯物主义与历史唯物主义，这些都为我从事历史教学与研究打下了坚实的基础。”[1] 安先生在治学方法上受到乾嘉学派影响，文风质朴，论证扎实，每论及一个问题，都有翔实的史料作为支撑。这得益于先生深厚的文献功底。他曾说历史文献学是学术研究的基础，没有充分的历史文献进行历史研究那就等

① 安作璋《学史集续集》，中华书局 2015 年版，第 647 页。

于是无米之炊；没有充分、可靠的历史文献，得到的结论是很难站住脚的。[①] 安先生重视文献的搜集和积累，始终保持严谨扎实、秉笔直书的治学态度。

安先生的秦汉史研究深受马克思主义思想的影响，他说："要认真学习马克思主义，并努力把马克思主义的基本原理和秦汉的历史相结合，这是学习和研究秦汉史的最根本的途径。"[②] 受到马克思主义唯物史观的影响，安先生将农业经济史作为研究秦汉史的突破口，在20世纪50年代，先后发表了《西汉的西北屯垦》《西汉农官的建置及其作用》《关于西汉农业生产的几个问题》等文章。经济基础决定上层建筑，一个时代的社会性质及发展水平由这一时期的经济基础所决定，而古代经济基础的关键部门是农业。安先生《关于西汉农业生产的几个问题》一文在谈及西汉农业生产的劳动力问题时指出，虽然西汉社会中还存在着相当数量的奴隶，但是在生产中不占主要地位。由此可以反证，西汉的社会性质并不能肯定是奴隶社会。[③] 他以此反驳了一部分学者有关西汉是奴隶社会，将奴隶社会的下限定在东汉末或魏晋时期的论断。

20世纪50年代，史学界就中国古代社会分期问题展开了激烈争论。在1959年发表的《西汉经济制度和政治制度》一文中，安先生运用毛泽东同志归纳的中国封建制度的几个基本特征，从经济和政治两方面对西汉的社会性质进行了论述。他认为西汉的经济基本上是自给自足的自然经济，主要表现形式是农业与家庭手工业的牢固结合，此时商品经济有所发展但不占主导，封建生产关系已经取得了统治地位。在政治上，西汉是专制主义中央集权制的封建国家，地主阶级拥有统治权，地主阶级与农民阶级的矛盾是社会的主要矛盾，并由此得出结论，西汉是封建社会，但作为

① 康香阁《史学大家安作璋先生访谈录》，《邯郸学院学报》2011年第3期。
② 安作璋《秦汉史研究文集》，人民出版社2015年版，第16页。
③ 安作璋《秦汉史研究文集》，人民出版社2015年版，第171页。

一个社会发展阶段来说，西汉还没有达到封建社会的发展时期，而只能是封建社会的初期或形成时期。[①] 安先生的这一结论既符合马克思主义基本原理，又符合秦汉社会的实际状况，真正做到了将马克思主义理论与中国历史实际相结合。

梁启超将唐代刘知几所论史才、史学、史识与清人章学诚所论史德合称为史家“四长”。安作璋先生认为所谓“史识”就是历史研究必须要有正确的理论作为指导思想。安先生曾说，在学术研究领域，无论采用哪种方法，都不能代替马克思主义作为理论指南的作用，要真正理解马克思主义，掌握马克思主义的精神实质和立场观点，并将其与中国的历史实际相结合。正如恩格斯所强调的：“如果不把唯物主义方法当作研究历史的指南，而把它当作现成的公式，按照它来剪裁各种历史事实，那它就会转变为自己的对立物。”不应把马克思主义理论当作僵死的教条，生搬硬套，不能把马克思、恩格斯等经典作家研究欧洲历史所得到的个别结论，按照欧洲国家的历史模式硬套中国历史，要避免从一个极端走向另一个极端。[②] 始终坚持马克思主义理论与中国历史实际相结合这一正确的指导思想，是安先生在学术研究中取得诸多成果的重要原因之一。

二

在一次学术采访中，安先生谈及治史心得时说，关于治史心得，我曾总结了八条，一是选择正确的研究方向和课题；二是搜索信息，了解“行情”；三是更新研究视角，善于选择结合点和突破口；四是正确处理

---

① 安作璋《秦汉史研究文集》，人民出版社 2015 年版，第 65～101 页。

② 参见安作璋《困学杂谈》，《文史哲》1982 年第 3 期；《历史学与历史研究》，《烟台大学学报》（哲学社会科学版）1993 年第 3 期；《二十世纪中国历史研究刍议》，《史学月刊》1997 年第 4 期；《中国历史学的传承与创新》，《人民日报》2015 年 9 月 21 日。

博与专的关系；五是治史要做到“三通”，即纵通、横通和类通；六是重视和加强史学研究的修养；七是要正确处理继承和创新的关系；八是要有“业精于勤、持之以恒”的精神。[①] 安先生治史思想和治学方法在《秦汉史研究文集》中得到了充分体现。

首先，在研究领域方面，安先生既能够广泛涉猎，又能够正确处理博与专的关系。安先生说：“治史贵在博大精深。没有渊博的历史知识，要达到精深的地步是不可能的。”[②] 所谓博大精深，是对其所从事的专业和研究方向来说，不仅要精通，还要扩而大之，凡是与之相关的知识和问题都应通晓。《秦汉史研究文集》共收录文章四十四篇，涉及秦汉社会史研究、秦汉经济史研究、秦汉政治和政治制度史研究、秦汉思想文化史研究、秦汉少数民族与中外关系史研究、秦汉历史人物研究六个专题，体系庞大而完备，内容丰富而全面，体现了安先生在秦汉史领域涉猎之广泛、学识之渊博。受到邓广铭先生所提出的治史要掌握四把钥匙即年代、地理、职官和目录的影响，安先生将秦汉官制史作为研究秦汉史的重点，提出了许多颇有见地的观点。在《秦汉的丞相制度》一文中，他指出真正的丞相制存在于秦和西汉前期，秦只有国尉而没有太尉，国尉不同于后来的太尉。三公制的出现是在西汉末期，主要存在于东汉时期。东汉时期中枢机构已经完全为尚书台取代，三公徒有虚名，并无实权。[③] 安先生的秦汉官制史研究成绩突出，与熊铁基先生合著的《秦汉官制史稿》被史学界赞誉为“秦汉史研究中的一项丰硕成果”“填补了断代官制史方面的空白”。安先生的秦汉史研究可谓做到了博与专的辩证统一和有机结合。

司马迁在《报任安书》中写道“欲以究天人之际，通古今之变”，以此作为治史著述的追求。安先生治学受其影响颇深，正如安先生所言：

---

① 康香阁《史学大家安作璋先生访谈录》，《邯郸学院学报》2011 年第 3 期。

② 安作璋《秦汉史研究文集》，人民出版社 2015 年版，第 17 页。

③ 安作璋《秦汉史研究文集》，人民出版社 2015 年版，第 226 ~ 250 页。

“大家都知道我是专治秦汉史，实际上治秦汉史只是我研究历史的一个试验田，通过治秦汉史，我摸出了一点门道，积累了一些经验。我真正想研究的还是通史，就是‘通古今之变’，这是我最后的目的。”[①] “通古今之变”要求学者不仅要做到横向的“通”，亦要做到纵向的“通”。所谓纵向的“通”，就是弄清历史的来龙去脉，梳理不同历史阶段的本质特征，掌握整个历史发展进程的线索和规律。安先生将治秦汉史的成功经验运用到通史的编纂上，取得了诸多成果，先后主编了《中国史简编》（1986年）、八卷本《山东通史》（1993—1995年）、八卷本《齐鲁文化通史》（2004年）、六卷本《济南通史》（2008年）等通史性著作。安先生的治史从断代史研究入手，拓展至通史的编撰，充分体现了安先生“通古今之变”的治史追求，也显示了先生卓越的“史学”与难得的“史才”。

其次，注重史学研究的创新发展，更新研究视角，运用新材料。有人说秦汉史这个领域好比是经过许多年经营的一片熟地，犁来耙去，似乎再也没有什么搞头了，以致选题艰难或选题陈旧。安先生注重研究视角的更新，善于选择结合点和突破口，将秦汉史与山东地方史、齐鲁文化史相结合进行研究，重点研究先秦至两汉时期山东地方的社会经济问题以及汉代齐鲁文化和儒学的发展问题。安先生以秦汉学官“博士”为例，指出博士制度前人已做了若干研究，几乎没有什么更多的疑难问题了，但如果把博士制度与秦汉政治、教育、学术、文化等方面的关系结合起来看，就可以发现新的课题。博士制度还可以与其他问题相联系，如秦汉的博士大多出自齐鲁，那么，“秦汉博士与齐鲁文化”也是一个值得研究的新课题。[②] 在此基础上他完成了《齐鲁博士与两汉儒学》一文。安先生善于发现问题，善于寻找问题的结合点，以此作为突破口，转换研究视角，这也是先

① 康香阁《史学大家安作璋先生访谈录》，《邯郸学院学报》2011年第3期。

② 安作璋《秦汉史研究文集》，人民出版社2015年版，第18页。

生著作等身、硕果累累的原因之一。

研究历史不仅需要史识和史学，还要具备研究历史的基本技能，搜集和整理史料是其中的一项，这便是“史才”。安先生注重史料的搜集和运用，在尽可能完整地搜集传世文献的基础上充分利用新发现的考古资料，如秦简、汉简、汉碑、汉画像石、秦汉官印和封泥、秦汉瓦当等。1975年湖北云梦睡虎地秦墓竹简发现后，安先生参与了注释整理工作，根据睡虎地秦墓竹简资料撰写了《睡虎地秦墓竹简所反映的秦代农业经济》和《从睡虎地秦墓竹简看秦统一的原因》两篇文章。前文系统考察秦律中有关铁器、耕牛的管理，农作物的产量与种类，粮食的加工与仓储管理，以及有关农业的奖惩等法律规定。安先生认为，秦自商鞅变法后，历经六世，直至秦始皇，都把农业作为“治国之要”，所谓“勤劳本事”“上农除末”，采取一切措施，来促进农业生产的发展，因而国富兵强，最终完成统一大业，肯定了秦代农业法律的现实价值。①

最后，坚持求真求实、经世致用的治史原则。曾有人问安先生：“一个历史学家最重要的素质是什么?”他的回答是：“实事求是，秉笔直书。”求真求实、经世致用是中国史学的优良传统，安先生认为史家“四长”中，“史德”是要摆在第一位的。研究历史，必须要实事求是，不虚美，不掩恶，这是史学工作者应该具备的最基本的品德。安先生治史始终坚持实事求是、秉笔直书的治史原则，依据史料还原客观的历史事实，给予历史人物客观公正的评价。比如在《论桑弘羊》一文中，安先生首先肯定了桑弘羊主持推行的盐铁官营等政策对维护国家统一的积极作用以及对后世财政政策的积极影响，也指出了他的思想观念和财政政策都存在一定的阶级局限和历史局限，总体来说，他不失为我国古代历史上一位杰出

① 安作璋《秦汉史研究文集》，人民出版社 2015 年版，第 159～170 页。

的理财家。[①] 这种评价是公允的，也是全面的。再如，安先生在20世纪五六十年代专注于两汉与西域关系的研究。但在这一时期中苏关系经历了剧烈的变化。安先生并未被现实因素所影响，而是发掘和阐释历史的真实，在理清中西交通源头、考证边疆史地方面做出了很大贡献。

所谓“经世致用”，就是总结历史的经验和教训，为现实服务，这是史学研究的宗旨和终极目标。安先生多次指出要深入探索历史的本质和规律，总结历史经验教训，为社会主义建设事业服务，这才是治史的真正目的。比如，在《汉代的官箴》一文中，安先生指出官箴是古代君主治吏的准绳，是官吏行事的准则和施政的依据，与吏治关系密切。汉代的官箴包括官德和官纪两方面，也就是官吏从事政治活动时所应遵守的道德规范和法律规范。[②] 安先生把吏治与国家的盛衰兴亡联系起来，总结规律性的经验教训，这对现实政治具有十分重要的借鉴意义。在安先生看来，研究传统文化，弘扬传统文化的精髓，对于社会主义精神文明的建设和社会主义和谐社会的构建意义重大。他提出要发挥历史文化的教育作用和现实价值。安先生说：“崇尚道德是中华民族的优良传统，发掘和弘扬其中具有人民性和科学性的传统美德，为今日之社会主义精神文明建设服务，这是一个十分重要而又非常迫切的课题。”[③] 近年来，安先生虽已年逾九旬仍然主持“中华传统文化转化与创新”的课题，充分体现了老一辈学者的历史使命感和责任感。

三

安作璋先生在1951年建校之初来到山东师范学院（后改为山东师范

① 安作璋《秦汉史研究文集》，人民出版社2015年版，第458～485页。
② 安作璋《秦汉史研究文集》，人民出版社2015年版，第264～276页。
③ 安作璋《传统道德与现代精神文明》，《学史集续集》，中华书局2015年版，第102页。

大学）工作，坚守教学一线近七十载，直到去年指导的最后一名硕士生顺利毕业，安先生先后培养了博士生、硕士生三十余名。安先生的治学精神和治史思想影响了一代又一代学生，指引他们走上治学之路。薪火相传，生生不息。“春蚕到死丝方尽，蜡炬成灰泪始干。”安先生将自己的一生奉献给了山东师大，奉献给了历史教育事业。

安先生的一生可以用“道德学问”四个字概括，虽然在史学研究领域成就斐然，但是先生从未居功自傲，对待任何人都是谦逊有礼。每次家中有客人拜访，安先生总是热情接待，对于访者提出的问题，总是有问必答，不厌其烦。虽然行动不便，安先生总是要将客人送到大门外，挥手告别，直到客人走远。安先生生活简朴，总是穿着一身发白的灰色中山装，即使书桌上的台灯的塑料罩子裂了，也会用胶带粘好后继续使用。

在我入学之时，安先生已至米寿，每天仍然坚持阅读和工作。当时先生还为我们开设一门关于中国古代史的课程。每次上课先生都会认真准备讲稿，先生的讲授提纲挈领，详略得当，以专题的形式展开，使我们对中国古代社会历史的发展脉络有了清晰的把握和认识。先生常常与我们分享治学的经验。记得第一堂课，先生讲的不是“史”而是“德”，他对我们说要想做好学问，先要学会做人，一个历史研究者最基本的就是要有“史德”，所谓“史德”，就是要秉笔直书，实事求是，离开了“史德”，任何学术研究都会失去意义和价值。先生时常告诫我们读书学习要勤奋，要做到眼勤、脑勤、手勤，也就是勤于读书、勤于思考、勤于写作。他说做学问要耐得住寂寞，没有面壁十年的精神，是做不出真正的学问的，凡是有成就的学者，都要经过热桌子和冷板凳的锻炼。

安先生对我要求十分严格，要求我通读《汉书》的纪和传，每周向他汇报读书过程中遇到的问题和心得体会。在我研一结束时，先生让我写一篇学术论文开学后交给他，我洋洋洒洒写了近两万字。先生看后十分严厉地批评了我，说这篇论文并不符合学术论文的规范，让我回去好好修改。先生给我几篇翦伯赞、范文澜先生的文章，让我誊抄一遍，仔细揣摩他们论文行文的结构和论证问题的方法。在安先生的帮助下，这篇论文反复修改了五六遍才最终定稿发表，这篇文章也为我日后毕业论文以及学术论文的写作打下了良好的基础。研三寒假前夕，我将毕业论文的初稿交给先生，一周后先生让我取回，没想到大到论文结构小到标点符号，先生都仔仔细细地修改了一遍。先生严谨的治学态度令我记忆深刻。在安先生的鼓励和支持下，我考中了中国人民大学思想史专业博士研究生。在我毕业之际，安先生亲手写了一幅字送给我，内容是启功先生的六言诗："入学初识门庭，毕业非同学成。涉世或始今日，立身却在生年。"勉励我在今后的人生道路上做到"立德""立功""立言"，做好人，做好事，做好学问。在我读博期间，先生也依然挂念着我的学业和生活。得知我的母亲需要进行心脏手术后，安先生鼓励我要勇敢坚强地面对生活的困难和挑战，要保持自立自强、积极乐观的心态。在我每次与先生通话或是去先生家中拜访时，他总是问起我母亲的身体情况。安先生于我，不仅是恩师，更是一位可敬可爱的长辈。先生教会我做人和治学，能够成为安先生的门生是我一生的荣幸。今年 1 月 20 日，我匆匆路过济南，特意去拜访先生。临别时，先生让我有机会常回来看看，我许诺以后每年过年之前都回来。先生像往常一样把我送到门口，朝我挥手告别，看着我走远。我挥手示意先生回去，未曾想到这次告别竟然成了永别，那个承诺也再无法兑现。

高山仰止，景行行止。虽不能至，心向往之。先生的道德学问，令人敬仰，谆谆教诲，永记于心。谨以此文缅怀恩师安作璋先生。

（作者系安作璋先生研究生，中国人民大学国学院博士研究生）

忆安作璋先生

叶培兴

我的老家山东临清，位于京杭运河东岸。得益于这条举世闻名的南北大动脉，临清在明清时期迅速崛起，规模最盛时，城墙周 12.5 千米，人口近百万，属当时的特大城市。

昔日的辉煌给今天的临清留下了数不尽的历史遗产，高耸的舍利宝塔、巍峨的清真大寺、数人合抱的古槐、曲折回绕的老街巷、融会南北特色而独具一格的小吃，无不加深了我对这座小城的迷恋。我想在更深层次上了解它的过去，预示它的未来。

读研报导师时，我毫不犹豫地报了朱亚非教授，因为京杭运河与临清商业是明清经济史的重要组成部分，而朱教授主治明清史。但我晚了一步，朱教授名下已有 3 个学生，按规定不能再多了，正当我彷徨无奈时，朱教授找我谈话，问我有没有意愿报安作璋先生为导师。

我心里一喜，随之又一惊，安先生曾是山东省历史学会副会长，是中国史学界声名显赫的大家，更是秦汉史领域的泰山北斗，我何德何能，忝列先生门墙？再说，我的兴趣点在明清史，不在秦汉史。朱教授看出了我的犹豫，建议我先去和安先生见见面，聊一聊。

那是一个秋日的上午，我怀着忐忑的心情，按约定时间来到安先生门前，按响了门铃。先生亲自开的门，他见到我第一句话就是：“我双腿走路不方便，让你在门外久等了！”我心里顿时涌起一阵感动。先生当时已年近九十，却对我一个无名小卒表示了足够的尊重，其高尚人格一下子让我紧张慌乱的心情平复下来。

我随先生进入书房。这是一间名副其实的书房，东、西、北三面墙都摆着书架，里面全是书，甚至连书架顶上、书桌下面都被书占满了。坐下后，先生让我谈谈对中国历史的看法。我说，我最敬仰的历史前辈是钱穆先生，他在其名著《国史大纲》中提出，凡一国人，都要对自己本国的历史有一种温情，我对此深表认同。我喜欢历史，尤其喜欢咱们中国历史，我愿意把研究历史、普及历史当作我毕生的事业。先生微笑着点点头，说：我很欣慰你能这么想，当代很多年轻人受历史虚无主义影响，觉得咱们中国处处不如外国，连中国在历史上对世界发展做出的贡献都予以否定，这对民族精神的传承是十分不利的，我们研究历史的，要担负起国家和民族的责任，要有大情怀。

接着，先生问我读研期间想专注于研究哪一方面。当我说出想做明清史时，心里万分失落，觉得终究还是无缘和安先生成为师徒。先生思考了一下说：我带的学生都是做秦汉史的，但对你我可以破一回例，你就按你的想法，去研究京杭运河与临清商业，我曾经主持编著过《中国运河文化史》，也对山东地方史做过一些研究，指导你完成研究生期间的学术任务，应该还能胜任。一瞬间，我心里满是激动与感动，激动的是，我能得到安作璋先生的亲自指导，感动的是，安作璋先生竟然毫无架子，而且尊重我的研究选择！

就这样，我成了安先生的学生。

安先生在学术问题上极其认真，简直可以称得上“挑剔”。他审查我的论文开题报告，用笔逐字逐句地圈点，虽然手有些颤抖，但仍坚持亲自在旁边写上修改意见。当读到“运兵”（我在文中用来指京杭运河上负责押运皇粮的兵丁）一词时，安先生问我这个词在古代是不是正式称谓，我说不知道，文中的“运兵”是我造的。先生批评说：我们做学问的，每个词，每句话，每个数据都要有出处，怎么能像小说家一样杜撰？如果是你自造的词，一定要在后面附上注释，这样才不会给读者造成误解。先生严谨的治学风格，至今还在影响着我，读书教学过程中，每一点疑问，我都不会放过，必要查阅资料，向人请教，不刨根问底不罢休。

先生对我影响最深的还有一点，那就是他以九十高龄，仍坚持每天读书写作。人上了年纪，精力大不如从前，很容易疲倦，一般人退休以后，会选择养个宠物，侍弄下花草，即所谓颐养天年，优哉乐哉。安先生没有选择这种安逸的生活，他作息非常讲究规律，每天按时起床，外出散散步，稍微活动一下，就回到书房伏案工作。先生年少时就是出了名的惜时如金，夜里躺在床上都在思考学术问题，一有所得立即下床记下来。可贵的是，先生的这种刻苦精神，不是一时的心血来潮，而是伴随他一辈子的习惯。如今我也参加了工作，有时候忙了一天，晚上只想躺在床上玩手机，可一想到书桌前的先生，立即心生愧疚，挣扎着起来，完成每天的读书写作任务后，才能安然入睡。

先生不仅关心我的学业，也关照我的生活。2014 年深秋，我父亲突然身体不适，两腿剧痛，难以行走，一查是骨质疏松。这个病不会危及生命，但不能再干体力活，父亲丢了工作，家里一下失去了经济来源。为了缓解家庭困难，我只好在私立学校兼职。其间大量时间用在和学生打交道上，差点荒废了学业。安先生一贯坚决反对研究生在外兼职，所以我一开始没敢告诉他，后来他隐约听到一些风声，就在电话里问我，我只好和盘托出。先生没有责怪我，他说：你兼职也是没有办法的事，既然没有办法，那就做吧，即使是因为赚钱养家耽误了学业，也无可厚非，我也不会批评你，谁让咱们摊上这种事呢！但是，如果你能在工作之余把学问也做好，在别人岁月静好时能够负重前行，那才值得我敬佩！挂了电话，我泪如雨下，翻出中断很久的论文，在每天的夜深人静中，逐渐将它补充完善。

祸不单行，2017 年元旦，就在毕业论文进入修改阶段时，我母亲又查出了乳腺肿瘤，住进了省肿瘤医院，手术加化疗的费用，几乎耗光了家底。父亲行走不便，不能照顾母亲，又没钱请护工，我只好白天在学校图书馆修改论文，晚上去医院陪床。学校离医院有 30 里，途中全是没有路灯的山路和村路，一个风雪交加的夜里，我骑着自行车，在坑坑洼洼的小路上颠簸着，不小心栽到一个大坑里，我爬起来，望着歪在一旁的自行车，学业压力和生活压力让我彻底崩溃了，我歇斯底里地对着荒山野岭大喊大叫。这时，安先生的电话打过来，他问我在干什么，我向他诉说了我的苦衷，先生默默地听着，给我讲了他的故事，一个经历过抗日战争、解放战争、反右斗争、三年经济困难、“文化大革命”的人，说起当年的磨难来，非常的平静，这种平静给了我无与伦比的力量。每每想起那个荒山里的雪夜，我都会充满战胜一切困难的勇气。

跟随先生的三年，我在做人、做事、做学问上都有了很大提高。2018 年夏，因为工作的原因，我离开了济南，临行前去看先生，先生气色尚好。来潍坊后，和先生偶有电话交谈，先生都对我有所勉励，今年春节，本想去看看他老人家，因事未能如愿。想着等春暖花开了，再去搀着他在师大老校走走。未曾料到，2 月 20 日竟接到先生仙逝的噩耗。震惊与悲痛之情，至今未能平复。

先生的电话号码依然排在我手机通讯录上第一个，只是那个号码永远不会再打过来了……

（作者系安作璋先生研究生）

怀念恩师安作璋先生

赵晓晗

2019 年 9 月，距离安先生去世已半年之久，前日师哥来信说学院准备召开一场先生的追思会，一时间忆及往昔与恩师的点点滴滴，久久不能回神。

这一刻，我不禁想起了 4 年前第一次去先生家的场景。那是 2015 年 9 月研究生入学后，经朱亚非老师的介绍，我第一次去先生家。随后我进入书房，看到了一位满头白发的老人，正在写着什么，面前的书桌上放置着几摞厚厚的书籍，这幅场景让我十分震撼，也坚定了我要跟先生学习的决心。在跟先生有过简单的交谈之后，我提出想跟先生学习秦汉史的请求，起初先生问我为什么想学秦汉史，我的回答是感兴趣。先生笑了，说兴趣是最好的老师，但除了此，还要下苦功夫，做真学问。在这次简单交谈后，我有幸成为先生的学生，也开始了我的研究生生涯。研一上半年，作为古代史专业的我们还有幸得先生教授“秦汉史”这门课程，现在回想起来，先生以九十岁的高龄仍在认真地教授我们怎样学习历史，这种精神，令人钦佩。在这半年的学习中，我更是受益良多，印象深刻的是先生在每次课程结束后，都会与我详谈，关心我的学习和生活。

三年里，先生教会了我如何学习历史、做好研究，最好的例子便是指导我的毕业论文写作。研一上半年，在先生的指导下，我确定了以秦汉监察史方面的内容作为我的研究方向。彼时，先生让我仔细查找有关秦汉监察史方面的史料，并认真做好记录，此后又教我查找各种有关方面的文章、书籍作为参考，而更让我印象深刻的是先生每每在阅及有关监察史方面的文章时，都会为我保存下来，或等我去拿，或打电话通知我及时查看文章的电子版。先生一次次地提醒我，论文写作既要继承又要创新，要吸取前人研究的精华并结合自己的研究方向和当今现实，写出一篇好的论文，这种专业精神值得学习。研二时期，因校区在长清的关系，先生为免我来回奔波，每每与我通话询问我学习的相关情况，更是提醒我可以把论文写成一篇篇的小文章，拿给他阅读、修改。特别是在我写完论文摘要后，先生更是逐字逐句地将文中的错别字乃至标点符号等一一修正。先生对于专业的认真，让我钦佩。现在想来，为了我的学习研究，先生真是煞费苦心。

除了学习，在生活上，先生对我也十分关怀。三年中，先生曾不止一次地关心我毕业后的打算，初时我曾对先生提起想继续秦汉史的学习，先生十分支持并鼓励我继续做学问。但后来在种种原因下，我还是选择就业，先生当时可能也看出了我的顾虑，鼓励我条条大路通罗马，每一条道路只要能够认真、踏实地走，都会有美好的前途。我至今还记得，先生殷切嘱咐我不要忘了在工作之余继续对历史的学习，先生说这是一辈子的事情，我想先生的一生更是这种场景的真实写照。在后来找工作的时间里，我有过碰壁，有过彷徨，但先生的鼓励让我又拾起了信心。不久之后，研究生毕业前夕，我去看望先生，先生还鼓励我说可以先当一名代课老师增加自己的经验，有经验后再考更好的岗位。毕业后的几个月里，先生还打电话关心我的工作、生活情况，提醒我要认真工作、用心生活。先生的关怀让我觉得十分温暖，与家人提及时家人更是夸赞先生真是位好老师，让我时刻以先生为榜样，做一名优秀的人民教师。

现在回想起过去几年先生的教导和关怀，还感觉仍在眼前。2018 年除夕下午，我打电话给先生拜年，当时是朱老师接的电话（以往每年都是先生接），我十分诧异，还特意问及先生的身体情况，朱老师说先生身体挺好，只是去休息了。因不想打扰老师休息，在让朱老师把对先生的关心和祝福带到后，我就挂断了电话。之后我还想着途经济南时一定要前去看望一下老师。可是还没等到那个时候，就接到先生去世的消息，一时竟不敢相信是真的，在与师哥师姐联系确认后，我终于接受了这个噩耗。23日和师哥师姐一起去参加了先生的追悼会，听在山师大工作的师哥们提到生前先生仍对我们这群学生十分挂念，更是悲痛交加。至此，也学到了先生教会我的最后一个道理：人，要学会珍惜。

夜里失眠，翻看毕业之前先生写的赠语“览前史之得失，为今日之龟镜”，才明白这十二个字不仅包含了先生对我们的希望和嘱托，更是先生一生坚持做学问的写照。这幅赠语将时刻提醒我不要忘记对历史的学习，要做一个对社会、国家有用之人。先生的恩情，永世难忘。真的十分感谢安先生，能跟随先生学习是我这辈子最幸运的一件事。我会永远谨记先生的嘱托，诚实做人，踏实做事。先生请放心，我会带着您的嘱托，勇敢前行。先生，也望您一路走好，在另一个世界里，简单地教书、读书、写书。

（作者系安作璋先生研究生）

怀念亲爱的父亲

安克骏　安　国

时间过得好快，很快就是父亲的周年祭了。父亲的音容笑貌依然常在我们眼前浮现，父亲的为人、父亲的品格、父亲的思想，依然影响着我们，我们会永远记住父亲的谆谆教诲，并将它作为今后我们生命中前进的动力。纪念是为了传承，传承父亲善良做人、正直无私、刻苦勤奋、任劳任怨、崇尚简朴、尊老爱幼、顾全大家的优良家风。

一

我们慈祥、善良的父亲安作璋于2019年2月20日晚10点37分静静地走了：他永远离我们而去，他走得那样安详，好像睡着了，任凭我们的呼唤，他都没睁开我们熟悉的眼睛。在抢救室里，我们始终握着他的手，仍感受到他体温的余热，我不相信50分钟前，还和我说话的他，会撒手离我们而去。如果不是在医院目睹了医生抢救的过程，我们绝不会相信这一切都是真的。当时悲痛的心情难以言状："我们再也没有爸爸了，我们再也没有机会去爱爸爸了……"我们的心底在呐喊。今天我们真正体会到了：亲情是一种微妙的情感，有着不经意的牵挂和刻骨铭心的怀念。时至今日，我们还没有从悲痛的噩梦中醒来，他走得这样仓促、这样匆忙，却给我们留下了太多的惦记、太多的遗憾、太多的牵挂、太多的回忆。时至今日，我们还没有从悲痛的噩梦中醒来，走在家中的楼梯口，仿佛看到他老人家步履蹒跚，缓缓下楼；在饭桌上，仿佛看见他依然谈笑风生；走进他的卧室，仿佛看到他躺在床上看书；走进他的书房，仿佛看到他还在审稿写作……2019 年 2 月 20 日，父亲生命的最后一天还在为他一生从事的历史研究工作：上午，他给南海出版公司的主编张桐打电话，准备第二天商量《中华杂技艺术通史》的出版事宜；当天中午，爸爸还在家中待客，同齐鲁文化研究院江林昌院长讨论学术发展和学科建设等问题，聊了一个多小时，兴致颇高；下午，爸爸和往常一样，到大院里和老友们散步；晚上，我坐在爸爸的床沿上，为他的腰热敷，得以陪伴爸爸度过生命的最后时光。爸爸的一生只愿为他人付出，最怕打扰和麻烦别人，甚至不给家里的人增加一点儿麻烦，走得是那样匆忙，连句话也没给家人留下。那几天，我们姐弟二人悲痛欲绝，几个晚上泪湿枕巾，夜不能眠。人们都劝我们说，你们爸爸活得坦坦荡荡，走时也没受罪，对爸爸来说是上辈子修来的福。想想也是，与其说让爸爸的身体痛苦，还不如让我们的内心痛苦。

父亲曾任山东师大古籍所所长、中国秦汉史研究会副会长、山东历史学会副会长等职务，从事中国古代史尤其是秦汉史、山东地方史、齐鲁文化史、历史文献学的教学与研究，曾任中共“十三大”代表，属于山东首批拔尖人才，享受国务院政府特殊津贴，是首届山东省社会科学突出贡献奖获得者，是中国秦汉史研究会的创始人之一。父亲以丰富的科研学术成果、渊博的学识、高尚的品德，赢得了学术界和社会各界的赞扬。我们为有这么一位好父亲而骄傲。他匆匆离去给我们带来了巨大的悲痛与创伤，也给我们的人生留下了永远无法弥补的遗憾。

在童年的记忆里，我非常崇拜父亲。在我的眼里，他简直无所不能，父亲就是一名尊者，在父亲怀抱里我感到特别踏实和安全。父亲经常带着大口罩到幼儿园教室的窗口偷偷看我，那时我上的幼儿园是整托，一个星期只能回一次家，中途父亲思念女儿，只能这样来看我，因为他怕我认出他来，闹着跟他回家。

动乱的十年中，父亲被扣上“反动学术权威”的帽子，离开了教学岗位，看守果园。那时我弟弟因无人照顾，被送到上海。我那段时间天天给父亲送饭，父亲吃完饭，就把饭盒挂在果树枝上，和我拉家常。因为父亲遭批斗，我在学校常被讥笑孤立，曾经有逃学的念头，父亲就给我讲故事，讲的都是古人励志的故事：如孙子膑脚、伍子胥过昭关、朱元璋翡翠萝卜白菜汤、《三字经》等，鼓励我好好上学。原来我一直不懂父亲的坚强源自何处，通过父亲讲的故事，以及所熟悉的历史人物在逆境中艰苦奋斗、百折不挠的精神，我才明白其中的道理。当时父亲的腿已患有残疾，我们一家的境遇也不是太好，我想，父亲给我讲这些故事，也是在鼓励自己吧。父亲晚上 12 点之前很少睡觉，有时躺下后仍在思考学术问题，一旦有所发现，立即披衣起床，把问题记下来，到了寝不安席的地步。在这期间，父亲常常是白天挨批斗，晚上由母亲望风，自己偷偷伏案攻读，坚持科研创作。当时父亲的工资大幅度下降，还时常被批斗，由于心情不好，父亲的体重由 105 斤瘦到了 80 多斤。在我的记忆里，在动乱年代父亲基本上没中断科研工作，并时刻不忘对子女的教诲。改革开放后父亲之所以写出多部有分量的学术著作，与父亲在“文革”中不断搜集资料和不断搞科学研究是分不开的。

记得“四清”时，父亲从农村带回几个地瓜叶子窝窝头让我吃。这种窝窝头，只能用手捧着吃。父亲对我说现在农村吃这个都算好的，你从小要学会节俭，不要浪费。那时父亲的袜子都补了再补。直到去世前父亲生活还是很简朴，每顿饭一二样菜外加咸菜。衣服只有几件老式的中山服。1984 年我和爱人结婚时，父亲主张婚事从简，反对铺张浪费，让我们进行旅行结婚，没有送我们贵重的礼物，只是在我们结婚的照片上题写了八个词：互敬、互爱、互信、互助、互慰、互勉、互让、互谅。几十年来，这十六个字一直陪伴着我们，成为我们家庭和谐、圆满、幸福的动力，我们周围的同事和朋友都对我们的家庭表示羡慕。父亲自己很节俭，但是支援灾区、交党费从不含糊，每次捐款都是学院最多的，交特殊党费一次是两万元，一次是一万元，父亲不叫学院领导对外讲，我们家人都不知道，后来父亲去世时，学院领导告诉了我们，我们才知道。这一切正如父亲在笔记本里写的："学高为师，身正为范。"

我姐弟俩都是大学毕业，在高校工作。父亲常对我们说："我们老家大门上有一副对联：'忠厚传家远，诗书继世长。'这也是我们家的祖训，为人一定要忠厚，只有具备厚道的道德品质的家庭，才能够长久地持续下去。读书可以使家族长久兴旺发达。在做好本职工作的同时，一定要把自己的科研工作搞上去，记住'业精于勤，勤能补拙'，勤奋才能够补偿笨拙所造成的不足。"父亲还有一句话，我印象中十分深刻，他说："交朋友要看他对自己的父母孝顺不孝顺，一个人如果连对自己父母都不好的话，这种人是不可交的。"父亲朴实的话语，言传身教的谆谆教导，潜移默化地感染着我们。就是在这种家风的熏陶下，我们在工作和科研上都取得了点滴的成绩，父亲看到后心里很是宽慰。

最让我难以忘怀的是父亲对母亲的感情。母亲从 2004 年查出小脑萎缩，为了延缓母亲的病情，父亲几乎每天都陪母亲散步。2012 年母亲已发展成老年痴呆症并瘫痪在床。从母亲瘫痪在床的那天起，父亲每天到母亲住的房间好几次，悉心地为她梳头，尽管我母亲早已不会说话，父亲对母亲总是轻言轻语地问寒问暖。母亲也时常盯着窗边墙上挂着的夫妻二人结婚五十周年纪念照，好像在说："老伴，我想你。"父亲常向一起散步的老伙伴们讲："前半辈子老伴儿照顾我，后半辈子我要照顾我老伴儿。"我听说后，心里有说不上的滋味。父亲曾反复叮嘱我们一定要把母亲照顾好。父亲去世前五分钟刚刚看过我的母亲，我们儿女又都在身边，想必父亲他老人家是没有遗憾走的。想着已经远去的父亲，我泪眼婆娑……亲爱的父亲，我们一定遵循您老人家的遗愿，把母亲照顾好，我们永远怀念您。

二

父亲的一生都是乐于助人的，20 世纪 60 年代困难时期，工资不是很高，生活条件还不是很好的时候，就买了一套理发工具，说要学着理发。当时家里人都感到很纳闷：搞科研还学理发吗？后来我们才知道，他是为了“四清”运动的时候到农村去而特意买的。父亲说，当地的老乡生活贫困，好几年都舍不得理发，我给他们理发，他们一定会很高兴。看到父亲脸上浮出高兴的笑容，我们全家都很支持他。父亲这样做也确实得到了回报，“四清”时，因为理发，那几年也的确受到了乡亲们的尊重。

父亲书写的毛笔字，在我看来，俊秀中带有书生气，经常受到人们的赞誉，连日本友人都向他求要书法作品。但是他从不轻易示人，认为自己写得还不成熟。也不知道外界是怎么知道的，纷纷慕名来信求字，父亲都一一回笔。有时我在一旁看不下去，劝他：您这么忙，又不认识这些人，不理会算了。父亲却一本正经对我说：“人家慕名找我写字，是瞧得起你爸，给人家回笔是出于礼貌。”平时我们家经常来些“不速之客”，多是向我父亲求教学术上问题的，他总是来者不拒。父亲的腿不太好，经常都是从楼上吃力地下来，但从来都是对来访客人以礼相待。父亲以这样的人生理念度过了最困难最艰苦的岁月，也因为他的助人为乐精神受到学术界和大家的尊敬。父亲的言传身教，一直影响着我们。这种潜移默化的家教是我们今后人生中的宝贵财富。

道德学问是父亲一生的追求。父亲把儒家立德、立功、立言思想总结为“道德学问”。父亲认为“孝”作为一种道德观念，不仅是中国的优秀文化传统，也是人立身之本、家庭和睦之本、国家安康之本，也是人类延续之本。记得父亲常对我们讲："如果一个人连自己的父母都不孝顺，那就很难想象他会真心实意地爱一个人。"我记得小的时候，父亲常给我们讲《三字经》中有关"孝"的故事，如"香九龄，能温席"，当时我还不太明白其中的含义，父亲用最简单、最丰富的语言诠释了晚辈孝敬父母的道理：东汉时期，有个名叫黄香的小男孩，那年正值九岁，冬天夜里特别寒冷，为了让自己的父亲少挨冻，晚上睡觉时，用自己的体温替父亲暖被窝后，才让父亲躺下。黄香的孝举，受到邻里称赞，最后做了官，赢得了"天下无双，江夏黄香"的美誉。当然父亲并不提倡单向的孝，而是提倡"父慈子孝"。他是这样说的，也是这样做的：记得在三年经济困难时期，那时我还小，父亲每次发了稿费，从来不舍得花，都给我买好吃的，自己穿的袜子补了又补，却给我买布娃娃，当时幼儿园的小朋友都羡慕我，我感到可骄傲了。可当时父亲瘦得只有80多斤。童年时代的我，是欢乐的，对童年我也是难忘的，因为父亲把他的爱全都给了我。父亲的爱是温暖的、厚重的，更是默默无闻的。

三

阳春四月，院子里的牡丹又盛开了，空气中弥漫着花和青草的香气。牡丹花是父亲从菏泽老家托人弄来的，他觉得牡丹国色天香，雍容典雅，还可以寄托对老家的思念。唐代大诗人刘禹锡就为它留下了如此赞美之词："庭前芍药妖无格，池上芙蕖净少情。唯有牡丹真国色，花开时节动京城。"每年到这时候，父亲就会站在院中，一边欣赏着牡丹盛开的情景，一边惬意地呼吸着它的芬芳，他高兴地说："今年我们家的牡丹花开得不错，紫的、白的、黄的、粉的都开了，快照张相吧。"自此以后，每年院子里的牡丹花开了以后，我们都会和牡丹留下倩丽的合影。今年的牡丹花和往年一样，争奇斗艳，只是物是人非，没有了父亲那亲切而熟悉的身影和声音。

院子里的香椿芽树也是父亲让我们种的，因为他非常喜欢吃香椿芽，芽苗还不大的时候，他就催："香椿芽可以摘了吧，别耽误了摘，老了就不好吃了。"早春的香椿芽紫中透绿，簇拥在香椿树的枝头。想起往年春天掐香椿芽时，指尖留下了香椿芽的余香。当我把一碟香喷喷的香椿芽炒鸡蛋端上餐桌时，父亲会像孩子般笑着说："我们家又过年了。"每每这时我心中会漾起一阵温暖，盼望这样的日子能永远定格在这一天，有父母才是一个完整的家，回家能叫声"爸爸"和"妈妈"是一个人莫大的幸福。回过神来，看到父亲高兴的样子，我心中暗想：明年我一定多给香椿树浇水，让它的芽发得早点、多点，让父亲多吃点香椿芽炒鸡蛋。今年的香椿芽树，芽发得特别早、特别香，可是没了父亲的微笑，也没了父亲朗朗的笑声，我在采摘香椿芽的时候，感到有一种莫名的伤心与失落。香椿芽炒鸡蛋还是香喷喷的，我却没有了胃口，因为再也吃不出父亲在时的味道了……

我们家院子里还有一棵花椒树，春天，微风吹过翠绿的幼芽，会飘过一阵阵淡淡的清香。那时我们将花椒芽采摘下来，不一会儿餐桌上就多了一道美味可口的炸花椒芽，此时桌上笑声不断。至今回想起来，那情景好像就在眼前。过几天，花椒树悄然绽放出小红花，味道馨香沁人，融入空气清新无比，我们从中得到"不争春"、"不争俏"、只献芬芳的启迪。或许这也是父亲格外喜欢这棵花椒树的缘故吧，因为我们发现他在心爱的笔记本里写道："怀平常心，做平常事，为平常人。"父亲的一生就是以这作为座右铭的。

不知不觉中，父亲一天天衰老了，瘦弱了，头发白了，皱纹多了，但还是经常红光满面，精神状态很好，也健谈。父亲感到疲累时，经常独自坐在沙发上，身体不舒服时，喜欢静坐或自我调节。由于不愿意拖累我们，也由于内心挺好强，他往往谈笑风生地跟我们拉家常，或者一起看电视。我们压根儿没料到，有一天他会突然离我们而去，而且走得还那么快。父亲没有走，我固执地以为，或许他只是去了某个地方，体验一次他奢望已久的短暂旅行。我们都是唯物主义者，但有时我还情不自禁问我爱人："你说人有灵魂吗?"但愿父亲的灵魂知道我们的思念有多深，希望父亲在另一个世界能听到我们的声音，希望父亲在另一个世界能收到我们的祝福，希望父亲在另一个世界能看着我们的家，我们大家都是那么想您、爱您，也希望您在另一个世界能庇佑妈妈健康长寿，庇佑我们的家和睦兴旺，庇佑您的子女平安幸福。我们永远怀念您，亲爱的父亲。

失去方知珍惜，希望父母健在的儿女，多找点时间，回家看看，在父母的有生之年给予他们更多的关爱和孝心，不要在心中留下遗憾。

（作者系安作璋先生之女、之子，分别系山东青年政治学院图书馆研究馆员、山东师范大学地理与环境学院副研究馆员）

安作璋先生学术成果一览表

一、编著作品（41 部）

《汉史初探》，学习生活出版社 1955 年版，上海人民出版社 1957 年再版。

《两汉与西域关系史》，山东人民出版社 1959 年版，齐鲁书社 1979 年再版。

《刘邦与吕雉》，山东人民出版社 1974 年版。

《班固与汉书》，山东人民出版社 1979 年版，台湾学海出版社 1991 年版。

《秦汉农民战争史料汇编》，中华书局 1982 年版。

《桑弘羊》，中华书局 1983 年版。

《秦汉官制史稿》（与熊铁基合著），齐鲁书社 1984 年出版上册，1985 年出版下册；合订本齐鲁书社 2007 年版。

《齐鲁英杰》（主编），山东少年儿童出版社 1984 年版。

《中国史简编》（主编），山东教育出版社 1986 年版，高等教育出版社 2014 年版。

《刘邦评传》（与孟祥才合著），齐鲁书社 1988 年版。

《后妃传》（主编），上下册，河南人民出版社 1990 年版，台湾大行出版社 1993 年版。

《简明中国历代官制词典》（主编），齐鲁书社 1990 年版。

《中国将相辞典》（主编），明天出版社 1990 年版。

《公主传》（主编），河南人民出版社 1992 年版。

《秦汉史》（与田昌五合编），人民出版社 1993 年版，2008 年再版。

《秦汉官吏法研究》（与陈乃华合著），齐鲁书社 1993 年版。

《中国古代史史料学》（主编），福建人民出版社 1994 年版，2010 年再版。

《中国通史·秦汉时期》（与白寿彝、高敏合编），上海人民出版社 1995 年版；修订本上海人民出版社 2009 年版，2015 年再版。

《山东通史》（主编），8 卷 10 册，山东人民出版社 1993—1995 年版；增订本 9 卷 12 册，人民出版社 2009 年版。

《班固评传——一代良史》，广西教育出版社 1996 年版。

《中国封建社会经济史》第一卷（与田昌五、孟祥才合编），齐鲁书社、文津出版社 1996 年版。

《汉高帝大传》（与孟祥才合著），河南人民出版社 1997 年版，中华书局 2006 年版。

《郑玄集》（主编），齐鲁书社 1997 年版。

《汉光武帝大传》（与孟祥才合著），河南人民出版社 1999 年版，中华书局 2008 年版。

《中国宦祸实录》（主编），齐鲁书社 1999 年版，2008 年再版。

《两千年中国历史简表》（主编），山东友谊出版社 2000 年版。

《学史集》，中华书局 2001 年版。

《中国运河文化史》（主编），上中下册，山东教育出版社 2001 年版。

“经世大典·治国方略丛书”（总主编），共 5 册，山东人民出版社 2002 年版。

《论语辞典》（主编），上海古籍出版社 2004 年版。

《齐鲁文化通史》（与王志民合编），8 卷，中华书局 2004 年版。

《中华民族英雄》（主编），学习出版社 2004 年版。

《秦始皇帝大传》（与孟祥才合著），中华书局 2005 年版。

《汉武帝大传》（与刘德增合著），中华书局 2005 年版。

《济南通史》（主编），6 卷，齐鲁书社 2008 年版。

《郝懿行集》（主编），7 册，齐鲁书社 2010 年版。

《中国史部研究》（主编），党建读物出版社 2011 年版。

《中华杂技艺术通史》，南海出版公司 2012 年版。

《秦汉史十讲》，中华书局 2014 年版。

《学史集续集》，中华书局 2015 年版。

《秦汉史研究文集》，人民出版社 2015 年版。

二、主要论文（141 篇）

《初级中学课本〈中国历史〉第一册商榷》（与李天佑合著），《人民教育》1953 年第 10 期。

《西汉的西北屯垦》，《光明日报》1954 年 2 月 20 日。

《论西汉农官的建置及其作用》，《光明日报》1954 年 5 月 27 日。

《〈论衡〉的作者王充》，《山东师院学报》1954 年 12 月。

《公元一世纪七十年代羌族人民反抗东汉统治的斗争》，《山东师院学报》1955 年 4 月。

《西汉经济制度和政治制度——关于西汉社会性质问题的讨论》，《山东师范学院学报》（历史版）1959 年第 5 期。

《关于辛弃疾历史评价的几个问题》，《山东文学》1961 年第 7 期。

《论吕后》，《山东师范学院学报》（社会科学版）1962 年第 1 期。

《关于孔子的“礼”和“仁”的学说》，载《孔子哲学讨论集》，中华书局 1962 年版。

《略谈孔子与季氏》，《大众日报》1962 年 5 月 5 日；《文史哲》1962 年第 5 期。

《李秀成评价中的若干问题》，《大众日报》1964 年 11 月 13 日。

《关于清官和海瑞讨论中的几个问题》，《山东史学通讯》1966 年第 1 期。

《评汉代白虎观会议与〈白虎通〉》，《山东师院学报》1974 年第 4 期。

《论“文景之治”》，《山东师院学报》1975 年第 2 期；《大众日报》1975 年 6 月 6 日。

《驳投降是“农民的局限性”说》（与赵继颜合著），载《评论〈水浒〉反对投降主义》，山东人民出版社 1976 年版。

《班固〈汉书〉评述》，《破与立》1978 年第 1 期。

《山东地方古代社会初探》，《破与立》1979 年第 4 期。

《两汉时期山东的社会经济和农民起义》，《山东师院学报》（哲学社会科学版）1979 年第 4 期。

《汉代山东儒学》，《山东师院学报》（哲学社会科学版）1979 年第 5 期。

《历史上的山东》，《山东师院学报》（哲学社会科学版）1980 年第 1 期；《山东省志资料》1982 年第 1 辑。

《战国至秦山东地方封建经济的发展和社会矛盾》，《山东师院学报》（哲学社会科学版）1980 年第 4 期。

《汉代的选官制度》，《山东师院学报》（哲学社会科学版）1981 年第 1～2 期。

《汉代官吏的任用和考核制度》，《东岳论丛》1981 年第 3 期。

《从睡虎地秦墓竹简看秦代的农业经济》，载《秦汉史论丛》第一辑，陕西人民出版社 1981 年版。

《算缗与告缗——谈西汉的抑商政策》，《文史知识》1982 年第 12 期。

《秦汉的丞相制度》（与熊铁基合著），《山东师大学报》（哲学社会科学版）1982 年第 5 期。

《秦汉时期的济南伏氏》（与陈有今合著），载《济南名士多》，山东人民出版社 1982 年版。

《困学杂谈》，《文史哲》1982 年第 3 期；载《治学之道》，齐鲁书社 1983 年版；载《治学方法谈》，中国青年出版社 1983 年版。

《关于编写地方志的几个问题》，《山东史志通讯》1982 年第 1 期。

《关于新编地方志的指导思想和方法问题》，《济南市志通讯》1982 年第 2 期。

《山东省第一期地方志研究班开学典礼上的讲话》，1982 年 8 月 19 日。

《班固在史学上的主要贡献》，《光明日报》1983 年 3 月 23 日。

《从睡虎地秦墓竹简看秦统一的原因》，载《历史论丛》第三辑，齐鲁书社 1983 年版。

《中华民族对人类文明历史的巨大贡献》，《山东师大学报》（哲学社会科学版）1984 年第 1 期。

《关于秦汉史的学习与研究》，《东岳论丛》1984 年第 3 期。

《班固》，载《中国史学家评传》，中州古籍出版社 1985 年版。

《秦汉封建地主阶级构成的演变》（与逄振镐合著），《山东师大学报》（哲学社会科学版）1985 年第 2 期。

《中国古代用人之道》，载中共山东省委组织部、山东省人事局编《人才理论研究文集》，山东人民出版社 1985 年版。

《断代为史的开创者班固》，载《中华人物志·史学家小传》，中华书局 1988 年版。

《东宫制度考述》（与秦永洲合著），《山东师大学报》（社会科学版）1986年第4期；《中央组织部第三梯队建设理论研讨会论文选编》1986年6月转载。

《从编写〈中国史简编〉中所产生的几点想法》，《文史知识》1987年第8期。

《两汉儒学与山东》，《文史知识》1987年第10期。

《论孔子与季氏》，载《孔子思想研究论集》，齐鲁书社1987年版。

《理论上的重大突破》，《大众日报》1987年12月6日。

《一部具有开拓性的公文学专著——简评〈中国公文学〉》（与李戎合著），《文史哲》1988年第3期。

《从中日关系史上看济南惨案》，《济南社联通讯》1988年第4期。

《石显》（与张汉东合著），载高敏主编《奸臣传》，河南人民出版社1988年版。

《秦汉时期封建地主阶级的特点和历史作用》（与逄振镐合著），载《历史研究》编辑部编《中国封建地主阶级研究》，中国社会科学出版社1988年版。

《齐文化与黄老之学》，《文史知识》1989年第3期。

《关于秦汉史与山东地方史综合研究》，《山东社会科学》1989年第4期。

《郝懿行和他的〈晒书堂集〉》（与耿天勤合著），《史学史研究》1989年第2期。

《为国、为学、为人——纪念“五四”七十周年》，《大众日报》1989年5月3日。

《建国四十年的成就举世瞩目》，《山东社会科学》1989年第6期。

《齐文化中的民主精神》，《民主》1990年第3期。

《古代的山东——齐鲁文化之邦》，日本《史泉》第71号，1990年。

《张骞》（与张汉东合著），载谭其骧主编《中国历代地理学家评传》，山东教育出版社 1990 年版。

《班超、班勇》（与张汉东合著），载谭其骧主编《中国历代地理学家评传》，山东教育出版社 1990 年版。

《曲折的道路　艰苦的探索——鸦片战争后中国知识分子探索救国之路的艰辛历程》，《山东社会科学》1990 年第 4 期。

《孔子与鲁文化》，香港《广角镜》第 229 期，1991 年。

《泰山的历史与文化》，载李正明、张杰主编《泰山研究论丛》第四集，青岛海洋大学出版社 1991 年版。

《黄河文化与中华文明》（与王克奇合著），《文史哲》1992 年第 4 期；《新华文摘》1992 年第 11 期转载。

《班固的家世、生平及其在史学上的贡献》，台湾《历史月刊》第 58 期，1992 年。

《齐鲁文化简论》（与王克奇合著），《阅尽人间》1992 年创刊号。

《把孙子研究推向一个新阶段》，《孙子学刊》1992 年第 2 期。

《历史学与历史研究》，《烟台大学学报》（哲学社会科学版）1993 年第 3 期；《中国人民大学复印报刊资料（历史学）》1993 年第 8 期转载。

《齐鲁文化的特征及其影响》，《大众日报》1994 年 3 月 25 日。

《儒释道三派文化融于一山》，《大众日报》1994 年 8 月 26 日。

《龙山时代，文明的曙光》，《济南日报》1994 年 9 月 3 日。

《关于徐福文化的思索》，《联合报》1994 年 11 月 30 日，转载于日本东京《徐福研究会志》。

《传统道德与现代精神文明》，《联合报》1995 年 1 月 17 日。

《关于商都文化的几点思考》，《大众日报》1995 年 7 月 12 日。

《说“孝”》，《济南日报》（社会特刊）1995 年 10 月 26 日。

《临沂士族与民族文化》（与王克奇合著），《文史哲》1995 年第

6期。

《近年来史书编著新发展》，《中国出版》1995年第11期。

《白寿彝先生对中国史学史研究的杰出贡献》（与耿天勤合著），《史学史研究》1995年第1期。

《功在当代，德泽千秋》，《大众日报》1996年1月11日。

《教人之道，首重发蒙》，《山东教育报》1996年2月12日。

《开展中国地域文化研究》，《大众日报》1996年6月24日。

《用特色吸引读者》，《大众日报》1996年6月28日。

《保护文物古迹是历史赋予我们的责任》，《人文与自然》1996年创刊号。

《古籍整理的一项可喜成果——读杨天宇的〈仪礼译注〉》，《东岳论丛》1996年第3期。

《何兹全教授与中国古代史研究——为祝贺何先生85寿辰而作》，《史学史研究》1996年第4期。

《填补后汉书研究的空白之作——评〈后汉书辞典〉》，《中国图书评论》1996年第11期。

《中国古代民族与文化研究的新收获——评〈唐代民族与文化新论〉》，《烟台师范学院学报》（哲学社会科学版）1997年第1期。

《张师西山先生引导我走上治学的道路》，载《张维华纪念文集》，齐鲁书社1997年版。

《论汉代齐学与鲁学》（与刘德增合著），载《张维华纪念文集》，齐鲁书社1997年版。

《汉武帝独尊儒术与齐学》（与刘德增合著），载《秦汉史论丛》第七辑，中国社会科学出版社1998年版。

《二十世纪中国历史研究刍议》，《史学月刊》1997年第4期。

《秦汉时期的公主》，台湾《历史月刊》第117期，1997年。

《史学功能与史学修养》，载萧黎主编《我的史学观》，广东人民出版社1997年版。

《我与〈山东通史〉的编纂工作》，《山东文献》1997年第4期。

《发千年之覆，成一家之言——〈牛僧孺年谱〉评介》，《烟台师范学院学报》（哲学社会科学版）1997年第4期。

《评高敏教授主编〈魏晋南北朝经济史〉》，《史学月刊》1998年第5期。

《汉代的官箴》，台湾《历史月刊》第124期，1998年。

《论清代后期今文经学的复兴》（与耿天勤合著），《管子学刊》1998年增刊。

《论晏子和齐文化》（与高广政合著），载《晏子研究文集》，齐鲁书社1998年版。

《历史学现状及发展趋向》，《联合日报》1998年10月28日。

《魏晋南北朝时期山东地方史述论》，载台湾中国文化大学文学院主办、台湾“国家图书馆”汉学中心协办《魏晋南北朝学术国际会议论文》，1998年12月。

《区域经济史研究的精品力作——评〈山东经济史〉》，《东岳论丛》1999年第1期。

《马新著〈两汉乡村社会史〉》，《历史研究》1999年第1期。

《全面·系统·开拓·创新——〈中华名门望族丛书〉评介》，《东岳论丛》1999年第3期。

《中国妇女的典范——班昭》，台湾《历史月刊》第135期，1999年。

《齐鲁博士与两汉儒学》（与刘德增合著），《史学月刊》2000年第1期。

《忠实·执著·求索·创新——怀念史学界一代宗师白寿彝先生》，《史学史研究》2000年第3期。

《祝贺〈史学月刊〉创刊50周年》,《史学月刊》2001年第1期。

《中国大运河与运河文化》,《人文与自然》2001年第8期。

《徐福东渡及其历史意义》,《徐福文化交流》,2002年。

《评曾振宇著〈中国气论哲学研究〉》,《中国史研究动态》2002年第6期。

《论"汉家制度"及其历史影响》(与刘德增合著),《光明日报》2002年9月3日。

《论齐国的"贤人政治"》,载《齐国治国思想论集》,山东文艺出版社2002年版。

《齐鲁文化研究序说》,《齐鲁文化研究》2002年辑刊。

《一部研究近当代区域社会科学的开创之作——〈山东省志·社会科学志〉评介》,《东岳论丛》2002年第5期。

《〈汉书〉的封建正统历史观》,载《儒家史学思想研究》,中华书局2003年版。

《说"孝"》,《山东师范大学学报》(人文社会科学版)2003年第5期。

《论齐鲁文化的历史地位及其现实意义》(修订),《光明日报》2003年5月20日。

《齐鲁文化在传统文化中的地位及其现代价值》(与王克奇合著),载《"中国传统文化与21世纪"国际学术研讨会论文集》,中华书局2003年版。

《大舜、龙山文化与中华早期文明》,载《济南文史论丛初编》,济南出版社2003年版。

《傅斯年与齐鲁文化研究》(与唐志勇合著),《文史哲》2004年第4期。

《评〈中国用人史〉》,《山东社会科学》2004年第11期。

《论汉武帝》（与刘德增合著），《山东师范大学学报》（人文社会科学版）2005 年第 3 期。

《关于秦汉史研究的若干问题》，《文史知识》2005 年第 5 期。

《站在学术的制高点上俯瞰齐长城》，《济南职业学院学报》2005 年第 6 期。

《千秋功过谁与评说——漫谈秦始皇和汉武帝》，《文史知识》2006 年第 1 期。

《中国大运河的繁华》，《中国文化遗产》2006 年第 1 期。

《春秋战国时期官制改革新探——评齐秀生博士新著〈社会环境与人才〉》，《山东社会科学》2006 年第 11 期。

《徐福东渡与中、日、朝、韩关系》，载《徐福东渡国际学术研讨会论文集》，2006 年 9 月。

《略论丘处机的历史贡献》，《鲁东大学学报》（哲学社会科学版）2008 年第 1 期。

《儒生与东亚文化》，载《历史学家茶座》第 4 辑，山东人民出版社 2008 年版。

《杜诗与“水排”》，《文史知识》2008 年第 5 期。

《山东地方史研究的新硕果》，《联合日报》2009 年 7 月 18 日。

《我与齐鲁大学》，载《历史学家茶座》第 5 ~ 8 辑，山东人民出版社 2010 年版。

《根深叶茂源远流长　寻根求源中华永昌》，《寻根》2010 年第 6 期。

《论伊尹与商都（亳）文化研究》，载《中国食祖伊尹和食文化论证会论文汇编》，2011 年 5 月。

《铁基和老安》，载《熊铁基八十华诞纪念文集》，华中师范大学出版社 2012 年版。

《虞朝的建立与夏商周三代文明》，《舜文化研究与交流》2012 年第 1 期。

《一脉相成的两部兵书——〈孙子兵法〉与〈孙膑兵法〉》，载薛宁东主编《超越哈佛：海峡两岸学者论兵》，军事科学出版社 2011 年版。

《评〈一代传人王献唐〉》，《山东社会科学》2013 年第 4 期。

《〈中华杂技艺术通史〉前言》，《文艺理论与批评》2013 年第 3 期。

《把孙子兵学研究推向一个崭新的阶段》，《孙子研究》2015 年第 2 期。

《中国历史学的传承与创新》，《人民日报》2015 年 9 月 21 日。

《国共合作　共赴国难》，《大众日报》2015 年 12 月 4 日。

后　记

著名历史学家安作璋先生离开我们已经一年多了。在先生去世后，学术界及社会各界同仁们，通过各种方式表达了对安先生的哀思及怀念之情。

安先生是我国著名的历史学家，同时也是一位和蔼可亲的长辈。他学识渊博、见解深邃，又待人宽厚，让人如沐春风，深受同辈学人、后辈亲朋的爱戴。呈现给大家的这部纪念文集，是先生的生前故交好友、学生、亲人们所撰写的与先生交往的经历或是追忆先生的文章。在这些作者中，既有年高德劭的学界前辈，也有后来居上的年轻学子，他们的文章饱含深情厚谊，读起来感人至深。对于大家的情义，我们心存感激。

在纪念文集的编写中，编委会全体成员付出了辛勤劳动。李建业、秦铁柱、赵树国、董文强等同志从稿件的收集、整理、校对，一直到出版等各项事宜，均全程参与其中。先生哲媛安克骏、哲嗣安国，从安先生青年时代至耄耋之年的诸多照片中精心挑选出一批有代表性者，置于文集伊始。这些照片有的已经时代久远，有的又是一些大事的见证，颇具史料价值，非常珍贵。先生女婿朱亚非参与本文集策划和组织工作。

本书在编写和出版中得到山东师大校领导、学校社科处和历史文化学院领导的关心和支持。齐鲁书社总编辑傅光中同志心系该文集，从文集的策划到出版，一直给予关心和支持。责任编辑刘强、王亚茹同志，认真负责，兢兢业业，为确保文集按时、按质出版付出了努力。对此，我们表示诚挚的谢意。

文集编委会

2020 年 9 月 21 日